当代中国行政法

第 四 卷

应松年　主编

人民出版社

第十八章

行政奖励

傅红伟　北京大学法学博士。曾在国家税务总局人事司、办公厅、政策法规司工作，其间，在英国伦敦政治经济学院进修1年，现任大连市国家税务局党组成员、纪检组长。已出版个人专著1本、主编2本、参与著述3本、参与译著2本，并在《行政法学研究》《税务研究》《中国税务报》等期刊报纸上发表文章数篇。

　　行政奖励是行政主体灵活施政的重要法律手段。设置和实施行政奖励,有利于彰显政府的政策取向和价值偏好,激励、引导行政相对人为实现行政目标积极作为。本章从重构行政奖励概念开始,对行政奖励诸多问题进行系统阐述,并在剖析现行行政奖励制度缺陷的基础上,提出改进和完善行政奖励制度的若干意见。

第一节　行政奖励范畴

一、行政奖励概念

(一) 行政奖励现有概念

　　行政奖励,作为政府实现行政目标的法律手段之一,应用于不同国家的行政法实践中。美国、日本设立了国家质量奖①,德国奖励住房储蓄②,许多国家都对科技创新与科技进步实施行政奖励③。

　　与其他国家相比,我国更为重视行政奖励在治国安邦中的作用,有关行政奖励的思想和制度源远流长。秦代《厩苑律》《牛羊课》和唐代

---

① 参见 [日] 三和综合研究所:《1998 年的日本与世界经济》,上海社会科学院信息研究所译,上海人民出版社 1998 年版,第 256 页。
② 参见韩颖:《德国的奖励住房储蓄政策》,《学习与借鉴》1998 年第 9 期。
③ 参见黄灿宏、王炎坤:《国外政府科技奖励的基本情况及特点》,《科学学研究》1999 年第 1 期;杨子荣:《美国科技奖励情况介绍》,《中国科技奖励》1999 年第 7 期;史明浩:《南非政府设立的科技奖励情况》,《中国科技奖励》1999 年第 7 期;张炳南:《北欧科技奖励不断完善继续发展》,《中国科技奖励》1996 年第 1 期;江昀、杨文武:《印度科技奖励制度及其影响》,《南亚研究季刊》1999 年第 2 期。

《厩库律》，规定了有关饲养牛马的奖励规范。① 清朝为发展工商业，颁布了《奖励公司章程》和《奖给商勋章程》。民国初年，以孙中山为首的资产阶级革命派领导的南京政府"厉行保护奖励之策"，一批具有奖励导向性的经济法规陆续出台，如《暂行工艺品奖励章程》《公海渔业奖励条例》，等等。② 新中国成立后，尤其是在社会主义市场经济体制确立以后，行政奖励在经济、社会活动中的作用更为突出。为促使行政相对人按照政府意图实施某种行为，行政主体经常运用行政奖励激发和引导行政相对人，使行政相对人在努力实现私益增值的情况下，作为一种客观结果，促进社会公益的增长。其主要体现是：

第一，在行政法实践中，行政主体经常运用行政奖励肯定并鼓励行政相对人实施某些行为。例如，水利部、国家环保总局、国家林业局等部门联合设立了"母亲河奖"，旨在保护黄河环境。③ 北京市交通管理局为加强对出租汽车和小公共汽车管理，设立了"北京的士之星"荣誉称号。④

第二，国家制定了有关行政奖励的法律规范，从法律上确认了行政奖励在行政法实践中的地位和作用。例如，《森林法》第十二条规定："在植树造林、保护森林、森林管理以及林业科学研究等方面成绩显著的单位或者个人，由各级人民政府给予奖励。"《教育法》第十三条规定："国家对发展教育事业做出突出贡献的组织和个人，给予奖励。"

早在我国行政法学恢复建立初期，就有学者意识到了行政奖励在实

---

① 参见曹昌祯：《中国科技法学》，复旦大学出版社1999年版，第6页。
② 参见徐建生：《论民国初年经济政策的扶植与奖励导向》，《近代史研究》1999年第1期。
③ 参见唐维红：《李瑞环接见"母亲河奖"获奖者时强调——生态环境建设必须全党动员全民动手》，《人民日报》2001年5月18日。
④ 参见杜鹃：《创星级服务，树首都形象，755辆"的士"戴上红五星》，《北京日报》2001年12月24日。

现行政目标方面的独特作用，并将其纳入行政法学研究体系进行阐释和论述。① 经过多年的探讨和研究，学界已获得了有关行政奖励概念的基本认识：第一，行政奖励是行政主体为实现一定的行政目标而实施的具体行政行为；第二，行政奖励的目的在于鼓励先进、鞭策落后，调动和激发行政相对人的积极性、主动性和创造性；第三，物质奖励和精神奖励是行政奖励的主要形式；第四，行政奖励必须依法实施。②

　　行政奖励现有概念体现了行政法学者在特定制度资源条件下探索行政奖励的不懈努力，为我们深入研究行政奖励提供了基础性理念与制度性规范。但是，也必须指出，由于行政法实践的日新月异，行政奖励现有概念已明显落后于丰富多彩的社会生活。主要问题有：

　　1. 将受奖行为等同于先进行为，即受奖行为是为国家和社会作出"显著成绩""突出贡献"或"重大牺牲"的行为。例如，有学者认为，受奖行为是行政法支持、鼓励的具有较高道德水准的行为，该行为具有超前性，不能要求人人都必须作出。③ 事实上，这一论点并未全面、真实地反映行政奖励的实践状况。首先，对先进行为难以形成统一的认识和明确的概念。这是因为，不同的政权组织在不同的历史时期对先进行为有着不同的评判标准，有些行为是任何国家、任何民族在任何历史时期在价值判断上都要极力推崇的行为，如见义勇为等；有些行为则是政府在某一特定历史条件下为实现施政目标而大力提倡和充分肯定的行为。因此，行为的先进与否，与其说是由行为本身决定的，不如说是由政府的政策取向和价值偏好决定的。其次，行为先进与否，本质上属于道德

---

① 姜明安：《行政法概论》一书，最早涉及行政奖励问题。参见姜明安：《行政法概论》（北京大学试用教材），北京大学出版社 1986 年版，第 226—232 页。

② 参见罗豪才主编：《行政法论》，光明日报出版社 1988 年版，第 215 页；应松年主编：《行政法学新论》，中国方正出版社 1998 年版，第 285 页；姜明安主编：《行政法概论》，第 226 页；姜明安主编：《行政法与行政诉讼法》（全国高等学校法学专业核心课程教材），北京大学出版社、高等教育出版社 1999 年版，第 193 页。

③ 参见方世荣：《论行政相对人》，中国政法大学出版社 2000 年版，第 132 页。

评判的范畴，法律关心的是行为的合法性和适当性。在道德意义上被认为是先进的行为，在法律意义上未必应受到行政奖励；同样，受到法律奖励的行为也未必一定是道德意义上的先进行为。

2. 以行为的外在称谓界定行政奖励的外延。目前，行政法学者仅仅将行政奖励的外延拘泥于名称为奖励的各类行为①，少有学者将有行政奖励之实、无行政奖励之名的行政行为纳入行政奖励的研究范围。从理论上讲，为了准确把握各种行政行为的性质、规律，并从法律上进行规范，行政法学将纷繁复杂的行政行为划分为不同的类别，并冠之以不同的称谓，如行政处罚、行政许可，等等。但是，也必须指出，判断一个行为属于哪类行政行为，不能仅仅从名称上去判断，而必须从本质上去认识，即从法律关系内容的本质方面去界定。例如，"行政处罚"是行政主体对违反行政法律规范尚不构成犯罪的行政相对人所给予的制裁和惩戒，而不仅仅是指名称为处罚的行政行为。正因为如此，"行政处罚"作为一个基本的法律概念，才具有了理论上的指导性和实践上的普适性。从名称上而不是从本质上界定行政奖励概念，人为地缩小了行政奖励的涵盖面。

3. 行政奖励与内部奖励"二位一体"。② 行政奖励与内部奖励是性质不同的两种行为：行政奖励是行政主体基于行政管理职能对行政相对人实施的奖励，是一种行政行为，由行政法调整；内部奖励是行政机关基于行政隶属关系对内部工作人员或机关单位所实施的奖励，属行政管理学范畴。

---

① 《行政行为法》一书列举了大量有关行政奖励的法律规范，但全部都是名为奖励的法律规范。参见应松年主编：《行政行为法》，人民出版社1993年版，第401页。

② 参见罗豪才主编：《行政法论》，光明日报出版社1988年版，第215页；姜明安主编：《行政法与行政诉讼法》，北京大学出版社、高等教育出版社1999年版，第194页；应松年主编：《行政行为法》，人民出版社1993年版，第388页。

（二）行政奖励概念重构

检讨和反思行政奖励现有概念的结果表明，行政奖励概念必须重构。① 也就是说，界定行政奖励概念，必须摒弃受奖行为先进性、行为名称奖励性等传统观念，全面、深入地考察行政奖励法律关系的基本特征。

第一，行政奖励是倡导性行政行为。行政奖励所针对的行为，即受奖行为，是政府基于理性判断在主观意愿和法律规定上大力倡导的行为。换言之，行政相对人并不负有实施某种行为的法定义务，为实现一定的行政目标，政府主动引导、积极鼓励行政相对人实施这一行为。从理想状态上讲，全部有益于社会的行为都应该得到国家的赞扬和鼓励，这种赞扬和鼓励可以是法律意义上的，也可以是道德或其他意义上的。但是，经验表明，这是任何社会都难以实现的目标，全部通过法定形式予以调整更是不可想象。可见，对于行政奖励而言，受奖行为本身的特性固然十分重要，国家基于本土资源状况和权衡多方利益而作出的主观判断和法律规定更是必不可少。只要政府在主观上肯定、提倡某种行为，并在客观上通过法定授益方式激励、引导行政相对人参与、实施，该行为就是受奖行为，而不论该行为是否先进、先进程度如何。例如，芬兰劳工部从 2002 年 1 月底开始在首都赫尔辛基等八大城市进行试点，用奖励的方式来鼓励有关机构乃至个人为长期失业者寻找工作，以缓解严重的失

---

① 目前，已有学者进行这方面的尝试。郭志斌认为，"行政奖励是政府全面实施激励性管制诱导效应的行政方式，它是指管制主体以相关政策优惠、物质或精神鼓励的方式来肯定市场主体已有的符合政府意图的行为，并以此调动激发市场主体继续实施该类行为。行政奖励是一种以正面、积极的方式来肯定管制对象符合管制目标的行为的行政方式，也是发挥激励市场主体之间适度竞争、激发管制对象积极性、能动性的重要方法。"（参见郭志斌：《论政府激励性管制——对重构我国政企关系的行政法思考》，载于罗豪才主编：《行政法论丛》（第 4 卷），法律出版社 2001 年版，第 438 页）叶必丰在论述行政奖励问题时，将不具有行政奖励名称的某些优惠性政策，也纳入行政奖励范畴。（参见叶必丰主编：《行政法学》，武汉大学出版社 1996 年版，第 186 页）

业问题。① 帮助失业者寻找工作，我们很难用行为是否先进来加以评判。但是，该行为是对传统职业介绍方式的一种补充，是缓解政府失业压力的有效方法，是实现政府施政目标的具体举措。该行为与行政奖励现有概念所指向的行为正是在政府意图上找到了结合点，"政府设奖表扬个人和组织为的是鼓励参与应奖赏的行为——不论是个人英雄行为还是为低收入家庭建造住宅的社区开发。"② 当然，强调受奖行为的行政意图性，并不表明该行为的确定完全依凭行政主体的主观偏好。相反，理性且法治的政府在确定受奖行为问题上，必须综合衡量各方利益，尤其要关注公共利益；而且，必须通过法定形式。受奖行为的确定是立法主体、行政主体、受奖人、非受奖人等各参与人博弈均衡的结果。

第二，行政奖励是赋权性行政行为。对行政相对人实施的符合政府施政意图的行为，行政主体不仅从一般意义上进行倡导和鼓励，而且从法律上予以支持和关怀，即通过赋予行政相对人法定的额外权益，回应行政相对人的努力和贡献。其结果是，行政相对人因实施政府倡导的受奖行为而享有了获得奖励的法定权利，行政主体相应负有了必须给付的法定义务。奖励权益既有物质权益，也有精神权益，还有其他方面的权益。必须指出，由于行政奖励不是酬劳，不是行政相对人因让渡了某种权益或者提供了政府需要的某种劳务而应当得到的价值，因此，奖励权益并不具有完全的经济对等性。

第三，行政奖励是非强制性行政行为。行政奖励主要通过利益引导机制，向行政相对人施以作用和影响，并谋求其主动实施某种行为，从而实现一定的行政目标。至于行政相对人是否愿意按照行政主体的意愿行事，则听凭其自由选择，行政主体没有任何强力作用的空间。一方面，行政相对人是否按照法律设计的初衷和行政主体的意愿实施某种行为，

---

① 参见新文：《为失业者找工作有奖》，《环球时报》2002 年 1 月 31 日。

② ［美］戴维·奥斯本、特德·盖布勒：《改革政府——企业精神如何改革着公营部门》，上海市政协编译组、东方编译组编译，上海译文出版社 1996 年版，第 320 页。

取决于其个体意志，行政主体不能强制；另一方面，行政相对人实施受奖行为后，是否申请并接受行政奖励，取决于其个体意志，行政主体不能强制。以上分析表明，不管某一行为是否明确使用了"奖励"称谓，也不管行政相对人所实施的行为是否具有行政奖励现有概念所谓的"先进性"，只要该行为具备上述几个基本特征，其就属于行政奖励。鉴此，应当这样界定行政奖励概念：行政奖励，是指行政主体为了实现一定的行政目标，依法赋予行政相对人物质、精神或者其他特别权益，激励、引导行政相对人实施符合政府施政意图行为的非强制性行政行为。

二、行政奖励分类[①]

行政奖励领域广泛、形式多样。按照不同的标准，可以对行政奖励进行不同的分类。

（一）赋予权利的奖励和减免义务的奖励指按受奖权利的表现方式对行政奖励所作的分类。赋予权利的奖励是指行政主体依法赋予行政相对人某些物质、精神或其他权利。因行政奖励而获得的权利并非人人基于法律规定而当然享有的基本权利，相反，它是行政相对人因实施受奖行为、满足受奖条件而获得的额外权利。例如，2004年2月20日，国务院依据《科技进步奖励条例》授予刘东生、王永志等人最高科技进步奖荣誉称号，并颁发奖金。除荣誉称号和奖金外，奖励权利还可以表现为其他物质或非物质权利。例如，《人口与计划生育法》第二十五条规定：

[①] 有关行政奖励的著述几乎都涉及了行政奖励分类问题。行政法学专著、教材多采取三种分类方法：根据奖励对象，将行政奖励分为内部行政奖励和外部行政奖励；根据奖励内容，将行政奖励分为物质奖励和精神奖励；根据奖励性质，将行政奖励分为赋予权利的奖励和赋予能力的奖励。此外，有的学者根据奖励原因，将行政奖励分为执法守法奖、模范奖、贡献奖；根据奖励客体，将行政奖励分为对科学研究成果和技术发明创造成果的奖励、对在本职工作中做出突出贡献行为的奖励、对检举揭发或制止违法行为有功行为的奖励。（参见姜明安：《行政法概论》，北京大学出版社1986年版，第227页；李友根：《法律奖励论》，《法学研究》1995年第4期）

"符合法律、法规规定生育子女的夫妻，可以获得延长生育假的奖励或者其他福利待遇。"

减免义务的奖励是指行政主体依法减轻或免除行政相对人某种法定义务。从本质上讲，减免的义务是行政相对人应当一体遵守的、普遍的义务，由于行政主体实施行政奖励，受奖者不必再行负担原来制度安排中必须负担的义务，从而使应当减少的利益没有减少。受奖者被减免义务后，与其他行政相对人相比，其境况明显改观，竞争优势明显增强。激励性税收优惠是非常典型的减免义务奖励，也是世界各国普遍运用的用以鼓励市场主体按照国家经济政策投资、生产、经营的政策工具。

（二）对非义务性行为的奖励和对义务性行为的奖励指按受奖行为是否为行政相对人的法定义务对行政奖励所作的分类。对非义务性行为的奖励是指行政主体对行政相对人实施非义务性行为给予的奖励，如举报奖励、见义勇为奖励、科技奖励，等等。从本质、功能角度讲，非义务性行为应当是行政奖励针对的主要方面。这是因为：

第一，对非义务性行为，行政主体无法通过处罚等手段强制行政相对人实施。在这种情况下，行政主体只能通过行政奖励、行政指导等非强制行政行为，引导行政相对人按照行政主体的意愿配置资源、实施行为。

第二，行政奖励的意义不仅在于手段柔和，更在于其可以激励行政相对人在法定义务之外积极作为。这是行政奖励的独有功能和特别之处，因此，应将行政奖励更多适用于引导行政相对人实施非义务性行为。

对义务性行为的奖励是指行政主体对行政相对人实施义务性行为所给予的奖励。对实施义务性行为应否给予行政奖励，学者的认识并不一致。[1] 然而，将行政奖励用于实现义务性行为，则是行政法实践中的客观存在。例如，《人口与计划生育法》第十七条规定，公民有生育的权利，

---

[1] 有学者认为，对义务性行为不需要进行奖励，因为在行政相对人不履行义务时，可以实施行政处罚或行政强制。(参见李友根：《法律奖励论》，《法学研究》1995年第4期)

也有依法实行计划生育的义务。夫妻双方在实行计划生育中负有共同的责任。为保障公民履行实行计划生育的法定义务，该法在第四章中规定了多种奖励办法。① 再如，税务机关通过实行纳税信用等级评定，将认真遵守税法，及时、足额缴纳税款的纳税人评定为较高信用等级，并给予发票领购等优惠，以表彰纳税人自觉履行纳税义务。

将行政奖励用于实现义务性行为的主要考虑是：

第一，在尊重并崇尚人权，以文明、民主为基本走向的当今社会，"以人为本"是一面高扬的旗帜。在这一背景下，行政管理理念也发生了深刻的变化。实现行政目标的要旨固然重要，但这已不再是评判政府施政效果的唯一标准和尺度。在要求行政相对人实施义务性行为方面，尽管有强制措施做后盾，但通过说服、规劝或奖励等方式加以事先引导，更有助于树立和保持行政主体友善、人道、亲民的形象。

第二，处罚或强制具有一定的局限性。处罚和强制只是确保行政目标得以实现的一种手段而不是目的。在某些情况下，即使对行政相对人给予处罚和强制，也无法达成与行政相对人履行义务相同的事实状态。相反，通过行政奖励保障行政相对人履行义务反而可以收到较好的效果。以计划生育为例，国家实行计划生育政策是为了减少人口，实现可持续发展。对不履行义务的行政相对人，采取任何处罚、强制措施，都于事无补，不能消除已发生的不利结果；通过行政奖励加以事前引导，则有助于实现计划生育的管理目标。

第三，在我国现有法治条件下，通过行政奖励鼓励行政相对人履行义务具有一定的现实意义。行政相对人依照法律规定履行法定义务，一般不需要给予行政奖励。然而，我国民众不仅缺乏维护权利的用法意识，同样缺乏履行义务的守法意识。因此，不仅需要通过命令、处罚等强制方式确保行政相对人履行义务，也需要通过行政奖励等行为引导、鼓励行政相对人履行义务。

（三）行为性奖励和结果性奖励指按是否需要受奖行为产生某种结果

---

① 参见《中华人民共和国人口与计划生育法》第二十三至二十九条。

对行政奖励所作的分类。行为性奖励是指只要行政相对人实施了某种法定受奖行为，不论其结果如何，行政主体都必须予以奖励。仅就行为给予奖励，主要是由于某些行为极易导致预期的行为结果，结果多是与行为伴生的；或者，虽然行为未取得预期结果，但行为本身就是善的，是对社会有益的，是应该大力弘扬的。见义勇为奖励是比较典型的行为性奖励。

结果性奖励是指行政相对人不仅要实施某种法定受奖行为，而且还必须取得法定的经济或社会效果。科技奖励是结果性奖励，它要求行政相对人必须"做出重大科学发现"；举报奖励也是结果性奖励，它要求举报人举报的内容必须被查证属实。行政奖励在本质上是行政相对人付出更多努力并获得奖励、行政主体以少量投入获取更大收益的"双赢"博弈，因此必须体现效益原则。从这一认识出发，行政奖励应当以结果性奖励为主。

（四）普遍性奖励和限额奖励指按行政相对人能否普遍获得奖励对行政奖励所作的分类。普遍性奖励是指政主体对符合条件的行政相对人，均予以行政奖励。就多数受奖行为而言，实施受奖行为的行政相对人越多，越有利于行政主体接近或实现行政目标。对此类行政奖励，法律一般只规定获奖条件，而不限定奖励名额和奖励次数。根据法律规定，国家对贯彻计划生育政策、实施计划生育的家庭给予行政奖励。由于几乎所有的家庭都实行了计划生育，因此，享受计划生育奖励的行政相对人范围最广、数量最多。

限额奖励是指行政主体只对具备受奖条件的部分行政相对人予以行政奖励。虽然受奖行为是政府倡导的行为，但是，在一定情况下，超过一定比例或一定数额的行政相对人实施这一行为反而会导致边际成本上升、效益下降。因此，国家除规定奖励条件和标准外，还限定一定的数额。例如，《国家科学技术奖励条例》第十三条第三款规定："国家自然科学奖、国家技术发明奖、国家科学技术进步奖每年奖励项目总数不超过400项。"

（五）物质奖励、精神奖励和权能奖励指按行政奖励的内容对行政奖励所作的分类。物质奖励是指授予行政相对人奖金、奖品或其他实物。《反假人民币奖励办法（试行）》第五条规定了对侦破假人民币案件提供情况和线索的有功人员（不包括公、检、法等部门的执法人员）的奖励标准。

给予物质奖励，也是世界上其他国家的通行做法。例如，美国政府于1993年下半年颁布实施扶持青少年义工力量的法律——《国家和社区服务法案》，旨在鼓励青少年学生义务服务社会。该法案明确规定，对于做满1400小时的青年义工，美国政府将每年奖励其4725美元的奖学金。[1]

精神奖励是指对行政相对人予以认可、赞赏或授予某种荣誉称号。例如，国家广播电影电视总局和司法部每两年举办一届全国法制题材电视节（剧）目"金剑奖"，民航总局设立了安全飞行"金鹏奖"，等等。

权能奖励是指赋予行政相对人享有从事某种活动或者一定权利的资格。例如，《海关对信得过企业管理办法》规定，对符合条件的经营进出口业务的企业，可命名为海关"信得过企业"。海关对"信得过企业"给予这些便利：优先办理来料加工、进料加工、补偿贸易等合同备案登记手续；优先办理报关和验货手续；优先办理进口料、件减免审批手续；简化对其进出口货物的验关手续，实行自查、自验和海关重点查验相结合的验货制度；简化核销结案手续。显然，"信得过企业"因其实施法定行为、符合法定条件而从行政奖励中获取了一种其他企业无权享有的法定资格。

三、行政奖励的基本功能[2]

探讨行政奖励的各种功能，有助于我们全面揭示行政奖励存在的正当性与现实性，并在建构行政法具体制度时自觉运用行政奖励，为实现

---

[1] 互联网《士柏咨询网思想格式化》，2001年9月19日。

[2] 应松年将行政奖励的基本功能归纳为三种：强化功能、激励功能和示范功能。（参见应松年主编：《行政行为法》，人民出版社1993年版，第397页）

行政目标服务。

（一）行政奖励的价值功能

法律制度不是纯粹的制度形态，它是观念形态的外化物，负载着一定的价值要素和价值追求，是制度化了的价值。通过借鉴、吸收乃至移植一项先进的法律制度，可以推行、培育和塑造人们的法律观念，促使人们观念变革。[①] 行政奖励作为一种制度形态，其不仅在形式上具有实现行政目标的有用性和功利性，而且在本质上具有民主、合作等良好品质，蕴含着深厚的人文主义精神。

行政奖励弘扬了权利、义务同重的价值理念，体现了对人性的尊重和对个体利益的至诚关怀。在行政奖励这一制度形态中，人的尊严得以展示，人的个性得以凸显，人的生存和发展受到重视。行政奖励正确定位了权力与权利、公共利益与个人利益的关系，对通过正当方式"追名逐利"的动机与行为给予充分肯定和有力支持。在中国本土资源条件下，行政奖励具有更为深刻的现实意义。个体不被发现，是典型的中国传统文化观念，通过自己的行为向国家争取权益被视为不耻而遭人唾弃。行政奖励一改传统思维定式，将公共利益的实现建诸个人的主观意愿及对个人利益的充分关注之上，成绩与利益挂钩，奉献与所得相连。行政相对人对国家而言不再是单纯的义务主体，在市场自由和社会自治的空间里，行政主体无权要求其为或不为某种行为；相反，如果行政主体希望行政相对人按其意志行事，就必须通过行政奖励或其他非强制行政行为激发、引导行政相对人主动作为。将国家管理目标寓于积极的引导、鼓励之中，尊重个体独立意志和行为选择自由，是行政奖励区别于强制性、制裁性行政行为的明显特点。

（二）行政奖励的激励功能

充分挖掘行政相对人的潜力，最大限度地调动行政相对人实现行政目标的主动性、积极性和创造性，是行政奖励的激励功能。

[①] 参见王周户、柯阳友：《行政听证制度的法律价值分析》，《法商研究》1997 年第2 期。

为维持必要的社会秩序，实现一定的行政目标，法律总是将某些事项确定为行政相对人的义务，并以国家强制力保障实施。但是，义务的创设并不是完全自由、不受限制的，必须符合一定的标准。标准过于严格，超出广大法律主体的实际水平，则该法要么在高压状态下勉强得以执行和维系，要么因得不到有效遵守而失去法律的权威和尊严；标准过于宽松，远在广大法律主体的实际水平之下，则该法仅是对法律主体现有水平的简单确认，无法体现和实现法律应有的规范和引导功能，同样也是立法的失败。只有当义务的设定标准处于全体法律主体的社会平均水平时，相应的法律才能既兼顾大部分法律主体的实际情况而具有可行性，又能鞭策、督促落后于社会平均水平的那部分法律主体而具有激励性。既然义务是根据社会平均水平设定的，那么，就存在着义务无法涉足的"禁地"，完全通过设定义务并借助处罚、强制的威慑来实现行政目标的愿望就会落空。为弥补这一局限性，法律必须作出相应的制度安排，使人们有愿望、有热情、有动力在义务之外为公共利益积极作为。实践表明，富含物质和精神"诱饵"的行政奖励，能够有效地激发个体行为动因，引导个体资源流向，促使人们不断挑战自我、发展自我，在努力地、有秩序地实现自身利益增值的同时，促进公益增长，满足社会需要。据报道，浙江省富阳市出现了10余位职业环保举报人。新近登上举报排行榜的Y先生举报了10多次，经查实的已有7件。他直言不讳地讲，如果没有举报奖励，他是不会"起早贪黑"拨打举报电话的。① 这一例证说明，是举报奖励，将个体潜在能力全部挖掘出来；也是举报奖励，将社会闲置力量全部调动起来。正如Y先生等举报人承认的那样，奖励刺激、利益驱动，是激发他们监督、举报违规排污企业的根本动因，是促使他们对保护环境如此用心、如此辛苦的强大动力。

（三）行政奖励的资源配置功能

行政奖励在配置资源方面，整合了政府与市场两方面的优势：一方

---

① 本报讯《浙江出现职业举报人——一举报人四个月领取1万元奖金》，《晨报》2001年5月18日。

面，政府通过行政奖励表明政府的政策取向和价值偏好，并通过可期待利益引导市场主体按照政府意向配置资源；另一方面，在行政奖励过程中，行政主体对市场主体资源流向和资源配置不作强制干涉，市场主体的自由选择权受到充分尊重。

行政奖励在资源配置方面的功能，主要体现在以下两个方面。

第一，有助于引导资源流向。行政奖励通过肯定、褒扬行政相对人的某些行为彰显国家的政策取向和价值偏好，为市场主体提供明确、清晰的行为导向，使市场主体在了解、知晓政府施政意图和充分信赖政府的基础上，自觉按照政府意愿将资源投放到政府鼓励发展的领域和行业。同时，行政奖励通过赋予市场主体实际利益，加大引导和影响市场主体的力度，使市场主体在利益机制作用下，朝着政府既定的行政目标行进，以实现政府的经济、社会发展战略。例如，20世纪下半叶以来，世界环境问题日趋严重，为了加强人类对环境问题的研究，与环境相关的水奖、环境奖便应运而生。曾被水污染严重困扰的瑞典政府，由于设立了水奖，每年都能得到来自世界各地的大量的有关水的科学思想、科学方法及技术方面的资料，使该国水污染的治理获益颇多。[1] 再如，1992年春季，珠海市为落实"科学技术是第一生产力"的方针，对迟元斌、徐庆中等科技人员给予了几十万元的重奖，这是新中国成立以来我国政府给予科技人员的最高奖赏。四个月内，就有2000多名科技人员登门造访，其中有数百名是国外归来的留学生。[2]

第二，有助于实现资源优化配置。经验表明，只有行政相对人最为准确地知晓自己的资源优势、能力大小和利益所在，强制性"一刀切"式地分配资源只能造成资源配置的低效和浪费。行政奖励为行政相对人行为选择提供了某种利益驱动机制，但是，行政相对人是否按行政主体意愿作出某种行为则主要取决于其个人意志，行政相对人可以根据奖励

---

[1]　参见陈发俊：《科技奖励的社会功能》，《科研管理》1998年第1期。

[2]　参见赵振宇、田立延主编：《激励论——发掘人力资源的奥秘》，华夏出版社1994年版，第2页。

满足自身需要的程度及占有资源状况在行政奖励预留的利害判断和行为选择空间里，在成本效益（不仅是经济成本效益，还包括社会成本效益）比较中，按照趋利避害的本能自愿作出认同或否定某一行为的取舍。在这种选择机制作用下，接受奖励、按行政主体意愿作为的行政相对人，一般都是那些资源充裕，能在与其他行政相对人竞争中最大化自己利益同时也最大化公共利益的行政相对人。行政奖励正是在这个意义上整合了行政主体的行政目标和行政相对人的行为动力，使社会资源得以优化配置。

四、行政奖励与相关概念的比较

（一）行政奖励与行政指导①

行政奖励与行政指导存在许多相同或相近之处：二者同属非强制行政行为范畴，这是其一。其二，两者经常结合使用。由于行政指导对行政相对人没有强制执行力，为了实现行政目标，使行政相对人在不影响自身利益的情况下按行政机关的意愿行事，行政主体在进行行政指导时，往往以行政奖励作为利益引导。另一方面，行政主体在实施某些行政奖励前，也往往通过行政指导对行政相对人晓以利弊，使行政相对人在全面分析、正确判断成本效益的基础上循着行政主体的意愿作出行为选择。

然而，行政奖励与行政指导在本质上并不相同。

1. 法律关系内容不同。行政指导法律关系的内容是行政指导权利义务关系，行政主体因法律规定或行政相对人对负责任政府的期望而负有

---

① 对行政奖励与行政指导的关系，尚难见到专门著述。偶有学者在阐释行政指导问题时提及行政奖励，有的认为行政奖励是行政指导的一种方式或者将利益驱动作为行政指导的自然组成部分；有的未明确指出行政奖励与行政指导的关系，但在论述时却将两类法律关系混为一谈。（参见莫于川：《行政指导论纲——非权力行政方式及其法治问题研究》，重庆大学出版社1999年版，第276页；郭润生、宋功德：《论行政指导》，中国政法大学出版社1999年版，第57页）

指导的义务，行政指导一经行政主体作出便告成立，行政相对人是否接受指导及行政指导是否产生预期的效果，概不妨碍行政指导行为的成立；并且，在行政相对人接受指导后，并不必然附带政府给付、授益等行政行为。行政奖励法律关系的内容是行政奖励权利义务关系，行政相对人因实施法定受奖行为而享有获奖的权利，行政主体则相应负有给付的义务。

2. 引起法律关系产生的行为不同。引起行政指导法律关系产生的行为是行政主体的指导行为；引起行政奖励法律关系产生的行为是行政相对人的受奖行为和申请行为。一旦行政相对人实施了受奖行为并提出奖励申请，无论行政主体是否给予行政奖励，都不影响行政奖励法律关系的存续和有效，不影响行政相对人实现对自己有益的法律后果。

3. 二者不具有逻辑上的因果关系。行政指导不一定都需要行政奖励作保障，如政府指导农民正确使用农药；行政奖励也不必以行政指导为前提。

4. 可诉性不同。行政指导对行政相对人不具有强制性，是否接受指导，由行政相对人自己决定，行政主体的指导行为对行政相对人的权利义务没有直接影响。对行政指导不服，不能提起行政诉讼。《最高人民法院关于执行〈中华人民共和国行政诉讼法〉若干问题的解释》第一条第二款第四项明确规定，不具有强制性的行政指导，不属于人民法院行政诉讼受案范围。行政奖励对行政相对人虽然也不具有强制性，但行政相对人在实施法定受奖行为后依法享有了获奖权利，行政主体不履行授奖职责，将对行政相对人权利造成直接损害。尽管行政诉讼法尚未明确规定行政奖励属于人民法院行政诉讼受案范围，但是，按照权利救济原则，行政奖励应当属于可诉性行政行为。

（二）行政奖励与行政契约

行政奖励和行政契约都是在民主行政、服务行政等新型行政观念作用下孕育而生的替代命令、支配等高权行政的非强制行政行为。对行政奖励与行政契约之间的联系，可以从下述案例分析中获得正确认识。

1993 年，山东省荣成市经济技术开发区管理委员会（以下简称"开发区管委会") 颁布实施了《招商引资奖励办法》，规定对为该区引进国内外资金及项目的团体或个人进行奖励。1995 年 3 月，在辽宁省本溪市民族贸易公司（下称原告公司）法定代表人公世弘的直接引荐和具体协助下，韩国五家公司代表在荣成市签订成立荣成双太电子有限公司的协议，并认缴资本 1400 万美元。

原告公司负责人在多次要求解决兑奖事宜未果的情况下，于 1998 年 7 月将荣成开发区管委会告上法庭，威海市中级人民法院 1999 年 6 月以行政案件立案受理。

在裁判过程中，荣成开发区管委会对招商引资中介人给予奖励这一行为的性质，成了本案争议的焦点之一。一种观点认为，这一行为是行政奖励，符合行政奖励主体特定、目的特定的特征，是行政主体单方面作出的激发行政相对人积极性的行为；另一种观点认为，这一行为是行政契约，是行政主体向社会公众发出的要约，行政相对人只要作出了该文件规定的行为，即表明其对行政主体的要约表示了承诺，由此行政主体与行政相对人之间建立起了一种行政契约关系。①

对同一行为，有的认为是行政奖励，有的认为是行政契约，足见行政奖励与行政契约的相似、相像程度。实际上，有的行政行为既可归类于行政奖励，又可归类于行政契约，只是因观察问题的视角不同而已。从行政法律关系内容上看，有赋予权利的，也有限制权利的；有设定义务的，也有免除义务的。行政奖励着眼于行为的具体内容，强调的是法律关系主体双方在内容方面的奖励性。从行政法律关系形式上看，发生、变更或消灭一定的行政法律关系，既可以通过主体双方的非协议行为，也可以通过协议行为。行政契约是通过协商方式发生、变更、消灭行政法律关系的协议行为，它着眼于行为的外在表现形式。有些行政奖励就是通过行政契约的方式确定并实现的，闻名于世的典范是美国电力事业

---

① 参见龙飞：《对一起政府单方允诺招商奖励行政案件的评析》，《行政法学研究》2001 年第 2 期。

部门的社会契约制度。① 反过来说，有些行政契约规定并实现的内容就是行政奖励，例如，日本学者从行政契约存在领域的角度将行政契约分为以下几类：行政主体相互缔结的有关行政上事务的契约……公务员劳动契约、奖励契约、公害防止协定等契约，有关奖励的行政契约即是其中的一类。② 以上分析告诉我们，有些行政奖励通过行政契约方式得以实施，有些行政契约达成的是有关行政奖励内容的协议。当然，并非全部行政契约都是有关行政奖励的契约，也并非全部行政奖励都是通过行政契约方式得以实施的。

（三）行政奖励与行政物质帮助

行政物质帮助是行政主体在其法定职责范围内对特定行政相对人在特定情况下实施的物质救援与帮助，如对受自然灾害影响的特定对象发放救济金、救灾物资或给予政策优惠等。行政奖励与行政物质帮助在形式上都表现为给予行政相对人某种好处或利益，以致一些学者将行政奖励和行政物质帮助合并为一个概念——行政奖助，或者将行政奖励和行政物质帮助并行阐述。③

行政奖励和行政物质帮助的区别是：第一，理论基础不同。行政奖励建立在行政法学激励理论基础之上，旨在通过行政奖励促进经济发展和社会进步，解决的是发展问题。行政物质帮助建立在福利国家和给付国家观念基础之上，认为老人、孤儿、精神病患者、残疾人、非自愿失业者都应当得到食品、衣服、住房、工作等方面的救济和扶助，解决的

---

① 该制度将行政契约与行政奖励完美地融合在一起。美国管制当局与被管制者在修订收费标准时，就设备运转率、热效率、燃料费、外购电力价格、建设费等签订契约，如果电力事业部门实践结果比契约规定的成绩好，管制当局则给予企业一定的奖酬，否则加以惩罚。（参见陈富良：《政府对商业企业的规制研究》，经济管理出版社1999年版，第104页）

② 参见余凌云：《行政契约论》，中国人民大学出版社2000年版，第73页。

③ 参见应松年主编：《行政法学新论》，中国方正出版社1998年版，第285—294页；马怀德主编：《行政法与行政诉讼法》（高等学校法学教材），中国法制出版社2000年版，目录。

是生存和稳定问题。第二，价值不同。行政奖励针对的受奖行为，是行政主体期望、倡导行政相对人积极作出的行为，奖励是对受奖行为的肯定。行政物质帮助针对的是政府应当努力改变的状况，在价值判断上，政府不希望人们处于穷困待援的境地。第三，内容不同。行政奖励内容丰富，既有物质的，又有精神的，还有权能的。行政物质帮助则以物质给付和经济帮助为主，一般不具有精神上的权益。行政物质帮助主要包括物质上的权益和与物质有关的权益两个部分：物质上的权益，表现为行政主体为被帮助人提供一定数量的实物，如一定数量的物品、一定数额的货币等；与物质有关的其他权益，表现为行政主体为被帮助人提供一定的物质帮助条件从而实现其某些权利或能从事某些活动，如免费入学教育等。① 第四，作用不同。行政奖励目的在于激励行政相对人积极从事一定的行为，同时，对其他人起到一种示范和导向作用，带动更多的人实施这一行为。行政物质帮助则不同，它在为受帮助者提供生存保障的同时，对其他行政相对人并无激励作用，相反，还有可能使行政相对人产生惰性心理。

第二节　行政奖励的理论基础

行政奖励之所以勃兴于现代行政法之中，并成为行政主体充分利用行政相对人资源、最大限度调动行政相对人积极性的重要法律手段，有其成熟的外在环境和科学、有效的内在运行机制。

一、非强制行政行为：政府行为模式的变革

（一）非强制行政行为的提出

在传统行政法学范式中，行政目标的达成几乎全然仰仗着行政主体依单方意志作出强制行政行为，行政相对人只能接受行政主体的管理和

---

① 参见应松年主编：《行政法学新论》，中国方正出版社1998年版，第293页。

支配，缺乏为实现行政目标而积极作为的理论支持和制度安排。

20世纪以来，随着现代市场经济和民主政治的深入发展，尤其是随着福利国家观念的确立，传统"命令服从式"的强制行政行为已不能完全适应经济发展和社会进步的需要。行政主体在错综复杂的社会关系面前采取了更为客观、务实和权变的态度，不再固守行政行为的单方性、命令性和强制性，开始尝试运用富含民主色彩的、符合人道精神的非强制行政行为。在这种背景下，行政指导、行政契约、行政奖励、行政计划等权力色彩较淡或强制功能较弱的新型行政行为应运而生。对强制行政行为进行理性界定并通过法律规则进行严格限控，与行政主体采用灵活的、非强制性的行政行为引导行政相对人与行政主体积极合作，成为当代行政法殊途同归的两大发展态势。目前，已有学者正式提出非强制行政行为这一概念，并将其作为与强制行政行为相对应的一对范畴进行了系统研究。①

（二）行政奖励与非强制行政行为

行政奖励与非强制行政行为有天然的联系。行政奖励是一种非强制行政行为，具有非强制行政行为的良好品格；同时，又对其他非强制行政行为的实施起着重要的保障和促进作用。

第一，行政奖励具有非强制行政行为的基本品格。与强制行政行为相比，非强制行政行为将激励、合作、宽容等人文精神融入现代行政法之中，改变了国家居高临下的优越地位，将行政相对人在行政管理中的地位和作用提升到一个崭新的高度。非强制行政行为被认为是更文明、更进步、更符合个人自由与尊严的权力运作方式。

在行政奖励基本功能问题中，我们对行政奖励的品格、价值进行了较为深入、翔实的分析。显而易见，行政奖励和其他非强制行政行为一样，具有民主、理性、人道等良好品格，代表现代行政法发展的基本

---

① 崔卓兰、蔡立东：《非强制行政行为》，载于罗豪才主编：《行政法论丛》（第4卷），法制出版社2001年版，第127—159页；牛凯：《非强制行政行为导论》，北京大学博士论文，2002年。

方向。

第二，行政奖励有助于保障其他非强制行政行为的有效实施。行政指导、行政计划和其他非强制行政行为对行政相对人不具有强制性，行政相对人是否按照行政主体意愿作为完全取决于行政相对人自己的意志，行政主体不能强制或胁迫。然而，从行政主体实施非强制行政行为的初衷看，行政相对人配合行政主体实现某种法律关系状态仍是行政主体的欲求，在行政相对人不予协助和配合的情况下，行为的实效性将大打折扣。对此，行政主体必须另行采取措施，以确保实现预期的行政目标。在这种情况下，具有利益引导机制的行政奖励，就不失为一种理性、理想甚至唯一的选择。例如，在"自由择业"方向改革进程中，为保证边远省区尤其是特别艰苦的西部地区的经济社会发展对大学毕业生的需求，北京市高教局在取消强制分配计划的同时，设立了"北京市高校毕业生分配就业奖金"，对内地考生应届毕业时自愿到边远省区就业的，颁发"荣誉证书"和奖金，取得了较好的效果。

二、激励机制在行政法领域的崛起

(一) 激励的含义

激励，原是行为科学中的一个概念，译自英文单词 Motivation，意指"一个有机体在追求某些既定目标时的愿意程度 (degree of readiness)"①。激励的基本含义，是指通过一定的刺激和强化，使行为主体产生一定的内在动力，并进而引导人的行为，实现特定的目标。具体到行政法领域，激励是指通过设计必要的制度，满足一定的条件，激发、鼓励、调动行政相对人为实现行政目标积极、主动、自愿作为。其目的是为了最大限度地调动行政相对人与行政主体合作的积极性，使行政相对人深入挖掘自身潜力、充分发挥资源优势，在私益增长的努力中实现公益的增值。明确地将"激励"一词运用于行政法学领域是较晚近的事情。一些学者

① 俞克纯、沈迎选编著：《激励、活力、凝聚力——行为科学的激励理论与群体行为理论》，中国经济出版社 1988 年版，第 2 页。

在探索和发展行政法学基础理论的思考中，提出了建构行政法激励机制的观点，并且认为现代行政法机制应当由制约机制和激励机制整合而成。①

（二）激励机制与中国行政法制建设

中国传统行政法学以管理论为基础，没有激励机制生长的空间。在管理论理念支配下，行政相对人只是行政主体的管理对象，而不是被引导、被激励的主体。行政主体作为管理者，只是一味地要求行政相对人服从和接受管理，并通过处罚、强制等手段对违法者加以惩处。行政主体也间或采取奖励手段肯定、鼓励行政相对人的"重大贡献"或"突出成绩"，但行政奖励尚不是行政主体有意识的制度安排，更不是行政主体对行政相对人主体地位的确认和资源优势的肯定。行政相对人一方由于主体意志受到压抑，个体权利意识处于蒙昧状态，只能被迫履行行政法义务，尚没有途径和热情通过积极参与、主动作为来影响、支持、配合行政主体行使行政权，并借此表达和实现自己的意志和利益。

激励机制的提出，对中国行政法制建设意义重大。首先，弥补了传统行政法理论的不足，提升了行政相对人在行政法律关系中的地位。如前所述，中国传统行政法理论带有浓厚的管理论色彩，"权重民轻"，行政主体在行政法律关系中占据主导和支配地位，行政相对人则处于被管理和服从状态，没有主体地位。激励机制的提出，使我们有机会重新审视行政主体和行政相对人，并确立新型的行政主体与行政相对人之间的法律关系。实践证明，行政主体也是信息、资源、能力有限主体，其在实现行政目标方面，同样存在力所不及的领域，需要行政相对人的支持与配合。行政相对人是生产力中最活跃的因素，是社会财富的创造者，在行政相对人中蕴藏着无穷的智慧和力量。没有行政相对人的支持与配合，行政主体很难有效地实现行政目标；没有行政相对人积极、主动的作为，行政主体实现经济发展与社会进步的目标进程将大打折扣。可见，

---

① 参见罗豪才、宋功德：《现代行政法学与制约、激励机制》，《中国法学》2000年第3期。

行政主体并不是万能的，行政相对人理应在行政法律关系中占据重要的地位。行政法学必须关心行政相对人在行政法上的权利、义务、地位和作用等问题，尤其要通过特别的制度设计激发行政相对人的行为动机，确保行政相对人按行政主体意图自愿、主动地实施行为，最终实现法律所预期的社会效果。

其次，对建构行政奖励等富含激励功能的行政法具体制度，具有十分重要的指导和催生意义。建构行政法激励机制必须以具体制度为载体，离开具体制度，激励机制便成为无源之水、无本之木。显而易见，行政处罚、行政强制等行政行为在激励行政相对人方面先天不足，无力担当此任。行政奖励及其他富含激励功能的行政法具体制度，才是中国建构行政法激励机制的较为理想的制度模式。在行政奖励基本功能中，我们已具体阐述了行政奖励的激励功能和激励效果；在行政奖励内在运行机制部分，我们将进一步分析行政奖励的激励原理和激励机制。从中可以看出，行政奖励，尤其是设计良好的行政奖励，是在激励原理作用下发挥激励功能，并取得明显激励效果的具体法律制度。事实上，行政奖励制度在行政法领域久已存在，然而，由于没有激励理论的指导，行政奖励制度长期以来一直"寂寞开无主"，得不到应有的关怀与重视，理论研究未能深入，制度建设也处于初创状态。激励机制的提出，使行政奖励获得了重新发展的良机，有关行政奖励的理论研究和制度建设成为中国行政法制建设中的重要内容。我们有理由预期，随着激励理论研究的深入，行政奖励和其他富含激励功能的行政法具体制度，将在行政法未来的发展进程中异军突起，担当重要角色。

三、博弈论在行政法领域的运用

博弈论作为对人类行为规律进行系统研究的理论，其思想和方法正日益渗透到法学领域。行政法博弈论所要研究和解决的问题是：立法主体、行政主体及行政相对人等参与人如何从寻求自身利益最大化出发，对作为基本博弈规则的行政法的形成过程施加影响；行政主体与行政相对人以及行政相对人之间如何在给定的博弈规则下作出理性选择，实现公益与私益的"双赢"。博弈论的导入，深刻影响了行政法学基础理念，动摇了"命令—服从"行为模式的传统和权威，剔除了传统行政法中不适宜博弈的规则和要素，使适宜于博弈的行政奖励等非强制行政行为得以生发。

（一）行政奖励的博弈特质

行政奖励属非强制行政行为，较为典型地体现了行政主体与行政相对人之间的博弈特质。在行政奖励法律关系中，没有行政主体强力作用的空间，行政奖励的形成、行政目标的实现，不是行政主体单方意志决定的结果，而是行政主体与行政相对人双方在遵循博弈规则及给定的约束条件下积极互动、相互磨合的博弈均衡，二者同向并增的理想在行政奖励的博弈中得以实现，国家和社会整体利益在行政奖励的博弈中得以升值。

行政奖励的博弈特质体现在：

1. 主体独立且有理性。博弈论将行为对象视为具有独立人格的、能动的利益主体，它们有特有的心理要素和不同的认知要素，有自身的利益需求和特定的社会利益需要，各方主体都在给定的约束条件下按利益最大化进行利益策略选择。在行政奖励过程中，行政相对人不是听命于行政主体的受动主体，而是能够反作用于行政主体，按照自己的意志参与行政决策过程，在充分博弈的基础上形成决策并实施决策的能动主体，行政相对人利益需求的独立性与正当性受到认可与尊重。

2. 规则既定。当参与人进行决策选择时，必须了解博弈规则，并权衡自己及对手所处的环境、条件与规则之间的关系。只有在规则既定的博弈中，博弈各方才有可能按照预期实现利益。理性的行政奖励依法设定，有明确的、稳定的规则，行政主体和行政相对人完全可以基于既定规则进行利益衡量，并由规则确保预期的博弈结果。

3. 效益最大化。博弈理论表明，在各方占有信息不足，且任何一方在占有信息方面都不具有明显优势时，通过双方博弈互通信息并在整合信息的基础上作出的决策，是最为经济、效用最大的决策。由于占有信息总要耗费一定的成本，且获取信息受到科学、技术、观念、制度等方面的约束，因此，行政法律关系主体双方都必然为有限理性，任何一方都难以掌握全部的信息资源。在这种情况下，行政主体就不能通过直接控制、统一调拨的方式配置资源，相反，决策必须是在分散、博弈的条件下作出的。行政奖励决策就是这样的博弈过程，行政主体与行政相对人经过充分博弈，了解对方欲求，在兼顾各方利益的基础上实现公益、私益的"双赢"。

行政奖励是行政主体与行政相对人双方理性博弈的结果，是效用最大化的行为选择。但是，我们也必须清楚地看到，在行政奖励现有制度中，还存在着许多不适宜双方主体博弈的因素，如缺少规则、程序不够公开，等等。对此，必须加以改进。

（二）行政奖励的博弈结构

行政奖励的博弈结构，主要是指基于理性人假设，行政法各方主体——立法主体、行政主体及行政相对人受利益机制驱动，在给定的社会结构中，充分利用信息优势，优化资源配置，从而形成最佳的也是最令人满意的权力、权利均衡结果。行政奖励博弈结构由以下博弈关系组成。

1. 立法主体与其他主体之间的博弈。行政奖励立法是立法主体制定行政奖励规则的行为，包括代议机构的立法和行政主体的立法。从代议制政府设计的初衷看，代议机构是公民的代表，法律是公民意志的体现，立法过程是公民意志得以实现的过程。但是，诚如约翰·斯图亚特·穆勒所言，代议制政府在"利益集团影响之下有与社会普遍利益不完全一致的危险"；行政主体委任立法的发展，进一步加大了这一危险。按照公共选择理论，立法者也是追求自身利益最大化的"经济人"，而非不偏不倚的制度设计者。因此，本质上应当实现民意的立法过程，在事实上有可能成为立法者谋取单方利益的过程。同样，行政主体、行政相对人等非立法主体为了实现自己的权力（利）和利益，对立法者施加影响，使其信息资源、价值偏好等内容较深入地渗透到立法过程之中，并直接影响法律规则的形成。因此，与其说法律规则是立法者的刻意构建，不如说是立法者通过一定的语言、符号记载了各方主体博弈的结果。行政奖励的立法过程，同样是立法者与相关利益主体相互交换信息、彼此影响的过程。当立法者认为社会成员的某一行为有利于实现立法目标但又不适宜将之确定为法定义务时，就有可能考虑通过奖励的方式鼓励行政相对人实施这一行为。但是，由于在行政奖励规则制定过程中存在着其他的博弈参与人，且各方参与人都是最大化自己利益的理性主体，因此，行政奖励规则就不可能是立法者一厢情愿的设计，而只能是各方参与人依规则约束条件以较少投入获取较大收益的博弈均衡。

2. 行政主体与行政相对人之间的博弈。在规则确定之后，博弈主要在行政主体与行政相对人之间进行，这一博弈是行政奖励博弈结构中的主要部分。调动行政相对人的积极性，促使行政相对人主动实施行政主体倡导的行为，是行政主体与行政相对人博弈所要努力实现的关系状态。为此，行政主体必须"放下身段"，与行政相对人平起平坐，通过法律为行政相对人预设足以激励其行为动因的各种奖励利益，这是其一。其二，行政相对人是否实施受奖行为，不仅取决于既定规则，更取决于博弈过程中行政主体的实际表现，因为只有行政主体的积极作为能够使立法配置的奖励权利由可能变为现实。可见，在行政主体与行政相对人博弈中，博弈的效果如何，主要取决于行政主体。行政主体既可能成为合作博弈的主体，促使行政相对人积极作为；也可能成为非合作博弈的主体，影响并阻碍行政相对人积极性的发挥。更进一步讲，行政主体只有在博弈中恪守规则和合理运用自由裁量权，既诚实有信，又善于在各种预设情况发生变化时及时调整行政奖励的方式、力度等，才能引导行政相对人积极回应行政目标，主动实施受奖行为。

3. 行政相对人之间的博弈。行政奖励与强制行政行为的最大不同就是将竞争机制引入行政决策过程之中。行政相对人是否实施受奖行为，不仅取决于行政相对人的主观意向，更取决于其资源占有状况及努力程度。行政相对人作为理性的存在，在实施受奖行为之前，总是要比较和权衡自己面临的境况，并根据自己的理解和客观环境来选择目标，然后综合各种因素确定实现目标的行动方案。行政相对人之间竞争博弈的理想结果是，能够在竞争中最大化自己的利益或至少收支持平的行政相对人，愿意并有能力作出受奖行为，并获得行政奖励；未获得行政奖励者，从获奖者行为和收益中获得激励和启发，努力提高自己的竞争能力，主动实施受奖行为。

四、行政奖励内在运行机制

（一）个体积极性的基本动因——利益驱动

在分析社会现象，探究制度机制，寻求社会发展的动力时，我们不得不叩问个体积极性的基本动因。只有解开这个谜团，我们才能在制度建构中有意识地使制度的运行机制契合于个体行为的基本动因，最大限度地调动和激发个体行为的积极性、主动性和创造性，促进经济发展和社会进步。

对个体积极性的基本动因，不同学科或同一学科的不同流派作出了不同的回答。但是，只有"经济人"假说对人类行为动因进行了最为科学和最为深刻的揭示，即追求自身利益最大化是个体生命和社会进步的主要源泉和强大动力，是现代社会得以存在和发展的一个根本基石。只有充分考虑并尽力满足个体的利益需求，才能确保个体在追求自身利益最大化的进程中为他人、为社会作出最大的努力和最大的贡献。这就是制度设计的奥秘所在。

"经济人"概念是西方经济学的一个核心概念，支撑西方经济学的分析大厦。在布坎南、贝克尔、诺思等人的努力下，"经济人"假说从经济决策领域扩展到非经济决策领域。其结论是，个体所作的任何决策，无论该决策是经济决策还是非经济决策，也无论该决策是伟大的还是平凡的，始终饱含着个体对该决策费用和收益的计算，这种计算有时是明确的，有时是含蓄的。

作为一种制度建构，行政奖励与"经济人"假说之间存在良性的互动关系：首先，行政奖励建立在"经济人"假说基础之上，尊重并考虑了个体利益需求。"承认'自利'是人的生物本性，并指出即便在那些崇高的情感和利他主义行为方面也仍然不能摆脱自利这个动力，是科学的诚实"。① 每个人都是目的性很强的"经济人"，都在特定的并且是不断

---

① 参见杨春学：《经济人与社会秩序分析》，上海三联出版社1998年版，第257页。

变化的约束条件下，通过成本—收益计算以寻找并借助于最佳途径来实现自己认为能够获得的最为理想的利益效果。在这一点上，所有人都是同质的，且任何行为选择都是个体自利与理性整合的结果。行政奖励内在运行机制解构与重构的事实，已充分证明了这一点。

在计划经济体制下，制度设计者无视人的行为与制度之间关系的客观性。一方面，制度设计者从人应当是什么样及需要是什么样的角度对人进行了非自利的人性假设，将个体假定为"政治人"或"道德人"，似乎有了较高的政治意识和道德觉悟，个体便可以不谋私利，"人人皆为尧舜"；另一方面，他们过分夸大了制度对人的行为的约束作用，试图通过制度变革改造人的自利本性，使人人都成为公而忘私、具有崇高思想和觉悟的道德人。计划经济体制下的行政奖励就是在这样的理论背景下被设计出来的，精神激励重于物质激励，思想教育替代利益引导。例如，1978 年发布的《发明奖励条例》第六条第一款规定，"对发明的奖励要坚持无产阶级政治挂帅，实行精神奖励和物质奖励相结合，而以精神鼓励为主的原则。"实践证明，一个无视人的自利本性的社会制度和社会结构只会导致停滞和落后。计划经济体制下的行政奖励非但未能如人们预期的那样改变人的自利本性，使人人都能不计报酬、出于某种高尚情操而大公无私、克己奉公，反而在压抑个人追求自身利益的同时窒息了社会进步的动力，原《发明奖励条例》第六条第一款的规定被修订就是一个很好的例证。历史的教训表明，试图改造人性，使人人都成为道德上的圣人是于事无补、枉费心机的，明智而理性的做法是正视并接受人的自利性，并通过设立必要的制度，顺应、引导和规范人的行为，使个体在利益机制的驱动下为公益增值积极作为。正是基于这样的认识，市场经济条件下的行政奖励改革了内在运行机制，承认并赋予行政相对人追求自身利益的平等权利，依靠行政相对人对自身利益的关心来推动公益增长和社会进步。具体说来，行政奖励在充分考虑行政相对人价值偏好、物质精神需求等利益因素的基础上，从法律上确认了行政相对人实现利益的权利及通过行为实现利益的可能性，使行政奖励指向的对象——物质或非物质资源，成为行政相对人可以寻求保护和实现的法定权利。在行政奖励制度中，追求个体利益不仅不再是羞于启齿的事情，而且获得了法律上的正当性。

其次，行政奖励使行政相对人在追求自身利益的努力中客观上促进了公益增长与社会进步。只要有适当的制度和机制，个体逐利的行为客观上可以产生有利于整个社会的结果，市场经济如此，行政奖励也同样如此。在行政奖励中，个体利益不是行政奖励制度设计的全部目的，更准确地讲，个体利益只是制度设计者所倚重的手段，将个体逐利的能量转化为社会进步的动力，才是行政奖励制度设计的初衷和根本所在。行政奖励所针对的行为都是有益于实现行政目标的行为，对经济发展和社会进步具有重要的促进和推动作用。无论行政相对人对受奖行为的作用和意义有无明确、充分的认知，其都将在利益机制的驱动下实施有益于公益增长的行为。

（二）行为动因激励理论

自 20 世纪 20 年代以来，管理学家、心理学家、社会学家在激发个体行为动机、调动个体行为积极性方面进行了积极的探索，形成了不同的激励理论：内容型激励理论、过程型激励理论、综合型激励理论。①

研究表明，个体行为的动机是可以被激励的，是否受到激励的动机强度不同，所引致的行为结果也大不一样。需要，即对利益的需求，是个体行为的起点，当个体产生某种需要而未得到满足时，会产生一种紧张不安的心理状态。当这种需要增加到一定强度时，内心的紧张也在不断加强，于是个体就会考虑通过什么手段来满足这一需要。此时，一旦遇到能够满足需要的目标时，这种紧张不安的心理就会转化为导向这一目标的意志或愿望，即动机，并在动机的推动下，采取达到目标的行为。如果最终实现目标，则需要得到满足，紧张得以消除。这时，个体又会产生新的需要，又会开始新一轮的行为过程。可见，行为的基本心理过程就是一个激励过程，通过有意识地刺激需要，使被激励的主体产生动

---

① 有关激励理论的内容，参见张文昌、顾天辉、曲英艳主编：《管理学——理论与实践》，山东人民出版社 2000 年版，第 294—316 页。

机，并进而引起行为，满足需要，可以实现激励主体预设的目标。需要、动机、行为、目标等内容是构成个体行为心理过程的核心要素。

行政奖励内在运行机制就是激励行政相对人行为动机的心理过程。行政奖励中的物质、精神及其他权益，是行政相对人渴望满足的需要和渴望实现的利益，对行政相对人具有巨大的引导和激发作用。通过法律形式使行政奖励利益需求模式化、固定化、规范化，并通过法律的能量保证人们按照事先的心理预期实现所欲利益，是激励行政相对人朝着行政奖励预设目标奋勇前行的强大助力。利用行政相对人趋利避害的本性，激励行政相对人通过实施受奖行为满足需要的行为动机，可以使行政相对人作出有利于实现行政目标的行为选择，这就是行政奖励对行政相对人的激励过程。

行为动因激励理论不仅有助于我们解读行政奖励的内在激励机制，而且有助于我们在设计行政奖励机制时最大化行政奖励的激励程度和激励效果。

1. 根据行政相对人的不同需要设计不同的奖励形式。内容型激励理论表明，个体需要是有差异的，即使同一个体在不同的时期也会产生不同的需要，因此，同一奖励形式对不同的个体或不同的奖励形式对同一个体激励效果不同。例如，在物质需要还是大多数行政相对人基本生活需要的情况下，对某些受奖行为就不能仅仅给予精神奖励。行政奖励机制设计者就是要从个体的不同心理和不同需要出发，选择不同的奖励形式，设计不同的激励措施，使更多的行政相对人动机受到激励，需要获得满足，增加为实现行政目标而积极作为的兴趣与愿望。

2. 确保行政相对人的预期目标得以实现。过程型激励理论认为，目标实现程度越高，可信度越高，激发能力越强。因此，在设计行政奖励机制时，为了确保行政相对人实施行政主体所倡导的行为，就必须有意识地提高行政奖励的效价和期望值，最大化行政相对人的行为动机。具体是：第一，提高行政相对人对努力—绩效以及绩效—奖励关系的认知度。在行政相对人清楚知晓努力绩效与行为结果之间的关系时，行政奖励会发挥出更大的激励作用。对此，有必要通过法律加以明示。第二，提高行政相对人经过努力可达到希望绩效的自信。行政奖励所赋予的各种利益，必须对行政相对人有足够的吸引力，能够满足行政相对人的优势需要，同时，受奖行为必须是行政相对人经过努力后有可能作出的行为。目标过高、可望而不可即，或目标过低、唾手可得，都难以产生正的效果。第三，提高行政相对人获得应有评价和应有奖励的信心。行政相对人对付出努力、作出行为后可否获得奖励的信任程度，会极大地影响行政相对人的行为动力。因此，行政主体必须坚持奖励公平、奖励有信原则，确保实施受奖行为的行政相对人受到合理对待，获得应有奖励。

（三）合理分配机制与解放生产力

分配，是指按照一定的原则对国民收入、劳动产品及其他社会资源在社会成员间进行归属划分的活动过程。分配关系属于生产关系范畴，对生产力的发展具有重大的反作用。分配公平、合理，分配激励效应充分，就可以最大限度地调动个体积极性，有效利用各种资源，不断提高社会生产力。

行政奖励在本质上也属于分配范畴，其通过授予行政相对人一定的物质、精神或其他权益，使社会资源在社会成员之间进行重新流动和重新配置。从起源上讲，行政奖励是作为现行分配机制的补充而被导入国家分配领域的，然而，该分配机制一经建立，就以其分配上的合理性和激励性，成为推动社会生产力发展的又一动力。

第一，行政奖励弥补了其他分配机制的不足，使资源分配更为公平、合理。市场机制的建构，使人们的待遇和所得与自己的努力程度、贡献大小呈现正相关性，克服了"大锅饭"分配体制的缺陷与不足。但是，在不完全竞争的市场环境中，市场分配机制带来的收入并不能完全反映和体现获益者对社会的贡献，因而需要通过外在于市场的包括行政奖励在内的政府行为加以调节和矫正。例如，对有些不具有直接物质利益但有助于树立良好社会风尚的行为，如见义勇为等，就不能通过市场机制调整价值和收益。相反，对这些行为给予行政奖励，既能在一定程度上弥补行政相对人的成本、损失，又能从一定意义上表达政府对该行为的肯定、推崇和提倡，经济和社会效果俱佳。

第二，行政奖励丰富、发展了传统政府分配机制。有学者指出，政府干预资源分配的方式主要有两种：财政属性分配和经济属性分配。① 严格地讲，这一认识有失偏颇，并未真正概括政府分配机制的全貌。国家除按政治职能和经济职能进行资源分配外，同时依据行政管理职能进行资源分配，只是分配力度强弱不同而已。比较而言，行政奖励的分配功能更为明显，行政主体根据行政相对人对社会贡献的大小，通过赋予某些额外的利益实现金钱、荣誉等资源的重新分配，是政府调节资源配置的一种新型分配机制。

第三，行政奖励更新了政府分配观念。通说认为，市场分配机制体现效率价值，具有激励功能，而政府分配机制解决的则是分配结果的公平问题。事实上，政府分配机制不仅具有公平作用，也同样具有激励作用，行政奖励就是一种典型的激励型政府分配机制。如前所述，在不完全竞争的市场经济条件下，市场同样存在着激励不足问题，个人收益并不能完全反映和体现获益者对社会的贡献。政府在调节和干预时，就不仅要通过完善的个人所得税制和规范的转移支付制度使资源从高收益者向低收益者流动从而实现社会公平，更要通过行政奖励使贡献大而收益小的行政相对人获得与其贡献相对应的社会资源，从而保护行政相对人的积极性，激励他们为社会做出更大贡献。

第三节　行政奖励制度建设

一、依法行政中的行政奖励

（一）行政奖励制度的主要成效

行政奖励作为政府促进经济发展和社会进步的政策性工具，被经常、

---

① 财政属性分配依据国家主权，主要分配形式是税收，目的是满足社会公共需要；经济属性分配依据国家资本所有权，分配形式主要是折旧基金和利润，分配的目的是满足国家履行经济职能的需要。参见李松森：《两种属性分配理论与财政政策研究》，中国财政经济出版社 1997 年版，"内容提要"第 6 页。

广泛地运用于各行政管理领域。近些年来，随着政府治道变革的深入，行政奖励作为政府施政手段之一，运用领域不断拓展，制度形式日趋多样，奖励规定逐步规范，实施绩效更为明显。具体为：

1. 奖励领域不断拓展。从法律法规规定情况看，行政奖励几乎覆盖了我国行政管理的每个领域，包括公安、教育、卫生、质检、海关、金融、税务、交通、民政，等等。且从立法发展趋势看，行政奖励受到了立法者前所未有的重视，行政奖励在法律规范中所占的"份额"明显增加。在《防沙治沙法》《中关村科技园区条例》《鼓励中小企业法》等法律法规中，立法者运用行政奖励体现立法宗旨、实现政府施政目标的意图已愈益凸显。有学者统计，除《宪法》外，我国共有70多部法律规定了行政奖励，如《中华人民共和国教师法》《中华人民共和国文物保护法》等；有300余件国务院行政法规、规定提到了行政奖励，如《教学成果奖励条例》《国家科学技术奖励条例》等；有100多件国务院部门的行政规章对行政奖励作出了比较具体的规定，如《税务违法案件举报奖励办法》《扫盲工作先进地区奖励办法》等；有些地方还制定了有关科技进步、见义勇为、举报违法等方面的行政奖励措施，如《珠海市奖励为推动科技进步作出突出贡献人员暂行办法》《浙江省见义勇为人员奖励和保障条例》等。① 以上还仅是对名为"奖励"的行政奖励法律规定所作的不完全统计，尚未包括那些无奖励之名、有奖励之实的奖励规定。

2. 奖励形式日趋丰富。授予荣誉称号和颁发奖金，是传统行政奖励的主要形式。受荣誉称号和奖金适用范围的限制，行政奖励难以广泛地推广并发挥功效。现行行政奖励在继受原有奖励形式的基础上，更加注重奖励形式的多样性和实用性，许多新型奖励形式应运而生。例如，北京市《机动车驾驶员交通违章记分办法》第5章规定，公安机关交通管理部门对无交通违章记分的机动车驾驶员按下列规定予以奖励。

（一）机动车驾驶员连续二个记分周期内无交通违章记分的，免审验

---

① 参见应松年、袁曙宏主编：《走向法治政府——依法行政理论研究与实证调查》，法律出版社2001年版，第266页。

一次；（二）机动车驾驶员连续五个记分周期内无交通违章记分的，同时延长机动车驾驶证有效期两年；（三）机动车驾驶员连续十个记分周期内无交通违章记分的，二十年内免审验和换证。再如，《无偿志愿献血奖励办法》（试行）第一条除规定奖章、奖杯等奖励形式外，第六款还规定，无偿志愿献血者本人及其不享受公费医疗和劳保医疗待遇的直系亲属（不符合献血条件者），因伤病需要用血时，凭无偿志愿献血卡由供血单位提供与本人无偿志愿献血等量的血液或血液成分，持供血单位的发票，到采血单位报销。此外，还有简化出入境审批手续、办理城市长住户口、在就业、升学、入伍等方面享有优先待遇等奖励措施。

3. 奖励规定有所规范。随着国家法制化进程的加快，行政奖励法律规定正在逐步向着规范化的轨道迈进。较以前相比，单行行政奖励法律文件日益增多，奖励权限、条件、形式、程序等内容相对明确、具体，某些法治原则已在立法中有所体现。一些地方、部门在国家未有明确立法的情况下，在举报、见义勇为等奖励立法方面努力探索、积极实践，并取得了一定的实施绩效。例如，深圳市政府制定了《深圳市奖励举报制售假冒伪劣产品违法犯罪活动有功人员管理办法》、北京市质量技术监督局制定了《北京市质量技术监督打假举报奖励暂行规定》、湖南省常德市地方税务局制定了《常德市地方税务局发票奖励办法》。

在奖励规定规范化方面，科技奖励一枝独秀。其不仅具有明确的法律、法规、规章等制度依据，而且在限控行政主体奖励权力、保护行政相对人奖励权益方面也颇有建树。主要措施有：

（1）坚持权力分工与权力制约原则。为了防止政府及其工作人员滥用权力，法治行政要求权力必须分立。《科学技术奖励条例》按照权力分立原则，将授奖权划分为评审权、审核权、批准权等不同的环节，并将这些权力授予不同的行政主体，例如，国家科技奖励的评审权由有关专家组成的评审委员会行使；审核权由科学技术部行使；批准权由国务院行使。权力分立，确保评审专家们依据奖励标准及受奖项目的水平、价值，独立地进行评价，不受设奖机构的干预及权势倾向性的影响，是预防和治理行政权力滥用的治本之策。

（2）制定限控行政恣意的行政程序。现代行政权力的扩张和发展在一定意义上使实体制约捉襟见肘、无能为力，其结果是程序制约在现代行政法中凸显出来。科技奖励法不仅规定了推荐、评审、审核、批准等规范的工作流程，更体现了现代行政程序法公开、公正的精神实质。第一，科技奖励贯彻了程序公开原则。《国家科学技术奖励条例实施细则》第八十一条规定，奖励办公室应当在其官方网站等媒体上公布通过形式审查的国家自然科学奖、国家技术发明奖、国家科学技术进步奖的候选人、候选单位及项目。涉及国防、国家安全的保密项目，在适当范围内公布。第二，规定了确保结果公正的异议处理等程序。听证制度是保证程序公正的核心制度，它要求在行政决定形成过程中，充分听取对方当事人及其他利害关系人的意见，给权利受到影响的人陈述和质辩的机会。科技奖励虽没有直接规定听证程序，却规定了与听证有异曲同工之妙的异议处理程序，确保科技奖励评审工作接受社会监督。授奖主体通过异议处理程序，可以兼听不同意见作为决策参考，以最大限度地减少评审随意性，修正失误。《国家科学技术奖励条例实施细则》第六十三条规定，"国家科学技术奖励接受社会的监督。国家自然科学奖、国家技术发明奖和国家科学技术进步奖的评审工作实行异议制度。任何单位或者个人对国家科学技术奖候选人、候选单位及其项目的创新性、先进性、实用性及推荐材料真实性等持有异议的，应当在受理项目公布之日起60日内向奖励办公室提出，逾期不予受理。"第六十七条规定，"为维护异议者的合法权益，奖励办公室、推荐单位及其工作人员和推荐人，以及其他参与异议调查、处理的有关人员应当对异议者的身份予以保密；确实需要公开的，应当事前征求异议者的意见。"第七十一条第一款规定，"奖励办公室应当向相关的国家科学技术奖评审委员会报告异议核实情况及处理意见，提请国家科学技术奖评审委员会决定，并将决定意见通知异议方和推荐单位、推荐人。"第三，科技奖励还规定了回避制度。《国家科学技术奖励条例实施细则》第八十条规定："国家科学技术奖评审实行回避制度，与被评审的候选人、候选单位或者项目有利害关系的评审专家应当回避。"

（二）行政奖励的制度缺陷

在充分肯定行政奖励制度已有绩效的同时，我们也不得不遗憾地指出，与行政处罚、行政许可、行政强制等行政行为相比，行政奖励的法治化程度仍然很低，行政奖励权力尚很少受到法治原则的规范和责任行政的制约；有些行政奖励既无组织法依据，又无行为法依据，完全处于行政主体的自由掌控之中；有些行政奖励虽有制度依据，但在实践中却未得到严格遵从。行政奖励法律监督机制的缺失与无力更加助长了行政主体的专断与恣意，使行政奖励激励行政相对人、促进国民经济和社会发展的政策目标几乎化为乌有。

具体说来，行政奖励存在的主要制度缺陷有：①

1. 行政奖励观念滞后

在行政奖励实践中，恩赐观念根深蒂固。一些行政主体根本不将行政奖励视为行政相对人的权利，奖励与否、奖励多少完全由行政主体说了算；多数行政相对人对行政主体随意、恣意履行行政奖励职责的行为，亦由愤愤不平到见怪不怪。应当说，行政奖励观念并不是行政奖励制度的内在组成部分，但是，"行政法制观念与行政法律制度之间具有较强的互动性"②，作为行政奖励制度建构的外在环境之一，行政奖励观念对建立和完善行政奖励制度具有特别重要的意义和十分重大的影响。从一定意义上甚至可以说，当下中国行政奖励制度存在的问题主要归因于观念的滞后。

2. 行政奖励法律规定不够完善

（1）某些领域行政奖励法律规定阙如。如前所述，我国已颁布实施了一批包含有行政奖励内容的法律法规，然而，从总体上讲，行政奖励立法仍然处于滞后状态，一些应受奖励的行为由于缺乏法律规定而得不

---

① 早在 20 世纪 90 年代初期，就有学者明确指出了行政奖励存在的制度缺陷：法制观念淡薄；法律依据不足；制度发展失衡。（参见应松年主编：《行政行为法》，人民出版社 1993 年版，第 413—415 页）

② 罗豪才：《现代行政法制的发展趋势》，《国家行政学院学报》2001 年第 5 期。

到应有的肯定和鼓励。以见义勇为奖励为例，近十几年来，我国已有 19 个省、自治区、直辖市制定了见义勇为奖励规定，如河南、浙江等；地市级颁布相关法规、规定的已有 50 余个。① 但是，迄今为止，国家尚未制定一部统一的奖励见义勇为行为的法律、法规。

（2）既有行政奖励法律规定存在欠缺。除科技奖励、举报奖励等少数行政奖励法律规定外，其他行政奖励法律规定多是宣言式、号召性的，操作性和执行力较弱。正如有的学者指出的那样，"行政奖励还没有很好地法制化，行政奖励的条件（标准）、奖励形式、奖励权限和奖励程序还有待完善，对行政奖励的异议和救济渠道还不畅通"。② 具体表现是：第一，主体含糊。通观行政奖励法律法规，主体不明、权限不清问题十分突出。有些没有规定授奖主体；有些只规定由"国家"或"人民政府"给予行政奖励；有些规定了多个奖励主体。第二，条件笼统。就一行为是否能引起行政奖励的后果而言，法律必须规定明确的标准以资判定。国外有关行政奖励的内容规定十分明确、具体，美国 MB 奖和日本经营管理质量奖均规定了十分缜密、精巧的获奖条件。比较而言，我国行政奖励条件模糊、笼统，法律法规经常使用"显著成绩""突出贡献"等弹性较大的用语。第三，种类、级次不明。行政奖励依内容的不同分为不同的种类，每种奖励又依等级的不同分为不同的级次。目前状况是，多数法律法规未明确行政奖励的种类或级次。第四，缺乏程序性规定。法律法规不仅欠缺抑制行政奖励权力恣意的程序，甚至连具体的工作流程也付之阙如。第五，没有责任内容。现代政府的本质是法治政府、责任政府，权责一致是行政主体行使行政权力的基本要求。然而，在行政奖励法律法规中，行政主体长期处于责任空白状态。第六，救济渠道不畅。对行政奖励能否给予法律救济，行政奖励法律法规及《行政复议法》《行

---

① 参见翟惠敏：《抢险救灾救死扶伤首次纳入见义勇为表彰范围》，《法制日报》2001 年 10 月 19 日。

② 参见应松年、袁曙宏主编：《走向法治政府——依法行政理论研究与实证调查》，法律出版社 2001 年版，第 266 页。

政诉讼法》和《国家赔偿法》均未明确规定。

3. 行政奖励实施混乱

（1）随意设定行政奖励。在行政奖励现行法律规定中，有些没有规定设定权限；有些规定了设定权限，也未得到严格遵从。其直接后果是，行政奖励名目过多、过滥，甚至徒有虚名。

（2）不够公开和透明。目前，行政公开尚未成为规范行政奖励实践的法律原则，有些行政奖励是在授奖部门一方知情的情况下进行的。这种"暗箱操作"的行政奖励，不仅欠缺公正性，而且成为腐败现象滋生的土壤。例如，沈阳市政府为鼓励招商引资，制定了《沈阳市招商奖励规定》和《沈阳市招商引资奖励办法》。1998 年 12 月，马向东请示时任沈阳市市长的慕绥新同意，决定按有关规定对沈阳市王家庄项目引进外资工作中做出贡献的人员给予奖励。由于奖励欠缺透明性，致使 100 万美元的奖励资金大部分被马向东等人私分。[①]

行政奖励的无法和无序已经到了非治不可的时候了。

（三）对行政奖励法治化的理性思考

1. 行政奖励法治化的必要性

行政奖励是否应纳入法治的轨道，行政奖励应在多大范围和多大程度上接受法律的规范和治理，行政法学界对此尚没有统一认识。[②] 从维护公民权益、规范行政行为的角度出发，任何直接影响行政相对人权利的行为都必须接受法律的规范和治理，而不论该行为是侵害行为还是授益行为，是消极行为还是积极行为。行政奖励概莫能外，理由是：

[①]　参见玄红云、赵辉：《赌市长的毁灭之路——沈阳市原常务副市长马向东的堕落轨迹》，《中国监察》2001 年第 24 期。

[②]　有学者从侵害行政和授益行政的角度加以论证，得出授益行政无需法律依据和法律授权的结论。（参见傅士成：《行政强制研究》，法律出版社 2001 年版，第 26 页）有学者从行政行为是否直接影响行政相对人权利的角度进行阐述，认为凡是直接影响行政相对人权利的行为，都要纳入法律规范的范围。（参见罗豪才、甘雯：《行政法的"平衡"及"平衡论"范畴》，载于罗豪才主编：《现代行政法的平衡理论》，北京大学出版社 1997 年版，第 39 页）

第一，有利于彰显政府的政策取向和价值偏好，激励、引导行政相对人积极作为。将受奖行为通过法律形式确定下来，可以表明国家对该行为的态度，可以使行政相对人明确自己的努力方向，并根据可预期权益的大小调整自己实施受奖行为时的努力程度。相反，如果行政奖励的设立、实施、废止乃至取消没有法律规范，完全由行政主体凭主观喜好相机行事，行政奖励就会变得很随意，行政相对人既无从知晓政府的政策取向和价值偏好，也无从进行行为、目标预测，行政奖励的激励、导向作用将荡然无存。

第二，有利于制约行政主体滥用权力，保护行政相对人的合法权益。在行政奖励法律关系中，获得奖励是行政相对人的法定权利。然而，鉴于行政相对人无法通过自力实现奖励权力，必须有行政权力介入其中。本质上讲，给予行政奖励是行政主体的职责和义务，但是，行政主体在权力、义务方面具有重合性，行政奖励在形式上仍然体现为行政权力的运作。此外，为避免行政相对人滥用奖励权力，也需要赋予行政主体某些必要的管理、监督权力。经验表明，凡是有权力的地方就存在着权力被滥用的危险，行政奖励也不例外。因此，对行政主体的奖励权力，必须通过法律加以限控和制约，只有这样，才能确保行政相对人的奖励权力从应然状态转变为实然状态，解决行政奖励现存的合法性危机。

第三，有利于维护国家和公共利益。行政奖励资源归国家所有，是否给予行政相对人行政奖励，必须由法律加以调整，不能由行政主体自行决定。否则，就有可能在某些行政相对人获得额外权益的情况下，损害国家和公共利益。

"赏与罚，是矛盾的对立统一，是行政管理手段的两个方面。如果我们疏于规范奖励，严于规范处罚，就像我们轻视奖励、重视处罚一样会犯不可挽回的错误。"① 尽管行政奖励在事实上为行政主体实现某些可欲的行政目标提供了一种行之有效的手段，但是，不符合法治原则和法治

① 袁曙宏：《治理一下"乱奖励"如何》，载于袁曙宏：《社会变革中的行政法制》（中国法学家自选集），法律出版社 2001 年版，第 275 页。

精神的行政奖励必须被改写和修正，出于某些权宜性考虑而将它们正当化的做法是危险的，因为社会的文明与进步不仅取决于经济的发展，更取决于制度的合法性与有效性。

2. 规范行政奖励的基本路径

行政奖励必须受到法律的规范，这是法治原则的基本要求。但是，如何对行政奖励进行法律规范，尚是一个具有拓荒性和创新性的课题。

回溯行政法治的发展历程，可以为我们提供规范行政奖励的基本思路。

第一阶段，即"无法律则无行政"的传统法治阶段。在自由资本主义时期，法治以控制行政权力为全部要旨，并通过有关制度安排得以实现。《行政法控权理论研究》一书将传统行政法控权模式归纳为以下三个方面：第一，限制行政权力；第二，遵循规则主义；第三，司法审查。①

第二阶段，即限控自由裁量权的现代法治阶段。随着经济发展和社会进步，行政事务急剧增加，行政职能开始扩张，自由裁量权不断扩大。自由裁量权一方面有利于行政主体协调、整合多元利益冲突，增进社会福祉；另一方面，也增大了行政主体滥用权力、侵害公民权益的危险。自由裁量权的出现和扩大，使传统行政法治的某些做法在限控行政权力方面捉襟见肘、力不从心。在这一背景下，传统行政法治发生了根本性的观念转换和制度变迁，新的权力制约方式应运而生。

（1）规则、原则并举。以实体规则制约权力，法的制约效果与实体法规定的细密程度成正比，实体法规定得越具体、越完善，制约效果越明显。在传统行政法治时期，行政权被限定在极其狭小的范围内，法律规则自身足以胜任调整和规范行政法律关系的工作，不需要法律原则做补充。但是，随着自由裁量权的增加，规则控制的局限性逐步暴露出来：一方面，法律规则不可能对行政权力的每一方面都作出详尽、完备的预期和规定；另一方面，灵活、能动的行政权也不可能受到规则细密、严谨的约束。相对而言，法律原则既能为自由裁量权的行使提供规矩和绳

---

① 李娟：《行政法控权理论研究》，北京大学出版社 2000 年版，第 42—114 页。

墨，又不像法律规则那样事无巨细、束手束脚。规则、原则并举，可以使行政法治在法律的规范性和行政实践的灵活性之间保持适当的平衡。

（2）实体、程序并重。在传统控权模式下，实体规则侧重于事前控制，司法审查则注重事后监督，双方均未能涉足行政权力的运行过程。行政职能扩张以后，实体规则的控权作用被大大削弱，行政法不得不转而求助于程序的规则，即从行政程序方面来协调自由裁量权与法律控制的关系，程序化成为现代行政法发展的新趋势。"用实体——程序控权模式来取代单一的实体控权模式，或者说以正当程序模式的行政法弥补严格规则模式行政法之不足，已成为当代行政法发展的潮流。"①

行政奖励是在行政权力激增、行政法治原则发生根本变化的情况下出现的一种新型行政行为。对行政奖励进行法律规范，必须适用现代行政法治的理念和方法——规则、原则并举，实体、程序并重。

二、行政奖励权利义务配置

行政奖励确立的行政目标能否实现，从根本上取决于主体双方权利义务配置状况。只有通过立法科学、合理地配置行政奖励权利义务，才能确保行政奖励主体双方积极行使权利、全面履行义务，实现行政奖励激励行政相对人、推动经济发展和社会进步的立法初衷。

（一）行政相对人在行政奖励中的权利义务

1. 行政相对人在行政奖励中的权利

与其他行政法律关系不同，行政相对人在行政奖励中的实体权利具有更大的主导性，是配置主体双方权利义务关系的基本点。

行政相对人在行政奖励中享有如下权利。

（1）获得奖励权。这是行政相对人的实体权利，是行政相对人全部权利的核心与归宿。获奖权利使行政相对人依法享有了对行政奖励内容的所有权、使用权和处分权。正是由于行政相对人享有了获奖权利，其才有权要求行政主体履行给付义务。符合条件的行政相对人获得奖励，

---

① 孙笑侠：《论新一代行政法治》，《外国法译评》1996 年第 2 期。

虽然也要经过行政主体的审查和核准，但是，是否给予行政奖励在本质上已经不再是行政主体的实体权力，而是其法定职责和义务。

（2）申请奖励权。指行政相对人就自己的获奖权利向行政主体提出请求。就其本质而言，申请权是程序性权利；就其内容来讲，申请权是请求得到行政奖励这一实质利益。"程序开始于申请，终止于决定。"①没有申请，行政相对人就无法启动奖励程序，参与奖励过程，主张奖励权利。可见，行政相对人是否享有行政奖励申请权，是行政奖励权利义务配置的一个重要环节。

（3）知情权。指行政相对人有权知晓行政奖励的法律规定，有权被告知给予或拒绝其行政奖励的依据、理由及相关内容等。

（4）申辩权。包括说明事实真相的解释权和维护合法权益的辩护权。在行政主体作出行政奖励决定之前，行政相对人有权进行陈述、举证、质证和辩论。

（5）救济权。"无救济则无权利"，救济是对行政相对人行政奖励权利的保障和补救。对符合条件未获得奖励或未获得应有奖励的行政相对人，应当赋予其提起行政复议、行政诉讼和获得国家赔偿的权利。

2. 行政相对人在行政奖励中的义务

权利和义务是相对应的一对范畴，行政相对人在享受权利的同时必须履行相应的义务。具体为：

（1）实施受奖行为。受奖行为一般不是行政相对人应当履行的义务。但是，对欲求获得行政奖励的行政相对人而言，实施受奖行为则是获得行政奖励的必要前提，没有受奖行为，也就无所谓受奖权利。正是从这个意义上讲，受奖行为由非义务行为转化为义务行为。

（2）依法履行申请程序，如实申请行政奖励。行政相对人在申请行政奖励时，应当按照法律要求，实事求是地提供有关材料，不得弄虚作假、欺骗行政主体。对此，已有法律法规作出规定。例如，《国家科学技术奖励条例》第二十一条规定：剽窃、侵夺他人的发现、发明或者其他

---

① 季卫东：《法律程序的意义——对中国法制建设的另一种思考》，季卫东：《法治秩序的建构》，中国政法大学出版社 2000 年版，第 22 页。

科学技术成果的，或者以其他不正当手段骗取国家科学技术奖的，由国务院科学技术行政部门报国务院批准后撤销奖励，追回奖金。

（3）接受行政处理。行政相对人采取欺诈或其他不正当手段获得行政奖励，或者在获得奖励后作出有损行政奖励行为的，必须接受行政主体撤回奖励、给予行政处罚等行政处理。

（二）行政主体在行政奖励中的权力义务

1. 行政主体在行政奖励中的权力

行政奖励是行政相对人的权利，行政主体必须依法承担义务、履行职责，确保行政相对人权利得以实现。因此，在行政奖励法律关系中，承担义务、履行职责是行政主体权力义务内容的主要方面。

但是，如前所述，行政主体在行政奖励中也必须享有某些权力。包括：

（1）设定权。在符合法治原则的前提下，一定级次的行政主体可以享有设定行政奖励的权力。例如，长沙市地方税务局制定了《长沙市地方税务局发票抽奖办法》，规定消费者按要求取得长沙市地方税务局管理的普通发票后，可以参加发票抽奖活动。①

（2）评审权。在行政奖励中，行政主体有权就行政相对人是否实施了法律规定的受奖行为，是否具有获奖资格等内容进行审查、评定。享有行政奖励评审权的行政主体主要分为两类：一是应受奖行为的主管行政机关；二是专门的审查机构。为确保行政奖励公正、公平，对于专业性、技术性较强的奖励，法律一般将评审权授予专门的评审委员会或有关权威机构。例如，《国家科学技术奖励条例实施细则》第七十五条规定，国家科学技术奖由评审委员会进行评审。

（3）核准权。是指经过审查、评定后决定授予行政奖励的权力。核准权，是行政主体在行政奖励中的主要权力，对是否给予行政奖励具有决定性作用。只有经过核准的奖励，才能进入实施阶段。行政奖励一般由原评审机关核准，但特别和重大的行政奖励，一般应报请上一级行政主体核准。

---

① 长沙市地方税务局"发票抽奖及举报有奖宣传材料之二"，2001 年 3 月 1 日起执行。

（4）撤销权。对行政相对人采取欺骗手段获取行政奖励的，或者在授予行政奖励后有损荣誉称号的行为，行政主体一经发现，有权撤销行政奖励，收回已经颁发的奖金、证书等相关奖品。《国家科学技术奖励条例》第二十一条规定："剽窃、侵夺他人的发现、发明或者其他科学技术成果的，或者以其他不正当手段骗取国家科学技术奖的，由国务院科学技术行政部门报国务院批准后撤销奖励，追回奖金。"《教学成果奖励条例》第十五条规定："弄虚作假或者剽窃他人教学成果获奖的，由授奖单位予以撤销，收回证书、奖章和奖金，并责成有关单位给予行政处分。"

（5）行政处罚权。是指行政主体对违法行政相对人加以制裁的权力。《中华人民共和国科学技术进步法》第六十七条规定："违反本法规定，虚报、冒领、贪污、挪用、截留用于科学技术进步的财政性资金，依照有关财政违法行为处罚处分的规定责令改正，追回有关财政性资金和违法所得，依法给予行政处罚；对直接负责的主管人员和其他直接责任人员依法给予处分。"

2. 行政主体在行政奖励中的义务

（1）履行程序性职责。如接受申请、听取意见、说明理由，等等。

（2）给予行政奖励。对符合奖励条件的行政相对人，行政主体必须依法给予行政奖励。

（3）承担法律责任。如补正程序、撤销行政奖励、履行奖励义务、实施国家赔偿，等等。

三、行政奖励的基本原则①

行政奖励的基本原则，是指反映行政奖励基本特点、宗旨和精神实

---

① 行政奖励基本原则一直受到关注，几乎全部有关行政奖励的论著都涉及这一问题。（参见罗豪才主编：《行政法论》，光明日报出版社1988年版，第216页；应松年主编：《行政行为法》，人民出版社1993年版，第392—396页；应松年、袁曙宏主编：《走向法治政府——依法行政理论研究与实证调查》，法律出版社2001年版，第267页；姜明安主编：《行政法与行政诉讼法》，北京大学出版社、高等教育出版社1999年版，第196页；杨海坤：《论行政奖励》，《法学研究》1989年第3期；崔卓兰：《行政奖励若干问题初探》，《吉林大学社会科学学报》1996年第5期）

质，对行政奖励具有普遍指导意义或主导作用，在实施行政奖励时必须遵守的基本行为准则。其在内容上具有根本性，在效力上具有贯彻始终性。

行政奖励应当遵循法治、公正、信赖保护、效益等基本原则。当然，除此之外，具有普适性的行政法基本原则对行政奖励也同样具有指导作用和适用效力。

（一）法治原则

1. 奖励法治——原则支配与规则优先①

现代行政法治既重视规则治理，又强调原则作用，规则与原则的运用视情境不同而各有侧重。在侵害行政中，由于行政处罚、行政强制等行为对行政相对人的现有权利具有直接影响，为将侵害行政的范围和损害程度减少到最低限度，法治对侵害行政的限控较为严格，要求侵害行政必须具有明确的规则依据。相反，授益行政对行政相对人的现有权利没有实际损害，法治对授益行政采取了较为宽容的态度，行政主体在不违背法治精神和法律原则的情况下，享有较大的选择和活动空间，可以结合实际作出符合理性和公益的权衡与决策。行政奖励属于授益行政，对行政奖励法治化，应相对机动：能用规则调整的内容，尽可能适用规则调整——规则优先；对不必也不可能通过规则调整的内容，通过原则治理——原则支配。"原则支配"与"规则优先"是有机的统一整体，原则支配是行政奖励法治化的最低底线，任何行政奖励都不得违背法律原则，行政奖励的设定、实施，必须符合行政奖励基本原则的精神和要求。与此同时，倘若有更明确、更合理、更有效的法律规则，就要以规则为主，确保规则调整的实效。

目前，我国法律有关行政奖励的规则尚不完备，再加之法律文化中缺少适用法律原则的传统，致使行政奖励在实践中存在着"法治空洞化"的危险。因此，必须尽快将行政奖励纳入法治化的轨道。对已有的法律

---

① 在《行政法哲学》一书中，宋功德提出了限控激励行政应当采取"原则支配与规则优先"的观点。（参见宋功德：《行政法哲学》，法律出版社 2000 年版，第 460 页）

规定，要尽可能细化，使行政奖励在设定、主体、条件、形式、程序等方面具有明确的制定法上的依据；对没有规则而有可能制定规则的，要尽快通过立法制定规则，渐次扩大规则在行政奖励中的调整范围；对暂时没有法律规则或不能通过法律规则加以规范的，要通过法律原则加以限控。

2. **奖励法治的基本要求**

（1）依法设定行政奖励。对行政奖励的设定，即哪些主体有权以什么方式创制行政奖励，应以制定法的形式加以明确。从立法情况看，行政处罚、行政强制等侵害行政的设定权一直是法律规制的重点；相反，对行政奖励等授益行政的设定权问题，则较少涉及。

设定行政奖励也不能任意而为，它必须有助于实现行政目标，并不得损害国家、社会及他人利益。[1] 但是，考虑到行政奖励是授益行为，且是行政主体灵活施政的法律手段，因此，在规范行政奖励设定权方面，既要切实减少随意性，又要有效维护机动性。第一，适当降低设定行政奖励法律规范的级次。除重大行政奖励必须由法律、法规设定以外，其他行政奖励可以由规章、规范性文件依法设定。第二，在某些特殊情况下，作为一种例外，可以允许行政主体在不违背公共利益和法律原则的情况下，通过合同规制行政奖励。[2]

（2）依法实施行政奖励。即符合法定奖励权限、条件、形式和程序。

（3）依法追究法律责任。对行政主体和行政相对人的违法行为，均应依法追究法律责任。

（二）公正原则

公正是法律的基本价值和理念，也是行政奖励的正义和理性所在。

---

[1] 参见应松年、袁曙宏主编：《走向法治政府——依法行政理论研究与实证调查》，法律出版社2001年版，第266页。

[2] 余凌云在《行政契约论》一书中提出了通过合同进行规制的观点，并为这一规制的正当性进行了辩护。（参见余凌云：《行政契约论》，中国人民大学出版社2000年版，第194—215页）

奖励公正，可以提高其权威性和可信赖度，充分调动行政相对人的积极性；奖励不公正，如该奖未奖、畸轻畸重等，就会影响奖励的声誉，弱化行政奖励应有的激励和导向作用。

行政奖励公正原则要求做到：

1. 平等对待——行政相对人机会均等

平等对待要求行政奖励主体客观、公正地适用法律，对任何一方都不偏不倚、不亲不疏，任何组织和个人在同等条件下均享有同等的获奖机会和权利，行政相对人的民族、性别、身份、职业、文化程度、财产状况等条件不能成为特殊和例外的理由。

目前，在行政奖励实践中，行政主体并未真正做到平等对待。1999年5月23日，陕西咸阳秦都区沣东镇邵家村发生翻船事故，8人落水，沣东镇八家村五组村民马随意等人赶至现场，将落水者全部搭救上岸。事后，沣东镇政府召开表彰大会，5位村民领到了荣誉证书和200元至500元不等的奖金，对马随意等9人给予了口头表扬。马随意认为自己见义勇为的行为未得到应有的奖励，于2000年10月8日，向秦都区人民法院提起行政诉讼，要求沣东镇政府赔偿精神损失费和承担诉讼费3800元，并书面赔礼道歉。①

在此案中，马随意与其他村民实施了同样的受奖行为，按照平等对待原则，应当获得同样的行政奖励。但是，马随意却只获得了口头表扬，而未像其他人一样获得奖金。也就是说，在此案中，行政主体并未依据同一奖励标准平等对待所有行政相对人，致使实施同样受奖行为的行政相对人受到了不同的对待。

2. 论功行赏

论功行赏相当于行政处罚中的"过罚相当"，其基本要求是行政相对人的行为与其应得的法律后果相适应，即实事求是地按行为、功绩、贡献给予行政奖励，使行政相对人作出的有益于国家、社会的行为与受奖法律后果具有正相关性，有功有奖、无功不奖、功大大奖、功小小奖。

① 来源：无锡新传媒，据新华社西安3月26日电。

从社会实质公平的角度考虑，同等条件的人应当享有相同的权利、承担相同的义务，不同条件的人应当享有不同的权利、承担不同的义务。平等对待解决的是实施同样受奖行为的行政相对人应获得同样的奖励，即相同条件获得相同待遇；论功行赏解决的是实施不同行为的行政相对人在行政奖励中应当受到不同的待遇，即不同条件享受不同待遇。换言之，对实施不同行为、为社会做出不同贡献的人应以不同的法律后果区别对待。

论功行赏在行政奖励立法中已有所体现。例如，《税务违法案件举报管理办法》（已失效）第三十条规定："举报事项经查证属实，为国家挽回或者减少损失的，对举报的有功人员，按其贡献大小给予相应的精神鼓励或者物质奖励"。

3. 合理考量

行政主体在作出行政奖励过程中，要综合考虑各种因素。立法机关总是基于一定的目的而授予行政主体某种行政奖励权，同时要求该权力被合理行使。具体来说，合理行使行政奖励权必须符合下列标准[1]：第一，在有立法授权的情况下要符合授权目的，在无立法授权的情况下，要符合法律原则和法律精神。第二，行政主体在实施行政奖励时，应没有任何集团利益和个人偏私，通过行政奖励所要实现的是行政目标和公共利益，而非其他。第三，行政奖励应保持一定的连续性。行政主体在行政奖励中一旦确立了某些标准、原则，它就必须遵循，非有法定事由并经法定程序不得任意变更。只有这样，行政相对人才可以依据行政主体已经作出的行政奖励预见其行为后果，并在此基础上建立对行政主体的信任和期待。合理考量既为行政奖励主体的判断和选择留有一定的余地，也为行政奖励权力的行使设定了边界。

（三）信赖保护原则

是指行政主体对自己作出的行为或承诺应守信用，不得随意变更，

---

[1] 参见张明杰：《能动的行政——行政自由裁量权及其控制理论》，《外国法译评》1997年第3期。

不得反复无常。基本要求是：第一，行政行为具有确定力，一经作出，未有法定事由和未经法定程序不得随意撤销或改变；第二，对行政相对人的授益行政行为作出后，即使发现有轻微行政违法或对行政主体不利，只要不是因行政相对人过错所造成，则不得撤销或改变；第三，行政行为作出后，如发现有较严重违法情形或可能给国家、社会公共利益造成重大损失，必须撤销或改变时，行政主体对因撤销或改变而给无过错行政相对人造成的损失应给予补偿。①

第二次世界大战以后，实质法治思想取代了形式法治思想，行政行为的撤销或改变是否侵害公民信赖权益受到普遍重视，信赖保护原则在行政法上得以产生并发展。英美法系和大陆法系国家都非常重视对行政相对人信赖权益的保护，只是在具体做法上有所不同。我国行政法学者对信赖保护原则的研究刚刚起步，对该原则的含义、内容、适用方法尚缺少全面的认识，立法规定和司法适用更是处于空白状态。②

从案例谈起，更有助于我们分析和认识问题：江苏省某县发生了一起杀人犯罪案件，案发后，犯罪分子逃之夭夭。该县公安局刑警大队队长带队赴安徽省某村侦查，并允诺对抓到犯罪嫌疑人的人员给予10000元奖金。后来，村长抓获了犯罪嫌疑人，并向某县公安局申请奖励。刑警队长自称他的悬赏只是一种玩笑，某县公安局也不同意按照刑警队长的说法给付奖金，拒绝履行悬赏的承诺。于是，村长以该县公安局未能如实兑现奖励为由将该县公安局告上了法庭。③

此案的关键是：江苏省某县公安局刑警队长的允诺行为是什么性质的行为？对此案的审理应适用什么原则和规定？

原文作者高建民在案例评析中指出：第一，刑警队长的允诺行为与侦查任务有关，是职务行为。第二，江苏省某县公安局与安徽省村民之

---

① 参见姜明安：《新世纪行政法发展的走向》，《中国法学》2002 年第 1 期。

② 李洪蕾在《论行政法上的信赖保护原则——一个比较法的分析》（硕士学位论文）中，对信赖保护原则进行了有益的探索和尝试。

③ 参见高建民：《悬赏广告与政府守信》，《民主与法制》2001 年第 20 期。

间没有行政上的管理与被管理关系，因此，刑警队长的允诺行为不是行政行为，而是民事行为。第三，江苏省某县公安局的允诺行为具有悬赏广告的性质，应当用民事合同——悬赏广告的权利义务关系处理此案，即某县公安局必须兑现允诺，给予村长奖励。

原文作者通过对悬赏广告权利义务关系的分析得出某县公安局必须兑现奖励承诺的结论，值得肯定。但是，作者虽然承认刑警队长的行为是职务行为，却因在行政法律关系中难以找到保护村长权益的法律理由，不得不求助于民事上的诚实信用原则来约束行政主体。其不知，自己在得出某县公安局应当守信、兑现奖励承诺这一正确结论的同时，却陷入了刑警队长的允诺行为既是职务行为又是民事行为的逻辑悖论。行政奖励原则理论的匮乏是困惑原文作者的主要原因，解决这一问题的唯一正确方法是在我国行政奖励中导入信赖保护原则。

按照行政法上的信赖保护原则，当行政主体作出某种行政行为，行政相对人对此产生信赖并预期某种权益时，行政主体不能随意撤销该行为。刑警队长所实施的奖励行为具有行政行为的典型特征，村长对此产生信赖并基于信赖预期某种奖励权益实属逻辑之必然。某县公安局不管在事实上是否对刑警队长作出奖励授权，都不能在村长抓获犯罪嫌疑人后，以不同意刑警队长的说法而随意撤销该奖励行为；相反，它必须基于信赖保护原则兑现奖励承诺，如果确有必要撤销该奖励决定，某县公安局应当对村长给予赔偿。这一案例表明，在"依法治国"已经成为中国治国方略和伟大实践的今天，信赖保护远未成为规范行政行为的一个基本原则，行政奖励言而无信的问题还普遍存在。

信赖保护是确立政府威信的基础，是保护行政相对人合法权益的重要法律原则，"绝不能使那些受这些行动影响的个人因他们所具有的合法期望受挫而遭到伤害，而应当对他们因这种行动所蒙受的损失给予充分的补偿。"① 在行政奖励中，行政主体同样不能政策多变、"言而无信"

---

① ［英］弗里德利希·冯·哈耶克：《自由秩序原理》（上），邓正来译，生活·读书·新知三联书店1997年版，第276页。

(not credible)，只要行政相对人的行为达到了奖励条件的要求，就要及时兑现奖励。如果行政主体随意撤销已获得行政相对人信赖的奖励或者虽未撤销却不如期兑现奖励，并且对行政相对人不予任何补偿，那就势必降低政府威信，挫伤行政相对人实施受奖行为的积极性。

（四）效益原则

效益是法律追求的基本价值之一，也是衡量和评判法律制度运作状况的标准之一，其基本要求是以较小的成本耗费获取最大的经济和社会效益。经济分析法学派的代表人物波斯纳认为，在一个资源有限的世界里，效益是一个公认的法律价值，表明一种行为比另一种行为更为有效。[1] 行政奖励在本质上是行政相对人付出更多努力并获得奖励、国家以少量投入获取更大收益的"双赢"博弈，必须体现效益原则。只有在效益超过成本时，行政奖励才能增进社会资源的总体价值，促进社会的物质文明和精神文明；如果效益低于成本，那么该行政奖励就浪费了社会资源，没有存在的必要。

行政奖励作为一种制度安排和资源配置方式，总是需要成本的，包括直接成本和间接成本。直接成本是指行政主体在行政奖励中依法给付的物质和精神等方面的权益；间接成本是指行政主体在实施行政奖励过程中所耗费的立法、组织、审查、颁奖等支出。行政奖励的效益不仅包括经济效益，还包括政治效益、社会效益和伦理效益，有些效益是无法用经济分析方法衡量与计算的无形收益，如文明的社会风气，等等。[2] 因此，评价行政主体奖励行为的实施效益，不能像对待企业行为那样简单地适用成本—效益的分析模式，而要从国家、社会利益的高度进行全面分析和评判。

效益原则要求行政奖励所需成本小于行政相对人行为所产生的效益。行政奖励富有效益指以下三种情形。

---

[1] 参见［美］理查德·A.波斯纳：《法律的经济分析》（上、下），苏兆康译，中国大百科全书出版社 1997 年版。

[2] 参见沈宗灵主编：《法理学》，高等教育出版社 1994 年版，第 46 页。

第一，在相对简单的经济效益互换中，受奖行为经济效益产出大于行政奖励经济成本投入。这是一种较为理想的状态。事实上，在行政奖励中，几乎没有纯粹的经济交易，即使是经济功能很强的行政奖励，如税收优惠，也包含有价值、行为导向等社会效益。

第二，行政奖励经济成本大于受奖行为所产生的经济效益，但是小于受奖行为所产生的经济效益和社会效益二者之和。

第三，在单维博弈中，行政奖励成本大于行政相对人行为产生的效益，但在多维博弈中行政奖励成本小于收益，即促使更多的行政相对人实施受奖行为，其整体效益大于奖励成本。

我国对行政奖励效益问题向来不大重视，有些行政奖励就是在效益并不明显，或者是没有效益甚至是负效益的情况下进行的。例如，据《经济参考报》报道，某市为招商引资制定了一系列行政奖励政策，并且规定了硬性的任务指标，将招商引资任务下达到各单位，对完成任务者给予奖励，对完不成任务者给予处罚。一些单位为完成"招商引资"任务，不得不"八仙过海，各显其'能'"：有的将上一年的引资额度在下一年重复计算；有的为引进外资，不惜向外商许下种种优惠政策，事后却无法兑现。结果是年年报"招商引资"，年年不见外资进来，年年奖励完成任务的单位，年年不见"招商引资"成果。[1] 这样的行政奖励有何效益可言?! 它不仅没有取得预期的经济效益，没有激励行政相对人去招商、去引资，反而败坏了社会风气，助长了投机取巧、弄虚作假等不正之风。

强调行政奖励效益原则，对完善行政奖励制度具有重大意义：第一，可以深化对行政奖励实施效果的比较和认识。效益对行政奖励来说至关重要，只有有效益的奖励才具有存在和发展的广泛基础和无限机会。因此，行政主体在实施行政奖励中，必须在各种主观和客观、自然与人际条件的制约下，根据目的、效益尺度衡量、判断行政奖励的进展状况，对偏离目的、效益低下的行政奖励加以矫正，从而使行政奖励取得良好

---

[1]　参见陈国军：《岂能如此招商引资》，《经济参考报》2001 年 5 月 25 日。

的经济和社会效益，为更有效地实现促进经济发展和社会进步的行政目标服务。

第二，可以检验立法目的，使行政奖励应然价值与实然价值有机结合。创设、实施行政奖励的目的，是期望全面、完整地实现立法初衷和行政管理目标。如果行政奖励在实践中并未取得预期的经济和社会效益，那就说明立法目的可能不符合实际、过于片面或者存在其他问题，立法者就有必要检讨甚至修订现行行政奖励制度。

四、行政奖励的程序制约

现代程序理念认为，行政程序不仅是行为的过程和步骤，更是制约行政权力、规范行政行为的一整套原则和规则。在行政程序设计中，必须赋予行政相对人较多的程序权利，使行政相对人在行政决定形成过程中有资格、有权利与行政主体平等对话，从而有效制约、抗衡行政权的恣意、任性与专横，维护自身的合法权益。在行政程序研究和适用方面，学者对如何利用程序制度制约行政主体在侵害行政方面滥用权力问题关注较多，对授益行政中的程序问题重视不够，并且认为，侵害行政的方式和程序应当有严格的法定依据，授益行政的方式和程序则可以相对比较宽松。[①]

具体到行政奖励领域，程序规定不够统一、完善。有些规定了具体的奖励程序，如《国家科学技术奖励条例》；有些将奖励程序授予授奖机关，由授奖机关自由裁量，如《中华人民共和国消防条例》；有些对行政奖励程序未作任何规定，如《物价管理暂行条例》。三种情况又以后者居多，即多数法律法规未对行政奖励程序作出规定。从研究情况看，学界较为集中探讨的是实施行政奖励的具体步骤[②]，对听证及其他程序制度能

[①] 参见孙笑侠：《法律对行政的控制——现代行政法的法理解释》，山东人民出版社1999年版，第225页。

[②] 应松年主编的《行政行为法》一书和崔卓兰所著的《行政奖励若干问题初探》一文，论述的均是实施行政奖励的具体步骤，对限控行政奖励的程序制度着墨不多。

否适用、如何适用等问题，着墨不多。

（一）限制行政奖励恣意的程序制度

不论是侵害行政还是授益行政，只要存在着权力滥用的可能性，就存在着通过行政程序加以限控的必要性。对行政奖励，同样需要进行程序制约，所不同的是，该程序制约不仅需要依靠行政相对人的力量，而且还需要借助其他社会力量。这是因为，在行政奖励中存在着两种不同的利害关系：一方面，对应获而可能未获或少获行政奖励的行政相对人来讲，其与行政主体之间是矛盾、对立关系，行政主体权力的行使状况与其利益得失息息相关。对此，只要赋予行政相对人足够的程序权利，行政相对人自身便会在抗衡和抵制行政权力滥用方面表现出极大的兴趣和热情，倾其所有、尽其所能。另一方面，在行政相对人获得行政奖励的情形中，其与行政主体之间是和谐、一致关系，即使行政主体的奖励决定与法律不符，获利的行政相对人一般也不会对此提出异议。但是，这种行政奖励却破坏了法律的公正与公平，侵犯了国家和社会利益，同样需要灵活、有效的程序制度加以矫正。在这种情况下，社会制约就显得尤为必要和重要。

奖励公开是指将行政奖励权力运行的依据、过程和结果，除涉及国家安全或国家秘密并由法律规定不得公开的以外，一律公开，确保公众知悉、了解行政奖励权力运行状况。奖励公开的意义在于增强行政奖励透明度，防止任何隐蔽或幕后交易，杜绝"暗箱操作"，因为"用鬼鬼祟祟的行为影响这些官员，就是腐蚀我们的政府制度的核心内容——正当程序、公正裁判、诉讼公开、不偏不倚和未受不当影响的裁决。"[1]

目前，奖励公开远未成为行政奖励的程序制度。在法律规定方面，有些几乎没有奖励公开的规定，有些虽有规定但不够彻底。例如，《税务违法案件举报奖励办法》（已失效）第十一条规定："举报中心颁发举报奖金时，可应举报人的请求，简要告其所举报的税务违法行为的行政处

---

[1] ［美］伯纳德·施瓦茨：《行政法》，徐炳等译，群众出版社1986年版，第333页。

理决定，但不提供税务行政处理决定书及有关案情材料。"在行政奖励实践中，奖励不公开、不透明，"暗箱操作"问题普遍存在。行政奖励制度缺陷中的"沈阳投资奖励案"，就是一个非常典型的例子。

近几年来，随着行政程序理念的更新和各方对行政公开意义的认同，行政公开已开始步入行政奖励的制度实践，并被规定于某些行政奖励法律法规中。例如，《法治建设与法学理论研究部级科研项目管理办法（试行）》第三十九条规定："评奖本着公平、公正、公开的原则……"，第四十三条规定："司法部根据初审和咨评委奖项建议，决定评奖的等级，颁发奖金和获奖证书，并予以公布。"

专家论证、评审是指在行政奖励审查过程中听取有关专家、学者及权威机构的意见，并据此决定是否给予行政相对人行政奖励的程序制度。理由是：第一，受奖行为一般是超出行政相对人平均义务水平的行为，且"上不封顶"。受奖条件虽然法定，但难以细致化、明确化，法律不得不大量使用"无固定内容的条款"①，使行政奖励受奖条件在适用时存在较大的弹性。第二，某些受奖行为具有很高的专业性和技术性，使以专业和技术见长的行政主体也不得不自叹力有不逮，难以独自胜任评审工作。为确保行政奖励结果公正、合理，必须吸收社会力量参与评审，听取专家学者的意见，弥补行政主体在专业、技术方面的不足。专家论证、评审制度在我国已获得行政奖励立法的认可，如《国家科学技术奖励条例实施细则》第三十六条规定："聘请有关专家组成国家科学技术奖评审委员会"，负责科学技术奖励的评审工作；第三十七条第一款规定："国家科学技术奖励委员会委员 15—20 人。主任委员由科学技术部部长担任，设副主任委员 1 至 2 人、秘书长 1 人。国家科学技术奖励委员会委员由科技、教育、经济等领域的著名专家、学者和行政部门领导组成。委员人选由科学技术部提出，报国务院批准。"

回避是指授奖人员与行政奖励结果之间不能存在任何的直接利害关

---

① ［美］R.M.昂格尔：《现代社会中的法律》，吴玉章、周汉华译，中国政法大学出版社 1994 年版，第 184 页。

系，即奖励主体必须中立。我国现行行政奖励立法已有回避程序方面的规定，如《国家科学技术奖励条例实施细则》第八十条规定："国家科学技术奖评审实行回避制度，与被评审的候选人、候选单位或者项目有利害关系的评审专家应当回避。"

说明理由是指行政主体在实施行政奖励时，除法律有特别规定外，必须说明其作出该行为的事实、法律依据以及进行自由裁量时所考虑的政策、公益等因素。要求行政主体承担说明理由的义务，可以使行政主体在作出行政奖励时更加审慎，同时也便于对行政奖励的合法性与合理性进行事后审查和判断。

学界普遍认为，说明理由是为了确保行政相对人权益不受损害，因此，说明理由主要适用于对行政相对人合法权益产生不利影响的行政行为，对有利于行政相对人的行为则不必对行政相对人说明理由，这一观点已得到韩国、我国台湾等国家和地区立法的确认。① 根据这一原理，行政奖励说明理由，应仅限于行政主体驳回行政相对人奖励申请的情形。

异议处理是指在行政奖励初定之后、正式颁布之前，或在行政奖励决定之后，由社会公众在规定的时间内对受奖对象、受奖形式提出不同意见的制度。异议处理制度的设立，开辟了社会监督渠道，有利于知情公众反映意见，确保行政主体兼听、纳谏。异议人一般应以书面形式提出异议，并附有异议证据和理由，同时表明自己的身份。有权机关在接到异议材料后，应对异议内容进行初审，并在调查、核实的基础上，提出处理意见，向异议人作出反馈。目前，除科技奖励方面的法律法规外，其他有关行政奖励的法律法规也规定了异议处理程序，例如，《教学成果奖励条例》第十条规定："国家教育委员会对申请国家级教学成果奖的项目，应当自收到推荐之日起 90 日内予以公布；任何单位或者个人对该教学成果权属有异议的，可以自公布之日起 90 日内提出，报国家教育委员会裁定。"

---

① 参见王万华：《行政程序法研究》，中国法制出版社 2000 年版，第 181 页。

（二）听证：行政奖励程序公正的核心①

限制行政恣意、维护公民权利在行政程序法上最集中地表现在听证程序上。听证的实质在于为行政相对人提供与行政主体理性对话的机会，保证行政相对人受到平等对待，保证行政行为公正、可接受。

行政奖励虽然是行政相对人获得的额外利益，但是，行政相对人一旦实施了受奖行为，就当然享有了获得行政奖励权利的法定资格。如果行政主体不予行政奖励，就势必影响行政相对人根据法律或行政允诺而在将来必然享有的权益，即可期待权益。② 因此，在行政主体作出不予行政奖励决定时，必须听取行政相对人意见。然而，由于各国政府普遍面临公正与效率、成本与收益之间的制度矛盾，将听证程序遍及一切行政奖励显然不太现实。为了在公正与效率之间保持适当的平衡，行政奖励适用听证也应该是有限度、有范围的。具体讲，行政奖励是否适用听证，应同时考虑三个因素：一是受到行政奖励行为影响的权利或利益的性质；二是不听证对行政相对人权益造成侵害的可能性及行政主体在事后救济中可能付出的代价；三是听证的行政成本。鉴此，行政奖励听证目前以限于较高层次的精神奖励和较大数额的物质奖励为宜。

五、行政奖励的法律救济

（一）行政奖励的可诉性

尽管行政复议、行政诉讼等各种救济方式在救济主体、救济程序、救济效力等方面存在着明显差异，但是，其为行政相对人提供权利保障

---

① 对行政奖励能否适用行政听证、如何适用等问题，法律未作规定，学者也无直接述及。王克稳在《略论行政听证》一文中，认为行政听证能够适用于影响行政相对人权利义务的授益行政行为，但在所举例证中未包括行政奖励。（参见王克稳《略论行政听证》，《中国法学》1996年第5期）

② 1969年，丹宁勋爵在斯密特诉英国内务大臣案件中首先提出了可期待权益这一范畴，指当事人对其法律权利或自由在将来不被侵犯或可以获得某种法律权利、自由的合法期待。（参见 Margaret Allars：Introduction To Australian administrative Law, Butterworths, 1990, p.238）

的精神和品格并无二致。因此，对行政奖励能否获得法律救济问题，我们可以通过分析行政奖励的可诉性获得全面理解和正确认识。

行政相对人不服行政奖励能否提起行政诉讼，行政诉讼法未作明确规定，理论研究也少有探讨。对这一问题的关注，首先发轫于民众权利意识的觉醒。浙江王日忠[①]、江苏潘晓霞[②]，以不服行政奖励的一纸诉状，将行政主体送上了被告席，为行政奖励的权利本质"讨到了说法"，为行政奖励获得诉讼救济提供了司法范例。将行政奖励纳入行政诉讼受案范围，既理由充分，又势在必行。

第一，因行政奖励引起的纠纷具有可诉的法定利益。"有损害必有救济""无救济则无权利"。行政奖励是国家依法赋予行政相对人的法定权利，一旦行政相对人实施了法定受奖行为，其就相应享有了获得行政奖励的权利。行政主体如果不兑现行政奖励，行政相对人就拥有了可诉的法定权益。

第二，《行政诉讼法》在受案范围规定上，逻辑地包含了行政奖励。原《行政诉讼法》在受案范围规定上，采取了列举加概括的混合方式。[③]新修订的《行政诉讼法》承袭了这种混合方式，具体讲，一是该法第二条第一款以概括方式确立了行政诉讼受案范围的基本界限，即"公民、法人或者其他组织认为行政机关和行政机关工作人员的行政行为侵犯其合法权益，有权依照本法向人民法院提起诉讼。"二是该法第十二条既以列举方式规定了属于行政诉讼受案范围的各种具体行政行为，又以概括方式将行政相对人"认为行政机关侵犯其他人身权、财产权等合法权益

---

① 1998年5月30日，《法制日报》刊登了一篇题为《举报当然有功，依法请求奖励——王日忠状告杭州地税局》的报道。举报一公司偷税属实的王日忠，因杭州地税局不兑现举报奖金，向杭州市上城区人民法院提起诉讼。

② 马怀德：《税务局应该做什么——潘小霞诉南京市地税局一案》，中国检察日报国际网站，2000年3月29日。

③ 参见杨小君：《正确认识我国行政诉讼受案范围的基本模式》，《行政法学研究》1999年第4期；阎尔宝：《我国行政诉讼受案范围的再检讨》，《行政法学研究》2000年第3期。

的", 规定为行政诉讼的受案范围。行政奖励涉及行政相对人的财产权、荣誉权等基本权利, 按照《行政诉讼法》概括规定的精神和内容, 行政相对人对行政奖励不服, 可以向人民法院提起行政诉讼。

第三, 法院受理行政奖励诉讼案件并被学者认同的事实从实证方面说明, 将行政奖励纳入行政诉讼的受案范围不存在理念上的障碍。我国已发生多起因行政相对人对行政奖励决定不服而将行政主体告上法庭的案例, 且各地法院无一例外地受理了行政奖励诉讼。虽然我国在行政诉讼方面不实行判例制度, 一法院受理行政奖励诉讼的事实并不能成为他法院受理行政奖励诉讼的依据, 但是, 它从一个侧面表明, 对行政奖励权益提供司法保护, 不仅是行政相对人的夙愿, 也是司法工作者的共识。同样值得关注的是, 法院受案的举措获得了某些学者的首肯。他们认为, 行政奖励是行政主体对符合法定奖励条件的组织或个人赋予一定权益的行政行为, 行政相对人在其法定权益不能实现时, 有依法提起行政诉讼获取保护的权利。①

(二) 行政奖励纠纷类型

行政奖励纠纷, 是指行政主体与行政相对人因行政奖励而发生的争议。由于行政主体权力失控, 或者由于人们对法律的理解不同, 致使行政奖励纠纷在所难免。对行政奖励纠纷进行类型化研究, 有助于我们正确认识行政奖励纠纷的种类, 恰当适用判决形式, 有效救济行政相对人的奖励权益。

行政奖励纠纷主要分为以下几种类型。

1. 行政不作为引起的行政奖励纠纷

目前, 学者关于行政不作为的内涵分歧较大, 莫衷一是。② 一般认

---

① 参见姜明安主编:《行政法与行政诉讼法》, 北京大学出版社、高等教育出版社1999 年版, 第 194 页。

② 参见周佑勇:《论行政作为与行政不作为的区别》,《法商研究》1996 年第 5 期; 朱新力:《论行政不作为违法》,《法商研究》1998 年第 2 期; 石佑启:《行政不作为引起的国家赔偿责任探讨》,《行政法学研究》1998 年第 4 期。

为，行政不作为是指行政主体在行为方式上的不作为，不包括依禁令而不为。也就是说，行政不作为必为违法行为。这是因为：第一，行政不作为是法律行为，具有法律意义。因负有不作为义务而不为，即依禁令而不为，是一种事实状态，不能引起具体法律关系的产生、变更和消灭，在法律上没有对其进行调整和规范的必要。第二，行政行为具有程序与实体的不可分割性，在行政主体负有法定作为义务的情形下，其在程序上的不作为必定也表现为实体上的不作为。因而，行政不作为必定是违法行为。第三，行政不作为不同于拒绝履行。

行政奖励不作为由四个要件构成：第一，行政主体在法律上负有行政奖励的作为义务。行政奖励作为义务，是指行政主体依据法律、法规的规定，必须作出给或不给行政奖励的决定。第二，行政主体必须作为的客观条件已经成熟。法定作为义务由应然状态转化为实然状态，必须在特定事实和特定条件成熟时。也就是说，行政主体不履行行政奖励作为义务，必须是在行政相对人已经作为并提出奖励申请的前提下。第三，行政主体具有作出行政奖励决定的可能性。即行政奖励主体具有履行作为义务的意志、能力。因不可抗力等原因导致的行政奖励主体不作为，不是行政不作为。第四，行政主体在程序上不实施奖励行为。既可能是漠不关心、无动于衷，也可能是模棱两可、无故推托，还可能是粗心大意、疏忽遗忘等。具体包括两个方面：一是行政主体对行政相对人的奖励请求，没有明确的意思表示，既不批准也不拒绝。二是没有完成一系列的程序行为，尤其是具有实质性内容的最后核准程序。有必要说明的是，行政主体在程序上不实施奖励行为，必须超过一定时限，这一时限可以是法定时限，也可以是根据实际情况确定的时限，如参考时限、约定时限、合理时限等。

2. 拒绝奖励引起的行政奖励纠纷

拒绝奖励，是指行政主体通过作为的方式否定行政相对人的奖励请求，使行政相对人的获奖愿望不能实现。表现形式有两种：一是拒绝接受奖励申请。行政主体以行政相对人的奖励申请不符合法定条件为由予以驳回，使行政奖励无法进入实质运作状态。二是拒绝给予行政奖励。

行政主体虽然接受了行政奖励申请，但经过审查、核准，对行政相对人的奖励请求不予支持。

拒绝奖励与奖励不作为不同：第一，奖励不作为是不履行义务，而拒绝奖励是履行义务的一种方式。拒绝奖励在内容上虽然是否定的，但行政主体已经有了积极作为的表现。因此，拒绝奖励是奖励作为而非奖励不作为。第二，奖励不作为是违法行为，而拒绝奖励则既可能是违法行为，也可能是合法行为。从法理上讲，对法定的作为义务，法律要求行政主体必须作为，但不限于只作出肯定的内容。由于行政相对人不具备应受奖励的法定条件，行政主体有权拒绝奖励。

3. 行政主体滥用职权引起的行政奖励纠纷

滥用职权，是指行政主体拥有行政奖励权力，但在实施行政奖励时违反了法律赋予该权力的目的。根据《行政诉讼法》第七十条的规定，滥用职权是法院判决撤销的理由之一。

滥用职权与超越职权是性质不同的两种行为：一是外在表现形态不同。滥用职权符合行政行为的构成要件，即行政主体有权作为；超越职权则不符合行政行为的构成要件，即权限不合法。二是主观条件不同，滥用职权必须出于故意，即行政主体明知其行为违法，却积极实施该行为；超越职权既可能出于故意，如明知没有权力而积极行使，也可能是出于过失，如对职权理解有误。

滥用职权，是行政奖励违法的主要形式，也是引起行政奖励纠纷的主要原因之一。行政奖励滥用职权主要有三种表现方式：第一，不符合法律规定的目的。如果行政主体行使行政奖励权力不是出于公共利益，而是为了集团利益或个人利益，就不符合法定目的。第二，不适当的考虑。指行政主体在实施行政奖励时，考虑了不应当考虑的因素，或者未考虑应当考虑的因素。第三，明显不合理。指行政主体在实施奖励时，违背平等对待、论功行赏等公平原则。

4. 程序违法引起的行政奖励纠纷

对法律规定的行政奖励程序，行政主体必须遵守；在没有法律规定时，行政主体实施行政奖励，必须符合正当程序要求。任何违反法定程序的奖励都不具有成立的合法性。

除上述几种类型外，还有其他原因引起的行政奖励纠纷，如因行政主体超越职权或适用法律法规错误而引起的纠纷，等等。

（三）行政奖励救济形式

1. 苦情处理①和信访制度

苦情处理制度最初源于日本，是指由特别设立的苦情处理机关根据来自国民的苦情申诉，在进行必要调查的基础上，通过劝告、调停等措施谋求解决苦情的救济制度。我国的信访制度②与苦情处理制度有异曲同工之处。二者在救济主体、程序等方面虽然不像行政复议和行政诉讼那样正规，但是，只要运用、发挥得当，同样能为行政相对人提供有效的权利救济。

在世界各国纷纷寻求司法外替代纠纷解决机制的今天③，在我国现有法律文化和法治条件下，通过苦情处理和信访制度为行政相对人提供奖励救济，也不失为一种适宜的选择。

2. 行政复议

对行政奖励能否通过行政复议获得救济，法律并无明确规定。从行政奖励具有可诉性这一特征来看，对行政奖励适用行政复议应当不存在任何法理障碍。不仅如此，行政复议在行政奖励中应当而且能够发挥更大的作用，这是因为：第一，从域外经验看，行政复议制度受案范围比较宽泛、灵活，即只要有"利益损害"，就可以申请行政复

---

① 在日语里，"苦情"具有不平、不满、抱怨、牢骚、委屈、怨言等含义。

② "信访，是指公民、法人和其他组织采用书信、电话、走访等形式，向各级人民政府、县级以上各级人民政府所属部门反映情况，提出意见、建议和要求，依法应当由有关行政机关处理的活动。"（参见《信访条例》（1995年10月28日中华人民共和国国务院令第185号发布）第2条）

③ 自20世纪70年代以来，在被司法判决洪水困扰的欧美国家，出现了非司法化（dejudicialzation）倾向，司法外替代纠纷解决机制（Alternative Dispute Resolution, ADR）蓬勃兴起、方兴未艾。（参见何兵：《解纷机制重构研究——从解决法院积案的视角》，北京大学博士论文（2001年5月29日），第90页）

议。第二，行政奖励争议具有较强的行政性、专业性和技术性，在将行政奖励争议诉诸法院之前，由专家型的复议裁决者先行处理，便于快速解决纠纷。

但是，我国现行行政复议制度尚存在某些不足：一是复议主体不具有中立性；二是解纷程序缺乏自治性。从制度设计角度讲，行政复议相对较为便捷，对主体中立性和程序自治性的要求不像行政诉讼那样严格，但是，行政复议在主体中立性和程序自治性方面仍然必须满足必要的条件。否则，无论行政复议结果在客观形态上是否公正，其在主观意识和价值观念上都难以公正服人。换言之，提高行政复议受案率，强化行政相对人对行政复议的信心，仅仅通过提高行政主体和行政相对人的法律意识及行政复议主体的职业道德是难收其效的，根本出路在于制度创新和机制再造。

3. 行政诉讼

对行政奖励不服，可以提起行政诉讼。然而，行政奖励诉讼与现行行政诉讼机制之间，尚存在以下几个难以相容的问题：

（1）调解问题。《行政诉讼法》第六十条第一款规定："人民法院审理行政案件，不适用调解。但是，行政赔偿、补偿以及行政机关行使法律、法规规定的自由裁量权的案件可以调解。"即不适用调解是行政诉讼法确立的基本原则之一。理由是：第一，行政管理权是国家权力的重要组成部分，行使职权既是行政主体的权力，也是其义务和职责。任何行政主体都不能依自己的意志自由处分行政权。第二，人民法院审理行政案件，主要审查行政行为是否合法。在合法与否问题上，不存在第三个可供人民法院选择的答案。与原《行政诉讼法》不同的是，新修订的《行政诉讼法》增加了例外规定，即行政赔偿、补偿以及行政机关行使法律、法规规定的自由裁量权的案件可以适用调解。但是，遗憾的是，新的《行政诉讼法》仍未将行政奖励纳入调解范畴。在行政奖励法律关系中，虽然一方当事人也是行政主体，且其自身无权作出奖与不奖、奖多奖少的选择，但是，要求行政奖励则是行政相对人的权利，行政相对人在法律许可的情况下有权自由处分自己的权利，包括放弃行使行政奖励权。① 换句话说，在行政奖励问题上，行政主体与行政相对人之间在奖多奖少方面存在着讨价还价的余地。行政奖励诉讼能否适用调解，是一个亟待研究解决的问题。

（2）判决形式问题。按照原《行政诉讼法》第五十四条的规定，行政诉讼只有四种判决形式，即撤销判决、维持判决、变更判决和强制履行判决。从法律救济的实践看，对于行政奖励案件，上述判决形式很难完全满足需要，必须增加确认判决，即由人民法院在审查行政奖励行为的基础上，对行为的合法与否予以确认。例如，在行政主体不履行行政奖励法定职责的情况下，或者由于时过境迁，或者由于奖励对象已不存在，判决履行已无实质意义，只能适用确认判决，确认被诉行政奖励行为违法，为行政相对人及其继承人及早进入国家赔偿程序创造条件，也为法院赔偿判决提供依据和方便。② 令人欣慰的是，新的《行政诉讼法》增加了确认判决，满足了这一要求。

（3）公益诉讼问题。根据我国现行行政诉讼利益理论，提起行政诉讼的行政相对人以与自己权利或法律上的利益有直接关系为限。据此，在行政奖励法律关系中，只有认为行政主体的行政奖励行为侵犯其自身合法权益的行政相对人，才享有起诉权，其他组织和个人不能提起行政诉讼。但是，这不利于保护国家和公共利益，因为违法的行政奖励有时直接侵害的不是行政相对人的权益，而是国家和公共利益。在后一种情况下，与违法行政奖励行为有直接利害关系的行政相对人是受益者，其提起行政诉讼的可能性微乎其微。此外，除公共利益外，亦无其他任何行政相对人利益直接受损，按照现行行政诉讼法的规定，其他行政相对

---

① 行政奖励权利的可放弃性，即行政相对人可以放弃行使奖励权利，已被多数学者所认可。（参见方世荣：《论行政相对人》，第66页；姜明安：《行政法与行政诉讼法》（全国高等学校法学专业核心课程教材），第194页）
② 根据《最高人民法院关于执行〈中华人民共和国行政诉讼法〉若干问题的解释》第五十七条的规定，确认判决已有了明确的法律依据。

人也无权提起行政诉讼。

世界各国行政诉讼原告资格理论发展历程表明，行政诉讼原告资格存在着逐步拓展的态势，按时间进程可以分为直接行政相对人诉讼、利益影响人诉讼和民众诉讼。① 民众诉讼（包括公益诉讼）是一国行政诉讼制度发展到成熟阶段的必然结果，对保护公共利益、加强对行政主体的全面监督具有重要意义。比较而言，我国行政诉讼起诉资格过于严格，这不仅影响了行政诉讼功能的发挥，也阻碍了行政诉讼的进一步发展。因此，我们有必要借鉴其他国家和地区的做法，确立公益诉讼，允许那些没有利害关系的行政相对人代表公益对违法行政奖励提起行政诉讼。

4. 国家赔偿

从《国家赔偿法》规定的内容看，我国国家赔偿责任范围十分有限，行政奖励等授益行政尚不属于国家赔偿法明确规定的赔偿范围。但是，随着我国法制建设的不断加强，随着国家赔偿制度的日臻完善，行政奖励赔偿问题必将被提上议事日程。

---

① 参见邹荣：《行政诉讼原告资格综述》，《法学》1998年第7期。

| 第十九章 |
行政检查

黄学贤 　法学博士，苏州大学王健法学院教授，博士生导师。现任苏州大学学术委员会委员、王健法学院宪法学与行政法学博士点负责人、江苏省重点学科宪法学与行政法学学科带头人。兼任中国法学会行政法学研究会常务理事、中国法学会宪法学研究会理事、江苏省法学会行政法学研究会副会长、江苏省法学会港澳台法律研究会副会长。独著、合著：《中国行政程序法典化——从比较法角度研究》《跨入21世纪的中国行政法学》《国家公务员制度研究》《比较行政法——港澳台行政法析论》《行政诉讼：基本原理与制度完善》《权利·权力·监督》《中国行政法基础理论》《行政诉讼法学》《行政法制史教程》《行政许可法教程》《行政法学名著导读》《中国行政程序法的理论与实践》《行政诉讼若干问题研究》《行政公益诉讼研究》《行政协助及其相关问题研究》《中国行政法学专题研究述评》等专著、教材十余部；在《中国法学》等法学专业刊物发表学术论文一百余篇。

第一节　行政检查概述

一、行政检查的概念

随着行政执法活动的加强以及行政法学对行政执法行为研究的深入，行政检查已经成为行政主体行使行政职权，进行有效管理的重要手段，并成为我国行政法学研究的重要课题。由于行政领域的广泛和复杂，行使行政检查行为的主体众多、方法多样。就名称而言，实践中常用的有检查、监督、监督检查、督促检查、执法检查等等。涉及具体执法领域的行政检查名称则更是不胜枚举。例如涉及居民身份检查的用查验；涉及产品质量检查的用检验、抽样检验；涉及海关货物检查的用监管、开验、复验、提取货样；涉及婚姻登记问题的用查明；涉及动植物管理的用检疫；等等。在日、美等国家以及我国台湾地区的行政法及其行政法学中，有时也将行政调查作为行政检查的重要手段和范畴，有时也将行政调查的概念与行政检查的概念在同一层次上使用。①

在我国，行政检查作为一项重要的法律制度和行政执法的一种重要方式，有着十分丰富的内涵。但对于如何界定行政检查以及行政检查到底具有什么样的性质，长期以来我国学术界是存有分歧的。有学者认为："在行政监督检查中，相对人也要承担一定的义务，……但这种义务不影响相对人的实体权利和义务。"② 有学者认为，行政监督检查"基本上不产生法律效果，即大量活动属于行政事实行为，有些属于西方学术界称

---

① 参见［日］盐野宏：《行政法》，杨建顺译，法律出版社1999年版，第183页；王名扬：《美国行政法》，中国法制出版社1995年版，第325页；翁岳生编：《行政法》，中国政法大学出版社2002年版，第907—908页。

② 应松年、朱维究主编：《行政法与行政诉讼法教程》，中国政法大学出版社1989年版，第169页。

的行政上'准法律行为'。"① 有学者认为："行政监督检查是作为行政监督主体的国家行政机关的一种行政职能，是国家行政机关进行管理的法律手段之一，具有行政行为的性质。"② 有学者认为："行政监督检查，指行政权力主体对公民、法人或其他组织遵守法律和依法作出的行政决定正确执行的情况，进行调查、统计、督促并提出处理意见的活动。""监督检查是国家行政权力主体行使管理职权的活动，将影响公民、法人或其他组织的许多法律权利，产生重要的法律后果。"③ 有学者认为："行政检查是指行政主体依法对相对人遵守法律、法规、规章，执行国家计划、决定、命令的情况进行了解的行为。""行政检查是行政主体为实现政府对社会的管理而采取的职权行为，属于外部行政行为，是行政执法行为的组成部分。"④ 有学者认为："行政检查，也有称行政监督检查，是指具有行政监督检查职能的行政主体，依据法定的监督检查职权，对一定范围的行政相对人是否遵守法律、法规和规章，以及是否执行有关行政决定、命令等情况，进行能够影响相对人权益的检查了解的行为。""行政检查的性质，是指行政检查行为本身所具有的法律属性，即行政检查是行政主体依据法定监督检查职权对行政相对人所实施的一种具有行政法律效力的具体行政行为。"⑤ 有学者认为："行政监督有时又称行政监督检查，是指行政主体依法定职权，对相对方遵守法律、法规、规章，执行行政命令、决定的情况进行检查、了解、监督的行政行为。""行政监督的性质是一种依职权的单方具体行政行为，是一种独立的法律行为。"⑥ 有学者认为："行政检查是指行政主体，依法对行政相对人是否遵守国家的法律、法规、行政规章的情况，作单方强制了解的行政行为。""行政检查行为属于行政执法行为。尽管在一般情况下，行政检查

①　王连昌主编：《行政法学》，四川人民出版社1990年版，第224页。

②　张树义主编：《行政法学新论》，时事出版社1991年版，第142页。

③　杨海坤主编：《行政法与行政诉讼法》，法律出版社1992年版，第90页。

④　应松年主编：《行政行为法》，人民出版社1993年版，第347、348页。

⑤　王连昌主编：《行政法学》，中国政法大学出版社1994年版，第184、188页。

⑥　罗豪才主编：《行政法学》，北京大学出版社1996年版，第192、193页。

并不直接决定处置相对人的权利或义务，但它可能会直接或间接地妨碍行政相对人合法权利的行使，限制行政相对人的自由等。故也是产生法律效果的行为。"① 有学者认为："行政监督检查是指行政机关为了实现行政管理职能，对个人、组织是否遵守法律和具体行政处理决定所进行的监督检查。"② 有学者认为："行政检查是一种具体行政行为，而且是一种外部具体行政行为。"③ 有学者认为："行政监督是指具有行政监督权的行政主体依法对相对人进行检查、监督的行为。"④ 有学者认为："行政监督检查是指行政主体根据法定的行政监督权，对相对人遵守法律、法规和规章以及执行行政主体的命令、决定等情况进行单方面强制性了解的活动。"⑤ 有学者认为："行政检查是行政主体基于行政职权，对相对人执行法律、法规和规章以及有关行政命令、行政处理决定的情况进行单方面强制了解的具体行政行为。它是行政主体进行行政管理，监督相对人守法和履行法定义务的一个重要手段。"⑥ 有学者认为："行政检查是指行政主体基于行政职权依法对公民、法人或者其他组织是否遵守法律、法规及规章等的情况进行了解的行为。"⑦

从上述各个时期的有代表性的观点可以看出，学术界对行政检查含义的理解其共同点是，都强调行政检查是行政主体为实现行政管理目的的行为，因而必须依法进行；行政检查的内容是行政相对人遵守法律、法规、规章、行政决定等的情况。其不同点在于，有的学者强调行政检查能够影响行政相对人的权益，有的学者则不强调甚至回避这个问题，有的学者则认为行政检查只影响相对人的程序权利和义务而不影响相对

---

① 崔卓兰：《行政程序法要论》，吉林人民出版社1996年版，第126、127页。

② 罗豪才主编：《行政法学》，中国政法大学出版社1997年版，第194页。

③ 应松年主编：《行政法学新论》，中国方正出版社1998年版，第297页。

④ 熊文钊：《现代行政法原理》，法律出版社2000年版，第420页。

⑤ 俞子清主编：《行政法与行政诉讼法学》，法律出版社2001年版，第205页。

⑥ 沈福俊、邹荣主编：《行政法与行政诉讼法学》，北京大学出版社2007年版，第228页。

⑦ 马怀德主编：《行政法与行政诉讼法》，中国法制出版社2007年版，第197页。

人的实体权利和义务；有的学者强调行政主体进行相应的行政检查后必须提出相应的处理意见，但大多数学者则未强调这一点；有的学者强调行政检查的单方性、强制性；有的学者特别强调行政检查是外部具体行政行为。综观学者们的种种观点，关于行政检查之理解的最大分歧意见在于，有的学者认为行政检查会产生相应的法律后果，因而是具体行政行为；而有的学者则认为行政检查不产生法律后果，因而是行政事实行为或称为"准法律行为"。

我们认为，行政检查在行政管理活动中大量而又普遍地存在，可以说凡行政主体都有相应的行政检查权。在有些情况下，行政检查是行政机关作出行政许可、行政处罚等行政处理决定的先期行为，即行政检查是行政许可、行政处罚等行政行为程序的一个部分。如《消防法》第十五条规定："公众聚集场所在投入使用、营业前，建设单位或者使用单位应当向场所所在地的县级以上地方人民政府公安机关消防机构申请消防安全检查。公安机关消防机构应当自受理申请之日起十个工作日内，根据消防技术标准和管理规定，对该场所进行消防安全检查。未经消防安全检查或者经检查不符合消防安全要求的，不得投入使用、营业。"这里，消防机构的行政检查是有关单位获得行政许可的必经程序。又如《行政处罚法》第三十六条规定："除本法第三十三条规定的可以当场作出的行政处罚外，行政机关发现公民、法人或者其他组织有依法应当给予行政处罚的行为的，必须全面、客观、公正地调查，收集有关证据；必要时，依照法律、法规的规定，可以进行检查。"第三十八条规定，调查终结，行政机关负责人应当对调查结果进行审查，根据不同情况，分别作出决定。这里的调查或者检查实际上是行政处罚的一个前期程序。当然，这一前置性程序行为又为后续的行政处罚行为所吸收。例如，在黄某某与长沙某局物价行政检查纠纷上诉案中，上诉人黄某某与被上诉人长沙某局所产生诉争的物价行政检查，就是典型的行政处罚的前置性程序行为。2010年3月26日，黄某某在某某左家塘店购得"动心一族优质话梅""好味屋丁香杨梅""同享九制乌梅"各一件，价格标签分别标注为80g、250g、110g。黄某某发现实际重量分别为65g、240g、100g，遂于 2010 年 4 月向长沙某局举报。长沙某局于 2010 年 4 月 28 日派员前往某某店调查后，当场对某某左家塘店作出罚款 1000 元的处罚，并于 2010 年 5 月 13 日将《关于某某某某某公司某某某某分店价格举报的回复》邮寄黄某某，告知黄某某其举报的情况属实，已责令某某某分店加强管理，认真整改，规范商业行为，并依法给予了相应处罚，该回复中未将具体处罚结果告知黄某某。黄某某认为长沙某局没有依法向举报人履行告知义务，于 2010 年 5 月 28 日向湖南省某局提出行政复议，同年 6 月 17 日，湖南省某局作出了维持复议的决定。黄某某仍不服，要求撤销长沙某局《关于某某某某某公司某某某分店价格举报的回复》；确认长沙某局没有履行案件结果告知义务；判令长沙某局重新作出具体行政行为，向原审法院提起行政诉讼。原审判决驳回黄某某的诉讼请求。黄某某不服提起上诉。二审法院认为，长沙某局根据黄某某的举报，对某某左家塘店个别商品销售过程中，重量标注与商品实际重量不一致的问题进行查处后，已将查处结果书面告知黄某某。黄某某认为长沙某局没有依法履行向举报人告知办理结果的义务，与事实不符。长沙某局对某某某分店违规行为的处理，不构成对黄某某权利义务的实际影响，原审判决驳回黄某某的诉讼请求正确。黄某某要求长沙某局重新作出具体行政行为的诉讼请求不能成立，二审法院不予支持。依照《中华人民共和国行政诉讼法》第六十一条第（一）项之规定，判决如下：驳回上诉，维持原判。二审诉讼费 50 元，由上诉人黄某某负担。①

但是，无论是消防机构的行政检查，还是行政处罚机关的调查或者检查，在消防部门的行政许可或者行政机关的行政处罚程序中又都具有相对的独立性。有些情况下的行政检查无论在动机上还是在处理结果上，与行政机关的处理决定均不存在必然的联系，它只是行政机关的执法手段之一。例如，《海关法》规定，海关必须对进出境的运输工具进行检查，对进出境货物、物品进行查验，对进出境人员的证件进行查阅，对违反《海关法》以及其他有关法律、法规的嫌疑人进行查问。这里，海

---

① 湖南省长沙市中级人民法院（2011）长中行终字第 0007 号。

关的检查属于例行的或者经常性的工作。

总之，正确行使行政检查权是有效从事行政管理活动，实现行政管理目标的必不可少的手段和方法。如果不能很好地行使行政检查权，必然会给行政相对人的合法权益造成损害。因此，必须对行政检查予以有效的法律规范。而有效法律规范的前提是要对行政检查的内涵和性质作出科学的界定。我们认为，行政检查是行政主体基于其享有的行政职权，为了保障相应法律、法规、规章及有关行政命令、行政处理决定等得到遵守和执行，依法对公民、法人或者其他组织守法和履行法定义务的情况进行检查、了解、监督的外部具体行政行为。它是国家为了实现既定的行政管理目标而赋予行政主体的一项重要职权。行政检查一般又称为行政监督检查。

为了更好地理解行政检查的含义和性质，我们可以进一步揭示行政检查以下几方面的特征。

第一，行政检查的主体只能是法定的行政主体。在实践中，进行有关检查的主体很多。例如，行政机关的检查、法律法规授权组织的检查、权力机关的检查、人大代表的视察、检察机关对特定场所如监狱和看守所的检查、法院组织的对办案质量的检查、企业组织的安全生产检查、党委机关组织的党风党纪检查等等。但就主体要件来讲，能够进行行政检查的只有享有某项行政检查权的国家行政机关或者法律、法规授权的组织，其他任何个人或者组织均不能进行行政检查。

第二，行政主体必须在其职权范围内进行相应的行政检查。可以说，所有行政机关均有行政检查权。但是，任何行政主体都只能在其各自的职权范围内进行相应的行政检查，如工商部门不能进行税务检查，税务部门不能进行土地执法检查。任何超越职权的行政检查都是违法的。只能在其职权范围内进行行政检查的另一层意义是，不同的行政机关在进行行政检查时只能采取法定的措施，而不能采取法定以外的其他任何措施。至于行政活动中经常出现的多个部门共同执法的情况，那是另一回事，是共同执法主体的联合执法，不存在超越职权的问题。

第三，行政检查的对象是作为行政相对人的公民、法人或者其他组织，个别情况下也可能是一定的物，如在持有人不明情况时的特定物品。行政检查的这一特征，表明行政检查是行政主体所为的外部行政行为。至于行政主体对内部相对人的监督行为，如行政机关在其内部所进行的行风检查、财务检查、卫生检查等不是这里所讲的行政检查。

第四，行政检查的内容是行政相对人遵守法律、法规、规章以及有关的行政命令、行政决定和履行有关法定义务的情况。通过行政检查，保证国家的法律、法规、规章以及有关的行政命令、决定得以贯彻落实和有效执行，从而完成行政管理的目标和任务。

第五，行政检查是行政主体所作出的、具有强制力的、能够影响当事人合法权益的具体行政行为。长期以来，人们对行政处罚、行政征收、行政许可等行为的行政行为属性已经有了深刻的理解，而对行政检查的行政行为属性还缺乏必要的认知，甚至认为行政检查不是行政行为。实际上，从行政检查的上述四个方面的特征就可以看出，行政检查当然会影响相对人的合法权益，产生相应的法律后果。因此，行政检查完全符合具体行政行为的要件，而不是不产生法律效果的行政事实行为。

第六，行政检查的方式、方法具有多样性和灵活性。由于行政检查主体的众多、对象的多样、事项的纷繁，决定了行政检查方式、方法的多样性。即使对同一种对象也可以根据需要采用不同的方式和方法进行有关的行政检查。而行政检查在检查手段、检查阶段、检查时间和空间等方面的灵活性，则更是显而易见的。

第七，行政检查是一种程序性较强的具体行政行为。相对于行政处罚、行政许可等直接对行政相对人实体权利和义务产生影响的具体行政行为而言，行政检查行为具有明显的程序性。这主要表现为行政检查行为一般不直接决定行政相对人的实体权利和义务，而只是在程序上限制行政相对人的有关权利或设定行政相对人的义务。

对于行政检查行为是否影响当事人实际权利义务的问题需要全面分析，不能简单对待。例如，广州市番禺区南村镇人民政府与广州市番禺区南村镇七星岗游船服务部检查记录行政纠纷一案。原审法院2011年6月24日，广州市番禺区南村镇安全生产委员会办公室（以下简称"南村安全办"）对原告广州市番禺区南村镇七星岗游船服务部进行安全检查，并制作《现场检查记录》，记载原告存在以下安全隐患：1. 超经营范围经营，2. 未建立安全责任制、未制定安全生产应急救援预案、应急演练资料，3. 未能提供安全主任证件和主要负责人证件，4. 救生员配备不足（按 500m² 配备一个救生员）且救生员上班时间不在岗位，5. 未能提供场内游船的出厂合格证。对原告提出整改意见：要求原告暂停营业、提供上述资料并检验合格方可营业。原告负责人陈炳祥在笔录上签名确认。南村镇社会治安联合整治行动组（以下简称"南村治安联合行动组"）同时查封了原告的经营场所。后原告游船业务暂时停止营业。原告对南村安全办作出的上述《现场检查记录》不服，诉至原审法院。原审另查明，南村安全办是被告广州市番禺区南村镇人民政府常设的内设机构，南村治安联合行动组是被告为加强社会治安综合治理工作而临时组建的机构。原审再查明，2012 年 2 月 23 日，被告解除对原告游船经营场所的查封，并通知原告可以恢复营业。但原告不同意撤回对被告作出上述《现场检查记录》的起诉。

原审法院认为：《最高人民法院关于执行〈中华人民共和国行政诉讼法〉若干问题的解释》第一条第二款第（六）项规定，对公民、法人或者其他组织权利义务不产生实际影响的行为不属于人民法院行政诉讼的受案范围。《广州市安全生产行政执法工作规则》第三十七条规定，《现场检查笔录》应按规范格式制作，详细记录检查的时间、地点、内容、发现的问题及其处理情况。由此可见，如果按照规范的执法要求，现场检查形成的书面记录只对生产单位的生产违法情况或是事故隐患作出客观记载，不为生产单位设定相关的义务，因而不具有可诉性。但在本案中，南村安全办于 2011 年 6 月 24 日制作的《现场检查记录》不仅对原告存在的安全隐患做了书面记录，同时还提出整改意见，要求原告暂停营业、提供上述资料并检验合格方可营业，并且查封原告的游船经营场所，造成了原告暂时停止营业的事实，因此，上述检查记录为原告设定了相应的义务，对原告产生了实际影响，属于行政强制措施，具有可诉性。原告不服南村安全办作出的上述《现场检查记录》向原审法院提起诉讼，属于行政诉讼的受案范围。被告认为上述《现场检查记录》不具有强制力、不对原告的权利义务产生实际影响、不具有可诉性，理由不成立，原审法院不予采纳。

《广州市安全生产条例》第四十四条规定，各级人民政府设立的安全生产委员会的主要职责是研究安全生产重大方针政策，协调、解决安全生产监督管理中存在的重大问题，支持、督促本级人民政府有关部门、下级人民政府或者本级人民政府派出机关依法履行安全生产监督管理职责。《广州市镇街安全生产委员会管理办法》第四条规定，镇、街安委会下设办公室，负责处理安委会的日常工作。由此可见，南村安全办作为被告内部的安监机构，其应当支持辖区内的安全生产监督管理工作，包括对生产单位进行安全检查，如实记录检查结果。本案中，南村安全办对原告进行安全生产检查，认为原告存在安全事故隐患，对其进行书面记录并无不妥，但其责令原告暂停营业，没有法律依据，属超越职权，其执法产生的法律后果由被告承担。

原审法院遂依照《最高人民法院关于执行〈中华人民共和国行政诉讼法〉若干问题的解释》第五十条第三款、第五十六条第（四）项、第五十七条第二款第（三）项的规定，判决：一、确认被告广州市番禺区南村镇人民政府作出的《现场检查记录》（0000471）中责令原告广州市番禺区南村镇七星岗游船服务部暂停营业违法；二、驳回原告广州市番禺区南村镇七星岗游船服务部的其他诉讼请求。

上诉人不服原审判决，向二审法院上诉称：一、一审认定本案属于行政诉讼的受案范围是错误的。南村安全办制作的0000471号《现场检查记录》仅为该办在履行日常监督检查职责过程中制作的记录文书，只是记录被上诉人经营场所内存在的安全隐患，同时提出指导性整改意见，未对被上诉人的权利义务产生实质性的影响，不属于人民法院行政诉讼的受案范围，应依法驳回原告的起诉。二、南村安全办按照相关规定在0000471号《现场检查记录》中记录的安全隐患内容及提出的整改意见均具有法律依据和事实依据，该办在本案中的检查行为并无任何不当，也没有任何越权行为。三、上诉人从未作出任何关于同意原告在南村镇七星岗公园经营水上游船项目的意思表示，被上诉人单方声称上诉人已经同意或授权其开展经营的说法没有任何依据。四、上诉人的行为未给被上诉人造成任何损失。上诉人请求：1. 撤销（2011）穗番法行初字第435号《行政判决书》；2. 改判驳回被上诉人的所有诉讼请求；3. 判令被上诉人承担诉讼费用。被上诉人答辩同意原审判决，请求予以维持。原审法院事实查明清楚，且有相关证据证实，二审法院予以确认。

二审法院认为：南村安全办于2011年6月24日制作的《现场检查记录》要求被上诉人暂停营业，为被上诉人设定了相应的义务，对被上诉人的权利义务产生了实际影响。被上诉人不服上述《现场检查记录》向原审法院提起诉讼，属于行政诉讼的受案范围。依照《广州市安全生产条例》第四十四条规定："各级人民政府设立的安全生产委员会的主要职责是研究安全生产重大方针政策，协调、解决安全生产监督管理中存在的重大问题，支持、督促本级人民政府有关部门、下级人民政府或者本级人民政府派出机关依法履行安全生产监督管理职责。"以及《广州市镇街安全生产委员会管理办法》第四条规定："镇、街安委会下设办公室，负责处理安委会的日常工作。"因此原审法院认定南村安全办作为上诉人内部的安监机构对被上诉人进行安全生产检查后责令被上诉人暂停营业，属超越职权范围，其法律后果由上诉人承担正确，二审法院予以维持。根据最高人民法院《关于行政诉讼证据若干问题的规定》第五十二条规定："本规定第五十条和第五十一条中的'新的证据'是指以下证据：（一）在一审程序中应当准予延期提供而未获准许的证据；（二）当事人在一审程序中依法申请调取而未获准许或者未取得，人民法院在第二审程序中调取的证据；（三）原告或者第三人提供的在举证期限届满后发现的证据。"上诉人在二审中提交的《广东省安全生产行政执法委托书》，不属于上述所列新的证据，故二审法院不予采纳。综上，原审法院判决确认上诉人广州市番禺区南村镇人民政府作出的《现场检查记录》（0000471）中责令被上诉人广州市番禺区南村镇七星岗游船服务部暂停营业违法，并驳回被上诉人广州市番禺区南村镇七星岗游船服务部的其他诉讼请求正确，二审法院予以维持。上诉人的上诉理由不成立，二审法院不予采纳。依照《中华人民共和国行政诉讼法》第六十一条第（一）项的规定，判决如下：驳回上诉，维持原判。案件受理费50元由上诉人广州市番禺区南村镇人民政府负担。[①] 本案中的行政检查实际上就对当事人的权利义务产生了实质性的影响。

第八，行政检查必须依法进行。既然行政检查是具体行政行为的一种，那么，行政主体就必须依法进行行政检查。而且行政检查在绝大多数情况下是行政主体的职权行为，即行政主体在绝大多数情况下不需要有相对人的申请，就可以对其进行有关的行政检查。因此，行政主体依法进行行政检查显得尤为重要。依法进行行政检查，除了行政检查主体合法、行政检查职权合法、行政检查措施合法外，还要求行政检查程序合法。例如，薛道华、白大兰诉四川省泸县公安局治安行政检查案。薛道华和白大兰系夫妻。白大兰在四川省泸县云锦镇石马街村经营一理发店，取名"梦兰美发室"，用于经营的场所为一间房屋，并用玻璃柜隔出部分空间做居住使用，有前后两道门。2005年9月6日22时27分，某举报人向泸县公安局电话举报有人在该室从事卖淫嫖娼活动，泸县公安局立即指令当地派出所出警检查，派出所指派两名民警驱车前往实施检查。民警到达现场，在敲"梦兰美发室"后门未开的情况下破门进入室内，发现薛道华和白大兰已上床就寝，民警当即表明执法身份和检查卖淫嫖娼嫌疑事项，责令薛、白二人穿好衣服接受询问。薛、白二人一边穿衣一边声明系合法夫妻，民警即要求其出示夫妻证明，薛、白二人拒绝出示并打电话叫来邻居和亲朋予以证实，因而聚集了众多围观群众。检查民警在得到群众的证实后即欲离开现场，薛、白二人和部分围观群众则不让民警和警车撤离。派出所和当地政府知晓后，立即派员赶赴现场。派出所指导员在问明情况后，当众向二人赔礼道歉，表示负责修补损坏的门锁，检查民警和警车始得撤离。次日，薛、白二人要求泸县公安局查处不实举报人时，该局制作了询问薛、白二人的询问笔录和检查笔录，并做了相应的调查取证工作。此事件，经四川省泸州市电视台以

---

① 广东省广州市中级人民法院（2012）穗中法行终字第431号。

"合法夫妻被抓现场"为题报道后，薛、白二人因泸县公安局未能查处举报人而提起行政诉讼。

二原告诉称，我们系合法夫妻，在2005年9月6日晚入睡后的11时许，被告泸县公安局的民警以涉嫌卖淫嫖娼为由，强行破门闯入二原告居住的"梦兰美发室"检查，严重侵犯二原告的财产权利和人身权利，且被告实施的检查没有相应的合法手续，程序不符合法律规定，请求确认被告的检查行为违法。被告辩称，本局接到群众举报称原告白大兰经营的美发室有卖淫嫖娼的嫌疑，遂依照职责指令当地派出所出警检查，到达现场检查的两名民警按照《公安机关办理行政案件程序规定》规定的程序表明了执法身份，事后也及时补办了检查审批手续和检查证。原告白大兰经营的"梦兰美发室"是营业场所，并非公民住宅，属于《公安机关办理行政案件程序规定》第六十七条第二款规定的可以事后补办手续的情形，因此，办案民警的检查程序不具有违法性。请求驳回二原告的诉讼请求诉讼中，二原告申请证人出庭作证，法院予以准许，发给证人出庭作证费用30元。

泸县人民法院经审理认为，被告作为治安行政管理机关，有权对违反治安行政管理秩序的嫌疑场所实施检查。但是，被告在本案中实施现场检查的民警仅亮明了执法身份而未出示检查证，不符合《公安机关办理行政案件程序规定》第六十七条第一款"为了收集违法行为证据、查获违法嫌疑人，经县级以上公安机关负责人批准，可以对可能隐藏违法嫌疑人或者证据的场所进行检查。检查时，须持有检查手续，并表明执法身份"的规定，故被告实施的检查行为不具有合法性。被告辩称事后及时补办了检查手续，符合该条第二款"因情况紧急，对单位确有必要立即进行检查的，办案人员可以凭执法身份证件进行检查，检查结束后，立即补办检查手续"的规定。法院认为，原告经营的"梦兰美发室"系营业和居住共用的场所，在非营业时间，该场所属于原告的居住用房，公安机关对其进行治安行政检查，不应适用《公安机关办理行政案件程序规定》第六十七条第二款的规定。据此，依照《最高人民法院关于执行〈中华人民共和国行政诉讼法〉若干问题的解释》第五十七条第二款第（二）项和《最高人民法院关于行政诉讼证据若干问题的规定》第七十五条的规定，判决如下：一、确认被告四川省泸县公安局于 2005 年 9 月 6 日晚对二原告经营和居住的"梦兰美发室"实施的治安行政检查行为违法。二、证人出庭作证的费用 30 元，由被告四川省泸县公安局负担。一审宣判后，双方均未上诉。①

行政检查行为中，行政机关特别要注意检查程序的合法性。一般法律规范中对行政检查程序都有明确的规定，行政机关必须遵守。例如《土地管理法》第六十八条规定："土地管理监督检查人员履行职责，需要进入现场进行勘测、要求有关单位或者个人提供文件、资料和作出说明的，应当出示土地管理监督检查证件。"

二、行政检查的作用

行政检查是众多行政行为中的一种，是行政执法行为的重要组成部分。与其他具体行政行为相比，行政检查在国家行政管理活动中发挥着极其独特的作用。主要表现在以下几个方面。

第一，行政检查是有效实现国家行政管理职能的重要手段。国家行政管理职能的实现有赖于多种手段。一般来说，由于分工的不同，不同的行政主体拥有不同的执法手段和方法。但行政检查却为拥有对外行使行政管理职权的行政主体所普遍享有。行政主体可以通过行使行政检查权，督促行政相对人自觉遵守法律、法规、规章等法律规范，严格执行行政机关的有关行政决定、命令，履行法定的义务，以保障国家行政管理职能真正落实到位。各行政主体越是依法进行有关的行政检查，国家行政管理的职能就越能得到充分而有效的实现。而且，行政检查作为一种独立的具体行政行为，其法律意义就在于，它虽然不能直接改变行政相对人的实体权利和义务，但它可以对相对人设定某些程序义务并对其权利进行一定的限制。所以，行政检查与行政立法、行政许可、行政处罚、行政强制等行为密切联系。实践表明，随着改革的深入，特别是随

① 四川省泸县人民法院（2005）泸行初字第 181 号。

着政府职能的转变和行为方式的改变，行政检查在实现国家行政管理职能方面的作用也越来越重要。

第二，行政检查是正确作出和执行有关行政行为的前提和基础。一个法律、法规、规章或行政命令在实施过程中实效如何，只有通过检查才能了解真实情况，才能使行政主体正确、果断地采取下一个步骤。当发现有关组织或者个人模范地守法、执法，作出贡献，就应该予以奖励；反之，如果发现违法情况，就要对违法人员或组织根据情况作出相应的行政处罚。同样，有关的行政决定也要通过行政检查才能了解相关行政相对人是否已经予以执行以及执行的效果如何。所以，正确的行政奖励、行政许可、行政处罚等行政决定的作出以及有关行政决定的执行，都离不开行政检查这个重要的前提。也就是说，在行政实践活动中，必须充分重视行政检查工作的功效，以利于提高行政行为的科学性与合理性，改善我国行政执法活动的现实状况。

第三，行政检查可以预防和及时纠正行政相对人的违法行为，推动行政相对人守法，从而保证法律规范的有效实施。建立稳定有效的行政检查机制对行政相对人的行为有一种外在的约束和影响作用，可以预防其实施违法行为，促使其严格遵守法律、法规、规章等法律规范，积极履行行政决定、命令及其他法律规定的义务。同时，行政主体还可以通过行政检查及时了解法律规范的实施效果，及时了解行政相对人守法的情况，尽早发现问题，及时发出警告，并促其迅速纠正，使被违法行为所破坏的正常的法律秩序尽快得以恢复，回到法治的轨道上来。

第四，行政检查能够推动行政立法的科学化与完备化。行政检查为行政立法活动提供了重要的信息和资料。通过行政检查可以及时反馈法律制度实施的实际效果，发现现有法律规范存在的疏漏与不足，从而促进有关机关及时修改、完善相关的法律制度；通过行政检查可以发现行政管理实践中尚有哪些方面存在法律制度的空白，哪些方面的法律制度已经不能够适应时代发展的需要，从而促进有关机关及时制定、废止相关的法律规范。正如有学者所指出的："行政检查既是执行法的措施和活动，又是检验法的实践活动，还是制定法、认可法和变动法的重要的信息来源，具有推动法制建设，完善社会主义立法的积极作用。"①

行政检查的意义表明，行政检查是行政法治建设的重要环节。国家管理和社会管理都离不开行政检查。但我们在强调行政检查重要作用的同时，要注意实践中的另外一种倾向，即过多过滥甚至违法的行政检查，在现实行政活动中还绝非个别。这种现象的存在，使行政相对人的合法权益有时遭受不应有的损害。值得庆幸的是，国家有关部门已经认识到这一问题的存在，并采取了相应的措施规范行政检查行为。例如，在1999年7月，由国家经贸委、计委、财政部、人事部、审计署、税务总局、统计局、工商行政管理局、质量技术监督局、外汇管理局联合制定了《控制对企业进行经济检查的规定》。该规定指出，除法律、法规规定外，经贸、财政、审计、价格、税务、工商管理、质量技术监督、外汇管理、统计等部门以外的任何行政机关不得擅自对企业进行经济检查。除法律、行政法规另有规定外，同一行政机关对企业的经济检查每年一般不得超过一次；税务机关对同一企业的税务检查，每年不得超过两次。又如，1999年8月，国家出入境检验检疫局在全国35个直属机构统一挂牌成立，标志着在我国延续了几十年的商品检验、动植物检疫、卫生检疫"各自为检"的体制成为历史，改变了过去出入境货物、车辆、人员多次报检、多次收费、重复检疫、重复管理的问题。这些现象正是我国将行政检查行为纳入法治化轨道的重要标志。

第二节 行政检查的种类与方法

一、行政检查的种类

行政检查，无论就其主体，还是其内容，抑或其对象来讲，都非常广泛。因此，学术界对行政检查的分类也呈现出诸多不同的观点。

---

① 杨生、孙秀君：《行政执法行为》，中国法制出版社2003年版，第619页。

有学者认为，根据行政检查的不同特点和作用，行政检查分为：1. 一般检查与特定检查；2. 专门检查与业务检查；3. 依职权的检查与依授权的检查；4. 事前检查与事后检查；5. 守法检查与执行检查。根据行政检查主体职能性质和检查业务范围，将行政检查分为：1. 公安行政检查；2. 财务税收行政检查；3. 工商行政检查；4. 物价行政检查；5. 资源行政检查；6. 卫生行政检查。① 有学者对行政检查作了分类：1. 一般监督检查与特定监督检查；2. 专门监督检查与业务监督检查；3. 依职权的监督检查与依授权的监督检查；4. 事先监督检查与事后监督检查。② 有学者认为，对我国的行政检查可以从不同的角度进行考察，从而作出分类：1. 一般行政检查与特定行政检查；2. 全面检查与专门检查；3. 书面检查与实地检查；4. 依职权的检查、依授权的检查与依委托的检查；5. 事前行政检查与事后行政检查；6. 联合行政检查与单独行政检查；7. 经常性行政检查和临时性行政检查、定期行政检查和不定期行政检查。③ 有学者认为，根据行政检查的范围和方式，可以对行政检查作出分类：1. 一般检查与特定检查；2. 专门检查与业务检查；3. 事先检查与事后检查；4. 依职权检查与依授权检查；5. 守法检查与执行检查。④ 有学者认为，研究行政检查的种类，是为了全面、深刻地认识这种行政执法行为，以便选择合适的种类，从而发挥行政检查的作用。该学者根据现有的法律性文件规定和行政检查实践，将个别的、分散的行政检查集中起来，经分类、归类有：1. 依职权行政检查与受委托行政检查；2. 单独行政检查与联合行政检查；3. 综合行政检查与统一行政检查；4. 主动行政检查与被动行政检查；5. 设卡行政检查与巡回行政检查；6. 普遍行政检查与抽样行政检查；7. 计划内行政检查与临时行政检查；8. 一般行政

---

① 参见王连昌主编：《行政法学》，中国政法大学出版社1994年版，第192—194页。

② 参见罗豪才主编：《行政法学》（修订版），中国政法大学出版社1997年版，第196—197页。

③ 参见应松年主编：《行政法学新论》，中国方正出版社1998年版，第299—301页。

④ 参见俞子清主编：《行政法与行政诉讼法学》，法律出版社2001年版，第208页。

检查与重点行政检查；9. 定期行政检查与即时行政检查；10. 常规行政检查与突击行政检查；11. 集中行政检查与分散行政检查；12. 一次性行政检查与跟踪行政检查；13. 全面行政检查与专项行政检查；14. 事前行政检查、事中行政检查与事后行政检查；15. 现场行政检查与书面行政检查。①

确实，由于行政检查主体的广泛性、内容的多样性、方式方法的灵活性，使得行政检查可以依据不同的标准进行多种分类。对行政检查的分类越是详细、全面，越有利于发挥行政检查的积极作用，也越有利于对行政检查的规范与控制。

（一）以行政检查的对象是否特定与具体为标准，行政检查可分为一般行政检查与特定行政检查。一般行政检查是指行政检查主体对不特定的行政相对人遵守法律、法规、规章、行政命令以及执行有关行政决定的情况进行的检查。一般行政检查的特点是，行政检查主体在其职权范围内，对所有符合接受行政检查条件或者属于行政检查范围的有关行政相对人所进行的行政检查。如教育部门对其所辖范围内的所有学校遵守教育法的有关情况的检查；物价部门对其所辖范围内的所有经营单位的物价情况的检查。特定行政检查是指行政检查主体对具体、特定的行政相对人遵守法律、法规、规章、行政命令以及执行有关行政决定的情况进行的检查。特定行政检查的特点是检查的对象是特定的、具体的。如教育部门对某中学教学质量的检查或对某小学收费情况的检查；医药行政管理部门对某医院药品质量的检查。值得注意的是，一般行政检查与特定行政检查并不是截然区分的，有时两者可以同时进行。注重宏观的一般行政检查与注重微观的特定行政检查如果能很好地结合起来，可以为立法部门提供较为全面的信息，为行政机关作出正确的行政决定提供资料。

（二）根据行政检查的内容是否单一，行政检查可以分为全面行政检

---

① 参见杨生、孙秀君：《行政执法行为》，中国法制出版社 2003 年版，第 620—637 页。

查与专业行政检查。全面行政检查是行政检查主体对行政相对人进行内容是广泛的、全面的检查，而不是针对相对人某一方面情况的检查。全面行政检查的特点是，行政检查主体对相对人的检查内容是多方面的，不是仅仅针对某一方面的检查。如教育行政部门对学校教育质量、教学管理、收费等情况进行的检查；企业主管部门对企业的产品质量、经济效益、环境保护、社会效益等情况进行的检查。专业行政检查是行政检查主体对行政相对人某一方面情况进行的检查。专业行政检查的特点是，行政检查主体对相对人的检查内容是某一方面的。如劳动与社会保障部门对企业用工是否依法签订劳动合同的检查，或者是否依法缴纳保障基金的检查；消防部门对某单位消防安全的检查。但同样应当注意的是，全面行政检查与专业行政检查的区分也是相对的。

（三）根据行政检查权的来源，行政检查可分为依职权的行政检查、依授权的行政检查与依委托的行政检查。依职权的行政检查是指行政主体依据自身的行政职权所实施的行政检查。依职权的行政检查其特点是，行政检查主体本身享有相应的行政检查权，而不需要法律、法规的特别授权。实践中绝大多数的行政检查都是依职权的行政检查，行政检查是各行政主体尤其是行政机关的重要职责。如公安机关对居民户籍的检查、税务机关对经营者的纳税情况的检查、卫生部门对食品卫生的检查、物价部门对经营者物价的检查等。依授权的行政检查是指行政检查主体不是依据自身的行政管理职权而是依据法律法规的授权所进行的行政检查。如根据《中华人民共和国海洋环境保护法》的有关规定，中华人民共和国港务监督管理机构负责船舶排污的监督和调查处理，以及港区水域的监视，并主管防止船舶污染损害的环境污染。渔政渔港监督管理机构负责渔港船舶排污的监督和渔业港区水域的监视。这里的港务监督管理机构和渔政渔港监督管理机构对船舶排污的调查就是依授权的行政检查。因为环境保护的行政检查权一般来说是环境保护机关的职权，港务监督管理机构和渔政渔港监督管理机关获得此项行政检查权即是根据法律的授权。依委托的行政检查是指享有行政检查权的行政机关将自己的行政检查权依法委托给其他符合条件的行政机关或社会组织或公民行使，接受委托者在委托范围内进行相应的行政检查。依委托的行政检查与依授权的行政检查之区别在于，在依委托进行行政检查时，受委托者只能以委托者的名义进行行政检查，且因行政检查而产生的法律后果要由委托者承担。而依授权进行行政检查时，被授权主体是以自己的名义进行行政检查，并承担因行政检查而产生的法律后果。

（四）根据行政主体是否亲自到被检查者进行有关活动的场所，行政检查可以分为书面检查与实地检查。书面检查是指行政检查主体通过查阅行政相对人的有关书面材料而对行政相对人的有关情况进行的检查。如在作出许可、审核、批准等行政行为时，行政机关通常要求相对人提供有关材料并进行检查。随着行政活动的日益科技化，尤其是电子政务时代的来临，书面检查的适用范围越来越广。实地检查是指行政检查主体直接到行政相对人的有关活动场所进行的检查。如卫生部门到食品厂检查食品生产卫生情况、消防部门到宾馆检查消防安全措施的落实情况等。在行政管理活动中，有些行政检查必须由行政主体亲自到活动场所进行实地检查，才能准确了解和掌握有关信息、资料，从而也才能正确采取相应的行政行为。

（五）根据行政检查进行有关活动的时间，行政检查可分为事前行政检查、事中行政检查和事后行政检查。事前行政检查是指行政主体在行政相对人从事有关活动之前就进行相应的检查。如工商行政管理部门在某宾馆开业前，对其经营资格等有关情况进行的检查。事中行政检查是指行政主体在行政相对人从事某项活动的过程中所进行的检查。如食品卫生部门对某食品加工企业的食品卫生状况所进行的检查。事后行政检查是指行政主体在行政相对人的某项活动结束后所进行的检查。如建设部门对某建筑工程的检查验收。在行政管理活动中，事前行政检查、事中行政检查和事后行政检查发挥着不同的作用。事前行政检查的作用在于预防违法行为的发生，也即通常所说的防患于未然，同时也为行政机关作出正确的决策提供有益的信息资料。事中行政检查的作用在于，可以及时地了解、掌握有关信息，有时还可以及时地制止违法行为。事后行政检查的作用在于，总结性地了解和掌握相对人有关活动的情况，对相对人的有关行为及其后果作出总结性的评价。在实践中，三种行政检查的区分有时是相对的。因为一项活动可能由许多连续性的阶段所组成。某一阶段的结束可能恰恰是另一阶段的开始。因此，对某一阶段的事后检查可能正是对另一阶段的事前检查。当然，行政主体应当根据相对人活动的特点，正确进行事前行政检查、事中行政检查和事后行政检查。

（六）根据行政检查内容的特点，行政检查可分为行政守法检查、行政执行检查和社会秩序行政检查。行政守法检查是指行政检查主体对行政相对人遵守法律、法规、规章以及有关行政命令的情况进行的检查。如工商行政管理机关对有关单位遵守工商管理法律规范情况的检查；物价部门对有关经营单位遵守价格法情况的检查。行政执行检查是指行政检查主体对特定行政相对人执行有关行政处理决定的情况进行的检查。如教育行政管理部门对某学校乱收费行为依法进行了行政处理后，对该学校是否履行了行政处理决定进行的检查。社会秩序行政检查是指行政检查主体依法对行政相对人遵守社会公共秩序的情况进行的检查。如行政执法人员对进入某些公共场所的人携带宠物行为的检查。行政守法检查、行政执行检查与社会秩序行政检查这三种行政检查各有特点。行政守法检查的对象一般是不特定的，但相对人的权利义务是具体明确的。行政执行检查的对象是具体特定的，而且其权利义务是由先前的行政处理决定所规定的，因而是非常具体而又明确的。与行政守法检查和行政执行检查不同的是，社会秩序行政检查的特点在于，法律规范对相对人遵守公共秩序的具体内容并不一定作出具体明确的规定，但有关行政机关则有权根据一般公共秩序的要求，有时甚至是道德要求来对有关相对人进行检查，以确保公共秩序的稳定和安全。

（七）根据行政检查主体的数量的多少，行政检查可分为单独行政检查与联合行政检查。单独行政检查是指单一行政主体对行政相对人有关情况进行的检查。如公安机关的安全检查、工商机关的工商执法检查等。在行政管理活动中，单独行政检查是大量的，占行政检查的绝大多数。联合行政检查是指两个或两个以上行政主体对行政相对人有关情况进行的检查。产生联合行政检查的原因有两种：一是两个或两个以上的行政主体对同一事项都有行政检查权，进而联合进行行政检查；二是因为不同行政主体进行行政检查所涉及的内容具有关联性，为了提高行政效率，多个行政主体进行联合检查。

（八）根据行政检查的时间，行政检查可分为经常性行政检查与临时性行政检查、定期行政检查与不定期行政检查。经常性行政检查是指行政主体对行政相对人的有关活动或设施所进行的检查，这种检查对行政主体来说不存在时间上的中断，是有关行政主体经常性的职责。如出入境管理部门对公民出入境的检查。临时性行政检查是指行政主体对有关行政相对人所进行的突然性的检查，这种行政检查发生的时间、范围以及检查的程度并无明确的规定，是行政管理的重要手段。常有的临时性检查，如物价部门在节假日期间为了稳定物价而进行的物价检查；卫生部门在春季、夏季为了确保食品卫生而进行的食品卫生检查。定期行政检查是指行政主体在相对稳定的情况下，每隔一定时间对行政相对人的有关情况进行的行政检查。如月度检查、季度检查、年度检查等。定期行政检查的特点是行政主体检查的时间比较稳定。不定期行政检查是指行政主体对行政相对人进行检查的时间是不确定的。但不定期行政检查又不同于临时性行政检查，临时性行政检查一般是行政主体发现相对人有某种违法情况时而进行的，而不定期行政检查属于常规性检查，而且不定期行政检查权一般都在相应法律规范中有明确规定。由于经常性行政检查与临时性行政检查、定期行政检查与不定期行政检查各有特色，在行政管理活动中发挥着不同的作用，所以行政主体应当在依法的前提下，注意不同检查方法的运用。要尽职尽责地做好经常性行政检查和定期行政检查，不要过多过滥地进行临时性行政检查和不定期行政检查。

行政检查的分类还有很多。除了上述常见的几种分类外，还有如根据行政检查对象与检查主体之间的关系，行政检查可分为纵向行政检查或行业行政检查与横向行政检查；根据行政检查主体或行政检查的内容，行政检查可分为公安行政检查、工商行政检查、海关行政检查、税务行政检查、环境保护行政检查、审计行政检查；等等。

二、行政检查的方法

行政检查的方法，即行政检查主体为了达到行政检查的目的而采取的手段和措施。行政主体在进行相应行政检查时的方法很多。不同的行政主体有不同的检查方法，同一行政主体在对不同的对象进行检查时又有不同的检查方法。但必须注意的是，有的检查方法只能为特定的行政主体采用，而不能为其他行政主体采用。目前，我国有关法律对行政机关进行行政检查时运用的手段和方法的规定也不相同，有的法律规定得比较详细，有的法律则规定得比较笼统。例如，《土地管理法》第六十六条规定："县级以上人民政府土地行政主管部门对违反土地管理法律、法规的行为进行监督检查。土地管理监督检查人员应当熟悉土地管理法律、法规，忠于职守、秉公执法。"第六十七条规定："县级以上人民政府土地行政主管部门履行监督检查职责时，有权采取下列措施：（一）要求被检查的单位或者个人提供有关土地权利的文件和资料，进行查阅或者予以复制；（二）要求被检查的单位或者个人就有关土地权利的问题作出说明；（三）进入被检查单位或者个人非法占用的土地现场进行勘测；（四）责令非法占用土地的单位或者个人停止违反土地管理法律、法规的行为。"这里对县级以上土地管理部门实施行政检查的手段就规定得十分具体明确。《执业医师法》第十九条规定："申请个体行医的执业医师，须经注册后在医疗、预防、保健机构中执业满五年，并按照国家有关规定办理审批手续；未经批准，不得行医。县级以上地方人民政府卫生行政部门对个体行医的医师，应当按照国务院卫生行政部门的规定，经常监督检查，凡发现有本法第十六条规定的情形的，应当及时注销注册，收回医师执业证书。"这里就没有具体规定行政检查的方法。

学者们根据实践和有关法律的规定，总结出多种多样的行政检查方法。如有学者认为，最常见的行政检查方法有：1. 检查；2. 调阅审查；3. 调查；4. 查验；5. 检验；6. 鉴定；7. 勘验；8. 登记；9. 统计。① 有

---

① 参见罗豪才主编：《行政法学》，北京大学出版社1996年版，第197—199页。

学者认为，从宏观上来把握，行政检查的方法主要有：1. 审查；2. 调查；3. 检查；4. 听取汇报；5. 统计；6. 调阅；7. 登记；8. 责令提供必要的资料；9. 清查；10. 考核。① 有学者认为，行政检查的方法有：1. 一般检查，包括实地检查、书面检查等等；2. 特别检查；3. 自查。② 有学者认为，行政检查一般通过以下方法：1. 书面检查；2. 实地检查；3. 调查；4. 听取汇报；5. 登记；6. 统计；7. 清查；8. 考核。③ 有学者认为，行政检查的方法主要有：1. 审查；2. 调查；3. 检查；4. 听取汇报；5. 统计；6. 责令提供必要的资料、凭证。④ 有学者认为，不同的行政领域由不同的行政主体负责管理。由于各个行政主体管理的社会行政事务不尽相同，行政检查的方法也有差别。就现有法律、法规、规章规定的行政检查方法主要有：1. 询问；2. 查问；3. 盘问；4. 查阅；5. 查看；6. 查验；7. 抽查；8. 核查；9. 复查；10. 检验；11. 检疫；12. 年检；13. 验收；14. 验放；15. 验证；16. 勘测。⑤ 有学者认为，由于享有行政检查权的主体极其广泛，其检查的方法也是多种多样的。概括而言，行政检查的方法主要有书面检查、实地检查、调查、听取汇报、统计、责令提供必要的资料、凭证等。⑥ 我国台湾地区行政检查的方法也很多，如《噪音管制法》中关于公私场所噪音的检查或鉴定；《饮用水管理条例》中关于饮用水水质的检验；《食品卫生法》中对食品的抽查及抽样检验等。这里的检查、鉴定、检验、抽查及抽样检验即为行政检查的方法。

① 参见应松年主编：《行政行为法》，人民出版社 1993 年版，第 367—340 页。
② 参见罗豪才主编：《行政法学》（修订版），中国政法大学出版社 1997 年版，第 197—198 页。
③ 参见崔卓兰：《行政程序法要论》，吉林人民出版社 1996 年版，第 134—135 页。
④ 参见应松年主编：《行政法学新论》，中国方正出版社 1998 年版，第 302—303 页。
⑤ 参见杨生、孙秀君：《行政执法行为》，中国法制出版社 2003 年版，第 637—647 页。
⑥ 参见崔卓兰主编：《新编行政法学》，科学出版社 2004 年版，第 168 页。

确如有学者所指出的，行政检查的方法多种多样，具体到不同的行政部门又各有不同的特色。因此，要穷尽列举行政检查的方法不大可能。这里也只能就实践中各行政主体常用的行政检查方法加以列举，并略加分析。

（一）审查。审查是指行政检查主体对相对人呈送的有关书面材料，如文件、证件、报告、账册、单据、报表等进行核实、查验，以判断其是否真实、合理、合法，以便进一步作出相应的决定。审查是书面行政检查中最常用的一种检查方法。这里需要指出的是，审查作为一种常用的书面行政检查方法有其自身的局限性，如果行政相对人故意提供虚假的材料或者隐匿于己不利的有关资料，都有可能造成行政主体掌握的信息资料失真，影响行政主体行为的正确性。所以，在应用此种方法的同时必须充分考虑上述不利因素，辅之以其他手段予以配合作用。

（二）调查。调查是指行政检查主体采用查明手段了解行政相对人的守法状况，或者执行行政决定的情况。调查是行政主体主动进行的检查。调查的特点在于，调查一般是行政检查主体在事后为了查明有关情况而进行的有关检查活动。调查的对象不仅仅限于行政检查的对象，也就是说，行政检查主体为了查明相对人的有关情况，可以对相对人以外的第三人依法进行检查。调查可以通过询问、讯问、审查书面材料、鉴定、勘验等各种方式进行。调查可以事先通知行政相对人，也可以不事先通知行政相对人。调查可以公开进行，也可以不公开进行。但不管采取什么方式，行政检查主体必须将调查结论告知有关相对人，以听取相对人的申辩意见。根据需要，调查具体又可分为一般调查、专案调查、联合调查、专题调查、并案调查、现场调查、全面调查等。在以上几种调查方法中，专案调查、联合调查、现场调查是经常被采用的方法。

（三）检查。检查是行政主体常用而且又比较有效的行政检查方法。根据具体情况，检查又可以分为专题检查、综合检查、抽样检查、全面检查、临时检查、定期检查、现场检查、人身检查等等。检查的内容既可以是人身，也可以是财产，还可以是有关资料，因此，检查的内容是非常广泛的。但是，值得注意的是，并不是所有行政主体都可以进行各种检查，有的检查只能由特定的行政主体进行，如人身检查一般只能由法律规定的公安机关来进行。

（四）查验。查验是行政检查主体对行政相对人的某种证件或物品进行检查、核对，以确定相应证件、物品的真伪并从中发现相关的问题。例如，《中华人民共和国居民身份证法》第十五条规定："人民警察依法执行职务，遇有下列情形之一的，经出示执法证件，可以查验居民身份证：（一）对有违法犯罪嫌疑的人员，需要查明身份的；（二）依法实施现场管制时，需要查明有关人员身份的；（三）发生严重危害社会治安突发事件时，需要查明现场有关人员身份的；（四）在火车站、长途汽车站、港口、码头、机场或者在重大活动期间设区的市级人民政府规定的场所，需要查明有关人员身份的；（五）法律规定需要查明身份的其他情形。有前款所列情形之一，拒绝人民警察查验居民身份证的，依照有关法律规定，分别不同情形，采取措施予以处理。"

任何组织或者个人不得扣押居民身份证。但是，公安机关依照《中华人民共和国刑事诉讼法》执行监视居住强制措施的情形除外。

（五）检验。检验是行政检查主体或者行政检查主体委托其他合法的技术机构对行政相对人的某种物品进行检查、鉴别、化验，以确定其是否符合标准或者是否存在问题。例如，《中华人民共和国标准化法》规定，县以上的政府标准化行政主管部门，可以根据需要设置检验机构，或者授权其他单位的检验机构对产品是否符合标准进行检验。

（六）鉴定。鉴定是行政检查主体或者行政检查主体委托其他合法的技术机构对行政相对人的某种物品、证件、材料等进行鉴别、评定，以确定其真伪、优劣或确定其成分、性质等。例如，《中华人民共和国母婴保健法》规定，县级以上地方人民政府可以设立医学技术鉴定组织，负责对婚前医学检查、遗传病诊断和产前诊断结果有异议的进行医学技术鉴定。

（七）勘验。勘验是行政检查主体或行政检查主体委托其他合法的组织对行政相对人实施某种行为的现场进行实地了解、查看，以确定有关相对人是否参与了相关行为以及参与者的责任情况。例如，《道路交通事故处理办法》（已失效）规定，公安机关接到报案后，应当立即派员赶赴现场，抢救伤者和财产，勘查现场，收集证据，采取措施尽快恢复交通。

（八）听取汇报。听取汇报是指行政主体通过听取行政相对人汇报、说明有关情况，来了解行政相对人守法或者执行有关行政决定的状况。由于听取汇报只是由行政相对人单方面的陈述和说明，故这种方法一般要与其他检查方法合并使用，才能取得更加理想的效果。

（九）统计。统计是行政主体通过某些数据的了解来对行政相对人的有关情况进行检查的一种方法。统计作为一种常用的行政检查方法，其使用范围非常广泛。常用的统计如人口统计、劳务统计、物价统计、生产统计、金融保险统计等。凡是负有统计义务的行政相对人必须按期如实上报统计资料。行政主体通过对统计资料的整理、分析，及时掌握相关情况，发现有关问题，果断采取补救措施，保证行政管理目标的实现。

（十）责令提供必要的资料。有时行政主体为了进行行政检查，可以要求有关行政相对人就有关调查事项提供必要的资料，以供行政主体进行检查。

虽然行政检查的方法很多，事实上也不可能作出统一的规定。但是由于行政检查方式和手段的多样性，在行政检查的过程中极容易造成对行政相对人的侵害。因此，为了有利于行政主体依法有效地进行行政检查，也为了更好地规范、监督行政检查，有必要对已经定型的、相对固定的行政检查方法尽可能地予以法律化。对行政主体在进行相关行政检查时所能采取的检查方法尽可能作出明确的规定和限制，尤其是对某些特殊的行政检查方法更需要有相应法律的明确授权，行政检查主体方能依法进行检查。

第三节　行政检查的基本原则

行政检查的基本原则，是指行政检查主体在实施行政检查行为时应当遵循的基本准则，它贯穿于行政检查行为的始终，并通过各种行政法律规范的形式指导着整个行政检查行为的全过程。它是行政检查行为的精神内核。可以说，行政检查行为的每一项具体制度和原则，都是其基本原则的展开和具体化。任何违反基本原则的行政检查行为，都有可能导致行政检查行为的瑕疵，甚至违法。因此，确立并保障行政检查基本原则的贯彻实施，是推动行政检查法治化的必备要件之一。

一、依法检查原则

行政检查作为一种特殊的行政行为，其对行政相对人权利义务的影响是非常重大的。所以，依法检查是行政检查的首要原则。依法检查原则主要包括以下内容。

1. 行政检查主体法定。依法检查原则的核心是由法定的行政主体行使相应的行政检查权。我国现行法律性文件在行政检查权的设定上主要有三种方式：一是只设定行政主体有相应的行政管理权，没有明确规定该行政主体有行政检查权；二是既为行政主体设定行政管理权，同时又为其设定行政检查权；三是既没有给行政主体设定行政管理权，也没有为其设定行政检查权，而只是为其设定了相应的行政处罚权。但是，从行政权力的来源以及行政权力的运行来看，凡是享有行政管理权的行政主体，同时也就享有了相应的行政检查权，因为行政检查权是行政管理权运行不可缺少的手段。因此，凡是享有行政管理权的行政主体，不管规范性文件有没有为其明确设定行政检查权，该行政主体都自然享有相应的行政检查权。同样，享有行政处罚权的行政主体，也不管规范性文件有没有为其设定行政检查权，该行政主体也自然享有行政检查权。① 但是必须注意的是，不管是以上述哪种方式取得行政检查权，行政主体行政检查权的取得都必须有规范性文件为依据。

2. 行政检查主体只能在其法定职权范围内行使相应的行政检查权。行政检查主体以一定的方式取得行政检查权，并不意味着该行政主体可以行使各项行政检查权。相反，任何行政检查主体都只能在其法定的职

———

① 参见杨生、孙秀君：《行政执法行为》，法制出版社2003年版，第648页。

权范围内行使行政检查权，包括行政检查的事项、行政检查的方法和手段、行政检查的地域等都不能越权。如工商行政管理部门不能行使卫生行政检查权，限制人身自由的行政检查措施只能由公安机关采取等。

3. 行政检查主体必须严格依照法定程序进行行政检查。行政检查作为一种能够影响当事人合法权益的行政行为，必须严格依照法定的程序进行。由于行政检查主体的广泛性、方式和手段的多样性，我国目前法律、法规中对行政检查程序的规定，总的来讲还比较欠缺。对行政检查主体来讲，如果法律、法规对行政检查的程序已经作出明确规定的，则必须严格遵守。即使没有法律、法规的明确规定，也要遵守行政检查程序的一般规则。

二、比例原则

比例原则，作为行政法的一项重要原则，已经越来越受到各国的普遍重视。比例原则的主要内容即目的性、必要性和比例性，也越来越成为制约行政行为的重要规则。① 2004 年国务院发布的《全面推进依法行政实施纲要》中明确指出，行使自由裁量权应当符合法律目的，排除不相关因素的干扰；所采取的措施和手段应当必要、适当；行政机关实施行政管理可以采取多种方式时，应当避免采取损害当事人权益的方式。《行政强制法》第五条规定："行政强制的设定和实施，应当适当。采用非强制手段可以达到行政管理目的的，不得设定和实施行政强制。"法治发达的国家或地区，均十分强调比例原则对行政检查的规制作用。比例原则对行政检查的约束主要表现在以下几个方面。

1. 行政检查的立法要遵守比例原则。所谓行政检查的立法要遵守比例原则，主要就是指对行政检查密度和强度的规定要合理、恰当。既不能过高，也不能不足。不必要的、过于频繁的行政检查不仅会增加被检查者的负担，而且还会增加行政成本。所以在立法时就要尽可能地对规制行政检查的内容明确化，防止实践中可能出现的范围过大的、重复性

---

① 参见黄学贤：《行政法中的比例原则研究》，《法律科学》2001 年第 1 期。

的、无目的的行政检查。

2. 行政检查的具体执行要遵守比例原则。虽然立法要遵守比例原则，以使行政检查主体在实施行政检查行为时符合目的性、必要性和比例性。但是任何立法都不可能做到事无巨细均包揽无疑。尤其像行政检查这种面广量大的行政行为，立法不可避免地要使用一些概括性的条款为行政检查主体的活动留有自由裁量的空间。这样，行政检查主体在具体实施行政检查行为时遵守比例原则，从某种意义上来讲就显得更为重要。具体而言，比例原则要求行政检查主体在行使行政检查权时，所采取的方法和手段应该有助于达成法定的行政管理的任务和目标；在有多种同样能达成行政检查目的的方法和手段存在的情况下，行政检查主体应该选择对行政相对人的合法权益可能造成的损害最小的一种措施来进行行政检查，也就是说，已经没有任何其他的可能造成行政相对人更小损害的措施来取代该项措施了；而且，行政检查主体在行使行政检查权时所采取的方法和手段可能对行政相对人造成的损害必须与行政检查主体欲达成之行政管理目的之利益合比例或相称，不得显失均衡。

三、全面收集证据原则

由于行政检查在绝大多数情况下是行政主体依职权的行为，所以行政检查主体在进行行政检查时，对证据的收集以及检查的范围、种类、手段和方法等，一般是依职权确定的。这就是所谓的职权检查原则。职权检查表明了行政检查的主动性。但这并不意味着只有行政检查主体才能收集证据。在行政检查行为中，当事人为了保护自己的合法权益，可以主动提供证据，而且还有权请求行政检查主体进行有关的行政检查，以获得相关的证据。例如《行政处罚法》第三十六条规定："除本法第三十三条规定的可以当场作出的行政处罚外，行政机关发现公民、法人或者其他组织有依法应当给予行政处罚的行为的，必须全面、客观、公正地调查，收集有关证据；必要时，依照法律、法规的规定，可以进行检查。"我国台湾地区"行政程序法"第37条规定："当事人于行政程序中，除得自行提出证据外，亦得向行政机关申请调查事实及证据。但行政机关认为无调查之必要者，得不为调查，并于第43条理由中叙明之。"

必须注意的是，全面收集证据原则不仅要求行政检查主体积极主动地检查收集证据，以及要求行政检查主体必须接受当事人主动提供的证据，并应当事人的请求调查有关证据，而且要求行政检查主体必须全面收集对当事人有利和不利的证据。也就是说，行政检查主体在行政检查中，不仅要收集对当事人不利的证据，而且对当事人有利的证据也要收集，以求得证据的全面、客观、真实。这是行政法中禁止片面原则的基本要求和具体体现。例如我国台湾地区"行政程序法"第36条规定："行政机关依职权调查证据，不受当事人主张之约束，对当事人有利及不利事项一律注意。"德国《联邦行政程序法》第24条规定："官署应斟酌一切对个别案件有意义的情况，对当事人有利的，也不例外。"

四、公正、平等原则

行政检查遵守公正、平等原则，是指行政检查主体在实施行政检查时要公正、平等地对待所有被检查者。在检查时间、手段、内容等方面要平等地对待所有当事人，不能有任何歧视和差别待遇。行政检查的公正、平等原则同样既要贯穿于行政检查的具体实施中，也要体现在行政检查立法中。为了贯彻公正、平等原则，在行政检查立法和具体实施中，要更好地体现公开制度和听取当事人意见制度。公开是公正的前提和有力保障，是现代行政法治的必然要求。凡非涉及国家机密、企业商业或技术秘密、个人隐私等的事宜，应将与检查有关的一切事项对公众公开，以保证行政检查行为在阳光下进行，受到有效的外部监督和制约，从而真正实现行政检查的公开、公正。而且，在行政检查程序中，行政主体与行政相对人在法律地位上是平等的。行政主体有权依法进行行政检查，与此相对应的，行政相对人也有权对于与行政检查有关的事项提出自己的意见和看法。行政主体应该尊重并听取行政相对人的合理的意见，使双方能够在同一行政行为程序中实现交流与沟通，为最终更圆满地完成行政管理的目标和任务奠定良好的制度基础。

在行政检查中，为了贯彻和体现公正、平等原则，还要注意行政相对人的参与问题。没有行政相对人的参与，其民主权利终将可望而不可即，无法成为行政相对人的现实权利。换句话说，只有行政相对人真正直接参与了行政检查行为的全过程，行政相对人才可能不再是行政活动中被动的受体，而成为积极主动的主体一方。而且特别要注意的是不能仅仅将行政相对人的参与作为其义务。实际上，行政检查中行政相对人的参与也是其主张权利，以维护自身合法权益的机会。正如奥地利《行政程序法》第三十七条所规定的："调查程序的目的在于认真处理行政案件所需要的事实，并且给当事人提供主张其权利或者法律利益的机会。"所以，行政相对人的参与并依法行使其权利正是以此为契机实现行政民主化的重要途径。

五、司法审查原则

司法审查原则是平衡行政检查主体的行政权与行政相对人基本权利的重要机制。从总体上来说，行政主体与行政相对人的法律地位是平等的。而且，行政主体与行政相对人之间的权利义务是平衡的。但是，不可否认的是，在行政实践活动中，行政主体的强权力与行政相对人的弱权利的不平衡也是显而易见的。因此，为了维护和监督行政检查权的依法实施，保障行政相对人的合法权益，寻求行政主体与行政相对人权利义务的总体平衡与制约，行政相对人必须享有对行政检查提起司法审查的权利，行政主体必须接受对行政检查的司法审查。所谓司法审查原则，简单地讲，就是行政相对人如果认为行政检查主体的行政检查行为侵害了其合法权益，有权提起行政诉讼，直至有权请求国家赔偿。这种情况包括行政相对人请求行政主体为一定的行政检查，而行政主体有实施行政检查的义务，却不实施行政检查，因而构成行政检查行为上的不作为。在我国，2000年3月公布的《最高人民法院关于执行〈中华人民共和国行政诉讼法〉若干问题的解释》第一条即规定："公民、法人或者其他组织对具有国家行政职权的机关和组织及其工作人员的行政行为不服，依法提起诉讼的，属于人民法院行政诉讼的受案范围。"若行政相对人对行政检查主体的行政检查行为不服，当然也有权依法提起诉讼。《国家赔偿法》第二条规定："国家机关和国家机关工作人员行使职权，有本法规定的侵犯公民、法人和其他组织合法权益的情形，造成损害的，受害人有依照本法取得国家赔偿的权利。本法规定的赔偿义务机关，应当依照本法及时履行赔偿义务。"显然，行政检查主体行使行政检查权侵犯行政相对人的合法权益造成损害的，行政相对人也有权取得相应的行政赔偿。由此可见，我国行政法理论和有关法律制度的规定已经为行政检查的司法审查原则提供了坚实的法治基础。

第四节　行政检查的程序

行政检查作为行政主体行使行政职权，实现一定行政管理目标的重要手段和方法，必须遵守法定的程序。只有遵守法定程序的行政检查，才能既达成行政目的，又很好地保护行政相对人的合法权益。由于行政检查的方法和手段多种多样，再加上我国至今还没有统一的行政程序法典，有关法律规范中对行政检查程序的规定也很不一致。所以，我国行政检查的程序很不统一，有的比较完备，如《统计法》《审计法》中关于统计、审计程序的规定就比较健全；而绝大多数行政检查的程序尚无明文的法律规定。随着我国行政法学尤其是行政程序法学研究的深入，学术界对行政程序的研究已经从一般走向具体，即对各种不同的行政行为程序进行研究。针对行政检查程序，有学者认为，主要包括：1. 表明身份；2. 说明理由；3. 实施检查；4. 告知权利；5. 公布结果。[1] 有学者认为，行政检查程序一般应包括：1. 表明身份；2. 说明理由；3. 提取证据；4. 告知权利。[2] 有学者认为，不同的检查范围、不同的检查对象和不同的检查内容，决定了行政检查程序的多样性。有学者认为，行政检查有三种不同的程序，即简易程序、普通程序和特别程序。行政检查的

---

[1]　参见崔卓兰：《行政程序法要论》，吉林人民出版社1996年版，第135—137页。

[2]　参见应松年主编：《行政法学新论》，中国方正出版社1998年版，第303—304页。

简易程序，是指行政主体及其执法人员以较少的步骤、较短的过程和简单的方式进行的检查。适用简易程序应当具备下列条件：1. 属于日常检查或者一般检查的检查种类；2. 属于简单的、表面的和易于检查的对象；3. 无指控、检举，行政主体也未掌握检查对象有违法行为的；4. 作为检查对象的当事人予以配合的。行政检查简易程序的步骤主要有表明身份、说明理由、实施检查、发表检查意见。适用简易程序的方式主要有查看、查问、查阅、盘问、询问。行政检查的普通程序又称行政检查的一般程序，是指行政主体或者其执法人员实施行政检查通常适用的基本程序。普通程序适用的条件是除适用简易程序和特别程序以外的情况。其主要步骤有表明身份、说明理由、实施检查、听取意见和陈述公布检查结果、告知权利和救济途径。与适用简易程序相比，行政检查适用普通程序有步骤多、方式多、过程长、时间长、检查细致深入、对当事人的妨碍多等特点。适用普通程序的方式很多，主要有抽查、查验、检疫、年检、检验、核查、验证、验放和验收等。行政检查的特别程序，是指行政主体针对特殊的检查对象，适用特别的程序规定实施行政检查的程序。特别程序适用的范围主要是对人身的检查（公安警察依据《警察法》的规定除外）；对公民住宅的检查；必须由法律特别规定方得检查的对象。行政检查特别程序的步骤主要有依职权发动、申请特别许可证、表明身份、实施检查、告知检查结果、行政检查转为行政强制或者行政处罚的，应当依法律规定的行政强制程序或者行政处罚程序进行、告知权利。适用特别程序的方式主要有：盘问、查验、搜查等。①

　　在英美等国家和我国台湾地区，也非常重视行政调查的程序规制。在英国，行政调查是作为政府行使权力的一种方式而存在的。英国行政法十分强调对法定行政调查程序的规范。法定调查程序一般包括确定有权进行调查者；规定参加调查者的权利；调查的时限、步骤、范围；有关当事人陈述意见的时间；证人和证据问题的解决；检查人员报告；部长决定等。可见，英国非常重视行政调查的事前程序，以确保基于行政

---

① 参见杨生、孙秀君：《行政执法行为》，法制出版社 2003 年版，第 652—659 页。

调查所作出的行政决定更加正确，使之既符合公共利益，又充分保障当事人意见之表达。如果行政调查违反了法定程序和自然公正原则，将导致行政调查的无效。异议人在法定的时间内可以请求法院予以撤销。在美国，行政调查也是行政机关向行政相对人获取证据，以便作出有关行政决定，从而实现对社会管理的权力。由于美国行政法比较注重对行政权的控制，所以其对行政调查的理论研究和法律规定，也是从保障行政相对人的合法权益不受行政权侵害出发，对行政调查的方式与权力界限作出严格的规定。为了确保受调查者的合法权益，政府实施行政调查必须以宪法为基础，并遵守联邦行政程序法和各特别法以及法院的判例。我国台湾地区也十分重视行政调查程序的规范。在台湾地区"行政程序法"第32条至第43条中对行政调查的原则、方式、程序等重要问题作了具体明确的规定。

为了切实保障行政相对人的合法权益，监督行政机关依法行使行政检查权，对于行政检查的程序特别是涉及行政相对人人身和财产权益的，必须予以制度化。为了规范行政检查行为的程序，发挥行政检查的应有作用，结合行政检查行为的特点，借鉴理论研究的成果以及其他国家和地区关于行政检查的程序规定，我们认为，行政主体在进行行政检查时必须遵守以下程序规则。

1. 表明身份

行政检查行为的具体实施离不开行政主体中的工作人员，此时，行政主体的工作人员是代表行政主体作出有关的行政行为。同时，行政主体的工作人员也是一个公民，有其自己的个人行为。所以，将行政主体中工作人员的行政行为与个人行为区分开来则具有重要的意义。表明身份恰恰就能起到这样的作用，它是指行政主体的工作人员在执行行政行为时应当向行政相对人通过动作及公务标志说明他具有某种行政职权并已开始行使行政职权的行为。在行政检查中，行政主体的工作人员必须佩戴公务标志或向行政相对人出示相关证件，以表明自己是合法的行政检查人员并有权进行行政检查。否则，行政相对人有权拒绝接受行政主体的任何检查。表明身份一般在进行口头说明的同时要出示有关证件。

需要说明的是，制服一般不能单独成为执行公务的当然标志。目前，在我国的税务、公安、计量、统计、进出口动植物检疫、卫生、物价等有关法律、法规中，已明确规定了行政检查主体实施检查时应明示其合法身份。例如，《税收征收管理法》第五十九条明确规定："税务机关派出的人员进行税务检查时，应当出示税务检查证和税务检查通知书，并有责任为被检查人保守秘密；未出示税务检查证和税务检查通知书的，被检查人有权拒绝检查。"据悉，正在讨论的《行政程序法（草案）》中也将规定："行政机关工作人员实施检查时不得少于两人，应当持有行政负责人签名的检查证，向被检查人表明身份……"

2. 说明理由

行政机关在作出行政行为时必须认定事实、适用法律，并以事实为依据、法律为准绳，因此，按照民主、法治的要求，行政机关应当将作出行政行为在事实上和法律上的理由对行政相对人说明。这样，既增加了行政主体在作出行政行为时的义务，使其不得不在作出行政行为之前周全地考虑相关因素，在理由充分的情况下才慎重行事，可以避免行政主体的恣意擅断。又使行政相对人能够更清晰地了解作出行政行为时的事实和法律依据，如果确实是合法合理的，他们则会更加心悦诚服地接受行政主体作出的行政行为，增强对行政主体的信任；如果事实和法律依据有缺漏或行政相对人不服上述理由的，也有助于行政相对人及时针对这些理由提起复议或诉讼，维护自己的合法权益。所以，说明理由是现代行政程序法的重要程序制度，它已经成为现代行政程序民主化的重要标志。在实施行政检查时，除法律、法规有特别规定的以外，行政主体应当公开进行行政检查，并向有关当事人说明实施行政检查的原因、依据以及进行检查的方法。行政检查主体在作出行政检查结论之前，尤其是在作出对行政相对人不利的行政检查结论之前，应当允许行政相对人陈述和申辩。而且，行政检查主体必须在作出行政检查结论之前、之后，对行政相对人说明作出行政检查结论的理由，并以书面的方式通知行政相对人。

3. 提取证据

行政检查主体必须以合法手段提取相关证据，用非法手段提取的证据是无效的。行政检查主体为了查明行政相对人的有关情况，可以对行政相对人以外的第三人依法调查和收集证据，对此，被取证的单位和个人有义务予以支持和协助。在行政检查行为中，行政相对人为了保护自己的合法权益，可以主动提供证据，而且还有权请求行政检查主体进行有关的行政检查，以获得相关的证据。对于行政相对人主动提供的证据，行政检查主体必须接受其所提供的证据；对于行政相对人请求行政检查主体调查的有关证据，行政检查主体必须接受行政相对人的请求调查有关证据。行政检查主体提取有关证据应当客观、全面、及时，对行政相对人有利和不利的证据应当同样注意。提取证据必须符合法定程序，符合法定的特别要件和方式。例如，进入公民住宅进行检查必须持有特别检查证，行政检查主体需要对女性公民的身体特征、伤害情况、生理状态或者所携带的物品进行检查时，应当由女性工作人员进行等。证据的提取还必须遵守法定时效，行政检查主体必须在作出行政检查结论之前提取所有相关的证据材料，而不能在行政检查结论已经作出之后再补充有关证据，否则，就失去了行政检查主体提取证据的意义。行政检查主体所提取的证据还必须与行政检查的目的相关。

4. 告知检查结果

由于行政检查这种特殊的行政行为，不仅会影响行政相对人的程序权利义务，也会影响行政相对人的实体权利义务。所以，行政检查不论以何种方式进行，都应当将检查结果告知行政相对人，以便行政相对人或者接受行政检查的结果，并根据行政检查的结果对照自己的违法行为进行及时的修正，以更好地遵守法律、法规；或者不服行政检查的结果，对不利于自己的检查结果有针对性地进行申辩，依法保护自己的合法权益不受侵犯。只有这样，才能真正实现行政检查主体行使行政检查权的最终目的。行政检查的目的并不在于行政检查行为的本身，行政检查主体也不是为了检查而检查，更重要的还在于行政相对人能够在了解行政检查结果以后更好地遵守法律、法规、规章以及有关的行政命令、行政决定，履行有关的法定义务。告知行政相对人检查结果就是通向此终极目的的必经之路。告知检查结果是行政检查主体在行政检查程序中应当履行的基本义务，也是行政相对人在行政检查程序中享有的一项基本权利。行政检查结果一般要以书面形式告知行政相对人。其书面形式即检查笔录，行政检查主体在实施行政检查时必须制作检查笔录，检查笔录上应当记明检查的时间、地点、内容、在场人员，经被检查人或其代理人核实后，由参加检查的公务人员、被检查人或者其代理人以及其他当事人如见证人等签名或者盖章。被检查人或者其代理人对记录有异议的或者拒绝签名的，应当注明，并且由参加检查的公务人员和见证人签字或者盖章。

5. 告知权利

与告知检查结果相联系的是，行政检查主体在进行行政检查时，特别是行政检查结束后必须告知行政相对人有关权利，包括检查进行中的陈述权、申辩权，对检查结果的异议权、陈述权和申辩权，对检查行为不服的申请行政复议、提起行政诉讼以及请求行政赔偿的权利。在行政实践活动中，行政主体一般处于较为优势的地位，且对于相关的行政法律制度和实务操作较为熟悉和了解；行政相对人则相对处于弱势地位，对于自己在行政法律关系中的权利和义务并不是很清楚，有时甚至是一无所知，这也与我国公民法律意识淡薄的现实国情不无关系。因此，在我国，尤其要强调行政主体在行政行为中负有及时告知行政相对人有关权利的义务。行政检查主体在行政检查进行中以及检查结束后告知行政相对人有关的权利，有助于行政相对人全面、系统地掌握自己的合法权利，与行政主体在平等的法律制度平台上，运用法律救济的武器维护自身的合法权益。

6. 公布结果

十八届四中全会在《中共中央关于全面推进依法治国若干重大问题的决定》中指出，要全面推进政务公开，要坚持以公开为常态、不公开为例外原则，推进决策公开、执行公开、管理公开、服务公开、结果公开。行政检查作为行政主体行使行政权力的一种常见的方式，除了涉及国家秘密、商业秘密或者个人隐私等依法不予公开的以外，应当定期或者不定期地向社会公布其检查结果。要杜绝那种行政检查时轰轰烈烈，行政检查后冷冷清清的情形。行政检查结果的公开，既有利于维护被检查对象的合法权益，也有利于对行政检查行为的监督制约，同时也有利于鼓励先进、鞭策后进，提高全民守法的意识。

这里必须指出的是，由于行政检查的广泛应用，其程序也各不相同。上述所阐述的主要程序只是就行政检查的总体而言，并不是每一种行政检查均要履行上述程序，也不是所有行政检查就这么一些程序。有的行政检查可能比较简单，因而在程序上也会相对简单些；有的行政检查可能比较复杂或者比较特殊，因而在程序上也会相对复杂些，这要视具体情况而定。此外，行政检查还有应申请进行和依职权进行两种不同情形的程序。

第五节　行政检查法律关系主体

一、行政检查主体

（一）行政检查主体的概念

由行政主体的概念可知，所谓行政检查主体是指，依法享有行政检查权，能够以自己的名义对外实施相应的行政检查，并对行政检查的后果承担法律责任的组织。从这一概念我们可以概括出行政检查主体的三个基本特征：第一，行政检查主体在实施有关行政检查时是以自己的名义进行的。所谓以自己的名义，就是指能够以自己的名义对外行文，能够以自己的名义作出行政检查，凡是不能以自己的名义对外行文，独立作出行政检查的组织都不是行政检查主体。第二，行政检查主体对由行政检查产生的法律后果承担法律责任。行政检查主体依法享有行政检查权。有行政职权必然有与之相对应的行政职责，两者是不可分割的。所以，行政检查主体必定要能够为之所享有的行政检查权独立承受其所产生的法律效果，并能够对自己的行为负完全的法律责任。第三，行政检查主体只能是组织而不能是任何个人。尽管行政检查权大多是由行政检查主体中的个人来行使的，但他们都是以组织的名义而不是以其个人的名义实施的，权力的主体只能归属于组织而不能是个人。

行政检查主体的范围甚广。可以说凡是具有对外行政管理职能的行政主体均具有相应的行政检查权，因而也就是行政检查主体。行政检查的种类也很多。根据不同的标准，行政检查主体可以作不同的分类。根据行政检查主体的检查权力的来源，行政检查主体可以分为职权行政检查主体和授权行政检查主体；根据行政检查主体的等级差别及其活动范围的大小，行政检查主体可以分为中央行政检查主体、地方行政检查主体；根据行政检查主体法律地位的不同，行政检查主体可以分为一般地方行政检查主体、自治地方行政检查主体和特别地方行政检查主体；根据行政检查主体检查范围内的业务特点，行政检查主体可以分为一般行政检查主体、行业行政检查主体和管制行政检查主体。

（二）行政检查主体的权力与义务

行政检查是一项既涉及公共利益，又影响行政相对人权益的行政行为。为了平衡两者的关系，一方面既要赋予行政检查主体一定的权力，以便有效地履行行政检查职能；另一方面又要行政检查主体承担相应的义务，以保障行政相对人的合法权益。这在有关国家和地区的行政检查法律制度中均有明确的规定。例如，我国澳门特别行政区的行政检查制度中，在赋予行政检查主体进入现场权、索取和收集材料权、采取必要措施权等权力的同时，又要求行政检查主体履行表明身份、保守秘密、发还检查样品以及说明理由等义务。①

1. 行政检查主体的权力

行政检查主体的权力是指，行政检查主体为实施行政检查管理职能而享有的对有关相对人的检查权。行政检查权是行政权力的重要组成部

---

① 参见蓝天主编：《"一国两制"法律问题研究》（澳门卷），法律出版社1999年版，第738—739页。

分，是行政权力在行政检查中的表现。依据行政检查权的特点，行政检查权可以分为一般行政检查权和强制行政检查权。所谓一般行政检查权是指，行政检查主体所享有的对行政相对人遵守法律规范和执行行政决定情况的检查、了解权。强制行政检查权是指，当行政相对人拒绝向行政检查主体提供需要了解的有关资料和情况时，行政检查主体有强制了解的权力。

但是，必须注意的是，行政检查权具有普遍性和不平衡性之特征。所谓普遍性即一般行政检查权普遍为行政检查主体所享有。所谓不平衡性即强制行政检查权只为特定的行政检查主体所享有。也就是说，所有行政检查主体都享有一般行政检查权，而只有法律规定的行政检查主体才享有强制行政检查权，强制行政检查权并不为所有行政检查主体所享有。常见的如《海关法》规定的海关的强制检查、《治安管理处罚法》规定的公安机关的强制传唤等等。当不享有强制行政检查权的行政检查主体使用一般行政检查权无法达到目的时，其途径一般有两条：一是在得到法院的准许后进行强制检查；二是直接申请法院强制检查。

2. 行政检查主体的义务

作为行政检查权的享有者的行政检查主体，必须按照法律规定在行使其行政检查权的过程中承担一定的义务，以对赋予其权力的人民负责。行政检查主体的义务是指行政检查主体在行使行政检查权的过程中必须履行的职责。具体一点说就是，行政检查主体应当为某种行为或不为某种行为或应当遵守的某种规则。行政检查权是相对于行政相对人而言的，而行政检查主体的义务则是对行政检查主体自身而言的。因此，行政检查主体如果违反了其法定的义务，则会导致对其所作出的行政检查的否定性评价。行政相对人则可以依法申请行政复议、提起行政诉讼直至请求行政赔偿。

行政检查主体的义务概括起来，主要有以下几个方面。

第一，行政检查必须符合法定的权限。即行政检查主体所享有的行政检查权必须有法律规范的明确规定，行政检查主体必须按照法定职权，在法定的职权范围内进行相应的行政检查。法定的行政检查权得不到行使，或者法定外的行政检查权得以行使，或者超越法定的权限范围行使所谓的行政检查权，都将构成行政检查主体的失职、越权或滥用职权，将会引起对法律责任的追究。

第二，行政检查必须遵守法定的程序。随着行政法治意识的深入，行政程序法治已经受到了广泛的关注和重视。人们越来越清楚地认识到行政行为在遵循实体法的同时，也离不开程序法的必要规制。程序正义是实体公正的前提和条件。行政检查行为也不例外。行政检查主体在进行行政检查时，必须严格遵守法定的步骤、顺序、方式、时限等程序规则，否则就要承担相应的法律责任，甚至可能导致行政检查的无效。例如，《行政处罚法》第三十七条第一款规定："行政机关在调查或者进行检查时，执法人员不得少于两人，并应当向当事人或者有关人员出示证件。当事人或者有关人员应当如实回答询问，并协助调查或者检查，不得阻挠。询问或者检查应当制作笔录。"《治安管理处罚法》第八十一条规定："人民警察在办理治安案件过程中，遇有下列情形之一的，应当回避；违反治安管理行为人、被侵害人或者其法定代理人也有权要求他们回避：（一）是本案当事人或者当事人的近亲属的；（二）本人或者其近亲属与本案有利害关系的；（三）与本案当事人有其他关系，可能影响案件公正处理的。人民警察的回避，由其所属的公安机关决定；公安机关负责人的回避，由上一级公安机关决定。"根据上述规定，如果人民警察在办理治安案件过程中，没有依法回避，则会导致其行为无效。

第三，行政检查必须正当、合理地进行。这一义务要求行政检查主体在依法行使行政检查权的基础上，还应该适当、公正地行使行政检查权。行政检查主体行使行政检查权必须基于正当的动机；必须符合行政管理的目的；必须基于正确的考虑，即只考虑相关的因素，而不考虑无关的因素；行为的内容必须客观公正、合情合理。例如，行政检查要尽量减少对行政相对人正常的生产、经营、生活秩序的影响；不过分限制行政相对人的行为自由；对物品实施检查时不无故加以破坏损毁；等等。

第四，为行政检查相对人保密的义务。行政检查主体在行使行政检查权的过程中有可能涉及行政检查相对人的商业秘密、个人隐私等的事宜，该义务即要求行政检查主体在实施行政检查时对涉及的行政检查相对人的商业秘密、私人隐私等事项要予以保密。《税收征收管理法》第五十九条规定："税务机关派出的人员进行税务检查时，应当出示税务检查证和税务检查通知书，并有责任为被检查人保守秘密；未出示税务检查证和税务检查通知书的，被检查人有权拒绝检查"。如果行政检查主体违反了该义务，必须对因泄密而给行政检查相对人造成的损失承担相应的赔偿责任。

此外，行政机关还有协助其他机关进行行政检查的义务。例如，《禁毒法》第二十三条规定："……药品监督管理部门、卫生行政部门以及其他有关部门应当配合公安机关开展工作。"

二、行政检查相对人

（一）行政检查相对人的概念

行政检查相对人是指，在行政检查法律关系中与行政检查主体相对应的另一方当事人，即处于被检查地位上的、其权益受到行政检查主体的行政检查行为影响的个人或组织。从这一归纳中我们可以看出，行政检查相对人具有几方面的明显特征：第一，行政检查相对人是行政检查法律关系中的一方当事人。作为行政检查法律关系主体中的一方，行政检查相对人具有与行政检查主体同等的行政法律关系主体的地位。作为行政检查法律关系主体中的一方的行政检查相对人在行政检查法律关系中既享有权利，也承担义务。如同行政检查主体既享有权力，又承担义务一样。第二，在行政检查法律关系中，行政检查相对人是处于与行政检查主体相对应的被检查一方的当事人。在行政检查法律关系中，行政检查相对人确有义务接受行政检查主体的依法检查，具有某种被动性。但是，从总体上来讲，行政检查主体与行政检查相对人在行政检查法律关系中具有同等的法律地位，双方的权利义务总体是平衡的。第三，行政检查相对人的地位是相对的，而不是固定不变的。行政检查相对人的范围很广，既可以是个人，也可以是组织。任何个人或组织只有在行政检查法律关系中，才具有行政检查相对人的地位，如果不是处于行政检查法律关系中，而是处于其他法律关系中，就不具有行政检查相对人的地位，不能成为行政检查相对人。而且，由于行政检查范围的广泛性，决定了行政检查相对人范围的广泛性。也就是说，任何个人或组织在一定条件下都可能成为行政检查相对人。

（二）行政检查相对人的权利和义务

1. 行政检查相对人的权利

行政检查相对人作为行政检查法律关系主体中的一方，在法律上享有与行政检查主体同等的法律地位。与行政检查主体在行使行政检查权时享有法定的职权一样，行政检查相对人在行政检查活动中也享有法律赋予的权利。行政检查相对人的权利主要有以下几个方面。

第一，要求行政检查主体依法检查的权利，即要求行政检查主体有法定的行政检查权、在法定的范围内进行检查并遵守法定的程序。依法检查是行政检查主体依法行政在行使行政检查权中的具体落实和体现，是行政检查主体理应履行的基本义务之一。行政检查相对人作为行政检查法律关系中的一方，当然有权要求行政检查主体依法检查。

第二，要求行政检查主体正当进行行政检查的权利，即要求行政检查主体不得滥用行政检查权。行政检查主体在依法检查的基础上，还必须考虑行政检查的合理性，不得滥用行政检查权。否则，也有可能影响行政检查相对人的合法权益，甚至造成其损害。为了保障行政相对人的合法权益不受行政检查主体不当的行政检查的侵害，必须赋予行政检查相对人要求行政检查主体正当进行行政检查的权利。

第三，请求行政主体进行行政检查的权利。例如，《反补贴条例》第十七条规定："在表示支持申请或者反对申请的国内产业中，支持者的产量占支持者和反对者的总产量的50%以上的，应当认定申请是由国内产业或者代表国内产业提出，可以启动反补贴调查；但是，表示支持申请的国内生产者的产量不足国内同类产品总产量的25%的，不得启动反补贴调查。"行政检查权既是行政检查主体的行政职权，也是行政检查主体的行政职责。所以，行政检查权是不容行政检查主体随意放弃的，否则，即构成了行政不作为。行政检查相对人有权请求行政检查主体作为一定的行政检查，而行政主体确有实施行政检查的义务却不实施行政检查的，即违反了行政检查主体的作为义务，必须对此承担相应的行政法律责任。

第四，主动提供有关证据的权利。在绝大多数情况下，行政检查主体进行行政检查时，对证据的收集一般都是依职权确定的。但是，这并不意味着只有行政检查主体才能收集证据。在行政检查中，行政检查相对人为了保护自己的合法权益，可以主动提供证据，而且还有权请求行政检查主体进行有关的行政检查，以获得相关的证据。行政检查主体必须接受行政检查相对人主动提供的证据，并应行政检查相对人的请求调查有关证据，对行政检查相对人有利和不利的证据应当同样注意。

第五，参与行政检查的权利。在行政检查法律关系中，行政检查主体与行政检查相对人具有同等的法律地位。行政检查主体顺利进行行政检查，完成行政管理的任务和目的离不开行政检查相对人的参与和配合。而且，行政检查相对人参与行政检查，是对行政检查主体依法进行行政检查的有力监督和制约，也是行政检查相对人维护自己合法权益，实现民主权利的有效形式。因此，保障行政检查相对人参与行政检查的权利，有助于推动行政活动民主化、法治化进程。

第六，要求行政检查主体平等对待的权利。行政检查相对人是以个体身份与行政检查主体产生行政检查法律关系的，而行政检查相对人个体之间在法律面前是平等的。行政检查主体作为法律的执行者，对每一个体的行政检查相对人都有平等对待的义务，同时，行政检查相对人对行政检查主体则具有受到平等对待的权利。行政检查相对人要求行政检查主体平等对待的最基本的内容是，行政检查相对人在同等条件下受到行政检查主体的同等对待。

第七，对行政检查主体及其工作人员的批评、建议权。我国《宪法》明确规定"中华人民共和国公民对于任何国家机关和国家工作人员，有提出批评和建议的权利"，行政检查相对人当然有权依据《宪法》的规定，对行政检查主体及其工作人员的行政检查行为以各种方式直接提出，或者通过有关的组织、团体以及新闻媒体反映批评、意见和建议。

第八，请求法律救济的权利。宪法规定中华人民共和国公民"对于任何国家机关和国家工作人员的违法失职行为，有向有关国家机关提出申诉、控告或者检举的权利，但是不得捏造或者歪曲事实进行诬告陷害"。而且，我国的《行政复议法》《行政诉讼法》《国家赔偿法》等法律规范也为公民的法律救济权利提供了较为详尽的制度基础。如果行政检查相对人认为行政检查侵犯了自己的合法权益，有权申请行政复议、提起行政诉讼直至请求行政赔偿。

2. 行政检查相对人的义务

如同行政检查主体在享有行政检查权力的同时又必须履行相应的义务一样，行政检查相对人在行政检查活动中也必须承担相应的义务。行政检查相对人应承担的义务主要有以下几种。

第一，接受并服从行政检查的义务。行政检查相对人对行政检查主体的行政检查必须服从，即使认为行政检查主体的行政检查不合法或不合理，在经过法定程序变更或撤销之前，行政检查相对人也不得拒绝执行。例如，《海关法》第十四条第一款规定："进出境运输工具到达或者驶离设立海关的地点时，运输工具负责人应当向海关如实申报，交验单证，并接受海关监管和检查。"《税收征收管理法》第五十六条规定："纳税人、扣缴义务人必须接受税务机关依法进行的税务检查，如实反映情况，提供有关资料，不得拒绝、隐瞒。"第五十七条规定："税务机关依法进行税务检查时，有权向有关单位和个人调查纳税人、扣缴义务人和其他当事人与纳税或者代扣代缴、代收代缴税款有关的情况，有关单位和个人有义务向税务机关如实提供有关资料及证明材料。"

第二，协助行政检查的义务。行政检查相对人协助行政检查从某种意义上来讲，是行政检查相对人的权利。但是从行政检查主体的角度讲，行政检查相对人协助行政检查应该是其义务，即行政检查相对人对行政检查主体依法实施的行政检查行为有义务支持并加以配合。例如，《药品管理法》第六十三条第一款规定："药品监督管理部门有权按照法律、行政法规的规定对报经其审批的药品研制和药品的生产、经营以及医疗机构使用药品的事项进行监督检查，有关单位和个人不得拒绝和隐瞒。"

《土地调查条例》第十七条规定："接受调查的有关单位和个人应当如实回答询问，履行现场指界义务，按照要求提供相关资料，不得转移、隐匿、篡改、毁弃原始记录和土地登记簿等相关资料。"

但是，行政检查主体在实施行政检查行为时，也不能要求行政相对人承担法律规定以外的义务。那种认为行政检查中行政检查主体为了获得相关证据可以要求行政相对人承担法外之义务的观点是不符合行政法治基本原则的。这一点已经为许多国家的有关法律所明文规定。例如德国《联邦行政程序法》第 26 条规定："当事人应当参与调查。当事人尤其应当提出所知道的证据方法。至于当事人参与调查的其他义务，尤其是亲自出席或者陈述的义务，仅以法律规定者为限。"

第六节　行政调查

由于行政检查与行政调查两者之间的特殊关系，在上述对行政检查的研究中，不可避免地会涉及行政调查。有些问题，如行政检查的原则、程序以及行政检查中涉及的法律关系主体各方等基本原理，基本同样适用于行政调查。但是，行政实践中，行政调查与行政检查又不能完全等同。严格来讲，上述所讲的作为行政检查方法之一种的调查，与这里所要研究的行政调查还是有区别的。因此，有必要对行政调查中的几个主要问题予以研究。

一、行政调查的性质及其界定

由于行政调查形态的复杂性以及在性质上明显兼具程序性和实体性的特点，使得对其性质的界定不像对行政处罚、行政许可等典型行政行为定性那么容易。任何一个行政行为的最终作出都离不开相关信息的采集和事实的认定，此即所谓的"没有调查就没有发言权。"因此，作为信息采集和事实认定过程的行政调查也就伴随所有行政行为。由于行政调查行为的特殊性，行政法学界对行政调查的定性也不尽相同。主要观点有以下几种。

行政调查是行政机关所作的行为类型之一，与行政处罚、行政许可等行为并列；行政调查是行政上的一种制度；行政调查是行政程序第一个阶段。此外，有的学者将行政调查作为一种收集资讯活动，而对其中的法律问题加以研究。① 有学者认为，行政调查在行政法上的重要性，不亚于生理上血液之于身体的重要性。但由于行政调查形态的极其复杂性，应当将其作为一个现象进行全面的研究，而不能牵强地把它放到任何一种已经类型化的行政行为当中。② 我国行政法学界早期对行政调查的性质主要有"事实行为说""程序行政行为说"和"中间行政行为说"三种。"事实行为说"认为，行政机关在管理活动中作出的检查行为仅以影响和改变事实状态为目的，只涉及程序权利和义务，而与实体权利和义务无关。"中间行政行为说"，行政调查是行政主体的某一行政行为的中间阶段，一般情况下不是作为独立的行政行为出现的。"程序行政行为说"认为，行政调查本身是一种独立的行使行政职权的程序行政行为，它直接产生行政程序法律关系，引起该行政程序的运行，并对行政实体法律关系产生间接作用或影响。它与行政许可、行政处罚、行政强制执行等具体行政行为密切相关，是行政管理过程中不可或缺的一个环节。③ 但也有学者认为，从比较行政法的视角看，上述三种学说都只概括了行政调查的一部分特征，理论上存在盲人摸象、以偏概全的不足。④ 该学者还进一步引述了国内外学者的观点予以阐述。例如，源于德国法的调查职权主义，认为"行政机关应本于其职权调查事实真相，不受当事人主张之拘束，体现为行政调查的主动性、全面性和裁量性。"行政机关负有概括的

---

① 参见刘宗德：《日本行政调查制度之研究》，《政大法学评论》1994 年第 52 期。

② 参见皮纯协、张成福主编：《行政法学》，中国人民大学出版社 2002 年版，第 262 页。

③ 参见杨海坤、郝益山：《关于行政调查的讨论》，《行政法学研究》2000 年第 2 期；应松年、庄汉：《行政调查的现状与未来发展方向》，《江苏社会科学》2008 年第 5 期。

④ 参见黄硕：《论行政调查中的强制手段》，2014 年全国公法学博士论坛论文。

调查义务，同时，行政机关对具体的调查方法享有广泛的裁量权。① 而在日本，行政调查同样是广泛存在的，"和没有理由的行政决定是不存在的一样，可以说没有调查先行的行政决定是不存在的。"日本行政法学家盐野宏认为，根据行政行为类型论来看，行政调查都属于事实行为。但是，就其和相对人的关系来看，行政调查表现为多种形态。有的行政调查属于纯粹的事实行为，有的行政调查是通过刑罚来保证其实效性的，也有的行政调查可以行使物理性实际力量（即直接强制）。② 近年来，国内行政法学界也越来越多地倾向于这一认识。例如，有学者认为，"行政调查就可以被定性为是以动态方式实现行政目的、具有独立价值的'一般性制度'。"行政调查既具有相对独立性，又是任何行政决定的必经阶段，是"构成行政过程的诸制度元素中具有一般性作用和普遍性价值的制度"；同时，它不仅对行政主体作出决定是一个过程，对于相对人参与、表达意见也是一个过程。有学者从权利保障的角度，批判了将行政调查单纯界定为事实行为的观点，认为该观点将导致行政调查中滥用权力、漠视相对人权利；因此，应根据是否行使了权力区别认识权力性行政调查与非权力性行政调查。③ 有学者认为，从客观上看，实践中的行政调查既有属于事实行为的，也有属于行政行为的，不能一概而论。一些不会直接产生法律效果的调查，如人口普查、地震损害调查评估等，属于事实行为，它们只作为一种管理方法而产生管理学方面的意义；另一些行政调查会产生法律效果，这些法律效果是多方面的：1. 行政调查机构拥有调查职权，被调查人有配合的义务，如果不配合则会引起不利的后果；2. 行政调查的结果直接影响后续行政行为的作出；3. 有些特定的行政调查方法直接关系到相对人的人身自由权、住宅权、储蓄保密权等。这些

① 参见余凌云：《行政调查三题》，《浙江学刊》2011 年第 2 期；章志远：《行政调查初论》，《中共长春市委党校学报》2007 年第 2 期。

② 参见［日］盐野宏：《行政法》，杨建顺译，法律出版社 1999 年版，第 183 页。

③ 参见周佑勇：《作为过程的行政调查——在一种新研究范式下的考察》，《法商研究》2006 年第 1 期；张娟：《行政调查基本概念初探》，《法学杂志》2009 年第 10 期。

产生法律效果的行政调查属于行政行为。①

我国台湾地区的行政调查与我们研究的行政检查具有一定的共同性。在台湾地区虽然早就将行政调查作为行政机关执行职务时不可缺少的手段，在制定法上也早就有明确的规定，但行政法学界真正比较全面地研究行政调查问题，则是在 1989 年之后。此前的行政法学教科书以及行政法学者即使涉及行政调查，也未给予其应有的地位，在行政法学教科书中并没有被专章研究。学者们对行政调查性质的认识也不一致，例如有的学者将行政调查列为非权力作用，② 有的学者将行政调查列为单纯的事实行为，③ 有的学者将其列入事实行为之强制性权力措施。④ 1989 年之后，台湾地区行政法学者开始专门研究行政调查之概念，或者系统地引进美国和日本行政调查的理论与制度。目前，台湾地区行政法学界对行政检查以及行政调查的研究，无论在广度上还是在深度上均已达到相当的程度。有学者认为："行政检查，简言之为行政机关为达成特定行政目的，对于特定行政客体所为之察查、收集资料活动，或指行政主体以收集、察查、验证相关事实与资料为目的，就个别具体事件，针对特定人民，行使公权力之事实行为。"⑤ 有学者对行政调查的含义与范围等则作了全面而又深入的研究。就行政调查的含义，该学者认为，从总体上来讲，行政调查是指行政机关为达成某一特定的行政目的所为之收集资料的活动。行政调查在制定法上用语极为多样化，有调查、勘察、稽查、检查、查核、检验、询问、访视、普查、察查、稽核、审核、查验等。

---

① 参见胡建森：《行政法学》，法律出版社 2010 年版，第 349 页。

② 参见张家洋：《行政法》，台湾三民书局 1987 年版，第 518 页。

③ 参见管欧：《中国行政法总论》，蓝星打字排版有限公司 1981 年版，第 424 页；林纪东：《行政法》，台湾三民书局 1990 年版，第 289—290 页；黄异：《行政法总论》，台湾三民书局股份有限公司 1989 年版，第 99 页。

④ 参见吴庚：《行政法之理论与实用》，台湾三民书局 1996 年版，第 395 页；陈新民《行政法学总论》，台湾三民书局 1992 年版，第 295 页。

⑤ 参见陈春生：《事实行为》，翁岳生编：《行政法》，中国政法大学出版社 2002 年版，第 907—908 页。

这些用语虽然与收集资料活动有关，但出现在行政程序过程中的先后与调查目的却不尽相同，有关调查对象、手段、程序、调查资料的处理、权力界限与法律救济也有差别。因此，行政调查的含义又可以从不同层次上加以界定。最广义上的行政调查，泛指行政机关的一切收集资料的活动。这一意义上的行政调查又可以分为两个部分。一是行政主体对外部行政相对人实施的"外部的收集资料活动"；二是行政主体内部调查机关向其他机关调阅资料或者上级对下级实施的业务检查所为的"内部作业查核活动"。广义上的行政检查，仅指"外部的收集资料活动"，是行政主体为达成行政目的对私人所为的各种资料收集活动。美国行政法学中的"ADMINISTRATIVEINVESTIGATION"或"ACQUISITIONOFINFOR-MATION"，日本行政法学中的"行政调查"或"资讯取用"就是在这一意义上使用的。这个意义上的行政检查存在于所有行政程序之中。日本著名行政法学教授盐野宏先生所谓的行政调查是一切行政活动之基础的论断，也是基于该种意义上的行政调查而言的。这种意义上的行政调查依其目的和在行政程序中的先后之不同，可以细分为：（1）为正确行使行政决策权、研订施政计划、颁订行政命令之目的，在行政计划或者行政立法之前所为的"规划调查"；（2）许认可等授益处分作成之前所为的"许可要件审查"；（3）授益处分作成后，为督促行政相对人法定义务所为的"监督检查"；（4）对违反义务行为准备实施行政制裁（包括强制）之前所为的"违法事实调查"；（5）本身即为行政目的的"户口普查"等。其中，（1）、（5）合称为"一般调查"；（2）、（3）、（4）合称为"个别调查"；由于（2）、（4）的目的都是为了收集构成要件的事实，故又可称为"构成要件事实调查"。狭义上的行政调查，是指个别调查，具体是指行政主体为达成行政目的，行使个别具体权限，对特定行政相对人所为的相关事实与资料察查收集活动。这种意义上的行政检查包括上述广义行政调查中的"许可要件审查""监督检查""违法事实调查"。更狭义的行政调查是指"构成要件事实调查"，也即行政程序法所规定的行政调查，包括授益处分作成之前所作的"许可要件审查"，对违反义务行为准备实施行政制裁之前所作的违法事实调查。这种意义上的行政检查包括上述广义行政调查中的"许可要件审查""违法事实调查"。最狭义的行政调查，则指监督检查。我国台湾地区法制中的"临场检查""安全检查""进入检查"，以及美国行政法制中的"INSPECTION 检查""PHYSICAL INSPECTION 实地检查"，日本行政法制中的"质问检查"等就是最狭义的行政检查。这种行政检查仅指行政主体对行政相对人、行政相对人所有之物或者处所实施的进入、探触与观察活动。①

自 20 世纪 70 年代开始，行政调查在日本行政法上逐渐获得明确并且单独的定位，但学者们在行政调查的概念与定位上见解不一。这几种观点颇具代表性：（1）行为类型说。该观点以质问检查作为一种行为类型，与行政命令、行政处分并列。（2）行政上制度说。该观点认为行政调查是行政过程之一环，为各种行政行为均需要使用的共同制度。（3）行政处分之先行程序说。该观点从行政程序法的角度，认为行政调查是行政处分之先行程序。（4）资讯收集活动说。该观点放弃在现有行政行为体系中为行政调查寻求定位，着重行政调查的本质功能，包括各式各样形态的情报收集活动来为行政调查定位。②

韩国对行政调查有专门的法律规定。③ 其《行政调查基本法》第二条规定："所谓'行政调查'，是指行政机关为了收集决定政策或者履行职务所必要的信息或资料，进行现场调查、阅览文书、抽样等或者责令被调查对象提交报告或要求提交资料以及责令出席、进行陈述等的活动。"从这一规定可见，韩国也是将行政调查界定为一种为实现某种行政目的的程序性活动。

从上述国内外学者对行政调查性质的研究以及立法和行政实践中，可以看出，确实不能对行政调查做简单的非此即彼的结论，而应该从行政过程论的角度整体性地、分门别类地把握行政调查的性质：第一，行

① 参见洪文玲：《行政调查与法之制约》，学知出版社 1998 年版，第 16—19 页。
② 参见洪文玲：《行政调查与法之制约》，学知出版社 1998 年版，第 27 页。
③ 《韩国行政调查基本法》《韩国行政调查基本法施行令》，金玄默译，《行政法学研究》2009 年第 2 期。

政调查既可以是一种为了解社会、经济发展整体状况而进行的独立的调查行为，也可以是行政决定作出前的前置性程序。因此，不同种类的行政调查，既可能是没有明显影响相对人实体性权利的事实行为，也可能是行政行为本身，或者是行政行为的一部分。第二，进一步分析，上述的后一种情况中，行政机关可能根据调查对违法行为作出处罚决定，或者对许可申请作出批准决定，从而使调查—决定—执行构成一个行政过程的链条。但行政机关也可能在例行性、日常性的调查和监督检查中，对不予配合调查的相对人采取了强制措施后却没有发现违法行为，因此不需要作出行政决定。因此，不同情形下的行政调查，可能是行政决定的前置性程序，是一种中间行为、阶段行为，也可能是具有独立意义的行政行为。因此，从行政过程论的角度整体地、分类地把握行政调查的性质更具有合理性，应当把行政调查作为行政机关针对行政相对人收集信息或证据的一种复合的、多样的行为来把握。尤其是针对行政调查大量散见于我国各部门行政法的立法现状，这种观点更有利于认识不同部门的行政调查的复杂性、多样性，在尊重个别性的基础上寻找一般性。①

　　综观中外学者的研究，结合行政实践，我们认为，行政调查的实质在于行政主体为了实现一定的行政目的，依照其职权对特定的行政相对人进行的了解有关信息、收集有关证据，或者认定处理有关行政事件所依据的行政活动。实践中，不管是针对个案的行政调查，还是针对特定事项的行政调查，其绝大多数表现为程序性行为。例如，为规范环境行政处罚的实施，监督和保障环境保护主管部门依法行使职权，维护公共利益和社会秩序，保护公民、法人或者其他组织的合法权益，《环境行政处罚办法》第二十六条规定："环境保护主管部门对登记立案的环境违法行为，应当指定专人负责，及时组织调查取证。"为了加强非物质文化遗产保护、保存工作，《非物质文化遗产法》第十一条规定："县级以上人民政府根据非物质文化遗产保护、保存工作需要，组织非物质文化遗产调查。非物质文化遗产调查由文化主管部门负责进行。县级以上人民政

---

① 参见黄硕：《论行政调查中的强制手段》，2014 年全国公法学博士论坛论文。

府其他有关部门可以对其工作领域内的非物质文化遗产进行调查。"为了准确登记不动产，有效维护当事人以及利害关系人的合法权益，《不动产登记暂行条例》第十九条规定："属于下列情形之一的，不动产登记机构可以对申请登记的不动产进行实地查看：（一）房屋等建筑物、构筑物所有权首次登记；（二）在建建筑物抵押权登记；（三）因不动产灭失导致的注销登记；（四）不动产登记机构认为需要实地查看的其他情形。对可能存在权属争议，或者可能涉及他人利害关系的登记申请，不动产登记机构可以向申请人、利害关系人或者有关单位进行调查。不动产登记机构进行实地查看或者调查时，申请人、被调查人应当予以配合。"

二、行政调查与相关概念比较

（一）行政调查与行政检查

对于行政调查与行政检查两种行为，它们之间是包含关系，还是本来就是两种不同的行为，学界也有不同的认识。有学者认为应当严格区别行政调查和行政检查，认为行政检查可以事先进行，也可事后进行，而行政调查只能在事后进行；行政检查权须经法律特别授权，而行政调查权则必然包含于行政管理权中；行政检查属于行政处理行为，直接产生法律后果，而行政调查属于准行政行为，并不直接产生法律后果。① 有学者专门研究了行政检查与行政调查的区别。认为行政调查是行政机关为了正确地作出决策和决定而依法收集信息和了解情况的行为。它和行政检查的共同点在于，两者都是了解情况的行为，但是行政调查的目的是查明情况，为行政决策提供依据，保证行政决定的客观性与适当性。行政调查是行政主体在作出行政决策和决定之前进行的，行政检查是在法律制定之后或者决定作出之后进行的，目的是保障法律、法规和行政决定的执行。行政调查既可以是一个独立的行政行为，也可以是其他行

---

① 有学者概括出两者具有的区别。（参见杨海坤、郝益山：《关于行政调查的讨论》，《行政法学研究》2000 年第 2 期；于立深：《论政府的信息形成权及当事人义务》，《法制与社会发展》2009 年第 2 期）

政行为中的一个环节。但行政检查都是独立的行政行为，尽管检查的后果可能会引发另一个行政行为。①

我国台湾地区的部分学者也认为职权调查和行政检查属于行政机关资讯获得权的两种途径，相比于职权调查，行政检查较为例行、一般。② 而有的学者则认为，应当淡化行政调查与行政检查的区别。该观点认为"在行政实践活动中，行政调查和行政检查并未被严格区分，两者的区别只具有局部意义。""行政调查的外延大于行政检查……行政调查可作为上位概念，行政检查可作为调查的一种方法或手段。"③ 有学者认为，若从规制行政调查中强制的角度把握"行政调查"与"行政检查"的概念，应当认为行政调查包含了行政检查，不应把两者作为两种行为。理由有：第一，如前所述，认为行政调查不直接产生法律后果的观点并不成立，在办理行政案件、作出行政决定前采取的调查若使用了强制措施，同样产生法律后果。将调查与强制的行为人为割裂来分析，不符合行政过程论的视角。第二，在调查或检查过程中采用的强制措施，从程序、手段、权利救济等角度看，并无本质区别。若将两者认为是两种行为，则必须发展出"行政调查中强制"和"行政检查中强制"两个概念方能完整阐述"行政强制"的外延，与经典的"三分法"相比，这显然是理论建构的重复和累赘。④

有学者认为，行政调查不同于行政检查，行政检查只是行政调查的一种，而不能涵盖行政调查的全部。该学者认为，行政调查是行政主体为了实现一定的行政目的而收集、整理、分析有关资讯的活动。它不同

① 参见王周户、王麟、安子明、李大勇编：《行政法》，法律出版社 2007 年版，第 294—295 页。

② 参见翁岳生主编：《行政法》，中国法制出版社 2002 年版，第 1045—1047 页。

③ 杨建顺主编：《行政法总论》，中国人民大学出版社 2012 年版，第 212 页。支持该观点的还有余凌云教授，他认为，办理行政案件、日常检查监督等方式的处所检查都属于行政调查方式的一种。（参见余凌云：《行政调查三题》，《浙江学刊》2011 年第 2 期）

④ 参见黄硕：《论行政调查中的强制手段》，2014 年全国公法学博士论坛论文。

于公安机关或者检察机关为了追究犯罪而进行的刑事侦查，立法机关为立法广泛征求各方意见的活动以及司法机关为裁判而进行的法庭调查。该学者还进一步认为，由于行政调查一方面是行政管理不可缺少的重要手段，另一方面又关系到购买基本权利与自由的限制与剥夺，因此，行政调查要解决的问题实际上是一个宪法问题，是在宪法意义上解决行政权与公民权之间的关系。①

综观理论研究与客观实践，我们认为行政调查与行政检查作为两种不同的行为，确实不能完全等同，两者存在内涵与外延上的区别，但是这种区别又不是本质上的。行政调查是上位概念，涵盖行政检查，行政检查有时就是行政调查的一种方法和手段。②

（二）行政调查与即时强制

在行政法学上曾经有一种观点，将质问、检查和为调查出入营业场所等一切为行政目的而收集资料的活动均认为是一种即时强制。但有学者从目的的间接性与强制的间接性两个特征的角度，将行政调查的概念从即时强制的概念中分离出来。其理由是：第一，即时强制本身即为直接实现行政目的的最终行为，而行政调查对于行政目的的实现只具有间接的准备和补充作用；第二，即时强制可以对私人的身体或财产强力行使，而行政调查一般不采用强制手段，其实效性通过罚则来确保。但也有学者对此存有不同观点，认为应该将行政调查从即时强制中分离出来，但上述理由并不完全正确。该学者进一步认为，之所以将行政调查从即时强制中分离出来，原因在于即时强制的概念并不能完全涵盖行政调查的所有形态，即时强制与行政调查在概念上是交叉关系，而不是包含关系。③

---

① 参见皮纯协、张成福主编：《行政法学》，中国人民大学出版社 2002 年版，第 248 页。

② 参见杨临宏等：《行政法学新领域问题研究》，云南大学出版社 2006 年版，第 335 页。

③ 参见皮纯协、张成福主编：《行政法学》，中国人民大学出版社 2002 年版，第 248 页。

实际上，严格来讲，在辨析这一对概念时应当讲是行政调查中的强制与即时强制。因为强制并不时时出现在行政调查中，只有当被调查对象不配合调查时，为了确保行政调查的顺利进行，行政机关才能依法采取强制措施。行政调查中的强制是为了正确作出行政决定而采取的一种搜集信息的活动。即时强制则是指行政机关在行政管理过程中，为制止违法行为、防止证据损毁、避免危害发生、控制危险扩大等情形，依法对公民的人身自由实施暂时性限制，或者对公民、法人或者其他组织的财物实施暂时性控制的行为。即时强制是行政行为的一种形态。即时强制作为一种行政行为受法律约束自不必说。例如《行政强制法》第十八条规定："行政机关实施行政强制措施应当遵守下列规定：（一）实施前须向行政机关负责人报告并经批准；（二）由两名以上行政执法人员实施；（三）出示执法身份证件；（四）通知当事人到场；（五）当场告知当事人采取行政强制措施的理由、依据以及当事人依法享有的权利、救济途径；（六）听取当事人的陈述和申辩；（七）制作现场笔录；（八）现场笔录由当事人和行政执法人员签名或者盖章，当事人拒绝的，在笔录中予以注明；（九）当事人不到场的，邀请见证人到场，由见证人和行政执法人员在现场笔录上签名或者盖章；（十）法律、法规规定的其他程序。"行政调查中的强制也应当依法进行。例如《行政处罚法》第三十七条规定："行政机关在调查或者进行检查时，执法人员不得少于两人，并应当向当事人或者有关人员出示证件。当事人或者有关人员应当如实回答询问，并协助调查或者检查，不得阻挠。询问或者检查应当制作笔录。行政机关在收集证据时，可以采取抽样取证的方法；在证据可能灭失或者以后难以取得的情况下，经行政机关负责人批准，可以先行登记保存，并应当在七日内及时作出处理决定，在此期间，当事人或者有关人员不得销毁或者转移证据。执法人员与当事人有直接利害关系的，应当回避。"

（三）行政调查的类型

行政调查的形式有多种。根据其目的，行政调查可以分为个别调查和一般调查。根据法律保留的强度、被调查人协助义务的程度、寻求司法救济的方式的不同，将行政调查分为任意调查和强制调查。其中，强制调查又分为直接强制调查和间接强制调查。① 根据行政机关在调查中的地位，行政调查可以分为依职权调查和处理主义调查。② 有学者认为，根据调查目的不同，可分为以调查本身为目的的调查和以作出行政决定为目的的调查，而后者又可细分为监督性调查和取缔性调查。③ 有学者认为，行政调查分类有几十种之多，但不一定都有法律意义。这几类具有法律意义：前置性调查与独立性调查、强制性调查与非强制性调查、对人体和行为以及财物的调查、对当事人的调查与对证人的调查、依申请行为中的调查与依职权行为中的调查、书面调查与实地调查。④

我国台湾地区有学者根据行政调查的目的以及先后顺序，将行政调查分为：为妥善行使政策决定权，研定施政计划、颁定行政命令之目的，在行政立法之前所为之"规划调查"、许可等授意处分作成之前所为之"许可要件审查"；授意处分作成之后，为督促相对人遵守法定义务所为之"监督检查"；对违反义务行为准备实施行政制裁（含强制）之前所为

---

① 我国学者一般认为，任意调查和强制调查的区别：第一，任意调查只需要法规范的笼统授权，即，对某事项具有行政管理权的机关当然对该事项具有任意调查权，而强制调查需要法律明确授权，特别是直接强制调查，根据《立法法》第八条，更要求严格的法律保留原则。第二，相对人对任意调查的配合仅仅是倡导性的，行政机关对不予配合的相对人无权采取强制措施，而相对人对强制调查的配合义务则是强制性义务。（参见杨海坤、郝益山：《关于行政调查的讨论》，《行政法学研究》2000 年第 2 期；杨建顺：《日本行政执行制度研究》，《法学家》2002 年第 4 期；应松年、庄汉：《行政调查的现状与未来发展方向》，《江苏社会科学》2008 年第 5 期；张娟：《行政调查基本概念初探》，《法学杂志》2009 年第 10 期）

② 所谓处理主义调查，是指行政机关处于第三者或者中立地位的调查，其调查的范围限于双方当事人在边路过程中所涉及的事项。（参见杨海坤、郝益山：《关于行政调查的讨论》，《行政法学研究》2000 年第 2 期）

③ 参见张娟：《行政调查基本概念初探》，《法学杂志》2009 年第 10 期。

④ 参见胡建淼主编：《中国现行行政法律制度》，中国法制出版社 2011 年版，第 284 页。

之"违法事实审查"本身即为行政目的之"户口普查"。①

有学者在对行政调查作更深入研究的基础上认为，从行政过程论和尊重相对人参与权的角度，任意调查和强制调查不应仅仅是两种并列的调查类型，而应当同时是行政调查的不同进展阶段。具体而言，获得法规范笼统授权的行政主体皆有权实施任意调查，因此在所有领域包括可以实施强制调查的领域，行政主体也应当从任意调查开始其调查行为，以期获得相对人的积极参与和自愿配合，除非出于特定的紧迫情形而依法被迫径行采取强制措施。如果相对人拒绝配合调查，在无权采取强制调查的领域，行政主体只能终止对该相对人的调查；在有权采取强制调查的领域，行政主体才可以考虑选择强制手段。这种从任意调查到强制调查的进展过程，体现了比例原则中的必要性原则对行政调查中强制的规制。鉴于行政调查形态的多样性，特别是把行政监督检查认定为行政调查的一种方式，那么，可以调查目的的多样性为分类维度。监督性调查是一种日常的、例行的检查，目的是为了督促相对人履行法定义务、确保正常的行政管理秩序，并不必然以作出行政决定为目的，因此"监督性调查"应该从"作出行政决定为目的的调查"的子概念中排除出来；至于"取缔性调查"，不包括行政主体在依申请行政行为作出决定前，对申请人提交的材料做实地调查、核实情况的情形，也不包括行政主体在作出行政规划、行政命令等非处罚性质的依职权行政行为的决定前所做的调研，这一概念外延太窄。当然，以监督检查为目的的行政调查在实施过程中发现违法行为的，也会作出相应的行政处罚、行政强制决定，但这并不影响调查实施前的本来目的。而且，实定法中对这种调查行为一般以名为"监督检查"的专门章节予以规制，表明了这种调查行为是一个独立类型。传统的任意调查和强制调查两分法已不符合行政过程论的要求。因此，着眼于调查行为的目的来作出分类，尝试把行政调查分为以调查本身为目的的行政调查、以监督检查为目的的行政调查和以作

---

① 参见洪文玲：《行政调查与法之制约》，学知出版社1998年版，第18页。

出行政决定为目的的行政调查。① 可见，无论是理论研究，还是行政实践，行政调查确实有多样的形态。即使在同一部法律中也会赋予行政机关不同的调查方法。例如，《对外贸易法》第三十八条规定："启动对外贸易调查，由国务院对外贸易主管部门发布公告。调查可以采取书面问卷、召开听证会、实地调查、委托调查等方式进行。国务院对外贸易主管部门根据调查结果，提出调查报告或者作出处理裁定，并发布公告。"《反倾销条例》第二十条规定："商务部可以采用问卷、抽样、听证会、现场核查等方式向利害关系方了解情况，进行调查。商务部应当为有关利害关系方提供陈述意见和论据的机会。商务部认为必要时，可以派出工作人员赴有关国家（地区）进行调查；但是，有关国家（地区）提出异议的除外。"《土地调查条例》第八条规定："土地调查采用全面调查的方法，综合运用实地调查统计、遥感监测等手段。"韩国《行政调查基本法》第三章就专门规定了"调查方法"。有要求被调查对象出席、陈述；要求提交报告与提交资料；现场调查；抽样；资料等的扣留；共同调查等，同时还规定了每一种调查方法的具体要求。②

针对我国目前行政实践中行政调查制度存在的问题，必须在结合理论与实践对行政调查进行科学分类的基础上，更好地规范各类行政调查行为。这里特别值得一提的是，虽然世界各国都有行政调查制度，但是至今只有韩国单独制定了统一的《行政调查基本法》。探悉韩国《行政调查基本法》的立法背景，我们会发现，当时韩国也存在重复调查现象严重，企业负担重；行政调查的程序不规范、不统一；对被调查人的权利保护不充分等现实问题，因此，当时韩国学术界和实务界，对于完善行政调查立法的呼声很高。正是因应实践的需要，韩国于 2007 年 4 月 27 日将法案提交国会审议并获通过，于 2007 年 5 月 17 日公布，2007 年 8 月 18 日开始实施。此后又于 2008 年 2 月 29 日修订。韩国

---

① 参见黄硕：《论行政调查中的强制手段》，2014 年全国公法学博士论坛论文。
② 参见韩国《行政调查基本法》第九条至第十四条。

《行政调查基本法》第一条就非常明确地规定了该法的立法目的："本
法以通过规定有关行政调查的基本原则、行政调查的方法及程序等共同
事项，从而提高行政的公正性、透明性及效率性，并保护国民的权益为
目的。"为了保护当事人的合法权益，第四条对行政调查的基本原则作
了明确的规定："（一）行政调查应在达成调查目的所必要的最少范围内
实施，且不得为了其他目的等滥用调查权。（二）行政机关应选定适合调
查目的的被调查对象实施行政调查。（三）行政机关对类似或者同一的案
件，应实施共同调查从而避免行政调查的重复。（四）相对于对违反法令
等的处罚，行政调查的着重点应放在促使遵守法令等。（五）除非依照其
他法律，不得公布行政调查的被调查对象或者行政调查的内容或者泄露
职务上所知晓的秘密。（六）行政机关不得将通过行政调查知晓的信息依
照其他法律在内部利用或者除非是提供给其他机关，不得使用于原来调
查目的以外的用途或者提供给他人。"为了防止行政机关调查的随意性，
第三条对调查的周期作出明确规定："行政调查原则上依照法令等行政调
查运行计划的规定定期实施。但是，属于下列各项中的任意一项的情形，
可以随时进行调查。1. 法律上规定随时调查的情形；2. 具有违反法令等
的嫌疑的情形；3. 从其他行政机关受到有关违反法令等的嫌疑之通报或
者转报的情形；4. 受到违反法令等的告诉或者受到申诉的情形；5. 其他
由总统令规定的认为具有行政调查必要性的事项。"为了有效保护当事人
的合法权益，第十五条对重复调查作了限制规定："（一）依照第七条实
施定期调查或者随时调查的行政机关的长官，就同一案件不得对同一的
被调查对象再进行调查。但是，该行政机关对已接受调查的被调查对象，
掌握了具有违法行为之嫌疑的新的证据的情形，则不在此限。（二）实施
行政调查的行政机关在实施行政调查之前，就是否对同一被调查对象或
者对同一或类似的案件实施了行政调查，可以向其他行政机关进行确认。
（三）实施行政调查的行政机关为了确认依照第二款的事实，请求对行政
调查结果的资料的情形，除非具有特别的事由，受到请求的行政机关应
提供相关资料。"韩国《行政调查基本法》对行政调查的基本原则、行政

调查的权限、行政调查的方法及行政调查的程序等作出了较为完善的规定，其统一立法模式、被调查人权利保护的立法理念、高度重视行政调查程序和注重自律管理体制的构建等做法，对于完善我国行政调查立法具有重要的借鉴意义。①

---

① 参见康贞花：《韩国行政调查基本法的特色及对中国的立法启示》，《河北法学》2011 年第 10 期。

第二十章

行政确认、行政登记与行政认证

高秦伟　　中国人民大学法学博士，中央财经大学法学院教授、博士生导师。曾任职于国家行政学院从事行政法学研究。美国哥伦比亚大学法学院访问学者，中国法学会行政法学研究会理事。主要研究方向为行政法、政府规制、比较行政法与食品安全法，出版专著《行政法规范解释论》，主要论文有《社会自我规制与行政法的任务》《私人主体的行政法义务》等。

第一节 行政确认

一、行政确认的概念

与其他的行政行为相比，行政确认作为一项重要的制度，虽然《最高人民法院关于规范行政案件、案由的通知》将其列为一种行为，但是实践与理论界研究并不多见。一般而言，确认是一个适用范围较广泛的概念，凡特定的主体依法认定并公开宣告特定的法律事实或者法律关系是否存在、是否真实以及行为是否合法的活动或制度，均属于确认的范畴。在西方，行政确认是一项古老的行政职能。如 19 世纪英国行政体制中就有行政确认的制度。当时这种制度称为"宣告令"（declaration），其实质是"宣明各当事人的权利或所处的合法地位，而不以任何方式改变之，其本身只表达某种既存法律状况，一方当事人发现自己的法律地位，而为必要时使用别的救济使之具有实效开辟了道路。"[1] 这种宣告令主要用于澄清某些需要权威裁定的法律疑难问题，如确定某种身份、国籍方面的争议等。法国法上"在当事人的某种法律地位是否存在，以及存在的范围不确定时，由行政机关予以确定的行政决定"类似于我们研究的行政确认。[2] 德国法依据行政行为的内容把行政行为分为命令性、形成性和确认性的行政行为，命令性行政行为以命令或者禁止令的形式要求特定行为义务（作为、容忍和不作为）；形成性行政行为建立、改变或者消灭具体的法律关系；而确认性行政行为是确认某人的权利或者具有法律

---

① ［英］威廉·韦德：《行政法》，徐炳等译，中国大百科全书出版社 1997 年版，第 245 页。

② 参见王名扬：《法国行政法》，中国政法大学出版社 1988 年版，第 154 页。

意义的资格的行为。① 日本法将行政行为分为法律行为的行政行为和准法律行为的行政行为，后者又分为确认、公证、通知、受理。确认，是确定存在特定的事实或者法律关系的行为，如对税的申报的更正决定、对是否享有抚恤金权的裁定。② 日本学者虽将行政确认视为准行政行为，但"如果其所确定的内容产生公定力的话，被解释为具有确定法律关系等内容的行政行为，即具有作为行政行为内容上的分类之意义"。③ 由此看来，在确认所确定的内容产生公定力的情况下，确认行为又可被看作行政行为。

在我国，虽然相关的定义有多种，但大同小异。通说认为行政确认是指行政主体依法对行政相对人的法律地位、法律关系或者有关法律事实进行甄别，给予确定、认可、证明（或者否定）并予以宣告的行政行为。④ 对行政相对人的法律地位、权利义务的确认或者否定，是行政确认的目的和内容。在研究中，还有学者指出一般研究的行政确认应该是一种独立的行政确认，而不是附属性的行政确认。所谓独立的行政确认是不依赖其他行政行为而存在的行政确认；而附属性的行政确认行为则是指出于其他行政目的的需要，而作为其他行政行为成立的必要前提的行政确认行为。⑤ 附属性的行政确认在实践中也较为常见，如行政主体在颁发许可证前，必须对申请人的相关事项进行审查核实，进行确认，而后才能作出颁证的行政许可行为，此时行政主体的确认行为是为行政许可服务，因此具有附属性。学者们认为此时并非一种行政行为，研究意义

---

① 参见［德］哈特穆特·毛雷尔：《行政法总论》，高家伟译，法律出版社2000年版，第207页。

② 参见［日］盐野宏：《行政法》，杨建顺译，法律出版社1999年版，第85页。

③ 参见［日］盐野宏：《行政法》，杨建顺译，法律出版社1999年版，第86页。

④ 参见姜明安主编：《行政法与行政诉讼法》，北京大学出版社、高等教育出版社2011年版，第249页。

⑤ 参见张树义主编：《行政法与行政诉讼法案例教程》，知识产权出版社2001年版，第214页。

不大。① 在研究中，关于行政确认的定性也有争议。多数学者认为行政确认是对特定相对人的权利义务产生实质性影响的，发生直接法律效果的行为。分析认为，行政确认是对业已存在的法律地位、法律关系或有关法律事实加以确认，故容易被人们认为其不产生直接的法律效果。但是，我们应该看到，行政确认不只是对法律地位、法律关系或有关法律事实机械的主观反映，其中也包含了行政主体运用法律对法律地位、法律关系或有关法律事实进行判断，而后作出确认的过程。也就是说，行政确认是行政主体依法行使职权，对特定相对人的法律地位、法律关系或有关法律事实作出"意思表示"的行为。因此，行政确认行为一经作出，直接作用于相对人，对相对人发生直接的法律效果，并且对相对人的权利义务有实质性的影响。例如，根据《军人抚恤优待条例》和《伤残抚恤管理暂行办法》确认某人的伤残性质和等级时，其伤残的性质和等级也就直接被该确认行为所认定，确认行为认定的伤残性质和等级皆是由确认行为直接产生的，所确定的伤残性质和等级本身就是属于法律效果的内容，并且所确认的伤残性质和等级对相对人的权利有着实质性的影响。另一些学者则认为行政确认行为是准行政行为。所谓准行政行为，又称准法律行为性行政行为或准法律行为，此概念来自德国与日本的行政法。以是否直接引起法律效果为标准，日本的学者把行政行为分为法律行为性质行政行为和准法律行为性行政行为，前者能直接对行政相对人发生法律效果，而后者则不能。② 也就是说，准法律行为性行政行为间接产生法律效果，而没有法律行为性行政行为则具有的"意思效果"。但如前所述，行政确认包含有行政主体的"意思效果"，产生的是直接的法律效果。实际上，日本法上准行政行为这一概念也备受质疑，准行政行为的观念开始消亡，把行政确认列入准行政行为不仅是不符合行政确认

---

① 参见刘志坚：《行政法原理》，兰州大学出版社1998年版，第207页。

② 参见姬亚平主编：《外国行政法新论》，中国政法大学出版社2003年版，第153页。

行为的性质特征，也是不符合行政法学发展的趋势。①

　　行政确认的作用在于：第一，对于行政相对人而言，行政确认是一种公共服务。行政确认能够为社会个体需求国家公权力保护、公权力救济提供依据，它能够促进交易、降低社会成员之间交往、交易成本。第二，对于行政机关而言，行政确认是一种国家行政管理的重要手段，并能够为法院审判活动提供、客观的处理依据。

　　行政确认的特征在于：第一，要式行为。行政确认是要式行政行为，以行政行为产生法律效力是否需要特定形式为参照。行政行为可以分为要式行政行为和非要式行政行为。非要式行政行为是指不需要特定形式，一般来说只要表达了意思就能产生法律效力的行政行为。要式行政行为是指必须具备特定形式才能产生法律效果的行政行为。行政确认是指特定法律事实或法律关系的认定与宣告。为确保行政确认的公信力，要求行政主体作出确认行为时，需要采用书面形式并按一定格式作出，否则不仅达不到行政确认行为的目的，而且会大大降低行政行为的公信力。第二，证明性行为。因为行政确认的功能作用在于定分止争，所以行政确认是一种证明性行政行为，证明一种客观存在的事实和法律关系，明确双方的身份以及权利义务。第三，羁束行为。行政确认是羁束的行政行为，以受法律规范拘束的程度为标准，行政行为可分为羁束性行政行为与裁量性行政行为。所谓羁束性，是指行政主体所实施行政行为严格受法律的具体规定约束，即法律规范对其范围、条件、标准、形式、程序等作了较详细、具体、明确规定的行政行为。第四，中立性行为。行政确认是对特定的法律关系和法律事实的客观认定，一般不作价值判断，因此德国学者毛雷尔说："确认性行政行为是'中立的'，是受益还是负担，取决于确认和关系人的申请。"第五，阶段性、中间性和预备性行为。行政确认在实践中一般与行政主体的其他行为会关联在一起，所以是具有阶段性、中间性或预备性行为。

_____

① 参见［日］盐野宏：《行政法》，杨建顺译，法律出版社1999年版，第83页。

二、与相关行为的区分

（一）与行政登记的区分

行政登记是指行政机关对正在进行某种活动或希望进行的某种活动的相对人依法予以书面记载以便作为官方记录备查的行政行为。行政登记的外延比行政确认要宽泛，包含了行政确认型的行政登记、行政备案型的行政登记和行政许可型的行政登记。行政许可性质的登记通常是能够直接产生法律效果而不需要以其他法律行为、法律事实为基础且能赋予行政相对人特殊的行为资格从而带来较大利益的登记。如公司登记、社团登记等。备案性质的登记是行政机关不以发生法律效果为目的，而是单纯为了掌握行政管理需要的客观信息而实施的一种行政事实行为。如《城市房地产管理法》第四十五条规定："商品房预售，应当符合下列条件：……（四）向县级以上人民政府房产管理部门办理预售登记，取得商品房预售许可证明。商品房预售人应当按照国家有关规定将预售合同报县级以上人民政府房产管理部门和土地管理部门登记备案。"其中，前一个登记是一种许可型登记，而后一项登记则是一种纯粹事实行为的备案登记。而带有行政确认性质的登记在内容上具有中立性，登记本身并没有创设权利义务，并不必然产生行政法上的法律效果，使其能在原有法律关系或法律事实的基础上产生间接的法律效果，实质上是行政主体对法律事实予以确认或登记在案以备公众查阅。确认型的登记构成了行政确认的一部分内容。

（二）与行政许可的区分

我国《行政许可法》第二条规定："本法所称行政许可，是指行政机关根据公民、法人或者其他组织的申请，经依法审查，准予其从事特定活动的行为。"从这个定义来看，许可有时包含了确认或者说许可证对持有人来说具有国家认可的"可信性"证明。[①] 行政许可与行政确认的联

[①] 参见杨解君：《行政许可研究》，人民出版社 2001 年版，第 109 页。

系表现在：第一，两者往往是紧密相连的两个步骤。有时确认在前，许可在后，确认是许可的前提条件，许可是确认的后续结果。例如在行政许可前，当事人必须提出申请，而申请的同时当事人往往要提交相关的文件或证明标准，以表明其已符合条件。这些文件或证明可能就是有关行政机关发放的行政确认证书。有时许可在前，确认在后。此种情形较少，例如根据《国际民用航空公约》和有关航空法的规定，民用航空运输企业在取得经营许可证后，还必须经过"运行合格审定"。"取得经营许可证"即属于行政许可，"运行合格审定"即属于行政确认。由此，有时行政确认与行政许可也可以相互转化。一般而言，行政确认的条件比行政许可的条件和程序宽松，为了加强某方向的管理，有可能将行政确认转化为行政许可；反之，基于规制缓和的考量，将行政许可也可转化为行政确认。第二，某些行政行为兼具行政确认和行政许可的意义。例如，根据我国《货物进出口管理条例》《出入境检验检疫机构实施检验检疫的进出境商品目录》等相关规定，进出口货物经检验不合格的，不得出口或进口。在这里，检验不仅是确认行为，同时也具有许可的意义。有时同一性质的活动，如城市建设房屋，需要行政许可；而乡村建民宅，则需行政确认即可。

行政确认与行政许可的区分在于：第一，行政确认是对现存的权利、义务、事实、行为、地位、文书予以确定、认可或证明，确认其合法性、真实性或者违法性。而行政许可则是针对未获得行使某种权利、资格的请求进行的限制。第二，行政确认是为了预防产生争议、方便个人权利的行使的国家行政管理行为。而行政许可则是基于国家公共利益、经济秩序等考虑，对某些行为禁止与授权行使。第三，行政确认是确认性行政行为，它仅表明现有的状态而不以法律关系状态的变更为目的；而行政许可则属于形成性行政行为，以法律关系的产生、变更或消灭为目的。行政确认系羁束行为，行政机关只能严格依照法律规定认定当事人行为的法律属性，只能严格按照法定程序和法律、法规依据以及技术标准进行，其标准和结果均不能由行政机关根据情况裁定。而行政许可有些是羁束行为，多数则为裁量行为。

（三）与行政裁决的区分

所谓行政裁决是指依法由行政机关依照法律授权，对当事人之间发生的、与行政管理活动密切相关的、与合同无关的民事纠纷进行审查，并作出裁决的行政行为。我国目前并无统一和系统的行政裁决法律制度，相关的规定散见于诸多法律法规之中。行政确认与行政裁决的联系体现在：行政确认和行政裁决有时相互重合，裁决是确认的外在表现形式。如关于土地所有权和使用权的权属产生争议，依法请求土地管理机关给予裁决①，此时，形式上是对土地所有权和使用权权属纠纷的裁决，本质上是对土地所有权和使用权权属的确认。

不过，两种行为还是存在着本质性的区别：（1）从行为目的来看，行政确认是行政主体通过相对人的法律地位、法律关系或有关法律事实的确认，以预防纠纷；而行政裁决是有权的行政裁决机关对行政相对人之间已产生的纠纷予以处理，解决纠纷。（2）从行为对象上看，行政确认的对象非常广泛，既可以是合法行为（如税务登记），也可以是违法行为（如火灾责任认定），还可以是有法律意义的事实（如餐饮业从业人员的健康检查）；而行政裁决的对象只能是当事人之间发生的、与行政管理活动密切相关的、与合同无关的民事纠纷。（3）从行为的来源上看，行政裁决必须来源于法律的明确授权，否则构成对司法权力的干预。相对而言，行政确认则没有这么严格的授权性要求。（4）从行为内容看，行政主体在作出行政确认前，当涉及当事人之间的权利义务关系时，当事人之间的权利义务已产生并且是确定的；而行政裁决是解决当事人之间的争议，行政主体在作出行政裁决之前，双方当事人之间的权利义务关系并未确定，只有等行政裁决作出之后，这种权利义务关系才能确定。

---

① 参见《土地管理法》第十六条。

三、行政确认的主要形式与基本分类

（一）主要形式

行政确认是对一类行政行为的概括，我国行政实践中主要有以下几种主要形式。

（1）确定。即对个人、组织的法律地位与权利义务的确定。如在颁发不动产证书中确定财产所有权，在颁发专利证书、商标专用证书中确认专利权、商标权等。（2）认可认证。是行政主体对个人、组织已有法律地位和权利义务以及确认事项是否符合法律要求的承认和肯定。如产品质量是否合格的认证等。（3）证明。即行政主体向其他人明确肯定被证明对象的法律地位、权利义务或某种情况。如各种学历、学位证明，居民身份、货物原产地证明等。（4）登记。即行政主体应申请人申请，在政府有关登记簿册中记载相对方的某种情况或事实，并依法予以正式确认的行为。如婚姻登记等。（5）行政鉴定。即行政主体对特定的法律事实或客体的性质、状态、质量等进行的客观评价。如纳税鉴定、抚恤性质和伤残等级的鉴定、医疗事故鉴定、审计鉴定等。学者将其定义为由行政主体（或由行政主体指定、委托的具有专门技术和专门经验的组织）对特定法律事实或客体的性质、状态或质量等所进行的客观评价。[①]（6）认定。如交通和火灾事故认定、工伤认定、文物认定、无公害产品等。（7）界定。如财政部门或国资部门对企业产权界定。（8）鉴证。如以前工商行政管理机关对经济合同的鉴证和文化管理部门对文化制品是否合法的鉴证。（9）检验、检疫。如进出口商品检验部门对商品的检验以及动植物检疫机构对进出境动植物和动植物产品进行的检疫。（10）检定。如对各种计量标准器具的检定。

（二）基本分类

行政确认普遍存在于我们的日常生活中，有关于行政确认的规定散

[①]　参见余卫明、邓成明主编：《行政法与行政诉讼法》，湖南大学出版社2001年版，第121页。

见于各种法律规范中，在梳理涉及行政确认的规范的基础之上，目前行政法学界对行政确认的分类主要有以下几种。

1. 以行为的动因为标准，分为依申请的确认和依职权的确认。依申请的确认是相对人提出申请，而后行政主体进行确认，如不动产权属登记、医疗事故鉴定和抵押登记等等；依职权的确认，如卫生合格证明，需要行政机关展开检查工作。实践中，依职权的行政确认较少，绝大多数的行政确认是基于依申请的确认。

2. 以行政确认的内容为标准，分为对身份的确认（如颁发居民身份证、结婚证）、对能力的确认（如各种技术职称）和对事实的确认（如不动产权属的确认等）。

3. 以专业行政领域为标准，可以分为：（1）公安行政确认。如对交通事故责任的认定；对火灾事故原因及责任认定等。（2）民政行政确认。如对社会福利企业的资格认定；对城市居民最低生活保障的变更确认；对户口的登记等。（3）劳动行政确认。如对工伤保险费率的确认；对锅炉压力容器事故责任的确认；对无效劳动合同的确认等。（4）卫生行政确认。如对饮食业从业人员的健康检查；对食品卫生的确认等。（5）经济行政确认。如对产品的质量认证；对商标权和专利权以及著作权属的确认；对自然资源的所有权和使用权的确认等。（6）司法行政确认。如司法考试资格认证等。

4. 根据行政确认的内容本质还可以将行政确认分为资质型行政确认、责任型行政确认、关系型行政确认、权属型行政确认和适法型行政确认。（1）资质型行政确认。是指对于行政相对人是否具备相应的资质进行认定。例如批准企业为高新技术企业，著名商标和驰名商标的认定。[1]（2）责任型行政确认。是指行政机关对于各类事故进行定性，并确定相关人员的对于事故发生的责任。责任型行政确认是常见的行政确认，也是发生争议较多的行政确认行为。例如火灾事故责任认定等。（3）权属型行政确认。是指行政机关根据行政相对人的申请，依法对行政相对人

---

[1] 参见《商标法》第十四条、《商标法实施条例》第五条。

提请确认对象的权属情况予以认定的行政确认行为。如专利商标注册等。
（4）关系型行政确认。是指行政机关对于行政相对人之间以及行政相对
人与其具有利害关系的主体之间的关系予以认定的行政确认行为。典型
的关系型行政确认为婚姻登记、户籍登记等。（5）适法型行政确认。是
指根据行政相对人的申请，由有权的行政机关对于行政相对人的行为是
否符合法律规定予以认可和证明的行政确认行为。

我国法律规范中的部分行政确认事项

名称	法律规范
鉴定	《工伤保险条例》第四章的"劳动能力鉴定"；《药品管理法》第七十一条对不良反应药品的"鉴定"；《医疗事故处理条例》第三章的"医疗事故的技术鉴定"；《计量法》第二章的"计量鉴定"；《计量法实施细则》第三章的"质量鉴定"。
认定	《火灾事故调查规定》第四章的"火灾原因认定"；《工伤保险条例》第三章的"工伤认定"；《道路交通安全法》第七十三条的"认定"；《无公害农产品管理办法》第三章的"产地认定"。
确认	《军人抚恤优待条例》第九条的"确认因公牺牲"；《药品管理法实施条例》第三十六条对药品的"确认"；《电影管理条例》第四十九条对"重点影响"的"确认"。
认证	《产品质量法》第十四条的"企业质量体系认证制度"；《进出口商品检验法》第二十四条；《标准化法》第十五条；《标准化法实施条例》第二十七条。
鉴证	1987年商务部发布的《商务部门经济合同管理试行办法》第十六条的"经济合同鉴证"。
登记	《婚姻登记条例》中的"结婚登记"和"离婚登记"。
重新认定	1991年国务院发布的《道路交通事故处理办法》第二十二条规定的上级公安机关对事故责任的"重新认定"。
重新评定	《军人抚恤优待条例》第二十四条伤残等级的"重新评定"。
公证	《公证法》，但目前已经不属于行政确认范畴。

（三）我国行政确认范围的发展趋势

在我国实施法治建设、特别是简政放权、激发市场主体活力的当下，政府发挥作用的方式正在逐步发生变化。一些非强制性的行政行为正在发挥重要的作用，这对行政确认的范围也带来了热点。在传统理念之下，政府无所不包，政府提供一些信誉保证，不管是什么领域内的确认行为，都是由行政机关作出。而随着市场经济的确立，我国行政确认的发展会有以下几个方面的倾向。

第一，确认主体朝着市场化、社会化方向发展原本作出行政确认的主体大都是行政机关，但是由于确认事项的专业性、技术性越来越强，且随着相关市场主体或者社会组织的确定，完全可以交由非行政机关来行使。这可以我国公证制度的发展来说明。我国的公证行为在改革前可以说是典型的行政确认行为。公证处的设立由司法行政机关审批，并受司法行政机关领导。《公证暂行条例》第三条规定："公证处是国家公证机关。公证处应当通过公证活动，教育公民遵守法律，维护社会主义法制。"从这一规定可以看出公证组织的行政性。在司法实践中，对错误公证行为的起诉或公证机关不予办理公证行为的起诉是由行政法院行政庭受理，也就是说公证处是行政诉讼的被告。但是随着改革的深入，以及公证规律的要求，《公证法》则不再承认公证行为是行政确认行为。①

第二，行政确认与其他方式的确认相结合，实现社会的多元治理经济社会发展越来越复杂，除了行政确认之外，还有市场与社会主体的自我确认、第三方认证等方式，鼓励这些方式相结合，既能够弥补政府资源的不足，还能够发挥市场、社会的积极作用。

第三，争议较大的确认仍然需要进一步研究目前，我国在行政确认制度中关于交通事故认定以及医疗事故鉴定的行为定性争议较大，仍然需要进一步研究。事故认定是指有权机关综合当事人各方行为与造成事故之间的因果关系及主观过错程度，根据法律法规的规定，认定当事人各方对造成事故的责任份额。交通事故认定，则是指公安机关交通管理

---

① 参见《公证法》第二条。

部门按照法律法规的明确授权，根据交通事故当事人的行为对发生交通事故起的作用以及过错的严重程度，确定当事人的责任。交通事故认定直接关系交通事故当事人的人身和财产权益，如果在立法设计中不予以足够的重视，可能在实践中产生严重的后果。2004 年 5 月 1 日起施行的《道路交通安全法》第七十三条规定："公安机关交通管理部门应当根据交通事故现场勘验、检查、调查情况和有关检验、鉴定结论，及时制作交通事故认定书，作为处理交通事故的证据。交通事故认定书应当载明交通事故的基本事实、成因和当事人的责任，并送达当事人。"在该法实施之前，交通事故责任认定主要依据《道路交通事故处理办法》。该办法第十七条第一款规定："公安机关在查明交通事故原因后，应当根据当事人的违章行为与交通事故之间的因果关系，以及违章行为在交通事故中的作用，认定当事人的交通事故责任。"而新法则明显发生了几点变化：在名称上，用"交通事故认定"取代了"交通事故责任认定"，删除"责任"二字。在表述上，用形式意义上的交通事故认定书取代了作为行政行为的交通事故认定，并将交通事故认定书的性质定位为处理交通事故的证据。另外根据该法，发生道路交通事故后，如果当事人能够自行协商解决，公安机关不再介入。对于交通事故损害赔偿的争议，当事人"可以直接向人民法院提起民事诉讼"。很明显，新法弱化了责任认定在公安机关对道路交通事故认定中的核心地位，淡化了公安机关对道路交通事故认定的行政色彩，明确了公安机关在制作交通事故认定书中的中立地位。然而有学者表示异议，认为道路交通事故认定是主管行政机关的事务范围，与行政相对人的法律地位和权利义务紧密关联，从监督行政机关的角度来看，应该视为行政确认。不过，2004 年之后，全国人大法工委的一个答复基本坚持了新法的立场，认为道路交通事故认定作为处理交通事故案件的证据使用，不属于行政行为，不能单纯的提起行政诉讼。① 类似的还有火灾事故责任

---

① 全国人大法工委《关于交通事故责任认定行为是否属于具体行政行为，可否纳入行政诉讼受案范围的意见》（法工办复字［2005］1 号）指出："公安机关交通管理部门制作的交通事故认定书，作为处理交通事故案件的证据使用。因此，交通事故责任认定行为不属于具体行政行为，不能向人民法院提起行政诉讼。如果当事人对交通事故认定书牵连的民事赔偿不服的，可以向人民法院提起民事诉讼。"

认定。火灾事故责任认定是公安消防管理部门根据《消防法》依职权作出的行为，具体的程序依据是公安部的《火灾事故调查规定》（1999 年，2008 年修正）。虽然法院偶有受理，但是公安部门认为火灾事故责任认定"本身并不确定当事人的权利义务，不是一种独立的具体行政行为"，因此不属于行政诉讼的受案范围。① 2008 年《消防法》修订时，也基本采纳了公安部门的意见。该法第五十一条明确规定，公安机关消防机构根据火灾现场勘验、调查情况和有关的检验、鉴定意见，及时制作火灾事故认定书，"作为处理火灾事故的证据"。

医疗事故鉴定，是指卫生行政部门组织的医疗事故鉴定委员会依据国务院《医疗事故处理办法》，在充分调研的基础上，对诊疗护理工作中，因医务人员诊疗护理过失，直接造成病人死亡、残废、组织器官损伤导致功能障碍的性质及程度所作的认定。1989 年最高人民法院《关于对医疗事故争议案件人民法院应否受理的复函》称："病员及其家属如果对医疗鉴定结论有异议，可以向上一级医疗事故技术鉴定委员会申请重新鉴定，如因对医疗鉴定结论有异议向人民法院起诉的，人民法院不予受理。"对此，有些学者持反对意见，认为医疗事故鉴定是由特殊主体——医疗事故鉴定委员会作出的，而该委员会构成有卫生行政管理人员参加，因此构成了一定的行政性。同时根据《医疗事故处理条例》第三十一条规定，医疗事故鉴定书中包含了医疗过失在医疗后果中的责任程度。在医疗事故鉴定中，一旦医疗鉴定委员会为规避医疗过失，违反规定作出不利于当事人的责任划分，将会对当事人的权利产生重要的影响。所以医疗事故鉴定具备了行政确认的特征，应当将其作为一种行政行为纳入行政诉讼的调整范围。

其实学者们的担心主要在于无法有效监督行政机关，但是也如其他学者所言，"这个问题暴露了当前司法的一个缺陷：由于技术上的原因，法院可能无力对责任认定进行审查，更由于司法审查可能带来的风

---

① 公安部《关于对火灾事故责任认定不服是否属行政诉讼受案范围问题的批复》，公复字〔2000〕3 号。

险，法院不愿卷入复杂的争议中去，宁愿鉴定结论说什么是什么。假如有一天法院能够在民事诉讼、刑事诉讼和针对行政处罚提起的行政诉讼中真正负起审查的职责，通过行政诉讼直接寻求救济就不像现在这么急迫了。"[①]

四、我国行政确认制度的现状与完善

（一）我国行政确认制度存在的问题

1. 滥设行政确认，且不合理收费

行政机关进行行政确认，目的是实现国家的行政管理和维护当事人合法权益。但有些确认事项是否必要，是否必须要由行政机关来实施缺乏可行性论证。同时，许多行政机关利用手中的职权进行不合理收费，给相对人造成了不必要的负担。

2. 行政确认程序不明确

行政确认制度散见于各种法律规范之中，缺乏统一的程序性要求，比如在处理期限上往往没有明确的规定。如在居民身份证的发放上仅有对居民的时间要求，而无对行政机关的时间限制。[②] 程序上的种种不足，使得行政确认制度自身存在难以克服的缺陷。

3. 缺乏责任监督机制

行政确认就是如实地反映客观事实和法律关系，从而明确相对人的权利义务，因此，行政机关应力求准确。但缺乏责任监督，许多行政确认无法保证其准确性。对此许多学者建议要加强司法审查力度。

（二）我国行政确认制度的完善

1. 明确行政确认的范围

鉴于行政确认内涵界定的模糊，行政确认与其他相近的行政行为又难以辨别的情况下，应当在行政确认内涵界定清晰的基础上进一步明确行政确认的范围，将一些不属于行政确认的行政行为排除在外，同时也

[①] 何海波：《行政诉讼法》，法律出版社2011年版，第146页。

[②] 参见陈晋胜：《警察法学概论》，高等教育出版社2002年版，第137—138页。

要考虑社会、市场的作用，通过规制缓和，发挥市场、社会组织的作用，而尽量减少行政确认的内容。另一方面，也要将错误排除在行政确认的行为重新纳入行政确认的受案范围当中。

2. 明晰行政确认的程序

在目前没有一部统一的行政程序法的情况下，行政确认程序可以遵循四个方面展开：第一，启动。行政确认多数是由行政相对人依申请而启动。行政相对人申请的内容要与行政相对人有利害关系，行政相对人应该向行政主体提交书面申请，书面申请确实有困难的，可以口头申请，由行政主体工作人员记录。第二，回避。在行政主体实施行政确认行为的过程中，如果公务员与所处理的法律事务存在利害关系，为保证实体处理结果和程序进展的公平性，应依法终止其职务的行使，并由他人代为行使。第三，调查。在行政确认行为中，行政主体要查明事实，采用书面审查与言辞审理结合的方式，根据行政相对人提供的材料，行政主体收集、核实的证据，以及听取的行政相对人、利害关系人、证人对证据和案件事实的意见作出决定。行政主体进行调查必须依法进行。不过，由于行政确认类型繁多，调查中也分形式审查与实质审查两种，应根据法律规范及立法原意予以适用。第四，说明理由。行政主体在行政确认中应将认定事实和适用法律的理由向行政相对人说明。同时，对于行政确认的撤销、废止和变更的程序也应该予以关注。

五、行政确认的司法审查

（一）行政确认作为先决问题时的效力

所谓行政确认作为先决问题时的效力，是指当行政确认行为的合法性作为民事诉讼、行政诉讼或刑事诉讼中对其他行为进行审查的前提或对其他行为的合法性产生决定性作用时，法院如何认定行政确认的效力，法院可否根据相关证据材料作出与行政确认不一致的结论，抑或应当对行政确认予以完全的尊重。由于行政确认的目的在于对某种法律事实、法律地位或法律关系予以确定、认可、证明，往往对其他民事法律关系、行政法律关系、刑事法律关系产生影响。因此，行政确认在民事诉讼、行政诉讼或刑事诉讼中作为先决问题的现象极为普遍，构成了对行政确认进行司法审查必须解决的一个重要问题。

1. 行政确认与其他确认行为的效力冲突表现

在现代社会中，确认行为发挥越来越重要的作用，虽然行政确认在所有的确认行为中是重要的组成部分，但其他的确认行为仍然起不可代替的作用。因为市场、社会、政府之间功能的不断调整，行政确认的范围不断缩小是总体的发展趋势。与过去不同，行政确认一统天下的局面正在发生变化，不但一些社会中介机构、专业组织逐渐成为确认行为的主体，而且其他公权力机关作出的确认行为也占据着确认活动中的重要地位。那么，当进入司法审查环节时，行政确认与其他确认行为之间发生冲突时，法院应该如何处理？

确认行为主要可以分为行政确认、司法确认以及由中介组织和专业机构作出的确认行为等。中介组织和专业机构作出的确认原本大多属于行政确认，其确认涉及的领域是法定的，从行政确认的领域脱离后，很少出现与行政确认重合的情况，所以一般不会与行政确认发生效力上的冲突。而司法确认则是指人民法院依照实体法和程序法对当事人诉争的权利义务的归属作出的司法决定。那么此时就会存在效力冲突问题，即在法院审判过程中，行政确认行为的认定结论能否直接运用于案件的事实认定与判决，还是法院可以对行政确认已认定或未认定的事实直接作出认定并作出不同于行政机关的认定结论。对此问题，有几种观点：一种观点认为经行政确认所确认的事实，法院仍可以受理。"对已经由行政机关认定的涉及当事人民事权利的事实，在民事案件的诉讼审理中，法院有权力根据案件的审理情况和需要对该事实进行审理和认定。"[①] 此种观点认为行政确认和司法确认在法律上不存在对抗性，民事权利主体对已经行政确认的权利，不能因为某权属经行政确认就否认其他人的权利，

---

① 徐澜波：《民事案件审理中对行政认定事实的审查规则》，《政治与法律》2004 年第 1 期。

从而将它排除在民法调整的范围之外，因此对于已经行政确认的事实，人民法院仍然应该依法受理。而且，法院可以将其置于"证据事实"的范畴，予以审查。而法院对"证据事实"的审查，重点应把握两点：审查行政确认行为是否与客观事实相符。审查行政确认行为是否具有合法性。①

　　另一种观点则是对于不同行政确认应区别对待，具体问题具体分析。有的学者认为，应该首先将行政确认从审查方式区分为形式审与实质审。而对于经形式审作出的行政确认，只是对申请人申请中有关事实的一些推定，并非对这些事实的确认。特别是在民事诉讼中，对这些行政确认的事实，在其他相反证据充分的情况下可以改变。而对于经实质审作出的行政确认认定的事实，民事诉讼要慎重对待。一般来讲，出于对行政权的尊重以及行政权与司法权划分的要求，民事诉讼应对这类事实予以确认。②

　　同时，对于法院认为行政确认的事实结论与其审查结论有出入，或者行政机关不愿相应作出行政确认行为之时，法院应当如何处理，学者们也有不同的观点。其一，认为诉讼中，人民法院行使确认权是对案件进行审查的必然结果，是实施最终判决的必要准备。因此，主张法院对于行政确认未认定的事实完全可以自行认定。③ 如果行政机关拒绝作出行政确认，法院能否直接作出相应的事实确认，有人主张应当针对不同情况区别对待。首先区分实践中行政主体明示的拒绝行为：一是以不具备相应的法定职责或以不具备法定要件而拒绝受理当事人申请的行为；二是以不具备法定的实质要件作出完全拒绝或部分拒绝当事人要求的行为。对前一种情况，法院审理只解决程序问题，如果认定拒绝行为违法，应

① 钱翠华：《不可胜诉行政确认行为的处理》，《法学杂志》2000 年第 1 期。
② 参见林荫茂、王朋：《民事诉讼中对行政认定事实应区别对待》，《政治与法律》2004 年第 1 期。
③ 参见崔巍：《行政诉讼中法院径行行使行政确认权的法律效力》，《人民司法》1999 年第 5 期。

作出限期被告受理当事人申请并履行相应职责的判决；对后一种情况，如果认定行政主体拒绝行为违法，在法定条件非常明确的情况下，可以直接判决行政主体履行法定职责。①

2. 不同效果的行政确认作为先决问题时的效力差异

行政确认行为的内容一般由两部分构成，一部分是行政机关对事实的认定；另一部分是行政机关的结论。当事人在诉讼中提出行政确认，有时是以行政确认认定的事实来说明待证的事实已经经过了认定，有时是以行政确认的结论证明自己的主张或者作为抗辩理由。如果行政确认仅仅作为一种证据，法院就可以予以审查而不是必须采信。

当行政确认作为先决问题时，法院需要将行政确认分类研究，并作出不同的对待。第一，使法律关系在法律上生效的行政确认。最典型的是婚姻登记。第二，使法律关系发生对抗第三人效力的行政确认。典型如抵押登记。第三，仅仅强化对法律事实的证明力、作为证据的行政确认。典型如不动产权属。登记对于前两种，法院一般予以尊重，因为行政确认行为本身往往是法律关系产生、变更、消灭的唯一法定形式，如果没有这一法定形式，则法律关系不能变动。法院既不能在行政确认不存在的情况下认定某种特定的法律关系存在、变更或消灭（除非该法律关系成为诉讼的标的，并且属于法院管辖权范围），也不能在行政确认存在的情况下否定某种法律关系的存在。如果该行政确认行为存在瑕疵，则必须先将该行政确认作为诉讼标的依法审查。第三种因该行政确认并非证明该法律关系或法律事实的唯一方法与途径，则可能面临法院的改变。如在"焦作房产纠纷案"中，法院可以根据其他相关证据材料作出与行政确认不一致的结论。②

---

① 参见最高人民法院中国应用法学研究所编：《人民法院案例选》（2003 年第二辑），人民法院出版社 2003 年版，第 444—445 页。

② 参见王贵松编：《行政与民事争议交织的难题——焦作市房产纠纷案的反思与展开》，法律出版社 2005 年版，第 3—4 页。

（二）行政确认与行政诉讼中的审查强度

行政诉讼中的审查强度问题与行政确认作出时的审查强度有关，一般有形式审查、实质审查两种，很多行政确认都是根据相对人的申请进行的，由于行政机关的审查责任导致的行政诉讼司法审查强度问题极为突出。如前所述，形式审查一般是指行政机关仅就申请人申请材料的形式要件进行审查，真实性在所不问。而实质审查则要求行政机关对申请材料的实质内容进行审查，包括核实申请材料是否真实、合法、有效。

第二节　行政登记

一、行政登记的概念

登记最初的概念，就是在官定文簿上作记载、登录的行为，① 后来在我国则越来越强调国家作用与行政管理的行为。从登记概念的演变看，体现了登记属性的变迁。从法律意义上理解，汉语中的登记对应于英语中的登记，主要是 registration。登记制度起源于财产登记，多用于土地登记制度中的登记概念，后来则推广至其他领域。登记上升为法律之后，具有信息记录、排列、查询、作为其他法律行为的依据、信息公示等多种功能。一般情况下，行政登记虽然记载于登记机关的内部簿册，但往往以各种证照的形式作为登记机关观念表示或者意思表示外化的载体。同时，实践中还存在大量并不以登记为名，而是冠以"记录""记载""刊登""备案""注册"或"登录"等名称，但实质上为登记制度的情形。②

---

① 参见《英汉法律大词典》《现代汉语词典》《元照英美法词典》等专业词典。
② 例如，司法部《法律职业资格证书管理办法》通篇并无"登记"两字，但从该办法规定的法律职业资格证书管理制度看，实质上也属于登记管理制度。

据学者的考证，在国外行政登记也是一项古老的行政管理制度。[1]例如，早在 12 世纪前后，德国北部城市就出现了由市政会议掌握的"城市管理施政登记簿"，建立了土地物权变动须记载的制度。而到了 18 世纪，不动产登记制度已在欧陆各国广泛推行。如今，行政登记已是各国行政管理的一项重要手段。例如，为确保美国的国土安全和国家安全，美国建立"国家安全出入境登记系统"，对外国人入境实行登记。中国行政登记种类繁多，几乎涉及我国行政管理的各个领域。

我国学者对行政登记的界定有多种观点，可以分为广义说与狭义说两种。广义说，如有学者认为行政登记是"行政机关对正进行的某种活动或希望进行某种活动的相对人依法予以书面记载以便作为官方记录备查的活动。"[2] 此类表述指出了行政登记的目的是为官方备查，内容是相对人的活动，着眼于"行为活动"记载，但并未揭示出行政登记的本质，无法将行政登记与其他相关行为区别开来，导致行政登记概念的泛化。狭义说则不把登记视为一个一般意义上的行政行为（典型如行政处罚），认为其实质是一种确认和证明行为；[3] 或者将登记和认可、核准列入确认的范畴；[4] 或者将登记与行政特许、狭义的许可、认可、核准一起并列为许可的一个种类。[5] 当然，多数学者还是看到了行政登记与其他行政行为的区别，认为从广义上行政登记可划归为行政许可，

---

[1] 参见茅铭晨：《中国行政登记法律制度研究》，上海财经大学出版社 2010 年版，第 3 页。

[2] 应松年主编：《行政法学新论》，中国方正出版社 1998 年版，第 246 页。

[3] 参见何兵：《高永善诉焦作市影视器材公司房产纠纷案评析——从程序法角度》，《行政法论丛》第 2 卷，第 416—418 页。

[4] 参见罗豪才主编：《行政法学》，北京大学出版社 1996 年版，第 188—189 页。

[5] 参见叶必丰：《行政法学》（修订版），武汉大学出版社 2003 年版，第 245—248 页。

但是两者仍然存在区别,① 不过一般都没有将行政登记作为一个独立的行政行为深入研究。

总的来说,因登记的属性不同,较难给登记下一个基本一致的定义。不过为了研究方便,本节将行政登记界定为:法定的登记机关为履行行政管理职能,应相对人的主张或者主动要求当事人提供相关资料,依法进行审查之后,对行政相对人权利、义务、权能及法律关系等主张予以许可、认可或者为国家决策参考分析准备资料,并以一定的载体登录记载,通过公示或者其他形式,以备公众知晓或以备查的行政行为。本节认为在行政登记概念、性质、范围存在争议的情况下,可以先考察实定法内容,统一立法术语,精简行政行为的分类,如果能够归类到行政确认、行政许可或者其他行政行为、行政事实行为之中更好,如有学者认为登记只不过是将许可以登记的形式进行而已,只是因为现在行政登记的理论和实践复杂以及立法语言的混乱,才导致了这种实际当中不同称呼的存在,其实质和许可没有什么区别,实质上应作为行政许可来把握。② 如果不行,可以暂时将行政登记作为一项制度加以研究。另外,虽然大量的行政行为(包括行政许可、行政确认)往往包含"登记"(包括"记录""记载""刊登""备案""注册"或"登录"等)阶段或程序,但这些"登记"仅仅是相应行政行为的一个阶段或者程序,并不是作为一种独立的行政管理制度的行政登记制度,因此也不作为本节的研究对象。

---

① 参见熊文钊:《现代行政法原理》,法律出版社2000年版,第301页。该学者指出登记和许可的区别在于:第一,行政机关在登记上没有裁量权,凡符合条件的必须予以登记,而行政机关在许可上存在着裁量权,对符合条件的相对人可根据情况决定是否予以许可;第二,登记更侧重于对权利的确认,甚至于有的登记是对既存权利的确认,行政许可则是对相对人尚未取得的禁止性权利的许可;第三,登记不得进行审验,只要权利人不变更,登记就不发生变化,行政许可则实行定期审验制度,权利人不变更,但其自身某些情况的变化,也会引起许可的变化;第四,登记一般来说是无期限的,行政许可则是有期限的。

② 参见杨建顺:《日本行政法通论》,中国法制出版社1998年版,第419页。

二、行政登记的功能与属性

（一）行政登记的功能

行政登记制度是政府介入经济和社会生活的重要途径和实现政府调控的重要手段。以我国《合同法》和《物权法》的规定为例，行政登记对合同自由干预的影响主要存在两种情况：第一，法律、行政法规规定行政登记是某些合同生效、变更、解除的必要条件。如《合同法》第四十四条规定："依法成立的合同，自成立时生效。法律、行政法规规定应当办理批准、登记等手续生效的，依照其规定。"第二，法律规定行政登记是不动产物权设立、变更、转让和消灭的必要条件，未经登记虽不影响合同效力，但不发生物权设立、变更、转让和消灭的效力。如《物权法》第六条规定："不动产物权的设立、变更、转让和消灭，应当依照法律规定登记……"

在行政管理过程中，行政登记的功能在于记载备案，公示公信，确认证明，管理服务。任何行政登记都具有记载、备案的内在功效，以便政府管理需要时或社会公众需要时查询。纯粹对事实、信息的行政登记，仅具有记载、备案的功能。但其他大量的行政登记，则还承担着约束当事人之间的法律关系的效力，更具有公示公信的功能，以维护交易安全、保护善意第三人的利益。因为行政机关的公信力较强，因此行政登记也具有较强的证明力。基于这些特点，行政登记在管理服务上也具有独特的功能，既能够充分地保护私权，也能够进行微观监管，增进交易效率与安全。

（二）行政登记的属性

如上所述，权力和权利是法治秩序中的两个核心概念，权利的实现及保护与权力架构既有区分又相互关联。特别是权利的保护层面，以行政权或者司法权两种模式或者相结合的模式为主。比如在我国，私权保护和运行就呈现出"私权—行政权—司法权"模式，行政权力的作用极为重要。正是因为行政登记与私权的如此关系，学界对于行政登记的性质，存在多种观点和争论，诸如"准国家法律行为说"① "形成性行为说"② "确认性行政行为说"③ "行政许可、行政确认双重性质说"④ "法律属性多元说"⑤ 和"独立行为模式说"⑥。有学者将之总结为"独立说""非独立说""折中说"之争，值得关注。⑦

独立说主要是指行政登记能否与行政许可、行政确认等相并列成一种独立的行政行为。其中又存在"法律行为说"与"非法律行为说"。前者是指行政登记是一种独立的行政行为或行政法律行为。持该观点的学者认为行政登记机关在作行政登记的过程中，要同时对所登记的内容进行形式审查或实质审查，所以应该是一种独立的行为。⑧ 非法律行为说认为行政登记是一种单纯记载、备案行为。⑨

非独立说反对将行政登记视为一种独立的行政行为，又分"从属说"与"跨类说"两种。前者是指行政登记从属于某类行政行为的一种形式或程序，究竟应当把行政登记归入哪类行政行为，又存在"行政监督检查说"、"行政确认说"、"行政许可说"等主张。跨类说认为行政登记不是一类行政行为，而是跨类别（主要是跨行政确认和行政许可）的"行政公务行为"。

---

① 参见戴涛：《行政登记侵权之诉研究》，《行政法学研究》2001 年第 4 期。

② 参见周佑勇：《行政法原论》，中国方正出版社 2002 年版，第 274 页。

③ 参见方世荣：《行政法与行政诉讼法学》，中国政法大学出版社 2002 年版，第 143 页。

④ 参见方世荣：《行政法与行政诉讼法学》，中国政法大学出版社 2002 年版，第 143 页。

⑤ 参见杨解君：《整合视野下的行政许可》，《江海学刊》2001 年第 4 期。

⑥ 参见周佑勇、吴雷：《中国法学会行政法研究会 2001 年年会综述》，《中国法学》2001 年第 6 期。

⑦ 参见茅铭晨：《中国行政登记法律制度研究》，上海财经大学出版社 2010 年版，第 37—45 页。

⑧ 参见周佑勇、吴雷：《中国法学会行政法研究会 2001 年年会综述》，《中国法学》2001 年第 6 期。

⑨ 参见杨生：《行政登记——一种受排斥的行政行为》，《法制行政》2002 年第 1 期。

折中说综合上述两者的观点，既认为行政登记具有相对独立的法律属性，但又否定其可以与行政许可或行政确认并列成为一种行政行为。

从以上的争论可以看出，对于行政登记属性的认识事实上与对行政登记作用、功能、效力、救济等认识相关。从更为宏观的视角来看，行政登记还存在着其他一些争议。第一，行政登记是民事行为还是行政行为？第二，行政登记是行政法律行为，还是准行政法律行为或行政事实行为？第三，行政登记是行政许可行为还是行政确认行为？这里重点探讨一下第二个问题。所谓行政法律行为说是认为行政登记属于行政行为，而非行政事实行为或准行政行为。而持准行政法律行为说的依据则是：其一，登记行为不包含行政机关的意思表示，更没有为行政相对人直接设定行政法上的权利义务；其二，虽然登记行为能够产生一定的效果，但这些效果的产生是基于法律的明文规定而非行政机关的意思表示。① 持行政事实行为说的人认为登记行为在本质上是一种事实行为，只是对权利状况的证明。实践中，行政登记与行政许可、确认、备案等在内涵和外延上分别存在一定的交叉，在不同场合中行政登记包含行政许可、确认或备案等行政行为的要素。反之，行政许可、确认或备案等行政行为在不同的场合下也包含有行政登记的要素。这种互为因果的关系导致行政登记的法律属性极为复杂，许可性登记、确认性登记、备案酌情处理登记的法律属性在一定的条件可能会有交叉，有时难以判断。例如，行政相对人获得行政确认往往是其申请行政许可的前提，行政许可是行政确认的后果。如果行政相对人在获得行政确认和行政许可时都需要登记，那么此时登记的属性如何判断？一般认为要判断行政登记的属性应该以登记中的权利义务造成的影响为关注点，当行政登记只是认可当事人已经存在的权利义务时，该登记是确认性登记；当存在事先预设的法律禁止，禁止行政相对人未经事先登记直接从事某特定活动或事项，行政相对人的行为有赖于行政机关对登记事项进行审查后赋予了其从事某项活

① 参见闫尔宝：《不动产物权登记、行政许可与国家赔偿》，《行政法学研究》1999年第2期；戴涛：《行政登记侵权之诉研究》，《行政法学研究》2001年第4期。

动或事项的资格或权利时，则该登记是许可性登记。另外，随着政府、市场、社会关系不断调整，一些行政登记的法律属性也会发生变化。而且行政许可、行政确认、行政备案就是行政行为的抽象化分类，实践中经常存在两种或两种以上行政行为类型结合的行为或者处于两种行政行为类型之间的"中间型行为"。① 这些都有待于进一步的研究。

三、我国行政登记的分类

（一）按性质分类

行政登记按性质分为作为行政事实行为的登记（记载性登记）②、作为准行政法律行为的登记（单纯确认性登记）③ 和作为行政法律行为的登记（混合确认性登记和许可性登记）。所谓单纯确认性登记是指单纯通过登记给予行政确认的登记，如兵役登记。这类登记是登记机关出于监督检查或者维持秩序的需要，在有关事实或基础法律关系之上，以登记确认的方式表明行政机关的判断或认知（"观念表示"），赋予该事实或基础法律关系政府公信力。所谓混合确认性行政登记是指行政主体在登记中既有表明行政主体判断或认知的"观念表示"，以提供政府公信力，又有对某种法律地位、法律关系、法律事实给予国家认可、承认或赋予法律效果的"意思表示"，能够直接对相对人的权利义务产生实际影响或拘束力的登记。此种登记是"观念表示"和"意思表示"的混合。许可

---

① 参见朱芒：《日本的行政许可——基本理论和制度》，《中外法学》1999 年第 4 期。

② 行政事实行为是行政法学理论参照民事事实行为提炼出来的一种行政主体在行政管理中实施的与行政法律行为相关的行为。如王岷灿指出行政事实行为是指不直接产生法律后果的行政行为。（参见王岷灿主编：《行政法概要》，法律出版社 1983 年版，第 97 页）

③ 准行政法律行为可以定义为"行政主体运用行政职权以观念表示的方式作出的间接产生行政法律效果的行政行为。"（参见皮宗泰、王彦：《准行政法律行为研究》，《行政法学研究》2004 年第 1 期）

性登记是以登记之名实行行政许可之实的行为。如下图所示。①

行政登记类型	行政登记行为的性质	
作为行政确认的登记	单纯确认性登记	准行政法律行为
	混合确认性登记	行政法律行为
作为行政许可的登记	许可性登记	
作为行政事实行为的登记	记载性登记	行政事实行为

（二）实定法上的分类

1. 按强制性程度分

按照法律对行政登记的强制性程度，行政登记可以分为强制性登记（按照强制的刚性不同，又可分为必须登记与应当登记）和非强制性登记（可以登记）。

（1）必须登记。必须登记是法律规定的强制性最强的一类登记，表现出法律把某事项或活动纳入严格管理的意图。如果未经登记，就不具有合法性或不能产生法律效力；未经登记从事此类活动的，严重者，还要被追究法律责任。此类事项或活动一般涉及公共安全、重要的经济社会秩序等。如我国《出境入境边防检查条例》第七条规定："出境、入境的人员必须按照规定填写出境、入境登记卡，向边防检查站交验本人的有效护照或者其他出境、入境证件，经查验核准后，方可出境、入境。"我国《婚姻法》第八条规定："要求结婚的男女双方必须亲自到婚姻登记机关进行结婚登记。……"

实践中使用"必须登记"规定并不多见，大多使用"应当登记"，或者既没有使用"必须登记"，也没有使用"应当登记"，但是通过规定以及上下文来理解，如果未经登记的要承担法律责任或者否定性法律后果，或规定未经登记不得开展某项活动，来体现实质上属于"必须登记"的要求的。

---

① 参见茅铭晨：《中国行政登记法律制度研究》，上海财经大学出版社 2010 年版，第 103 页。

（2）应当登记。从字面来理解，"应当"作为法律用语使用，其强制性稍弱于"必须"。应当登记的含义是法律对某种活动提出需要登记的一般性原则要求，体现出法律要求登记的倾向性。即在一般情况下，对当事人的某种活动或事项应进行登记，但是如果不进行登记，其行为也不一定构成法律责任，甚至也不属于违法，然可能影响当事人的权利。

如国务院《征兵工作条例》第十一条第二款规定："达到服兵役年龄的男性公民，应当按照县、市兵役机关的通知进行兵役登记。……"但该条例并未对不办理兵役登记的情形设定罚则，也不规定此情形违法。

但是在实践中，我国绝大多数立法规定的"应当登记"，并非仅仅是法律提出需要登记的一般性原则要求，而是具有"必须登记"的真正含义。这是因为如果不予登记，或构成违法，或构成法律责任，或不具有合法性，或不能产生法律效力，或不得从事某项活动或事项，此时就相当于"必须登记"。这些登记往往与许可登记、确认登记相关联。如《北京市实施〈军人抚恤优待条例〉办法》第八条规定："要求享受定期抚恤金的遗属，应当到其户籍所在地的区、县民政部门办理登记。……"该办法规定办理登记是享受定期抚恤金必经的程序。显然，未经登记就无法享受定期抚恤金。

（3）可以登记。可以登记属于任意性规范，即法律对是否登记并不作强制性要求，而由当事人自己决定，当事人不进行登记并不违法、并不导致其行为无效。不过，既然法律对此类事项或活动设置了登记制度，故不进行登记，当事人往往可能使自己处于不利地位。例如，我国《物权法》第一百五十八条规定："地役权自地役权合同生效时设立。当事人要求登记的，可以向登记机构申请地役权登记；未经登记，不得对抗善意第三人。"也就是说，对于地役权的设立，自地役权合同生效时就发生效力，地役权登记并不是地役权设立的条件，但不登记却会对当事人产生不利的法律后果；未经地役权登记的，不得对抗善意第三人。国家版权局《计算机软件著作权登记办法》第二条规定："为促进我国软件产业发展，增强我国信息产业的创新能力和竞争能力，国家著作权行政管理部门鼓励软件登记，并对登记的软件予以重点保护。"此规定完全将是否登记交由当事人自己决定，但未经登记的软件不能得到重点保护。

2. 按主动性情况分

可以将行政登记分为依申请的行政登记与依职权的行政登记。前者一般以当事人申请为前提，如果当事人想要获得某些法律规定须经登记才能获得的权能，就应当主动向登记机关申请登记，经审查符合法定条件，始取得所求权能或获得某些事项的合法性。后者不需要行政相对人申请，登记机关主动依自己的职权进行登记，目的在于掌握有关情况，实现有效管理。如国务院《信访条例》第二十一条规定："县级以上人民政府信访工作机构收到信访事项，应当予以登记……"我国《文物保护法》第十三条第四款规定："尚未核定公布为文物保护单位的不可移动文物，由县级人民政府文物行政部门予以登记并公布。"

3. 按时间分

按时间分行政登记可分为事前登记和事后登记。我国行政登记绝大多数是事前登记。但也有少量事后登记。

4. 按涉及相对人权利、义务分

根据行政登记涉及相对人权利、义务的不同，将行政登记分为对相对人权利的行政登记（如产权登记、出入境登记、婚姻登记、资格资质登记等）和对相对人义务的行政登记（如兵役登记、税务登记、排污登记等）。

5. 按具体内容分

按具体内容分则可分为产权登记、出入境登记、婚姻登记、收养登记、兵役登记、信访登记、资格资质登记等。

四、行政登记的效力与程序

（一）行政登记的效力

1. 许可性行政登记的效力

许可性行政登记属于行政机关作出的行政法律行为，除具备一般行政行为的法律效力，即公定力、确定力、执行力等以外，对其效力研究

1363

的特殊之处在于分析登记行为作用于私人权益的法律效果。因许可性登记事关法律主体资格的取得，并通常与民事活动相连，因此，对于法律规定必须履行登记义务的行为，如果属于许可性登记，那么未经许可而为则违反了法律的禁止性规定，当属违法，其法律后果主要表现为两个方面：一是民法上的后果，即该行为无效；二是行政法上的后果，即该行为应受到行政处罚。

2. 确认性行政登记的效力

对于特定身份关系的登记，如婚姻登记与收养登记，登记是此类身份关系得以成立的法定要件，体现为对这些私意行为的效力追加公共意志的认同。以婚姻登记为例，结婚不仅仅是男女本人的终身大事，同时与社会利益也密切关联。国家对其进行公权力介入的原因在于这种身份关系的设立、变更和终止往往与社会的善良风俗有关，需要一定程度的法律控制。对于特殊权属变更登记，如专利转让登记，一般登记是该项权属变更生效的法律要件，未经登记的权属变更行为无效。作为基础的民事法律行为存在瑕疵时，即使已获得登记，仍不具有法律效力，利害关系人有权主张该行为无效或应被撤销。即此类登记的效力可以通过事后监督的方式来纠正。

3. 备案性行政登记的效力

备案性行政登记的法律效力有两个特点：一是对于任意性行政登记，登记为必须履行的义务，但并非法律行为的生效要件。二是对于强制性备案登记行为，未履行登记义务则具有行政法上的应处罚性。

总体而言，由于行政登记存在公信力，对许可性行政登记、确认性行政登记，可能会对社会上被登记人以外的第三人的行为发生影响，有关立法可以明确规定该类行政登记具有公信力，国家对这类行政登记的虚假、错误或者遗漏承担责任，造成权益损害的，还要承担赔偿责任。而对于备案性行政登记，不涉及善意第三人信赖登记的问题，行政机关因此一般不承担相应责任，但是被登记人应当对登记的真实性负责。

（二）行政登记的程序

行政登记一般包括申请、受理、审查、决定四个程序，行政登记审查是行政登记程序之一。所谓行政登记审查方式是指在行政登记过程中，登记机关在何种范围内、采取何种手段、以达到何种审查程度为限对登记申请人提交的申请材料进行审查，以确定是否核准登记。关于行政登记的审查标准问题，无论学界还是实务界均存在诸多争议。目前，关于行政登记审查方式，主要有三种观点，即形式审查主义、实质审查主义、折中审查主义。形式审查主义是指登记机关对申请人提交的申请及相关文件，仅审查其形式上是否符合法律要求，而不对这些要件的合法性与真实性进行审查。[1] 实质审查主义是指登记机关不但要审查有关登记文件形式上是否合法，而且还要对登记事项的真实性、合法性进行审查。[2] 折中审查主义是指登记机关享有实质审查的权力，却不承担实质审查的义务，当出现一定事由时，登记机关才启动实质审查的一种审查方式。[3] 行政登记的审查方式体现了行政权对登记事务的干预程度，确立行政机关针对不同的行政登记采取何种审查方式至关重要。但是，目前我国对于行政登记行为审查机制并无统一性、明确性的规定。

三种审查方式中，形式审查只需要对形式要件进行审查，对申请材料的合法性和真实性则不予过问，虽有利于行政登记效率价值的实现，却可能造成登记错误，不利于行政相对人或第三人的权益保障。实质审查虽然可以弥补形式审查的登记合法性和真实性欠缺的不足，但因其需要对登记形式要件的合法性和真实性进行审查，极大地影响了行政效率，而且在行政人力、物力、财力资源有限，登记有时间限制的情况下，固守实质审查极不现实。折中审查，在一定程度上兼顾了前两种审查方式的优点，该种审查方式以形式审查为原则，有利于节省资源和提高行政效率，在出现一定事由时进行实质审查，又为登记信息的真实性和合法性提供制度保障。但可能也存在上述两种审查方式的弊端。对此，必须结合行政登记的细化，根据各种行政登记的类型、法律属性、法律效果、

① 参见赵万一主编：《商法》，中国人民大学出版社2003年版，第74页。
② 参见夏雅莉、刘次邦主编：《商法学》，西安交通大学出版社2004年版，第65页。
③ 参见赵中孚主编：《商法总论》，中国人民大学出版社1999年版，第161页。

实际功能加以区别对待，分别确立适当的审查方式，以达到行政效率与登记真实性、准备性之间的平衡。如对于许可性行政登记，应采用折中审查方式。对此我国《行政许可法》第五十六条也作出了规定。

从目前的情况来看，折中审查方式受到了各国的青睐。在未来立法中，我国应该加强这方面的规定。同时，需要注意几个问题：第一，对折中审查方式中的实质审查启动事由应该加以详细规定，从而规范行政权。就目前的法律规定而言，并没有明确的规定。未来立法应当确定明确的启动条件，这样更有利于登记机关在进行实质审查时有法可依。实质审查的启动条件可以包括：登记机关认为登记申请人提交的申请材料存在明显虚假嫌疑的；利害关系人提出异议的；群众举报的；登记机关认为需要听证的或者申请人、利害关系人要求听证的，行政机关可以启动实质审查。[1] 第二，审查的对象范围。进行实质审查的对象范围限定于申请人提交的申请材料，但并非对申请材料的全部均进行实质审查，当出现前述第一种事由时，审查的对象范围应当为登记机关对其产生合理怀疑的申请材料，对其他材料不必进行实质审查。而出现第二、三、四种启动事由时，登记机关应当对利害关系人提出异议和举报的问题所具体涉及的申请材料进行实质审查。第三，审查的程度问题。实质审查也并非是对事实问题进行无限追问，如果有其他机关的证明，则可达到相应的审查限度。第四，实质审查的手段问题。可以实地核查等方式展开。

五、行政登记的司法审查

（一）行政登记的可诉性

对于行政登记的可诉性问题，学界也存在争议。主张可诉性的认为其是行政行为的一种，且司法实践中婚姻登记、不动产登记、工商登记等具有可诉性，案例颇多。主张不可诉性的认为行政登记只是对登记事项进行记载和公示，因而属于行政事实行为的，因此不可诉。基于此，

---

[1] 参见李孝猛：《公司登记机关审查虚假文件若干法律问题的思考》，《中国工商管理研究》2006 年第 2 期。

多数学者认为应该准备界定行政登记的性质，不能"一刀切"，有的行政登记具有可诉性，有的不具有可诉性。当然，产生这些争议的重要原因在于，我国的行政行为理论并不完善。目前《行政诉讼法》修订并提出了"行政行为"的概念，希望能够通过该理论的完善与司法解释技术的开展解决这些争议。①

行政登记纠纷大体可分为两类：一是因登记机关拒绝登记或错误登记而在相对人与登记机关之间产生的纠纷；二是因当事人之间或第三人对被登记的民事法律关系产生的争议。前者可以行政诉讼的方式来解决，而后者则产生民事与行政的交织状态。

一方面是表面上对登记机关登记行为而颁发的权利凭证中所显示的权利状态存在争议；另一方面本质上是对权利形成的原因关系（民事法律关系）存在争议。由于行政诉讼司法审查的有限性，通过登记行政诉讼，并不能彻底解决当事人之间业已存在的争议。对此，至少在2014年《行政诉讼法》修改之前，学界观点有"先行政诉讼后民事诉讼说"、"先民事诉讼后行政诉讼说""唯一行政诉讼说""唯一民事诉讼说"（行政登记仅作为参照证据而已）"行政诉讼附带民事争议审查说""民事诉讼附带行政诉讼登记确认审查说""行政登记侵权诉讼废除说"等观点。② 不过，2014年修订后的《行政诉讼法》第六十一条规定："在涉及行政许可、登记、征收、征用和行政机关对民事争议所作的裁决的行政诉讼中，当事人申请一并解决相关民事争议的，人民法院可以一并审理。在行政诉讼中，人民法院认为行政案件的审理需以民事诉讼的裁判为依据的，可以裁定中止行政诉讼。"从而解决了这一问题。

---

① 参见江必新、邵长茂：《新行政诉讼法修改条文理解与适用》，中国法制出版社2015年版，第27—29页。

② 相关文献可参见张义泰：《民事诉讼中行政确认与司法确认的关系》，《人民司法》1998年第12期；翟晓红、吕利秋：《行政诉讼不应附带民事诉讼》，《行政法学研究》1998年第2期；李金刚：《诉讼救济途径的选择，行政与民事——从一起房地产行政案件引发的思考》，《法学》2003年第1期；戴涛：《行政登记侵权之诉研究》，《行政法学研究》2001年第4期。

（二）行政登记的侵权赔偿

有权利必有救济，有侵害必有赔偿。现实中由于登记赔偿的问题也极为复杂，要明确登记侵权、登记错误形态、归责原则和责任分担等问题。

行政登记行为经常涉及行政机关、行政相对人及第三人之间"三极"的法律关系，故行政机关实施此类登记行为时，不仅要对被登记人负责，而且还要对第三人负责，否则就构成行政登记侵权。登记错误可以分为登记瑕疵和登记违法两种情形，前者因违法程度较轻尚不足以被法院判决撤销或确认违法，认定的标准在于对登记行为是否符合法律、法规的规定，主要是通过对登记行为事实、证据的审查。侵权归责原则是指加害人的某种侵权行为应当由其承担相应责任的基础。主要存在过错归责原则、过错加不法原则和违法原则三种原则。

对于赔偿问题，必须明确行政登记机关的法律责任。同时可以考虑建立完善行政赔偿基金制度、扩大适用行政登记追偿制度来确保相对人、第三人的合法权益。

第三节　行政认证

根据我国现行法规范，认证是指由认证机构证明产品、服务、管理体系符合相关技术规范、相关技术规范强制性要求或者标准的合格评定活动。① 认可是指由认可机构对认证机构、检查机构、实验室以及从事评审、审核等认证活动人员的能力和执业资格予以承认的合格评定活动。② 而合格评定是对产品、过程、服务、管理体系满足规定要求程度进行的系统检查和确认活动。改革开放以来，我国的认证认可事业不断发展，在确保产品质量、指导消费、保护环境和促进外贸等方面发挥了巨大的

① 参见《认证认可条例》第二条。
② 参见《认证认可条例》第二条。

作用。

2001 年，为了统一管理认证认可工作，我国成立了由国务院授权、中华人民共和国国家质量监督检验检疫总局（以下简称"国家质检总局"）归口管理的国家认证认可监督管理委员会（以下简称"认监委"）。这标志着我国的认证认可事业进入了一个全新的发展时期，结合国际认证认可准则和国内的具体情况，我国目前的认证认可体系逐渐形成了自己的特色，即政府主导型的认证认可模式。这也正是我国行政法要对认证认可予以关注的重要原因之一。

一、行政法上的认证认可制度

认证（certification）的英文原意是出具证明文件的合格评定活动。结合我国实定法规定，我们认为认证主要是依据一定的法律法规、标准和技术规范对产品、服务、体系等进行的合格评定活动；认证是由独立于供方和买方的、具有权威性和公信力的第三方所进行的合格评定活动；认证要通过出具书面证明对评定结果进行确认。因此认证的定义一般是指由独立于供方和需方的、具有公正性和公信力的第三方依据法律法规、标准和技术规范对产品、体系、过程和人员进行合格评定，并通过出具书面证明对评定结果加以确认的活动和程序。① 而认可（accreditation）则是依据相关法律法规、标准、技术规范，由国家确定的权威对认证机构、检查机构、检测机构（实验室）的能力进行的符合性评价，并通过出具书面证明对评价结果予以确认的活动。

认证与认可的区别在于：第一，实施主体不同。认可是由权威机构实施，认证是由第三方即认证机构进行。我国认可机构是由政府授权的，在法律上有明确的职责规定的机构。为了保证认可的权威性，一个国家通常只设立一套国家认可体系。认证机构必须经过认可机构评审合格后，才能从事认证活动。第二，实施对象不同。认可针对的是认证机构，还有检查机构和检测机构（实验室）。而认证直接面向市场产品、服务、管

---

①　参见刘宗德：《认证认可制度研究》，中国计量出版社 2009 年版，第 18 页。

理体系和人员。第三，机构性质不同。认可机构必须经政府部门授权，其行为要受到政府部门直接监督和管理，是为了让认可结果得到政府和社会的普遍承认。认证机构虽然是完全独立、公正的第三方机构，但其按照市场机制运作，独立承担法律责任，以营利为目的。

从行政法观察，首先，认证认可制度有利于促进市场交易，降低交易费用。认证认可制度有助于需求方和社会公众建立对产品或服务、管理水平、机构和人员能力的了解和信任，从而有利于企业开拓市场，扩大销路。其次，认证认可制度促进了市场经济体制有效运行。由于信息不对称，市场可能会失灵。而认证认可制度正是适应解决交易中的信息不对称、降低交易费用、增进市场机制作用需求的一种制度安排。最后，认证认可制度有利于提高政府管理经济社会的能力和效率。出于解决市场失灵的原因，政府需要对经济活动进行规制，提出强制性的标准和要求，对此，企业必须遵守。但是政府无法全面对企业展开检查，所以便充分利用了市场的作用，因此从这个视角来讲，认可事实上是一种类似行政许可的行为，而认证则类似于行政检查行为，但强制性认证基本上又与行政许可的作用相同，如果未经该强制性认证，企业不得从事某项活动或事项。

认可机构与认证机构之间的比较

	认可机构	认证机构
机构性质	认可机构可以是官方、半官方或是民间机构，但必须是依据特定的法律或政府授权设立的，同时接受有关政府部门的指导。认可活动应遵循不以营利为目的的原则。认可机构运作的独立性不应受到任何利益的影响。	认证机构是完全独立、公正的第三方机构(政府指定除外)，按照市场机制运作，独立承担法律责任。认证机构实施认证的能力，需要得到认可机构认可，这也是确保认证结果得到各方信任的一个非常有效的手段。
关系	对认证机构能力承认。	获得认可机构认可开展工作。
对象	认可的对象是认证机构(体系、产品)、检验/检查机构和检测机构(实验室)。	认证的对象是组织(企业或其他机构)的管理体系、产品、服务等。

（续表）

	认可机构	认证机构
共同点	认可机构对认证机构的资格认可和监督管理是按照某一标准进行，而对自身的运作和管理也是按照标准进行。	认证机构对企业体系、产品的认证和监督也是按照某一标准进行，自身也是用规定的标准进行管理。
	认可机构和认证机构所从事工作的方式、方法是一样的，都是借助于标准，而不是靠行政管理手段。	
不同点	认可是由政府授权或承认的权威机构负责实施。 国家实施统一认可制度，一个认可机构。	认证是由第三方机构独立承担法律责任的社会中介机构实施。认证机构市场行为，可以有多家，并开展竞争。

二、认证认可的基本类型

（一）认证的基本类型

按照认证对象划分，认证的基本类型可以分为产品认证、体系认证、服务认证和人员认证。产品认证是指依据产品标准和相应技术要求，经认证机构确认并通过颁发认证证书和认证标志来证明某一产品符合相应标准和相应技术要求的活动。产品认证的对象是特定产品。认证的依据或者说获准认证的条件是产品质量要符合指定的标准的要求，证明获准认证的方式是通过颁发产品认证证书和认证标志，其认证标准可用于获准认证的产品上。体系认证的对象是企业的质量管理体系、环境管理体系及职业健康和安全管理体系等。体系认证通常是自愿的，企业自主决定是否申请认证及申请认证的形式和选择认证机构等。服务认证是认证机构按照一定程序规则证明服务符合相关的服务质量标准要求的合格评定活动。目前，我国开展的主要服务认证有体育服务认证、绿色市场认证、软件过程及能力成熟度评估、商品售后服务评级体系认证等。人员认证隶属于第三方合格评定活动，是对认证从事人员能力符合规定要求的证明，依此表明获得认证的人员满足认证制度的要求。

按照强制性划分，认证可以分为自愿性认证与强制性认证。前者是指企业为了提高自己的质量管理水平，并表明自己的产品、过程或服务的质量有保证，而自愿申请的认证活动。后者是指政府主管部门为保护广大消费者人身安全和健康、保护环境、保护国家安全，而对相关产品强制性实施的评价其是否符合国家规定的技术要求的产品认证制度。如国家质检总局《强制性产品认证管理规定》的相关规定。

（二）认可的基本类型

认可的基本类型可以按照认可的对象划分为认证机构认可、实验室认可、检查机构认可等。① 认证机构的认可是正式表明认证机构具备实施特定合格评定工作能力的第三方证明。实验室认可是正式表明检测或者校准实验室具备实施特定检测和校准工作能力的第三方证明。检查机构认可是正式表明检查机构具备实施特定检查工作能力的第三方证明。

三、对第三方认证的规制

在实践中，许多原先由行政许可来实施的事项，开始由市场来完成，确切地讲是由认证认可来完成。第三方弥补了市场、政府的不足。在我国，一方面行政主导仍然是认证认可制度的核心内容；另一方面，对于市场化的运作机制缺乏规制，导致认证认可制度面临着一定的危机。这体现在几个方面：第一，认证机构的独立性问题没有得到彻底解决。认证机构的独立性，既是其客观公正实施认证活动的重要保证，也是规制有效性的重要前提。按照《产品质量法》和《认证认可条例》的要求，认证机构应该保持独立，不得与行政机关或其他国家机关存在隶属或利益关系。但当前的情况是虽然形式上体现了独立，但仍然在人员、财务及业务来源等方面受主管机关的控制。这严重地影响了机构行为的规范性，也严重制约了行政规制的有效性。以我国认证市场中占据最大市场份额的认证机构中国质量认证中心、方圆标志认证集团和中国检验认证集团等为例，与国家质检总局的关系仍然没有理顺。而认监委也有管理的中国检验认证有限公司、中国检验有限公司、中国质量认证中心和中

---

① 参见刘宗德：《认证认可制度研究》，中国计量出版社 2009 年版，第 24 页。

国信息安全认证中心。国家质检总局与认监委既是规制者又是出资人。第二，认证行业的组织结构相对分散，缺乏具有知名度和权威性的认证机构和品牌。相对分散的行业组织架构不但给规制带来了困难，也容易导致认证市场的良莠不齐，影响认证市场的秩序。第三，认证机构的认证行为还不规范，存在虚假认证、无序竞争、乱发证书等问题。这一方面是因为认证所依据的标准不健全；另一方面表现为某些政府机构忽视公共利益，无视社会公正，反而出现追逐集团内部利益的现象。为此，我国应当建立并执行严格的规制措施，提高认证及其管理的公信力，进行制度创新，引进听证会制度、强化公正性原则等，实现认证机构的公正性、客观性。同时，应该创建相应的机制，放开市场，让更多的资本进到认证领域来，即重点发展第三方认证制度。

政府、认可机构及认证机构相互关系

政　　府	认可机构	认证机构
依据法律手段制定国家统一认证认可(合格评定)法律、政策和规则；为市场提供公平环境，包括市场准入、资质审批、从业授权与许可等；对市场进行宏观管理。	政府与认证机构及企业的桥梁，为政府部门提供技术支持；对认证机构(实验室、检验机构、人员注册机构)的能力进行评定认可以及后续监督；接受政府的指导与监督。	按照认可范围，对组织、产品、过程或服务和人员进行认证或评定服务，接受政府和认可机构的监督管理。

随着经济社会发展，健康、安全与环境的问题越来越受到人们的高度关注，政府为此设定了诸多的规制来解决这些问题。一般情况下，行政机关通过对被规制者的行为实施监督检查来发现违法行为，但是实际效果不佳，各国行政法学界均在寻找新的路径与方法。传统上主要由行政机关对被规制者的遵从情况进行检查与制裁任务，而如今由第三方认证，独立的认证方对被规制者是否遵从规制进行检查并向行政机关提供专家意见，[1]而行政机关保留了对法律规范不遵从行为的监督与制裁的权力。必须指

---

① See Clark C.Havighurst, Foreword: The Place of Private Accrediting Among the Instruments of Government, 57 Law & Contemp.Probs., 1, 2(1994).

出的是，第一方合格评定（conformity assessment）是指由提供方运营，第二方合格评定由使用者运营，第三方认证或者合格评定则由独立的组织来运营，主要是指测试、检查与认证。这一现象被学者们认为是行政法实施的民营化，是一种公私合作的体现。① 其可以充分利用私人资源，并有效创新与提升政府服务的效率与质量，因此颇受西方发达国家青睐。②

实践中，第三方认证机制被广泛地应用于涉及健康、安全、风险等社会性规制领域。如在气候变化规制之中，根据欧盟排放交易项目（the European Union Emis-sions Trading Scheme，EU ETS）、美国加利福尼亚州全球变暖解决法案（the California Global Warming Solutions Act）、马萨诸塞州气候保护与绿色经济法案（the Massachu-setts Climate Protection and Green Economy Act），被规制方需要由第三方核查并报告温室排放量。具体的做法是被规制方通过合同聘用一家私人核查公司，由其来负责审查被规制方的温室气体排放量，并向政府报告是否与法律要求相一致。③ 这些法律还对如何认可第三方审核者以及如何进行审查进行了详细的规定。2010 年美国通过了《FDA 食品安全现代化法》，对进口食品安全监管首次引入第三方认证制度。④ 该法称为第三方审核（third party audit）机制，包含对产品或者工艺的检验或者检查（inspection）。对于行政机关而言，第三方认证机制整合了传统的自上而下的规制方式以及私人部门中早已存在的自我规制模式。第三方认证机构具有较强的专业知识与技能，遍布各地，借助它们的力量，可以分担政府规制的开支，行政机关可以在不需要增加财政支出与投入人力的情况下实现规制职能。而行政机关也

① See Michael P.Vandenbergh, The Private Life of Public Law, 105 Colum.L.Rev.2029, 2038(2005).

② See Jody Freeman, The Private Role in Public Governance, 75 N.Y.U.L.Rev.543, 549 (2000).

③ See generally[U.K.]Dep't of Energy & Climate Change, EU Emissions Trading Scheme: The Quick Guide for Operators on Preparing for Annual Verification(2008), available at http://www.decc.gov.uk/en/content/cms/emissions/eu_ets/euets_phase_ii/monitoring/monitoring.aspx, last visited on Jan. 24, 2013.

④ See FDA Food Safety Modernization Act, Pub.L.No.111-353, 124 Stat.3885(2011).

可以将审核报告进行重点分析，进而确定自己实施检查的频率与特别需要检查的领域。这种强化私人规制的作用，加强政府规制监督的方式正在受到各国及至全球治理的青睐。[①]

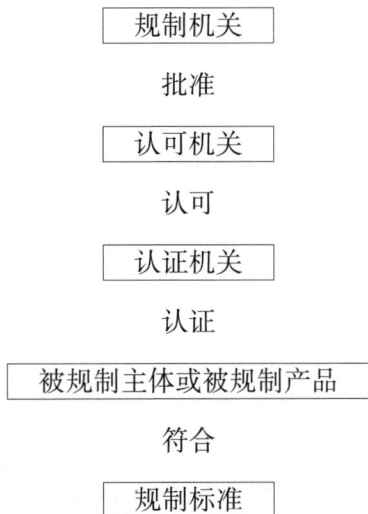

┌─────────────┐
│　规制机关　│
└─────────────┘

批准

┌─────────────┐
│　认可机关　│
└─────────────┘

认可

┌─────────────┐
│　认证机关　│
└─────────────┘

认证

┌─────────────────────────┐
│被规制主体或被规制产品│
└─────────────────────────┘

符合

┌─────────────┐
│　规制标准　│
└─────────────┘

第三方认证规制合规项目的一般框架[②]

（一）具体领域

1. 食品安全规制

美国 2011 年《食品安全现代化法》规定第三方认证机制用以确定进口食品的安全性。该法要求 FDA 对未经"认证"而达到法律要求的食品予以拒绝进口。[③] 同时，该法还要求 FDA 建立对第三方认证主体进行认可的体系。[④] 进口商通过合同雇用第三方认证者，第三方认证者负责审核从而确定食品是否遵从了法律的要求，进而给该进口商颁发一个认证。[⑤]

---

① See Colin Scott, Fabrizio Cafaggi & Linda Senden, ed., Transnational Private Regulation: Conceptual and Constitutional Debates, Wiley-Blackwell, 2011.

② See Lesley K.McAllister, Harnessing Private Regulation, 3 Mich.J.of Envtl & Admin.L. 61, 91(2014).

③ 21U.S.C.A. § 381(West 1999 & Supp.2011).

④ Id. § 384d(b)(1)(A)(i).

⑤ See id. § 381.

该法认为第三方认证者可以是外国政府、外国政府的行政机关、国外的合作方或者 FDA 认为其他的合适方，甚至包括了个人。该法指导美国食品药品管理局（FDA）为第三方认证者、食品认证行为制定"示范的认可标准"（model accreditation standards）规范。同时，该法还规定第三方认证者必须保存审核记录以便检查；如果发现可能引发严重影响公共健康的情形，审查者应该及时告诉 FDA；如果审核者认证的食品与食源性疾病相关，那么其会丧失认可身份。

2. 环境规制

欧盟排放交易项目启动于 2005 年，在 30 个欧盟成员国中规制大约11000 个固定的二氧化碳排放源。为了确保每个有排放源的排放报告具有精确性，成员国有权要求每个排放源使用第三方认证者（third party verifier）并建立认可认证者的程序。① 被规制者与经认可的认证者订立合同，向认证者提供所有的数据以及其他认证所需信息，用以形成年度排放认证报告。被规制者将认证报告上交成员国规制机关。

美国的加利福尼亚州与马萨诸塞州在温室气体排放规制中也要求第三方认证。②

基于加利福尼亚州强制报告规则，排放源必须与经认可的认证者每年或每三年签订合同，由其提供认证报告。③ 认证者由加利福尼亚州空气

① Commission Decision 2004/156, Establishing Guidelines for the Monitoring and Reporting of Greenhouse Gas Emissions Pursuant to Directive 2003/87/EC of the European Parliament and of the Council, arts.1-2, 2004 O.J.(L 59)1, 1(EC).委员会于 2007年又进行了修改。Commission Decision 2007/589, arts.2-3, 2007 O.J(.L 229)1, 3(EC).

② Greenhouse Gas Emissions Verification, Cal.Envtl.Prot.Agency Air Res.Bd., http://arb.ca.gov/cc/reporting/ghg-ver/ghg-ver.htm(last visited Nov.24, 2011); Overview of the Global Warming Solutions Act(GWSA), Mass.gov, http://www.mass.gove/dep/air/climate/gwsa.htm(last visited Nov.26, 2011).

③ Regulation for the Mandatory Reporting of Greenhouse Gas Emissions, Cal.Code Regs.tit.17 §§95100-95133 (2007), available at http://www. arb. ca. gov/regact/2007/ghg2007/frofinoal.pdf.

资源委员会（Air Resources Board，ARB）直接认可，该委员会是行政机关。① 马萨诸塞州的认证者由气候管理处（Climate Registry）与美国国家标准协会（the American National Standards Institute，ANSI）认可，并要得到州环境保护部的承认。② 马萨诸塞州法律要求被规制者雇用私人顾问（private consultant），该顾问由州颁布许可，用以监测有毒废水设备项目。③ 该顾问评估设备是否达到州规制的标准要求，同时还会就补救措施提供建议，是一种混合了规制者与被规制者职能的角色。在罗德岛州第三方认证者检查学校午餐项目、评估是否达到州政府的要求。④ 美国联邦环境保护署基于《清洁空气法》使用第三方认证体系规制燃料及其附加产品。⑤ 在卫生保健领域（health care sector），卫生与人类服务部一直与非政府组织合作成立卫生保健组织认可委员会，认可为医疗保险计划（Medicare）提供服务者的条件，从而满足健康与安全的要求。⑥

---

① Cal.Air Res.Bd., California Air Resources Board Greenhouse Gas Verification Program：Requirements for Accreditation of Verification Bodies and Verifiers(2011)，available at http://www.arb.gov/cc/reporting/ghg-ver/accreditation_oversight.pdf.

② Mass.Dep't of Envtl.Prot., Information Sheet on Verification Body Accreditation(2010)，available at http://www.mass.gov/dep/air/climate/ghgvba.pdf.

③ See Miriam Seifter, Rent - a - Regulator：Design and Innovation in Privatized Governmental Decisionmaking,33 Ecology L.Q.1091，1096-97(2006).

④ School Cafeteria Inspections, State of R.I.：Dep't of Health，http://www.health.state.ri.us/foodprotection/about/inspections/cafeteria/(last visited Dec.28, 2012).

⑤ Memorandum from Ruth Mead et al., ERG, to Suzanne Kocchi and Kong Chiu, U.S.EPA Headquarters, Washington D.C.10-11(Feb.10, 2009)，available at http://www.epa.gov/climate/climatechange/emissions/archived/downloads/tsd/Verification% 20 approaches% 20 memo% 20(2-10-09)% 20Final.pdf.

⑥ See Michael J.Astrue, Health Care Reform and the Constitutional Limits on Private Accreditation as an Alternative to Direct Government Regulation, Law & Contemp.Probs.，Autumn 1994, at 75, 77; Eleanor D.Kinney, Private Accreditation as a Substitute for Direct Government Regulation in Public Health Insurance Programs：When Is It Appropriate?, Law & Contemp.Probs.，Autumn 1994, at 47, 50.

（二）认证、认可与行政规制

实践中，第三方认证机构适应了经济发展的需求，但是一些民间认证机构和相关人员素质较差，对客户的利益造成了损害，于是认证制度由最初的民间自发走向政府利用国家认可制度规范市场，从而出现了认可制度。认可是正式表明认证机构具备实施特定认证能力的第三方证明，是认证活动发展的必然产物，也是合格评定程序的起源之一。另外，还有学者认为将实施职能授权私人主体会影响到行政机关从中学习、评估到一些内容。[①] 行政机关应该掌握被规制者是如何理解规制的，在实践中是如何发挥作用的。这些知识接着会反馈进规制与立法程序。而第三方认证则会影响到这些能力与专业性。许多学者因此认为其削弱了政府的监督能力。[②] 政府如果做得相对少一些，那么专业人士以及专业性能力就会保留在私人主体那边，行政机关也很难去监督它们的合同者。这里需要探讨如下问题。

第一是责任的问题。公私合作的关键问题就是责任。行政法为行政机关及其工作人员承担责任提供了多种机制，如听证、通知—评论式的规则制定、行政复议程序等。但这些对于第三方认证而言并不发挥作用。第三方认证在规制者与被规制者之间增加了一个角色，导致被规制者有机会保留它们活动的信息，从而逃避责任。很明显被规制者不用经常向政府报告它们的情况，而私人审核者则替代了政府检查者的角色。如果私人审核者仅仅向政府提供被规制者是或否遵从了法律的报告，那么，大量的信息无法传递到政府那里，政府的角色与作用会逐渐弱化，离违法行为越来越远。[③] 第三方认证中政府的监督与透明度问题亦特别值得关

---

① See Lesley K. McAllister, Regulation by Third-Party Verification, 53 B.C.L. Rev. 1, 31 (2012).

② See Jody Freeman & Martha Minow, Reframing the Outsourcing Debates, in Jody Freeman & Martha Minow, Government by Contract: Outsourcing and American Democracy, Harvard University Press, 2009, at 25.

③ See Christine Parker, Regulator-Required Corporate Compliance Program Audits, 25 Law & Pol'y 221, 235 (2003).

注。政府要有能力对第三方认证者进行监督，对审核者、认可者是否遵从规则进行监督。透明度意味着政府要接受公众的监督。对第三认证进行监督，要求行政机关必须发展出一套新的体系。对认证、认可主体的绩效的监督区别于对被规制者行为的监督。[1] 如今的实践中，第三方认证透明度较差，[2] 在自愿的环境审计中，审计报告一般不公之于众。如私人审计者（Private Auditor）将自己视为同行评议者，角色在于为它们的客户提供帮助。这引起了诸多学者的担忧。[3]

第二是认证者的独立性问题。认证者独立有益于客观评估被规制者是否遵从法律。当然，形式上的独立并不必须导致客观。第三方容易滥用权力，因为它们的费用是由企业来支付的。美国金融危机就证明了这一点。[4] 会计标准总是极为模糊，理解各不相同。审计者总是取悦于客户。我国的情况更为严重。

第三是能力问题。认证质量依赖于审计者的独立性与审计者的能力问题。与规制机关检查能力相比是衡量第三方认证能力的常见现象，第三方认证应该拥有技术专家与专业判断。[5] 在一些情况下，第三方认证系统比传统政府检查有优势，私人领域拥有众多的专家，相对于无能力的政府，

---

[1] See George Van Cleve, The Changing Intersection of Environmental Auditing, Environmental Law and Enforcement Policy, 12 Cardozo L.Rev.1215, 1221-1222(1991); Errol Meidinger, Private Import Safety Regulation and Transnational New Governance, in Cary Coglianese, Adam M.Finkel & David Zaring, eds., Import Safety: Regulatory Governance in the Global Economy, University of Pennsylvania Press, 2009, at 233, 250.

[2] See Sanford E.Gaines & Cliona Kimber, Redirecting Self-Regulation, 13 J.Envtl.L.157, 176(2001).

[3] Eric W.Orts & Paula C.Murray, Environmental Disclosure and Evidentiary Privilege, 1997 U.Ill.L.Rev.1, 28.

[4] See Jonathan Macey & Hillary A.Sale, Observations on the Role of Commodification, Independence, and Governance in the Accounting Industry, 48 Vill.L.Rev.1167, 1167 (2003).

[5] Keith A.Houghton & Christine A.Jubb, The Market for Financial Report Audits: Regulation of and Compe- tition for Auditor Independence, 25 L.& Pol'y 299, 302(2003).

无能力的审核者比较容易被免除。但是认证者可能会过度依赖企业管理体系所产生的文件，检查过于形式化，而许多的风险都难以预测。①

第四是对政府与被规制者的成本问题。第三方认证承诺降低政府规制成本，但将其转移到了产业之中，而且也并没有完全消除政府的成本，政府对产业施加了新的成本。政府实施与执行第三方审核有关规则时会发生成本，这些规则包括了审核者如何被认可（accredite），被规制者如何选择审核者，审核如何开展，审核者与被规制者的报告、信息如何公开等。私人检查费用应该比较高，可能从成本的角度而言，被规制者宁愿选择由政府来检查。对于小企业而言，压力也较大。需要研究补贴机制来弥补小企业的不足，这又会给政府带来成本。

有鉴于此，有必要对认证认可予以充分规制，完善我国的认证认可制度。

1. 建立完善的认可规则

如前所述认可是指由认可机构对认证机构、检查机构、实验室以及从事评审、审核等认证活动人员的能力和执业资格，予以承认的合格评定活动。认证是指由认证机构证明产品、服务、管理体系符合相关技术规范、相关技术规范的强制性要求或者标准的合格评定活动。认可规则建立了最低的专业培训要求，这涉及能力的问题。问题在于政府是否需要亲自认可核查者，或者授权给一个认可主体。授权给一个认可主体，行政机关仍然要建立一些认可的基本要求与程序，有时也会由认可主体来确定规则经行政机关批准，行政机关也会批准多个认可主体。行政机关会要求认可主体与核查主体要遵循相关的国际标准以及成为相关国际产业协会的成员。②

---

① Philippe de Moor & Ignace de Beelde, Environmental Auditing and the Role of the Accountancy Profes- sion: A Literature Review, 36 Envtl.Mgmt.205, 207(2005).

② See Conditions and Criteria for Recognition of Certification Bodies for theEncrgStar Progarn 2, ENERGY STAR, http://www.energystar.gov/ia/partners/downloads/mou/Conditions and_Criteria forRecognition of-CertificationBodies.pdf, last visited Dec.21, 2014.

2. 建立完善的认证方选择规则

也就是说行政机关必须确立一些规范，用以规定被规制方如何选择一个被认可之后的认证方。行政机关必须建立相应的规则用以规定被规制者何时以及如何选择经过认可的核查者。这一规则确保核查者在从事特定的核查时具有必要的专业性、独立性。

3. 建立核查绩效规则

核查绩效规则可以帮助核查者实现规制目标，规则的详细程度决定了核查者的裁量权，这一点与行政机关遇到的问题相同。[1]

4. 建立报告与公开规则

行政机关必须建立涉及认可主体、核查主体、被规制者的哪种信息需要报告给政府，以及向公众公开的规则。设计良好的公开规则可以促进责任与透明度。法律先前也会要求被规制者实施自我报告（self-reporting），不同的是第三方核查中的自我报告要经过第三方认证。[2]

5. 政府监督与执行

行政机关必须确保、监督第三方认证承担责任，形式有政府对核查、认可行为的政府审计。有时，政府会要求认可主体每年对核查主体进行审计，这些经费来自于认可的费用。[3]

6. 成本有效性

与成本有效性（cost-effectiveness）问题相关的是，在规制体系中，哪些情况下可以使用第三方核查制度，在这些领域内第三方认证制度如何符合成本有效性的要求。

---

[1]　See Daniel J.Gifford, Discretionary Decisionmaking in the Regulatory Agencies: A Conceptual Framework, 57 S.Cal.L.Rev.101(1983).

[2]　See 40 C.F.R. § 122.41(j)-(1)(2011).

[3]　See Errol E.Meidinger, The New Environmental Law: Forest Certification, 10 Buff.Envtl. L.J.211, 283(2002).

|第二十一章|
行政处罚

关保英　　　　上海政法学院教授（二级），博士生导师。上海政法学院副校长。主要研究方向为行政法。

出版个人专著 11 部，主要有：《行政法分析学导论》《行政法时代精神研究》《比较行政法学》《行政法的私权文化与潜能》《执法与处罚的行政权重构》《行政法模式转换研究》《行政法的价值定位》等；编著或主编规划教材 17 部；在《中国社会科学》《法学研究》《中国法学》等各类学术刊物上发表论文三百多篇。

第一节　行政处罚概说

一、行政处罚名称及概念诸说

（一）国外关于行政处罚名称及内涵

行政处罚是各国对违反行政法律规范的相对方当事人给予的惩戒和制裁。即通过行政处罚剥夺或者限制违法行为人的一定的权利和利益，使其人身权或财产权受到一定的损失。从权利的角度说，行政处罚是对违法行为人的人身权或财产权合法地给予损害；从义务的角度说，行政处罚是让违法人在不履行法定义务的情况下，使之承担第二次义务。

国外也有行政处罚，由于各国法律文化和用语习惯的不同，从行政处罚的名称到内涵与我国均存较大相异性。首先，从名称来看，使用"行政罚"[①] 者较多，而在行政罚的内涵上又有广义与狭义之分，"就广义而言，系指国家及公共团体基于行政目的之达成，要求人民负担各种行政法上之义务，若人民违背其应尽之义务，而对其所施加之制裁，此种广义之行政罚即与行政制裁概念相近。此外，当行为人因未遵守行政

---

① "'行政罚'一词向来即为台湾地区学术界及实务界所采用，虽所涵盖之范围有别，大致上仍被普遍接受，尤其在 2005 年通过'行政罚法'后，更为明显。奥地利一向以行政罚为'Verwaltungsstrafe'，并以'行政罚法'为统一法典之名称。德国早期采与奥地利相同之用法，唯在该国 1952 年公布'违反秩序罚法'后，大部分学者放弃行政罚一词，并配合该国之法制，改称'违反秩序之处罚'，且在一般的行政法总论教科书中已不再列入行政罚，而成为各论中之一种。日本向来亦称为行政罚，并往往与行政制裁共同讨论。Vgl. F. Koja/W. Antoniolli, Allgmeines Verwaltungsrecht, 1986, S. 611；E. Göhler, Ordnungswidrigkeitengesetz, Kommentar(zit. OwiG), 14. Aufl., 2006；田中二郎，新版《行政法》，上卷，二版，第185 页以下（1990 年 2 月）；矶崎辰五郎，'行政罚'，收于《行政法讲座》，第二卷，《行政法の基础理论》，第 213 页以下（1964 年 6 月）。"（参见翁岳生编：《行政法》（上册），中国法制出版社 2009 年版，第 791 页）

法规，以至于未履行其行政义务而形成不法时，即为'行政不法'，亦为一种'行政犯'，而得受行政罚之制裁。此种意义之行政罚范围甚广，如科处刑法上所定刑名之处罚，即行政刑罚；科处刑法上所定刑名以外之处罚，即秩序罚；基于对具特定身份关系者之处罚，即惩戒罚；强制履行未来义务之措施，即行政上之强制执行等皆属之。狭义之行政罚系以秩序罚为主要内容，故又称为行政秩序罚，可说是行政机关基于维持行政秩序之目的，对于过去违反行政义务者，所施以刑罚以外之处罚，资为制裁。"① 在日本和德国，行政处罚的概念都是在广义上使用的，其中既包括了行政刑罚，又包括了秩序罚。"对行政上的义务违反者处以刑法中有刑名规定的刑罚或罚款。""被处以行政罚的行政上的义务违反者被称为行政犯。"② 在英美法系国家则称为"行政制裁"。

（二）我国行政法学界五花八门但基本趋同的行政处罚概念

在我国，行政法治理论和实践界对行政处罚都持狭义理解。认为行政处罚是行政主体行使行政管理职能的一种重要手段，也是行政相对人承担行政法律责任的主要形式。《中华人民共和国行政处罚法》（以下简称《行政处罚法》）出台以前，行政法学界关于行政处罚相关问题的争论非常激烈，其中关于行政处罚概念的讨论就有上 10 种③，分析起来，内涵上却是八九不离十的。依应松年、马怀德的说法④，在《行政处罚法》的起草制定过程中立法者曾多次试图给行政处罚下一个定义，这不仅是许多理论工作者的要求，也是对一部冠以行政处罚之名的法形式逻

① 翁岳生编：《行政法》（上册），中国法制出版社 2009 年版，第 791—792 页。
② ［日］室井力：《日本现代行政法》，吴微译，中国政法大学出版社 1994 年版，第 168 页。
③ 有的认为行政处罚是国家行政机关对违反行政管理法规的人所作的处罚；有的认为行政处罚是行政机关依法对实施违反行政法律规范的违法行为的行政管理相对人进行的法律制裁；有的认为行政处罚是国家行政机关依法对违反行政法规定的当事人所施加的制裁措施等等。（参见杨海坤主编：《跨入 21 世纪的中国行政法学》，中国人事出版社 2000 年版，第 345 页）
④ 参见应松年、马怀德主编：《行政处罚法》，人民出版社 1996 年版，第 27 页。

辑上的必然要求，但这个定义最终仍未明确出现在该法中。尽管如此，笔者认为，行政处罚的内涵应该已经贯穿于《行政处罚法》中，并且是清楚明确的。如《行政处罚法》第三条第一款规定："公民、法人或者其他组织违反行政管理秩序的行为，应当给予行政处罚的，依照本法由法律、法规或者规章规定，并由行政机关依照本法规定的程序实施。"正是基于此点，《行政处罚法》出台后，对于行政处罚概念的认识更趋于一致，最多只不过是一些用语上的微不足道的差异而已。①

我们不妨给行政处罚下这样一个定义，即行政处罚是国家行政机关依法对违反行政管理秩序而尚未构成犯罪的公民、法人或其他组织所实施的一种惩戒行为。它属行政制裁范畴。行政处罚具有如下特征。

1. 行政处罚的主体是特定国家行政机关。行政处罚尽管是行政机关的一种行政行为，但并不是所有的国家行政机关都可以作出这种行为。依据我国《行政处罚法》第十五条、第十七条规定："行政处罚由具有行政处罚权的行政机关在法定职权范围内实施。""法律、法规授权的具有管理公共事务职能的组织可以在法定授权范围内实施行政处罚。"即拥有行政处罚权的行政机关和经法律、法规授权的组织，才有处罚权。这里有两点值得注意的问题：一是行政机关的行政处罚权是一个笼统概念，具体到某一特定行政机关是否拥有处罚权、拥有何种和多大范围内的处罚权则要视法律、法规的规定而定；二是行政处罚权虽然由有权的行政

---

① 《行政处罚法》出台以后，对于行政处罚的共同认识是，它是行政机关针对违反行政管理秩序的行政相对人的一种制裁行为，这种行为以违反行政管理法规的行为的存在为前提，处罚程度轻于刑罚。但在具体表述上有三点差别：一是实施行政处罚的主体，有的学者阐述为行政机关，有的是特定的行政机关，还有的是行政主体（包括行政机关和法律、法规授权的组织）；二是被处罚对象，有的概念是行政管理相对人，有的则具体化为组织、个人；三是行政处罚的性质，都认为是一种制裁或惩戒，只不过有的从行政主体角度看，有的从相对人角度看。（参见杨海坤主编：《跨入 21 世纪的中国行政法学》，中国人事出版社 2000年版，第 345—346 页）笔者认为这不能说关于行政处罚概念的认识在实质上有什么差别。

机关拥有，但具体实施时，它可以由法律、法规授权的组织或经行政机关委托的组织行使。

2. 行政处罚的对象是行政相对人。即行政处罚只能对违反行政管理秩序的公民、法人或其他组织作出，不能针对行政机关及其工作人员作出，除非后者以行政相对人的身份出现。

3. 行政处罚针对的是行政违法而不是犯罪行为。行政处罚是行政机关对违反行政法律规范的行为的制裁，而不是对违反其他法律规范行为的制裁。行政处罚所制裁的是违反行政法律规范但没有构成犯罪的行为。如果行政相对人的行为已经构成了犯罪，就属刑事制裁范畴。

4. 行政处罚是一种法律制裁，通过对违法人的惩戒，使其以后不再重犯。

二、行政处罚原则

行政处罚的原则是指贯穿行政处罚过程的基本行为准则。行政处罚到底应包含哪些原则，西方国家和我国台湾地区的情形与我国差异较大，仅在个别原则上具有共同性。如有台湾学者概括为：法定原则及便宜原则、明确性原则、比例原则、有责性原则①。

---

① 法定原则及便宜原则，本于法定原则，既有充分之事实，足认行为人之行为已构成法律所规定之处罚要件时，自须由主管机关予以处罚，以符合法律之规定。然而本于便宜原则，尽管根据上述之法律规定对于该行为应有可罚性，唯在个案中，行政机关若认为不处罚为宜，或得采其他手段代替处罚时，仍得不予处罚。所谓的明确性原则，主要源自法治国家原则中之法律保留原则，即国家行为欲干涉人民之权利时，必须要有明确的法律上根据，若缺乏法律规定，即不得处罚人民。比例原则又称禁止过渡原则，主要源自法治国家原则。比例原则对行政罚而言，亦具有重要之意义，盖国家采行此种制裁手段处罚行为人，以达到维护一般社会秩序之目的时，由于对人民之处罚必然干涉其权利，因此在两者间必须符合比例原则之要求。有责性原则亦为不容忽视之重要原则，当一个人必须能对其行为负责时，才得加以非难，处以行政罚。同时，其所受到之制裁亦须与其责任相当，否则亦与此原则相抵触。(参见翁岳生编：《行政法》（上册），中国法制出版社2009年版，第810—819页)

（一）我国《行政处罚法》确立的行政处罚原则

1. 处罚法定原则

行政合法性原则是行政法最主要的原则，处罚法定可以说是行政合法性原则对行政处罚的基本要求。它包含三层意思：（1）处罚实施主体法定。行政机关是否拥有处罚权，拥有多大的处罚权，要视法律、法规的具体规定。为了贯彻这一原则，我国《行政处罚法》第十五条、第十七条、第十八条第三款规定："行政处罚由具有行政处罚权的行政机关在法定权限范围内实施"；"法律、法规授权的具有管理公共事务职能的组织可以在法定授权范围内实施行政处罚"；"受委托组织在委托范围内，以委托行政机关名义实施行政处罚；不得再委托其他组织或者个人实施行政处罚。"（2）处罚依据法定。《行政处罚法》第三条第一款规定："公民、法人或者其他组织违反行政管理秩序的行为，应当给予行政处罚的，依照本法由法律、法规或者规章规定。"即，没有法定依据，行政处罚无效。（3）处罚程序法定。行政处罚不仅要求实体合法，而且要求程序合法，即要求行政处罚遵循法定程序。我国《行政处罚法》和其他有关行政处罚方面的法律规范都规定了实施行政处罚的法定程序，行政处罚实施机关在实施行政处罚时，如果违反法定程序，就属于违法行为。《行政处罚法》第三条第二款规定："没有法定依据或者不遵守法定程序的，行政处罚无效。"

2. 公开、公正原则

"公开"有两层含义：一是有关行政处罚的规定要公布，使公民事先了解；二是对违法者依法给予行政处罚要公开。程序公开体现在《行政处罚法》具体条文上有三个方面：（1）行政机关在作出行政处罚决定时，应当告知当事人作出行政处罚决定的事实、理由及依据。当事人有权陈述和申辩，行政机关必须听取当事人的意见，否则行政处罚不能成立。（2）行政机关作出责令停产停业、吊销企业营业执照、较大数额罚款等行政处罚决定前，应当告知当事人，当事人对违法事实的认定与行政机关有重大分歧，当事人要求听证或者行政机关认为有必要听证的，行政机关应当组织听证。（3）行政处罚的实施一般应以书面形式。处罚决定应当在宣布后当场交付当事人；当事人不在场的，行政机关应依法送达。

公正原则是指行政处罚必须以事实为根据，以法律为准绳。处罚的轻重应与违法行为的事实、性质、情节以及社会危害程度相当。防止行政处罚的偏私和畸轻畸重。

3. 处罚与教育相结合原则

处罚与教育相结合不仅体现在《行政处罚法》中，它也是我国执法和司法普遍适用的一条原则。《行政处罚法》第五条规定："实施行政处罚，纠正违法行为，应当坚持处罚与教育相结合，教育公民、法人或者其他组织自觉守法。"《行政处罚法》第二十五条还规定："不满十四周岁的人有违法行为的，不予行政处罚，责令监护人加以管教；已满十四周岁不满十八周岁的人有违法行为的，从轻或者减轻行政处罚。"这都体现了处罚和教育相结合。

4. 保障当事人权利原则

保障当事人权利原则可以说是《行政处罚法》的一条总原则，贯穿行政处罚过程的始终。行政处罚的设定、行政处罚的程序都体现了这一原则。其具体含义是：在行政处罚中，相对方当事人享有申辩权、听证权、申请复议权、行政诉讼权、要求行政赔偿权。这五项权利说明：未经正当法律程序，任何人的权利不能被剥夺；相对人对自己合法权利具有防卫的权利，在权利受到侵害时可得到法律的救济；它是对行政机关依法行政的鞭策。

（二）关于"一事不再罚"原则的讨论

《行政处罚法》第二十四条规定："对当事人的同一个违法行为，不得给予两次以上罚款的行政处罚。"此规定第一次在我国行政法制度中确立了"一事不再罚"原则。尽管一事不再罚只适用于罚款这一特定行政处罚中，该原则确立以后，在行政处罚实践中常常遇到一些似是而非的问题，不同的行政机关对一事不再罚有不同的认识，而且理论界在阐释这一原则时观点也不一致①。因此，至今是人们争论的焦点。

---

① 理论界关于"一事不再罚"至少有下列解释："指个人或组织的某一违法行为，只能依法给予一次处罚，不能处罚两次或多次。""同一行政机关（含共同行为机关）对于同一违法行为只能实施一次处罚，不得重复处罚。""对行政相对人的一个违法事实只作一次行政处罚，已作过行政处罚的，不应再施处罚。""指行政相对人的一个行为违反一种行政法规范时只能由一个行政机关作出一次处罚"等。（参见应松年、马怀德主编：《行政处罚法》，人民出版社1996年版，第133—134页）

1. 关于"一事不再罚"的性质

"一事不再罚"被普遍认同为行政处罚的一个原则，这是毫无疑问的。但对"一事不再罚"到底应归入行政处罚法的立法原则范畴还是应归入行政处罚的适用范畴，存在不同理解。尽管人们在谈"一事不再罚"原则时，都是和其他原则放在一起讨论的，然而我们可以看出，普遍地认为"一事不再罚"是作为行政处罚的适用原则来对待的。有的学者认为应作为立法的原则。"一事不再罚也应指导立法。立法虽不可避免各个不同法律、法规之间处罚规定的重叠、交叉，但应以一事不再罚为原则，力求将这种重叠、交叉压缩在尽量小的范围内。……由于各个行政机关都依据自己的'法'进行处罚，势必造成对同一违法行为重复处罚、多头处罚的现象，因此，从源头上解决问题，立法应遵循一事不再罚原则。"[①]

2. 关于"一事不再罚"的内涵

《行政处罚法》已实施了 18 年时间，之所以"一事不再罚"仍然没有一个定论，主要在于立法的模糊性。从表面看，《行政处罚法》规定的"对当事人的同一个违法行为，不得给予两次以上罚款的行政处罚"很容易理解，事实上，从不同的角度看会存多种不同的认识。我们试将该条文进行剖析：其中，违法主体的"当事人"是否"同一主体"在进行行政处罚时是比较好认定的。但"同一个违法行为"即是否"一事"认定起来似乎就有些麻烦，如有学者解释为"同一事实和同一理由"，而且"同一事实和同一理由是不可分割的条件，如果同一事实不同理由，就可以再罚。以《水污染防治法》（1984 年版）为例加以说明。该法第三十九条规定：'违反本法规定，造成水污染事故的企业单位，由环境保护部门或者交通部门的航政机关根据所造成的危害和损失处以罚款；……'。如果环保部门和航政机关，据此对同一违法行为各自作出罚款决定，就是一事再罚，因为事实和理由都是同一的。此外，同一事实不同理由，如在繁华路段无照摆设烟摊，由工商、市容、交通等部门均可依不同的

---

① 　应松年、马怀德主编：《行政处罚法》，人民出版社 1996 年版，第 134—135 页。

法律法规对之予以处罚。"① 这里的基于作出行政处罚的"理由"实际上就是与违法当事人的违法行为能沾上边的作为处罚依据的法律、法规，而这些法律法规作为处罚的依据都来自行政主体的主观单方面认定。为此，另有学者提出相反的意见，"这就意味着，不同行政机关对于同一违法行为违犯了多种行政法律规定的，可以给予不同处罚。……迁就了实际存在的不合理现象。如一个无照商贩，在马路边设摊卖食品，这一行为可能违反了多种行政法律的规定，因此工商、税务、食品卫生、市容、交通管理部门都可依各自执法依据来处罚该违法者。但问题在于，该违法行为的社会危害性有限，如此多头处罚，于法有据却于理不容。"② 由此可见，用于衡定同一违法行为的"同一事实和理由"存在较大分歧。

我们再看看学界关于"一事不再罚"中的"罚"。有的学者从行政处罚法的字面意义出发，认定为"罚款"，意即金钱的给付。"行为人的一个行为，同时违反了两个以上法律、法规的规定，可以给予两次以上的处罚，但如果处罚是罚款，则罚款只能是一次，另一次处罚可以依法是吊销营业执照或其他许可证，也可以是责令停产停业，还可以是没收等，只是不能再罚款了。"③ 而"大多数学者认为该对这一条文作广义理解，因为罚款是最常见和最容易被重复处罚的种类，所以在条文中才会被指出，根据公正原则，一事不再罚最起码应说明对同一违法行为不得因同一事实和同一理由给予两次或两次以上的处罚。""我们认为'一事不再罚'原则应适用于所有处罚种类而不仅是罚款。"④ 这里的处罚就不仅仅指罚款了。

① 刘莘：《行政法热点问题》，中国方正出版社2001年版，第233页。

② 应松年、马怀德主编：《行政处罚法》，人民出版社1996年版，第133页。

③ 应松年、马怀德主编：《行政处罚法》，人民出版社1996年版，第135页。

④ 杨海坤主编：《跨入21世纪的中国行政法学》，中国人事出版社2000年版，第362、366页。

三、行政处罚与相关概念之界限

（一）行政处罚与行政处分

行政处罚和行政处分两者都属行政制裁的范畴，是一对极易混淆的概念。但它们仍有很大的区别：

1. 主体不同。行政处罚的主体是特定的行政机关，即法律、法规授权的机关和委托机关。没有法律、法规的明确规定和授权，任何行政机关不得行使行政处罚权。例如，根据《治安管理处罚法》规定，有权实施治安管理处罚的只能是公安机关。而一般国家行政机关都有行政处分权。

2. 对象不同。行政处罚的对象是被管理的相对方当事人，即公民、法人或其他组织；行政处分的对象是行政机关内部工作人员。

3. 种类不同。行政处罚的种类有警告；罚款；没收违法所得；没收非法财物；责令停产停业；暂扣或吊销证照；行政拘留七种。行政处分的种类有警告；记过；记大过；降级；撤职；开除六种。

4. 性质和救济途径不同。行政处罚属行政机关的外部行政行为，而行政处分属内部行政行为。因行政处罚引起的争议，可以通过行政复议和行政诉讼途径解决。行政机关工作人员对行政处分不服，只能在行政机关内部通过申诉途径，由行政监察机构解决。

（二）行政处罚与执行罚

行政处罚与执行罚都是对不履行义务的个人、组织的处罚，在行政执法实践中，有时两者之间的认定是比较困难的，因而必须区分这一概念。它们的不同点主要有：

1. 处罚的目的不同。行政处罚的目的是为了惩戒个人、组织的违法行为，执行罚的目的是为了促使个人、组织履行法定义务。行政处罚采取"一事不再罚"原则，即行政机关对相对人的违法行为实施处罚后，相对方因违法行为引起的行政责任即告结束。执行罚实施后，如果当事人没有履行义务，它可以一直继续下去，直到履行义务为止。

2. 处罚的形式不同。行政处罚的形式很多，拘留等。执行罚，只有财产给付一种。

（三）行政处罚与行政强制执行

行政处罚与行政强制执行的区别，主要体现在目的和手段方面。行政处罚是对相对人权益的最终处分，如没收财产，就是对财产权的最终剥夺。而行政强制执行是对不履行义务的个人、组织强迫其履行义务。行政处罚的手段主要是财产罚、行为罚，行政强制执行的手段是间接强制执行和直接强制执行。

四、各国行政处罚的立法概况

（一）外国行政处罚立法

当今世界各国无论大陆法系国家还是英美法系国家，行政处罚都是其一项重要的法律制度，但在对行政处罚进行规制的立法模式选择上各自有其特色。

据有关资料显示，目前对行政处罚采取法典式立法的只有奥地利、德国、原苏联等少数几个国家①。绝大多数国家没有一部法律对行政处罚作统一全面的规定，而是由各个单行立法对个别领域或个别方面的行政处罚分别作出规定。

（二）我国《行政处罚法》的立法背景

1978 年党的十一届三中全会以来，我国的法制建设步入快速恢复发展时期，法律、法规、规章的数量激增。其中大多数都制定了相应的行政处罚手段，作为保障法律、法规、规章执行的措施之一。但很快暴露

---

① 奥地利在 1926 年 1 月 1 日制定了世界上最早的一部具有现代意义的行政处罚法典，称为《行政罚法》，后经 1932 年及 1948 年两次修改，于 1950 年 5 月 23 日颁布生效至今。其内容具有典型的程序法与实体法合为一体的行政法特征。德国的行政处罚法典是于 1992 年 7 月最后修订的德国《违反秩序法》，与奥地利的《行政罚法》相比，其内容更为细致周全。（参见张正钊、韩大元主编：《比较行政法》，中国人民大学出版社 1998 年版，第 463—464 页）

出有些领域里乱处罚的问题。针对这种状况，1986 年前后，全国人大常委会、国务院分门别类，在几个领域里制定出专门性的行政处罚法律、法规，如《治安管理处罚条例》《违反财政法规处罚的暂行规定》《海关法行政处罚实施细则》《违反外汇管理处罚施行细则》等等。从 1986 年至 1996 年《行政处罚法》出台的这段时间内，据统计我国问世的 280 余个法律中有 202 个法律在"法律责任"中规定了行政处罚，另外还有 800 多个行政法规、4000 多个地方性法规的规定涉及行政处罚。还有资料说我国法律内容的 80% 要靠行政部门执行①。这些情况表明，行政处罚确实已成为我国社会生活中与公民关系密切、渗透各个领域的一项制度。同时，行政处罚领域出现了诸多混乱现象，如"行政处罚设定权限不清，造成立法主体多元化，是滥罚的源头；法律、法规、规章以及其他规范性文件在规定行政处罚时，赋予行政机关太大的自由裁量权；各种处罚规定相互矛盾冲突；处罚立法不规范；忽略行政处罚程序或行政处罚程序不完备。"② 这些一方面是执法造成的；另一方面是行政处罚领域里的多头立法造成的。袁曙宏在其著作《行政处罚的创设、实施和救济》中也系统分析了我国《行政处罚法》出台前有关行政处罚立法的混乱、相互矛盾以致难于操作现象③。当时的行政立法现状及存在的问题表明中国须制定一部统一的行政处罚法典来规范行政机关设定和实施行政处罚行

---

① 参见阎军、张卫理：《行政处罚须有法可依》，《法制日报》1996 年 2 月 12 日。

② 应松年、马怀德主编：《行政处罚法》，人民出版社 1996 年版，第 44—46 页。

③ 其中仅以工商行政处罚中的罚款为例就很能说明问题。据《四川省工商行政管理罚款汇总表》统计，根据法律、法规、规章和其他经合法授权制定的规范性文件的规定，四川省现行有效的工商行政管理罚款共有 214 项，其中罚款没有规定数额标准（如仅规定"可以罚款"）的有 93 项，占总数的 43.4%；只规定一个最高幅度（如"处 2 万元以下罚款"）的 103 项，占总数的 48.1%；规定一个最高幅度和一个最低幅度（如 50—1000 元罚款）的 14 项，占总数的 6.5%；规定一个确定数额（如"每辆车处 1000 元罚款"）的 1 项，不到 0.5%；只笼统规定"可以处罚"的 3 项，占总数的 1.5%。（参见袁曙宏：《行政处罚的创设、实施和救济》，中国法制出版社 1994 年版，第 10 页）

为，在治"乱"的同时，达到保护相对人合法权益、完善强化行政机关行政管理职能的目的。

第二节　行政处罚的种类和设定

一、行政处罚非法典化与行政处罚种类的不确定性

如前所述，目前世界各国对行政处罚采法典式立法者并不在多，仅少数几个国家有行政处罚方面的法典，其他则散见于各种单行法律法规中。就行政处罚的种类而言，亦是散见于分门别类的法律法规中，总的特点是多而乱。我国《行政处罚法》颁布以前，现代部门法关于行政处罚具体种类的规定有一百二十余种，形式不一，界限不清。例如，剥夺限制人身自由方面的处罚有拘留和劳动教养等；剥夺和限制财产权利的处罚有罚款、没收违法所得、没收违法工具等；限制公民法人行为能力及权利能力的处罚有吊销许可证、执照，责令停产停业等；谴责和警诫公民、法人的精神名誉的处罚有警告、通报批评，此外还有名目繁多的责令、取消资格、荣誉、停止优惠等处罚①。

二、行政处罚法典化国家之行政处罚种类

(一) 奥地利行政处罚种类

奥地利行政处罚分为 5 种：

1. 自由罚，包括拘留和住宅禁足。奥地利《行政罚法》第 13 条规定："被判处住宅禁足者，应宣誓保证勿离其住宅，违反誓言时应就其禁足期间执行拘留。"

2. 罚锾。奥地利《行政罚法》第 14 条规定："罚锾之强制执行，以不影响受裁决人最低限度之生活、法律上赡养义务之履行及对被害人损

---

① 　转引自应松年、马怀德主编：《行政处罚法》，人民出版社 1996 年版，第 50 页。

害之赔偿为限。"

3. 没入。奥地利《行政罚法》第 17 条规定："宣告没入之物，以属于行为人或共犯或有处分权人所交付者为限。如行政法规另有规定时，从其规定。"

4. 警告。奥地利《行政罚法》第 21 条规定："官署认为行政逾越者之行政责任轻微，而其行政逾越行为之结果未具意义，且依案件情节即使处以最轻之自由罚或罚锾仍嫌过重者，得免除其自由罚或罚锾，而改予警告。"

5. 补充罚，也称易科罚。即受罚款处罚的受罚人无力缴纳罚款时，以拘留代之即易科拘留。

（二）德国行政处罚种类

根据德国《违反秩序法》，行政处罚分为 4 种：

1. 警告，即对于轻微违反秩序的行为人所给予的警示及训诫，包括单独的警告及附加罚款的警告两种。如德国《违反秩序法》第 56 条规定："对于轻微违反秩序行为，可以由行政机关对当事人予以警告并征收 5 至 75 德国马克的警告罚款。如果给予不附加警告罚款的警告不足以惩戒，行政机关应当给予附加警告罚款的警告。"

2. 罚款。德国《违反秩序法》规定："罚款最低为 5 德国马克并且——如果法律没有其他规定——最高为 1000 德国马克"。但"罚款数额应当超过行为人从违反秩序行为中得到的经济上的好处。如果法律规定的最高罚款数额在此低于此种好处，则可以超过法定罚款数额"。①

3. 没收。德国《违反秩序法》第 22 条规定："只在法律明确准许时，方得到违反秩序行为处以没收物品的附加措施。没收只在下列情形方予准许：一是物品在裁判时属于行为人或为其所有，或者二是物品按其类型或依当时情形有害于公众或者存在被用于实施应受刑罚或罚款处罚的危险……"

4. 充公。德国《违反秩序法》第 29a 条规定："如果行为人为了一项

---

① 德国《违反秩序法》第 18 条。

受罚款的行为而得利或由于该行为而得利，并且没有因该行为而被科处罚款，则可以下令将其钱款充公，充公钱款的数额最高可相当于其所得利益的价值。如果实施一项违反秩序行为的行为人是为他人所为并因此而得利，则可以下令将其钱款充公，数额同本条第（1）款。得利多少及其价值可以估计。本法第18条相应适用。如果没有针对行为人开始罚款程序或此种程序已经停止，可以单独颁布充公令。"

三、我国《行政处罚法》规定的行政处罚种类

为了规范和统一行政处罚的种类，《行政处罚法》将行政处罚的种类确定为以下8类。

（一）警告

警告是申诫罚的一种形式，指行政机关或者法律、法规授权的组织对轻微违法行为人的谴责和告诫。这种形式适用极为普遍，仅在治安管理领域，就适用于侵犯他人人身权利、侵犯公私财物、扰乱公共秩序、妨碍公共安全等数十种行为。

警告具有两个特点：其一，警告是对违法行为人声誉的影响，不涉及违法行为人的人身自由和财产自由。其二，警告只能针对轻微违法行为作出。如《中华人民共和国道路交通安全法》第八十七条第二款规定："公安机关交通管理部门及其交通警察应当依据事实和本法的有关规定对道路交通安全违法行为予以处罚。对于情节轻微，未影响道路通行的，指出违法行为，给予口头警告后放行。"

（二）罚款

罚款是指行政机关对违法行为人在一定期限内令其承担一定的金钱给付义务的处罚形式。罚款是剥夺相对人财产权的处罚，适用范围十分广泛，几乎为所有的行政机关采用。

行政处罚中的罚款具有两个特征：1. 罚款是行政机关实施的行政制裁手段，与刑事制裁中的罚金存在质的区别。二者在适用主体、对象、范围上都不同。2. 罚款的目的是让相对人承担一定的金钱给付义务的方

式来纠正和制止违法行为。既不影响相对人的人身自由，又不剥夺限制其行为能力。

因为罚款在行政处罚中运用得最广，行政处罚机关在行使这一权力时，必须严格依法进行。首先是正确掌握罚款的幅度，针对违法行为的性质、情节、社会危害程度作出裁决，避免畸轻畸重和明显不当现象。其次，处罚决定权与执行权相分离。即作出处罚决定的机构与收受罚款的机构不能是同一机构。

（三）没收违法所得

没收即收归国有，没收违法所得是行政机关将违法行为人的违法所得和非法收入收归国有的处罚形式。例如：《海关行政处罚实施条例》第九条第一款第一项规定："走私国家禁止进出口的货物的，没收走私货物及违法所得。……"没收违法所得和罚款都是指向相对人的财产权利，但两者适用的情形不同。没收的财物本身就是属于非法所得的财物，因而，仅适用于有违法所得的违法情形，而罚款无此条件要求。

（四）没收非法财物

没收非法财物是行政机关将违法行为人非法占有的财物收归国有的处罚形式。非法财物通常包括：从事违法活动的物品，违法工具、用具、违禁品等。例如：《海关行政处罚实施条例》第九条规定："专门用于走私的运输工具或者用于掩护走私的货物、物品"；《药品管理法》规定的"假药、劣药"等都属非法财物。没收非法财物必须注意两个方面的问题：一是没收的物品必须是非法财物，对于相对人的合法财产不能随意没收。二是没收的非法财物必须依法上缴国库或通过法定方式加以处理，行政机关不得私分、出售或毁坏。

（五）责令停产停业

责令停产停业是指行政机关对从事非法生产经营活动的行政管理相对人的一种处罚。包括停止生产和停止营业两种情形。在我国现行的法律、法规中，责令停产停业的处罚形式很多。例如：《环境保护法》规定，主管部门可以责令污染单位"停产整治"；《水污染防治法》规定为

"责令停业、关闭";《矿山安全法》规定为"责令停产整顿"。责令停产停业是限制和剥夺相对人行为能力的处罚形式，目的是要求行为人停止正在进行的生产经营和各种业务活动。它与罚款、没收财物等剥夺和限制行为人的财产权的处罚不同。责令停产停业的处罚仅适用于较为严重的违法行为。即生产、经营者实施了比较严重的违法行为，而且带来了比较严重的后果。例如，违反安全规定从事矿山开采，资源开发。

（六）暂扣或吊销许可证、执照

暂扣或吊销许可证、执照是指行政机关暂时扣押或取消违法行为人已经获得的从事某项活动或业务的资格证书，限制或剥夺其从事某项特许活动权利的处罚。一般常见于交通、环境保护等行政管理领域。例如：《道路交通安全法》第九十一条第一款规定："饮酒后驾驶机动车的，处暂扣六个月机动车驾驶证。……"暂扣或吊销许可证、执照是最为严厉的行政处罚之一，直接关系到相对人的人身和财产权。它的实施意味着工商企业、个体工商户等的停产停业，其生产经营权随之丧失，生产经营者的财产权即被限制。同时也影响其作为法人或个体工商者继续存在的权利，实质上剥夺或限制了其人身权。暂扣或吊销许可证、执照是一种资格能力罚，仅适用于实行许可证的领域内的违法行为，且是已经取得了许可证、执照的公民、法人或者其他组织。

（七）行政拘留

行政拘留是指公安机关对违反行政管理秩序的公民，在短期内剥夺其人身自由的处罚形式。行政拘留具有三个特点：1. 行政拘留是最严厉的行政处罚形式。其行使机关、适用范围和对象都受到严格的法律限制。例如，根据《治安管理处罚法》规定，只有县级以上公安机关才有行政拘留权。2. 行政拘留的实施机关只能是公安机关，其他机关无权实施。3. 拘留是对行为人人身自由权的剥夺。

（八）法律、行政法规规定的其他行政处罚

除上述主要行政处罚种类外，法律、行政法规还可规定其他的行政处罚形式。

四、《行政处罚法》出台前的行政处罚设定状况

行政处罚的设定是指由谁创设和规定行政处罚以及设定权如何划分。有学者认为行政处罚的设定实质上就是要公平分配处罚机关与相对一方的权利义务①。我国《行政处罚法》出台前，由于缺乏行政处罚设定的统一规定，在行政处罚设定权方面情况相当混乱。正如刘莘指出，"我国各级政府和政府各部门都有制定规范性文件的权力，于是各级政府、各个部门纷纷自设处罚权。这是将制定规范性文件的权力与设定行政处罚的权力混为一谈，有的则是将行政管理权与处罚设定权等同起来。加之罚没制度的某些不完善，使处罚为经济利益所驱动，乱处罚当然成为不可避免。"② 应松年、马怀德认为我国行政处罚实践中存在的问题主要有："一是很多单位在没有法律、法规依据情况下自行设定行政处罚。据有关方面对国务院 7 个部门发布的规章的调查，其中没有法律、行政法规依据而自行设定行政处罚的占 35%。据有关方面对 7 个省、市部门发布的规章的调查，约有 50% 以上的自行创设的行政处罚没有法律和行政法规依据，甚至也没有地方性法规依据。有的市规章处罚涉及的更为广泛分散，如民办学校管理、财产报告、公墓管理、多层次传销管理等。有的省则在清真食品卫生经营、城镇职工养老保险、个体兽医诊所管理方面创设了种种行政处罚。二是缺乏划分处罚设定权限的统一法律。于是出现处罚设定极不统一的现象。如《统计法》及国务院批准的《统计法实施细则》规定，违反统计法的行为，情节较重但尚未构成犯罪的，对主管领导人或直接责任人员，给予行政处分；对个体经营户，经县以上政

---

① "这一点可以从我国新旧两部《治安管理处罚条例》的比较中得到证明。旧的《治安管理处罚条例》颁布于 1957 年。限于当时的政治经济条件和法律意识水平，它只是规定了公安机关对公民的处罚权，而未规定公民不服处罚的救济权，致使公安机关与公民之间的权利义务处于不平衡状态。而 1986 年颁布的新的《治安管理处罚条例》则弥补了这一重大缺陷。"（参见袁曙宏：《行政处罚的创设、实施和救济》，中国法制出版社 1994 年版，第 21 页）

② 刘莘：《行政法热点问题》，中国方正出版社 2001 年版，第 229 页。

府批准，由工商部门给予停业或吊销执照的处罚；构成犯罪的依法追究刑事责任。但某省人大常委会通过的《×省统计法检查监督规定》却规定，对单位可处五千元至一万元的罚款，对个人可处二百元以下罚款，对个体经营户可处五千元以下罚款，这明显突破了法律、行政法规的处罚种类，构成地方性法规与法律、行政法规的冲突。三是设定的行政处罚种类繁多、内容混乱、标准不一等。"[1]

笔者认为，我国《行政处罚法》颁布以前，在行政处罚权设定上存在几个方面的问题：首先，设定主体混乱，许多行政机关甚至社会团体等在没有法律、法规依据的情况下随意设定行政处罚；其次，处罚设定权的界限划分不清，往往存在处罚设定极不一致的现象；最后，设定的行政处罚种类繁多，内容混乱，甚至互相矛盾。

五、《行政处罚法》对行政处罚设定的规范

鉴于以上问题，《行政处罚法》对行政处罚的设定进行了规范。

（一）设定行政处罚的机关

世界各国行政处罚的设定机关有几个方面的共同特点，一是行政处罚的设定机关一般为立法机关；二是行政机关设定行政处罚时必须有立法机关通过法律的明确具体的授权；三是行政机关所能设定的一般是人身罚外的程度较轻的行政处罚[2]。

行政处罚的设定机关从理论上讲应当是国家的权力机关，即全国人

---

[1] 应松年、马怀德主编：《行政处罚法》，人民出版社 1996 年版，第 73—74 页。

[2] 如奥地利对行政处罚设定机关控制最为严格，只有立法机关通过法律才能设定行政处罚；在日本，行政处罚的设定权分为中央和地方两个层次，在中央，行政处罚的设定权集中在国会，内阁及内阁各省（部）非经法律的明确授权，不得设定行政处罚；在意大利，行政处罚的设定权集中在国会和地区议会，但地区议会的规定不得与国会的法律相抵触，地区议会也不得在国会的法律所规定的行政处罚种类之外设定行政处罚。（参见张正钊、韩大元主编：《比较行政法》，中国人民大学出版社 1998 年版，第 472 页）

大及其常委会。由全国人大及其常委会行使国家立法权，包括通过制定法律来设定任何形式的行政处罚既是宪法赋予的权力，也是控制和规范行政处罚权的必然要求。然而，从我国的实际情况看，所有的行政处罚都由全国人大及其常委会设定是不现实的，通过法律授权的方式将部分行政处罚的设定权作有条件地转移，不仅需要而且可能。同时，各地的社会经济发展不平衡，在行政管理中都有一些特殊情况，不宜也不可能由法律作统一规定，需要各地政府因地制宜地制定规章去解决。因此，《行政处罚法》在规范的基础上进行适当的授权。

依据《行政处罚法》的规定，我国有权设定行政处罚的机关有以下几类。

1. 全国人大及其常委会。我国《宪法》第五十七、五十八条规定："中华人民共和国全国人民代表大会是最高国家权力机关。它的常设机关是全国人民代表大会常务委员会。""全国人民代表大会和全国人民代表大会常务委员会行使国家立法权。"因此全国人大及其常委会制定的法律可以设定任何形式的行政处罚，可以通过法律规定受处罚行为的范围、处罚的种类、幅度等。这既是立法权的体现，也是控制和规范行政处罚设定权的必然要求。

2. 国务院。它是最高国家权力机关的执行机关，是最高国家行政机关。根据《宪法》规定，国务院享有 18 项职权，其中"根据宪法和法律，规定行政措施，制定行政法规，发布决定和命令"是主要职权。与此同时，国务院领导和管理经济工作、城乡建设、科教文卫、民政、公安、司法监察、对外事务、国防事业等。其在职权范围内也可以设定行政处罚。《行政处罚法》规定，国务院制定的行政法规可以设定除限制人身自由以外的行政处罚，即可以设定警告，罚款，责令停产停业，暂扣或吊销许可证、执照，没收违法所得，没收非法财物的行政处罚。

3. 省、自治区、直辖市的人民代表大会及其常务委员会，省会市的人民代表大会及其常委会，国务院批准的较大的市的人民代表大会及其常委会，全国人大授权的特区市人民代表大会及其常委会。这些地方国家权力机关可以通过制定地方性法规设定除限制人身自由，吊销企业营业执照以外的行政处罚。

4. 国务院各部、委员会，国务院授权的具有行政处罚权的直属机构。按照《行政处罚法》第十二条规定，部委规章可以在法律、行政法规规定的行政处罚行为、种类、幅度内作出具体规定。尚未制定法律、行政法规的，规章对违反行政管理秩序的行为，可以设定警告或一定数量的罚款的行政处罚。罚款的限额由国务院规定。有行政处罚权的直属机构设定行政处罚适用本条规定。

5. 省、自治区、直辖市人民政府和省、自治区所在地的市人民政府以及国务院批准的较大的市人民政府，经全国人大授权的特区市人民政府。其可以通过制定地方政府规章在法律、行政法规、地方性法规规定的行政处罚的行为、种类、幅度内作出具体规定。尚未制定法律、行政法规或者地方性法规的，对违反行政管理秩序的行为，可以通过制定地方政府规章设定警告或一定数量罚款的行政处罚。罚款的限额由省、自治区、直辖市人大常委会规定。

除上述机关外，其他任何单位、组织不得以任何形式设定行政处罚。

（二）行政处罚设定权的划分

根据上述情况，享有行政处罚设定权的主体很多，而且设定机关性质、层级均有差异。为了避免设定行使的冲突矛盾，必须对设定权作适当划分。

行政处罚的设定权限的划分，涉及中央和地方、权力机关和行政机关之间立法权限的划分。需要贯彻两条原则：一是中央与地方立法权限的划分上，以中央立法为主、地方立法为辅；二是在地方立法权限的划分上，以地方人大立法为主，地方政府立法为辅。此外，行政处罚设定权也与行政处罚的种类相关，还要根据行政处罚的不同种类，区别对待。从不同的立法主体来划分，可以把行政处罚的设定权分为以下四个层次。

1. 法律对行政处罚的设定权

法律是指由全国人大及其常委会制定的规范性文本，除宪法以外它在我国法律体系中居于最高地位。因此，法律有权根据需要设定任何一种形式的行政处罚。《行政处罚法》第九条规定："法律可以设定各种行政处罚。限制人身自由的行政处罚，只能由法律规定。"说明有关人身罚的行政处罚，其他层级的规范性文件无权设定。

2. 行政法规的设定权

《行政处罚法》第十条规定："行政法规可以设定除限制人身自由以外的行政处罚。法律对违法行为已经作出行政处罚规定的，行政法规需要作出具体规定的，必须在法律规定的给予行政处罚的行为、种类和幅度的范围内规定。"这一方面因为法律对行政处罚的规定过于原则和抽象，对行政管理的细节问题不可能全部覆盖，需要行政法规加以补充。另一方面，由国务院的地位决定，行政法规对处罚的设定权必须受到法律的限制。

3. 地方性法规的设定权

地方性法规是省、自治区、直辖市、省会市、国务院批准的较大的市，全国人大授权的特区市的人民代表大会及其常委会制定的规范性文件。地方性法规设定行政处罚权表现为两个方面：一是《行政处罚法》第十一条第一款规定的"地方性法规可以设定除限制人身自由、吊销企业营业执照以外的行政处罚"；二是《行政处罚法》第十一条第二款规定的"法律、行政法规对违法行为已经作出行政处罚规定，地方性法规需要作出具体规定的，必须在法律、行政法规规定的给予行政处罚的行为、种类和幅度的范围内规定。"

4. 规章的设定权

规章包括部委规章和地方规章两类。《行政处罚法》分别对部委规章和地方规章的处罚设定作了规定，既有授权，又有限制。

部委规章的处罚设定权可以分为创设和规定权两部分。创设就是法律、行政法规对违法行为及其处罚未作规定的，部委规章可以设定警告和罚款两种处罚。但罚款限额由国务院规定。规定权是指法律、行政法规对行政处罚行为、种类、幅度已经作出规定，部委规章在其范围内作出具体规定。这仍然要受法律、行政法规规定范围的限制。国务院直属机构也可以规定警告和罚款的行政处罚，罚款的具体限额由国务院规定。

地方规章的处罚设定权也是两部分：即创设和规定权。创设是指法律、法规没有规定处罚的情况下，对违反行政管理秩序的行为可以创设警告和一定数量罚款的行政处罚，但罚款限额由省级人大常委会规定。规定权是指法律、法规已经规定了的处罚，地方规章将其进一步具体化，不能超越法律、法规规定的界限①。

《行政处罚法》第十四条规定："除本法第九条、第十条、第十一条、第十二条以及第十三条的规定外，其他规范性文件不得设定行政处罚。"即除法律、行政法规、地方性法规和规章可以设定行政处罚外，其他规范性文件不得设定行政处罚。

---

① 最高人民法院发布的 5 号指导案例，是地方规章的行政处罚规定权的司法适用表现。在 5 号指导案例的判决中，江苏省苏州市金阊区人民法院于 2011 年 4 月 29 日以［2009］金行初字第 0027 号行政判决书，判决撤销苏州盐务局（苏）盐政一般［2009］第 001—B 号处罚决定书，其一判决理由是：根据《行政处罚法》第十三条的规定，在已经制定行政法规的情况下，地方规章只能在行政法规规定的给予行政处罚的行为、种类和幅度内作出具体规定，《盐业管理条例》对盐业公司之外的其他企业经营盐的批发业务没有设定行政处罚，地方政府的地方规章不能对该行为设定行政处罚。（参见：《鲁潍（福建）盐业进出口有限公司苏州分公司诉江苏省苏州市盐务管理局盐业行政处罚案》，最高人民法院审判委员会讨论通过，2012 年 4 月 9 日发布）

第三节　行政处罚的实施机关

行政处罚的实施机关，一些国家也称为行政处罚的主体，在我国，是指具有行政处罚权并实施行政处罚权的行政机关及法定组织。依据《行政处罚法》的规定，包括行政机关，法律、法规授权的实施机关，委托机关。而在其他国家和地区，行政处罚的主体则有不同规定。奥地利行政处罚的主体是行政机关；在德国，行政秩序罚行为虽然以行政机关处理为主，但是，如果当事人提出异议，则必须由法院作出裁决，检察机关对违反秩序行为也有一定的管辖权；日本对于违反行政法上义务者以法院制裁为主要形式，行政机关制裁只是一种辅助性的，一般仅限于小额罚款。

一、哪些行政机关享有行政处罚权

《行政处罚法》第十五条规定："行政处罚由具有行政处罚权的行政机关在法定职权范围内实施。"我们可以这样理解该条文的含义：

（一）行政处罚权只能由行政机关行使，不能由其他性质的国家机关行使。依据我国宪法规定，尽管我国是"议行合一"① 国家，其他国家机关如行政机关、审判机关、检察机关都要向全国人民代表大会及其常务委员会负责，但它们之间在职权行使上是有一定分工的，即全国人民代表大会及其常务委员会行使立法权，国务院及地方各级人民政府行使行政权，最高人民法院及地方各级人民法院行使司法权等，照此分工，行政权自然是行政系统须行使的权力，因而行政处罚权只能由行政机关

---

① "议行合一"的提法近年来在学术界引起了一些争论，有学者认为它已经不适合用来表述我国现行的政权体制。但笔者认为，从我国宪法规定的国家权力机关高于一切的原则出发，从理论上讲，权力机关是"全权机关"，当然也可以说是"议行合一"机关。

行使。

（二）是不是所有的行政机关都可以行使行政处罚权？由行政机关行使行政处罚权不等于所有的行政机关都有行政处罚权，只有法律、法规或规章规定有行政处罚权的机关才能行使行政处罚权。另外，一些内部行政机关如各级人民政府的办公机构、监察机构、人事机构、事务机构、咨询机构等，它们是为了保证国家行政机关对外行使行政权而设置的，也不享有行政处罚权。

（三）行政机关在多宽的管辖事务范围内享有行政处罚权？不仅不同性质的国家机关之间有职能的分工，同一性质的国家机关之间也有职能分工，依我国《行政处罚法》之规定，有行政处罚权的行政机关只能在自己主管业务范围内行使行政处罚权。例如：公安机关不能对违反工商行政管理的行为进行行政处罚。

（四）行政机关在多大的权限范围内享有行政处罚权？行政机关只能在处罚权限内行使行政处罚权。而且"国务院或者经国务院授权的省、自治区、直辖市人民政府可以决定一个行政机关行使有关行政机关的行政处罚权，但限制人身自由的行政处罚权只能由公安机关行使"，以此明文界定了行政机关的行政处罚权限。

（五）我国《行政处罚法》规定的享有行政处罚权的机关种类有：

1. 国务院各部、委、行、署、直属局和部委管理的国家局。它们是国务院的组成部门，是中央的行政处罚实施主体。但在实践中它们行使的处罚不多。

2. 地方各级人民政府，包括省、自治区、直辖市、市、县、乡人民政府。一般来讲，它们实施的处罚很少，如省级人民政府只在本辖区内重大问题上实施一定范围的行政处罚权。

3. 地方各级人民政府的职能部门。地方各级人民政府根据《宪法》和法律规定，根据工作需要，都设立了若干部门，承担某一方面的行政管理事务。如公安、工商、税务、环保、交通、海关、卫生等部门，相应地享有某一方面的行政处罚实施权。

二、法律、法规授权的实施机关具有何种法律地位

法律、法规授权的实施机关，是指行政机关以外的，依照法律、法规的具体授权规定而享有并能实施行政处罚权的组织。《行政处罚法》第十七条规定："法律、法规授权的具有管理公共事务职能的组织可以在法定授权范围内实施行政处罚。"如《中华人民共和国治安管理处罚法》授予公安派出所以处罚权，《上海市轨道交通管理条例》授予轨道交通企业以处罚权，即属此类。

（一）授权组织实施行政处罚必须有法律、法规的明确授权。这类组织本身不是行政处罚的当然实施主体，没有法律、法规的授权，不能行使行政处罚权。否则就是违法或无效行政处罚。这类组织的授权必须是来自法律、法规的，规章无权授予组织行政处罚权。

（二）法律、法规授权的组织必须是具有公共事务管理职能的组织。即对公民、法人或其他组织可以行使类似于行政管理的职能。如《治安管理处罚法》授权的公安派出所。

（三）经法律、法规授权的组织即成为实施行政处罚的当然主体。可以以"组织"的自身的名义实施行政处罚，作出行政处罚；它可以享有行政优益权；它可以以自己的名义参加行政复议和行政诉讼；它可以独立承担法律责任①。

（四）授权组织只能享有部分行政处罚实施权。法律、法规授权的组织实施的行政处罚只能是人身自由罚之外的行政处罚，人身自由罚只能由公安机关实施。

---

① 关于法律、法规授权的组织实施行政处罚后独立承担法律责任的问题，行政法学界有学者持质疑态度，认为无论在立法上还是在行政法治实践中，法律、法规授权的组织都缺乏必要的行政强制执行权，这在一定程度上制约了行政处罚的有效实施。参见袁曙宏：《行政处罚的创设、实施和救济》，中国法制出版社1994年版，第63页。也就是说，法律、法规授权的组织可以依法作出行政处罚决定，但决定能否实现即此种权能能否实现仍是一个两可的问题，因此，关于法律、法规授权的组织在行政处罚中的法律地位还有探讨之必要。

（五）可以经法律、法规授权而成为实施行政处罚权的主体：

1. 事业单位。事业单位的组织类型复杂，有的本身就是公务组织。这些单位经法律、法规授权后，就可以成为行政处罚主体。

2. 企业单位。企业一般不从事公务活动，也不享有管理公共事务的权力。但是，在特定情况下，由于法律、法规授权，它也可以成为行政处罚主体，如《上海市轨道交通管理条例》授权的轨道交通企业。

3. 社会组织。社会团体、群众组织等经法律、法规授权，可以享有部分行政处罚权。

三、委托实施机关的条件

（一）委托实施机关的含义

委托实施机关是受行政机关委托实施行政处罚权的组织。我国《行政处罚法》对委托处罚作了肯定。《行政处罚法》第十八条规定，行政机关依照法律、法规或者规章的规定，可以在其法定权限内委托符合法定条件的组织实施行政处罚。

1. 委托组织以委托的行政机关的名义作出行政处罚决定，而不是以自己的名义独立行使处罚权，也不能担任行政复议的被申请人或行政诉讼的被告，其处罚行为的法律责任由委托人承担。这也是行政委托与法定授权的根本区别之所在。

2. 行政机关委托实施行政处罚必须符合法定条件，必须依法律、法规、规章的规定进行。

3. 委托实施处罚必须有正当理由。如行政机关因执法任务过重，在人员、经费不足等情况下，可以委托其组织实施处罚。委托处罚的范围受严格的法律限制，一般来说，限于较轻微的、事实清楚的行政处罚，而重大的行政处罚不宜委托。

4. 受委托组织接受行政机关委托后，不得再委托其他组织或个人实施行政处罚，即只能是一次委托，不得多次委托。

5. 委托行政机关对受委托组织实施行政处罚行为进行监督，并可依法收回或撤销委托。

（二）委托实施机关应具备的条件

由于行政处罚委托受法律羁束的程度小，而受行政机关自主决定的程度大，因此，需要进一步明确委托实施机关应具备的条件才能更好规范委托实施的行政处罚权。我国《行政处罚法》第十九条规定："受委托组织必须符合以下条件：（一）依法成立的管理公共事务的事业组织；（二）具有熟悉有关法律、法规、规章和业务的工作人员；（三）对违法行为需要进行技术检查或技术鉴定的，应当有条件组织进行相应的技术检查或者技术鉴定。"笔者认为，仅此条文的规定显得比较抽象，还不足以规范受委托组织的行为，有学者在此基础上提出了更为具体的标准①，值得立法的法治实践予以参考。

第四节　行政处罚的管辖和适用

一、行政处罚的管辖

（一）行政处罚管辖的概念和原则

行政处罚管辖是指法律、法规规定的某一行政违法案件由哪一行政

---

① 袁曙宏认为"行政处罚必须具备下列几个条件才能予以委托：（1）处罚机关由于人力、物力、财力所限或其他原因，确实需要委托其他组织或个人行使处罚权；（2）委托实施的处罚程度较轻，一般以警告和数额较小的财产罚为宜，人身罚、能力罚、较大数额的财产罚和通报批评等不宜委托实施；（3）委托处罚的机关应出具正式的委托书给被委托方，委托书应明确规定双方的权利、义务和责任，被委托方签字盖章后生效；（4）作为被委托人的组织，应当是具有法人资格的国家行政机关、企业、事业单位、社会团体等，不具有法人资格的临时组织或松散组织等一般不宜被委托行使处罚权；（5）公民个人作为被委托人要对其权限严格加以限制，一般只能授予其警告和10元以下罚款的权限，超出权限的处罚行为需经委托机关批准，否则无效；被委托的公民还应具有健全的行为能力、良好的品行以及实施被委托的行政处罚权所必须掌握的业务知识和法律知识等。"（参见袁曙宏：《行政处罚的创设、实施和救济》，中国法制出版社1994年版，第64—65页）

机关最初受理和处罚的制度。它关系到实施主体能否尽职尽责,既不相互推诿,又不彼此相争。同时也影响到能否及时、有效、准确地追究违法人的法律责任。因而,行政处罚的管辖在整个行政处罚制度中占有重要的地位。我国《行政处罚法》第二十条对此作了规定:"行政处罚由违法行为发生地的县级以上地方人民政府具有行政处罚权的行政机关管辖。法律、行政法规另有规定的除外。"这一规定确立了行政处罚管辖的几个基本原则。

1. 便利当事人原则。《行政处罚法》的一个重要目的就是要保护当事人的合法权益,包括违法行为人和受侵害人。《行政处罚法》规定行政处罚由违法行为地人民政府管辖,体现了这一精神。因为这样可以方便有关当事人参加行政处罚的有关程序,节省人力、物力和时间。

2. 有利于维护公共利益和社会秩序原则。《行政处罚法》不仅要保护当事人的合法权益,而且要维护公共利益。由违法行为发生地人民政府进行行政处罚,也有利于行政执法,有效维护违法行为发生地的公共利益。同时规定由县级以上人民政府管辖,限制了对违法行为行使行政处罚权的机关,有利于提高行政处罚的质量。

3. 灵活运用原则。《行政处罚法》尽管原则上规定行政处罚案件由违法行为发生地最初受理,但又规定法律、行政法规另有规定的除外。说明其又有一定的灵活性。行政执法实践中,因为常常会发生一些例外情形,可能由其他行政机关管辖更为合适,就应该改变原来规定的管辖方式。

(二) 行政处罚管辖的种类及其形式

影响行政处罚管辖的因素,与实施主体的职能与级别、违法行为的发生地等相关。我国行政处罚的管辖种类依有关法律、法规和行政处罚实践,大致有四种:职能管辖、级别管辖、地域管辖和裁定管辖。

1. 职能管辖。它要解决的是将各行政机关间依据各自职能对违法行为人进行行政处罚方面的分工。如根据《治安管理处罚法》规定,治安管理事务属于公安机关主管,相应的,治安管理处罚也是由公安机关管辖;《药品管理法》第八十八条规定,药品管理的行政处罚由县级以上药品监督管理部门按照国务院药品监督管理部门规定的职责分工决定。职能管辖一般较为单一，即每一事务由对其负有管理职能的一个处罚机关管辖，但立法上有时也会作出共同管辖或交叉管辖的规定。所谓共同管辖是指两个或两个以上行政机关或组织依法对同一违法行为都有行政处罚管辖权，如对违法生产、销售仿真玩具枪的行为实施行政处罚，有关法律、法规规定由公安部门和工商行政管理部门共同管辖。又如《计量法》第三十一条规定："本法规定的行政处罚，由县级以上地方人民政府计量行政部门决定。本法第二十七条规定的行政处罚，也可以由工商行政管理部门决定。"

有学者认为，行政处罚的共同管辖或交叉管辖既可能是由于相关的行政机关职能界限不够明确，也可能是为了实施行政处罚的及时和便利，但无论如何，这毕竟反映了处罚立法上的某种不完善，容易造成管辖冲突和多次处罚[1]。为此，立法中确立了"一事不再罚"原则，理论上对此亦至今有诸多争论。还有学者认为，对共同管辖的行政处罚"只能由一个机关或者组织给予一次处罚，那么如何确定某一机关或组织来管辖，我们赞成实行'先查处原则'，即哪一机关先收到检举材料或自己发现违法行为以及开始立案或者调查取证的，该机关拥有对该行为的最终管辖权。"[2]

2. 级别管辖。指上下级行政机关之间对行政违法案件行使行政处罚权的分工和权限。关于级别管辖问题，我国的处罚立法大部分对此作出了规定。例如《行政处罚法》第二十条规定："行政处罚由违法行为发生地的县级以上地方人民政府具有行政处罚权的行政机关管辖。法律、行政法规另有规定的除外。"《药品管理法》（2013 年修正）第八十八条规定："本法第七十三条至第八十七条规定的行政处罚，由县级以上药品监

---

[1] 袁曙宏：《行政处罚的创设、实施和救济》，中国法制出版社 1994 年版，第 65—66 页。

[2] 王成栋、杨解君编著：《行政处罚法概论》，中国人民公安大学出版社 1996 年版，第 138 页。

督管理部门按照国务院药品监督管理部门规定的职责分工决定。……"《治安管理处罚法》第九十一条规定:"治安管理处罚由县级以上人民政府公安机关决定;其中警告、五百元以下的罚款可以由公安派出所决定。"

关于按什么标准或者依据来划分级别管辖,有的认为行政处罚的级别管辖非常复杂,划分行政处罚管辖标准不可能统一,而且大量行政处罚都由县级行政机关或者组织管辖,往上依级递减,往下也是递减;有的则以部门管辖和政府管辖为标准确立级别管辖;有的则从行为的违法程度、处罚的轻重程度和违法组织的法律地位三者出发来确定级别管辖①。

3. 地域管辖。是指同级同类行政机关之间对行政违法案件行使行政处罚权的分工和权限。对此,我国《行政处罚法》作了原则性和灵活性的规定,即行政处罚案件由违法行为发生地的行政机关管辖,法律、行政法规另有规定的除外。职能管辖解决的是由哪一类行政机关管辖的问题,级别管辖解决的是由哪一级行政机关管辖的问题,而地域管辖解决的是两个以上的同级行政机关之间,特别是县级行政机关之间由谁管辖的问题。《行政处罚法》所谓的"违法行为发生地"有两种情况:一是违法行为发生地与危害结果地是同一地的,由该地行政机关管辖;二是违法行为发生地与危害结果地非同一地的,仍然由行为发生地管辖。

---

① 王成栋、杨解君教授认为"行政处罚实施机关无论怎样纷繁复杂、扑朔迷离,但归根到底可以总结出只有两种机关,一是作为一级政府的行政机关,二是作为一级政府的主管部门的行政机关。这两种行政机关的管辖运作,正是构成了行政处罚级别管辖的基础。"袁曙宏教授则认为"确定级别管辖主要有三个标准:一是行为的违法程度。严重的由较高一级处罚机关管辖,较微的由较低一级处罚机关管辖。二是处罚的轻重程度。较轻的处罚由下一级处罚机关管辖,较重的处罚由上一级处罚机关管辖。三是违法组织的法律地位。违法组织级别较低的,由下级处罚机关管辖,较高的由上级处罚机关管辖。"(参见王成栋、杨解君编著:《行政处罚法概论》,中国人民公安大学出版社1996年版,第129页;袁曙宏:《行政处罚的创设、实施和救济》,中国法制出版社1994年版,第68页)

4. 裁定管辖。它是对前三种管辖的补充。裁定管辖通常包括移送管辖和指定管辖两种。

移送管辖是指无处罚管辖权的行政机关错误地受理了行政处罚案件后又依法将其移送到有管辖权的行政机关处理的行为。受移送的行政机关认为此案自己确无管辖权时，可以与移送行政机关再行协商或报告双方共同上级行政机关解决。

指定管辖是指两个以上行政机关对行政处罚案件的管辖权发生争议，由有权行政机关指定某一行政机关管辖的制度。我国《行政处罚法》第二十一条规定："对管辖发生争议的，报请共同的上一级行政机关指定管辖。"指定管辖发生最多的情况是两个以上的行政机关或组织在实施行政处罚时发生相互推诿或者争夺管辖权的现象。既有因为法律、法规对处罚管辖权规定不明确，造成行政机关对管辖权产生不同理解；也有在特殊情况下不可抗力导致指定管辖等。

二、行政处罚的适用

行政处罚的适用，是指行政机关对违反行政法律规范应当受到行政处罚的当事人，给予行政处罚的行为。

行政机关对相对方当事人处以行政处罚须以是否具备责任能力和责任条件为要件，各国有不同规定。世界许多国家对"责任条件"作了规定，一般来说，对无责任能力的人，不应给予行政处罚。纵览世界各国立法例，有的分为有责任条件和无责任条件两种；有的分为无责任条件、限制责任条件及有责任条件三种。

（一）无责任认定

法律、法规规定行为人在某些情形存在时，行政机关对形式上虽违法但实质上不应承担违法责任的，不适用行政处罚。

根据各国的普遍做法，下列情形之一可导致行为人无责任。

1. 未达法定年龄

各国规定的责任年龄大多为 14 周岁，未满 14 周岁即视为未达法定年龄，其行为亦不承担法律责任。如德国《违反秩序法》第 12 条规定：

"实施行为时不满 14 岁者，其行为不应受谴责。青少年只在《青少年法院法》第 3 条第一句的前提下行事时方应受谴责。"奥地利《行政罚法》第 4 条规定："行为时年龄尚未届满 14 岁者不罚。"我国《行政处罚法》第二十五条规定："不满十四周岁的人有违法行为的，不予行政处罚，责令监护人加以管教；……"

2. 因疾病致使行为人无法控制自己的行为

德国《违反秩序法》第 12 条第 2 款规定："实施行为时因病理性精神错乱，因深度神智迷乱或弱智或者其他严重的精神变态而无能力认识此系不允许的行为或无能力按此认识行事者，其行为不应受谴责。"奥地利《行政罚法》第 3 条规定："行为时知觉发生障碍或精神作用发生病理上之故障，或因心神耗弱，对于行为之禁止不可能辨识或不可能为适当之处理时，其行为不罚。"我国《行政处罚法》第二十六条规定："精神病人在不能辨认或者不能控制自己行为时有违法行为的，不予行政处罚，但应责令其监护人严加看管和治疗……"我国《治安管理处罚法》第十三条还规定："精神病人在不能辨认或者不能控制自己行为的时候违反治安管理的，不予处罚，但是应当责令其监护人严加看管和治疗。……"

除此之外，我国行政处罚法典还规定，违法行为在两年内未被发现的（《行政处罚法》第二十九条第一款）或违法行为轻微并及时纠正、没有造成危害后果的（《行政处罚法》第二十七条第二款）不予处罚。

（二）有限责任认定

处罚机关对违反行政秩序法的行为，由于行为人某些方面的事由，在法定的处罚方式和处罚幅度内，对受处罚人选用较低限的处罚。

1. 已达法定责任年龄的未成年人

即行为人虽已满 14 周岁但不满 18 周岁，处罚机关在对其实施制裁时，必须从轻或减轻。因为各国法律所规定的行政处罚标准一般都是以成年人为基准的，如果让不满 18 周岁的人承担同等程度的法律责任显然有悖于公平原则。而且，从生理上讲，不满 18 周岁的行为人对自己行为的辨认还会存在某种程度的不足。因此，一些国家规定了有限责任的行政处罚。如我国《行政处罚法》第二十五条规定："……已满十四周岁不满十八周岁的人有违法行为的，从轻或者减轻行政处罚。"

2. 有从轻或减轻处罚的事由

有的国家还规定了可从轻或减轻处罚的事由。如我国《行政处罚法》第二十七条第一款规定，在下列情况下，行政机关应当对违法者适用从轻、减轻处罚：主动消除或者减轻违法行为危害后果的；受他人胁迫有违法行为的；行为人主动配合行政机关查处违法行为，有立功表现的；其他依法从轻、减轻处罚的情形。德国《违反秩序法》第 17 条第 2 款规定："如果法律故意和过失都处以罚款，但是没有在罚款额度上加以区别，则对于过失行为，最高只可处以所规定的罚款数额的一半。"

三、竞合违法行为与行政处罚的适用

竞合违法行为应当说是一学理概念而非法律概念，有两种理解：一种是广义的，包括"数行为数罪名"和"一行为数罪名"；一种是狭义的，指"一行为数罪名"，即"法条竞合"。① 由于行政处罚涉及的违法行为的复杂性，常常遇到一行为触犯数个行政法律规范构成数个行政违法罪名或既构成行政违法，又构成行政犯罪。行政法治实践中的竞合违法或犯罪行为大致有如下情形。

（一）竞合违法行为

竞合违法行为就是通常所说的"一行为数罪名"，即由于行政管理法律、法规的交错规定，致使行为人的一个行为同时触犯规定不同违法行为的数个法律条文，而构成数个可罚性的行政违法行为。从竞合违法行为的外在形式看，其具有以下特征。

其一，违法行为人实施的行为是一个违法行为而非数个违法行为。如某人实施生产、销售假药的行为。

其二，违法行为人所实施的一个违法行为触犯了分别规定不同违法行为的数个法律规范。如某人生产、销售假药的行为同时违反了《药品

---

① 参见王成栋、杨解君编著：《行政处罚法概论》，中国人民公安大学出版社 1996 年版，第 171 页。

管理法》第七十四条、《药品管理法实施条例》第七十九条、《工业产品质量责任条例》第二十四条等。

由于行为人的同一行为触犯了两个以上关于不同违法行为规定的行政法律规范，而每一个法条又规定了不同的罚则，处罚的方法及轻重程度等都有差别，对实施了竞合违法行为的行为人，如何适用行政处罚，到底是选择其中一个法条规定适用处罚，还是同时依据两个以上的法条规定适用处罚无疑是个十分棘手的问题。为此，我国《行政处罚法》第二十四条规定："对当事人的同一违法行为，不得给予两次以上罚款的行政处罚。"即因为竞合违法行为实质上只是行为人的一个违法行为，对违法行为人的同一个违法行为任何机关不得以同一事实和理由给予两次以上的处罚。这一规定就是行政处罚的"一事不再罚"原则。尽管在本章开头一节已涉及过此原则，笔者认为仍有必要将其中的两个细则进一步澄清。

1. "一事不再罚"中的"事"

"一事不再罚"的第一要素便是"事"，对于事的认定是一事不再罚能否正确把握的关键，笔者认为"一事不再罚"中的"事"是受如下条件限制的，也只有在以下关系的基础上才能确定事的性质，即为一事或两个以上的事。

第一，"一事不再罚"中的"事"是受行政相对人制约的事。简单地说，"事"所指的是违法行为的事实或行政主体主观认为违法行为的事实，该事实是由一定的违法行为人实施和完成的。当行政主体介入到事的追究以后，违法行为人的身份就变成了行政相对人，其与事的关系是事的首要环节。事与相对人的关系可有四种情形，一是一人一事，即一个行政相对人实施了一个违法行为，如某个体商贩在禁止地点摆地摊，仅在一个地点而没有第二个地点。二是一人多事，但该事是同一性质的事，若是两个不同性质的事就不会引起争论。例如，某个体商贩在禁止地点摆地摊，一定时段内在三个不同禁止地点摆设，或不同时段内在同一地点摆了两次以上的地摊。三是多人一事，就是两个以上的行政相对人就同一对象、同一事态共同实施了违法行为，其主观上有共同的认识，各方都已经领会了另一方的意图。如兄弟 5 人达成协议在法律禁止的责任田上修一栋楼房，然后一人分住一层。四是多人多事，即相互有共同认识基础的多个行政相对人实施了两个以上的违法行为，如 3 个香烟贩子联合起来在两个不同地方实施了贩卖香烟的行为。上述四种情形中第一种为一事是无可争议的，第四种情况是多事亦是无可争议的。而第二与第三种情形则比较特殊。第二种情形下，尽管行政相对人是一人，违法行为亦为同一性质，但应视为二事而非一事，因为行为人的若干行为都是独立存在的，每一个行为都有相对独立的价值，甚至其主观上的故意亦是两个以上。第三种情形从表面看行政相对人有多人似乎是多个事实，其实若把"一事不再罚"中的"事"当成一个整体看，多人仍然可以为一事，因为多人之间的主观意识不可分割、多人之间的行为亦不能分而论之，若分而论之，将会变成另一种形态的事实，因此，第三种情形应视为一事。行政主体在实施行政处罚时也只能追究一个事实责任，根据事实的量而不能根据行为人的量追究责任。第三种情形的行政处罚在操作过程中存在一些问题，既包括法律规定中的误差，又包括行政主体在实施行政处罚时主观认识的误差。①

第二，"一事不再罚"中的"事"是受时段制约的事。违法行为的事实与时间段有着非常密切的联系，以至于几乎任何一个违法行为事实上认定时都要确定其发生的时间或时间段。与"一事不再罚"中的"事"有意义的时段可以作这样的理论划分：其一，霎时性行为。在霎时性行为状态下，违法行为是在一个难以量化的时间段内实施的，行为状态常常以突出的性状表现出来，如治安违法中的打架斗殴，行为人在事先没有准备的情况下，与人发生口角并立即实施殴打行为。行为人对自己的行为亦很难说有预测。霎时性行为由于时间段较短，因而在大多数情况下容易判断其事的量，笔者认为此种情况下大多数是一事。其二，瞬时

---

① 治安违法案件中，人民法院在追究责任时，如果若干违法行为人共同实施了违反《治安管理处罚法》的行为，则对若干共同违法人分别追究责任，此种诉讼规则极易导致在行政处罚中行政机关对共同行为人的同一违法行为作多次处罚，因为此时的处罚不是对事而是对人。

性行为。在瞬时性行为状态下，违法行为的时间段可以量化，且行为人在实施行为时亦认识到该行为在一定时间内可以完成，如倒卖车、船票的违法行为。对于瞬时状态下的违法行为，决不可简单以一事确定之，如倒卖车、船票者在很短的时间段可能既实施倒卖车、船票的行为又同时实施诈骗行为，此时决不可将二事认定为一事。其三，循环性行为。违法行为人的行为有时以周期性的状态出现，整个行为过程是一个循环状态。有的循环周期较长，有的循环周期较短，如违法摆地摊的可能选择每天傍晚5时至7时在禁止区域摆地摊。还如有些违法行为仅在周末实施，而不可能在其他时间实施。周期性的行为若是实施一次抓获一次则不存在一事与二事以上的争议问题，在行政执法实践中，常常是当行政主体发现某个违法行为人时，在调查取证以后，才知相对人的行为不止一次而是周期性的出现，如某摆地摊者被抓获后，竟查出其连续一周都在每晚5时至7时在某一禁止地段摆地摊。循环性的行为状态，不能以行为的同一性、行为主体的同一性将事认定为一事，尽管在循环周期的每一次其主观故意都是一样的，行为状态也是一样的。因为当事人每一次的行为都是独立的，当事人的主观故意每次都有独立存在的价值。此一状态在行政处罚实践中遇到的最多，争议也最多，许多当事人以《行政处罚法》规定的"一事不再罚"原则为自己循环性违法行为状态开脱，且请求行政主体最多处罚自己一次，这是不能成立的。其四，持续性行为。在持续性行为状态下，违法行为持续了较长时间，或数天，或数月，或数年。在行政处罚实践中持续性违法行为状态最难把握，由于其时间跨度长，很容易给人产生一种错觉，似乎此种类型的违法行为为多事而非一事。其实，持续性违法行为状态中的事都是一事而非二事或多事。例如，某违法建房者，在建房过程中逃避了房管部门和其他部门的管理，房子建成后便搬了进去，一年半以后被房管部门发现，此时，既不能因为其已经住进新房而将违法变为合法，亦不能因为其持续了一年半时间而将其行为认定成多个违法行为，应以一事论之。

第三，"一事不再罚"中的"事"是受地段制约的事。对于"一事不再罚"中"事"的讨论不能不涉及事与地段的关系。任何违法行为的发生都与一定的地点、一定的地域有关。地域和地段状况是制约事态的基础条件之一。笔者认为，在行政违法行为中存在下列诸种情形：（1）违法行为在一地就可以完成。行为人实施一个违法行为时，只需要一个地段就可以完成，若其他条件不变的情况下，此时行为人的行为应视为一事。（2）违法行为在一地不能完成，只有两地才能促使该违法行为完成，此时，两地是一个违法行为成立的必要条件而非充分条件。如非法长途贩运，利用地区差价实施投机倒把，此时若其他条件不变的情况下，不能因为行为人的行为跨越两地而认定成二事或多事，此一状态是行政处罚实践中较易将一事认定成多事的。（3）同样违法行为在多地实施，如倒卖车、船票者，在同一天内可以在一个城市的数个车站实施。该种情形下，行为人在每一地的行为都是一个单独行为，都是一个不依赖他地可以完成的行为，因而每一次的行为应视为一个事实，在处罚过程中对此不适用"一事不再罚"原则。（4）同一违法行为跨越了数个地段，此种情形比较特殊，其在一地这一行为是一个独立行为，有独立价值，牵涉两地后仍然是一个具有独立价值的行为，后地对前地没有决定性的意义，只是一个补充条件。如货主在河北省的香烟走私者从广州走私香烟运往河北，沿途经过湖南、湖北、河南等地，对其行为起决定作用的只有一地，即广州，而其他地段只是其行为成立的一个补充条件。对于此种跨越多地的同一违法行为切不可因多地而将其定为多事。

2. "一事不再罚"中的"罚"

"一事不再罚"的"罚"是仅次于事的第二构成要素，从行政处罚的决定阶段看，事比罚重要，因为只有将事的性质判断正确才能施行罚，而进入处罚的量罚过程中，罚则比事显得更为重要。尤其对于行政管理相对一方当事人来讲，罚的意义比事的意义要重要得多，因为只有罚才能最终改变其权利义务关系，才能对其施加物质或精神负担。

笔者认为，"一事不再罚"中的"罚"是受下述因素制约的。

（1）行政主体对罚的制约。行政主体与罚的关系可表述为：

首先，同一主体的一罚，即同一个行政主体对同一个违法行为进行一次处罚，让行政相对人承担一次违法行为的责任，该种情况中的罚是正当处罚，没有什么争议。

其次，同一主体的二罚，即同一个行政机关对于相对人一个违法行为处罚两次以上，笔者指的两次是就同一处罚种类而论、是针对罚款的处罚形式而言的。同一主体的二罚既可以是同时进行的，也可以是在一次处罚之后再处罚一次或多次。同时进行二次处罚时所基于的理由大多是相对人一个违法行为同时触犯了两个以上的法律条文，如砍伐林木时既可能违反了《森林法》的此一条款，又可能违反了彼一条款。后来加罚时大多是由于认为前罚不足以制裁违法行为或前罚没有达到与违法行为相互对应的量，故再加罚一次。上述同一主体两次以上处罚的两种状态都是多罚而非一罚，就是说两种两次以上处罚行为都是违背"一事不再罚"原则的。

再次，不同主体的二罚，即不同的行政主体对相对人的违法行为各处罚了一次或各处罚了两次以上。若各处罚了两次以上其违背"一事不再罚"原则的事实是很明显的。而各个主体在各自的职权范围内处罚一次究竟是一罚还是多罚就是值得引起注意的，因为此种情况都于每一个行政主体言只实施了一次处罚行为，而对于违法行为人其事而言则处罚了两次以上。如在《行政处罚法》颁布之前在某市就曾发生过一个工厂的排放废水行为先后被16个行政管理职能部门罚款。现实中，由于行政管理的职能交叉，违法行为人的行为可能触犯了两个以上的法律或法规或规章，牵涉两个以上职能部门的管理权限，对此笔者认为，多个执法主体应组成一个联合处罚机关对于当事人的违法行为合并处罚。我国《刑法》中就有牵连犯的规定，即犯罪人一个行为触犯两个罪名，此时采取重罪吸收轻罪的原则只追究一个罪名的责任。《行政处罚法》在确定"一事不再罚"原则时也是针对违法行为中的事而论的，而不是就某一单一行政主体而论的。应当指出，相对人同一个违法行为触犯两个行政法规范由两个行政机关共同处罚时不可将各部门法中规定的罚款额加而处之，若加而论之对于相对人来讲仍可视为多罚。如某违法行为人无证出售猪肉，既违反了工商行政法律规范可处1000元罚款，又违反了卫生行政法律规范可处1500元罚款，决不可由卫生行政机关和工商行政机关以共同名义合并对相对人处罚 2500 元，而应选择其一罚之，即或处 1500 元，或处 1000 元。由于我国行政法没有确立重罚吸收轻罚的原则，因此执法机关应从行政合理性原则出发对当事人选择适中性处罚。

（2）处罚规则对罚的制约。对此笔者将用一个案例予以说明。1997 年 12 月，黄某驾驶一辆东风牌汽车，进入某省森林保护区。黄某事先伪造了木材出山证、准运证等虚假证件。进入林区后，其以付高价的手段从林区农民处购买了 30 立方米木材，后用伪造的出山证骗过林区检查人员将木材转移出山，又用伪造的假准运证企图蒙骗设在林区公路的运输检查站，假证件被发现并查获。某县林业局根据《中华人民共和国森林法》和《×省森林管理条例》等对黄某进行了处罚。处罚机关认为黄某的违法行为有三个事实，这三个事实是从《×省森林管理条例》的三个规则中推导出来的：第一个事实是依《×省森林管理条例》第十一条规定禁止任何人向林区农民收购木材，黄某有收购行为；第二个事实是依《中华人民共和国森林法》木材出山必须有出山证，黄某无出山证将木材转移出山；第三个事实是依《森林法》运输木材必须有准运证，黄某无证运输。依上述三个事实某县林业局分别对黄某处罚 3000 元罚款、2000 元罚款、3000 元罚款并合并执行 8000 元罚款。[①] 此案例充分反映了处罚规则对罚的制约作用。笔者认为，若上述三个行为即收购木材、将木材转移出山、无证运输木材是由三个违法行为人实施的话，某县林业局的处罚将是无可非议的，因为三个人实施的违法行为是可以割裂开的，可分别对其进行处罚。然而，依本案的情况，黄某追求的仅一车木材，对黄某的行为不能简单地套用《中华人民共和国森林法》和《×省森林管理条例》的一些条文，应对其采取重罚吸收轻罚或折中处罚的方式选择三个处罚手段中的一个。行政处罚规则对罚的制约一是由于立法的疏漏造成的；另一是由于处罚机关对法规的不当理解造成的。因此，笔者建议对于"一事不再罚"应由国务院作出行政解释并附有相关的"一事不再罚"适用原则。

---

① 参见关保英：《行政法案例教程》（修订版），中国政法大学出版社 2013 年版，第 265 页。

（3）处罚的种类对罚的制约。行政处罚的种类除《行政处罚法》列举的 8 种之外，还有上百种没有被列举的，但在行政处罚中都运用颇多。其中绝大多数处罚种类都与当事人的物质利益和经济利益有关，有些甚至从实质上讲与罚款是完全相同的。如加征利息、滞纳金、停止贷款、停发工资、停发奖金等等。依《行政处罚法》第二十四条"对当事人的同一个违法行为，不得给予两次以上罚款的行政处罚"之规定，显然，罚款可以与上列诸如滞纳金、加征利息、加征养路费等处罚手段并用。笔者认为，这是《行政处罚法》在确立"一事不再罚"原则时的一个严重疏漏。若如该法规定的"一事不再罚"原则处罚，相对人仍然可能对一次违法行为承受两次以上的处罚后果。因为行政处罚机关可以罚款处罚，还可以选择其他对相对人造成经济负担的处罚手段。事实上，在行政处罚实践中，由于该规定的不周延恰好成为一些行政主体规避法律的借口。因此，我们建议一方面在《行政处罚法》修改时应将目前的狭义"一事不再罚"原则改成广义"一事不再罚"原则，就是牵涉经济内容的行政处罚只能选择一种。另一方面，行政主体对《行政处罚法》规定的诸种处罚种类之外的处罚种类在使用中要慎之又慎，不能以"换汤不换药"的方式向违法行为人收取金钱。

（二）行政处罚与刑罚之竞合

有时行为人的一个行为既违反了行政法律规范的规定构成行政违法，又违反了刑法条文的规定构成犯罪行为。关于行政处罚与刑罚竞合时应如何处理的问题，在外国立法方面，有的采用竞合主义①，有的采用并罚主义②。

---

① 如德国《违反秩序法》第 21 条规定："同一行为构成犯罪行为与违反秩序者，仅适用刑法。但其法律规定之从罚仍得宣告之。（第一项）前项情形之行为未受刑之宣告者，仍得以违反秩序，处罚之。"

② 奥地利《行政罚法》第 22 条规定："行政被告以各种独立之行为违反不同之行政义务时，或一行为而牵涉数罪名，而应各别处罚时，应予各别处罚。（第一项）违反行政义务行为与其他由行政官署或法院处罚之行为竞合时，适用同样之规定（第二项）"。则采并罚主义，即刑罚与行政秩序罚分开个别处罚。

我国学者对如何正确适用行政处罚与刑罚的竞合提出了不同看法，杨解君等认为具体适用上可视不同情况采用不同方法：一是只由司法机关予以刑罚处罚。即对于已予刑罚处罚就足以达到惩处和预防行政犯罪目的的，就没有必要再由行政机关予以行政处罚。二是刑罚与行政处罚双重适用。即对行为人除由司法机关予以刑罚处罚外，有关行政机关还应予以行政处罚。三是免刑后适用行政处罚。在人民法院免除刑罚后，行政机关仍应依行政法律规范的规定给予犯罪人以相应的行政处罚[1]。还有学者则提出了"代替主义"和"免除代替"[2]。前者认为同一违法行为，只能在刑罚、行政处罚中选择一种，不能并施。理由是二者都是公法上的责任，有互为替代的基础。后者认为行政处罚与刑罚可以并科，但任何一个罚执行后，认为没有必要再执行另外一个时，可以免除执行。

从目前我国已出版的行政法学专著和教科书看，绝大多数学者比较赞成行政处罚与刑罚的双重适用。我国《行政处罚法》对此方面的立法也采合并适用规定，《行政处罚法》第二十八条第一款："违法行为构成犯罪，人民法院判处拘役或者有限徒刑时，行政机关已经给予当事人行政拘留的，应当依法折抵相应刑期。"对该条规定，高志新解释为："本条是关于行政处罚与刑罚合并适用的规定"，"行政处罚与刑罚合并适用，是当行政处罚与刑罚发生竞合时的解决办法"，因为"行政处罚与刑罚是两种功能、形式和性质均不相同的制裁措施，二者虽关系密切，但仍是制裁体系中两种彼此独立的处罚，而且实施两种处罚还涉及行政权和司法权的关系，因此，二者的适用既不遵循一事不再罚的原则，也不按重者吸收轻者的吸收原则"。[3]

---

[1]　参见王成栋、杨解君编著：《行政处罚法概论》，中国人民公安大学出版社1996年版，第178—179页。

[2]　参见刘莘：《行政法热点问题》，中国方正出版社2001年版，第255—256页。

[3]　高志新主编：《中华人民共和国行政处罚法释义》，红旗出版社1996年版，第75—76页。

第五节　行政处罚的决定

　　行政处罚既是行政机关的实体行为，又是行政机关的程序行为，实施任何一种行政处罚行为都离不开一定的步骤、方式、方法和过程，这些就构成了行政处罚程序，它们是行政程序的重要组成部分。因为行政处罚权的行使不仅关系着行政管理的顺利进行，而且关系着公民的重要宪法权利，所以，设定公正、民主、效率的处罚程序对于公民权利和行政管理都具有十分重要的意义。我国《行政处罚法》第五章、第六章对此作了专门而明确的规定，总的来说包括两大部分：决定与执行。

一、外国行政处罚程序简介

　　由于各国行政处罚的内涵不同，对行政上违法行为的处理程序有很大差异，其行政违法行为的制裁主体有两大类，一是行政机关；二是法院。行政机关进行的制裁程序多为行政程序，法院进行的制裁程序则为刑事处罚程序。

　　在美国，行政制裁主要规定在美国《联邦行政程序法》中①，行政机关作出行政制裁裁决时所适用的程序为典型的行政程序，依照美国《联邦行政程序法》的规定进行。另外，行政机关通过民事制裁权或民事补偿权的方式取得了原来由法院专属的处罚权力②。而所采取的程序则比

---

① 美国《联邦行政程序法》第551条第（10）项"制裁"包括下列机关行为的全部或一部：1. 禁止、强制、限制或其他影响个人自由的措施；2. 不予救济；3. 给予处罚或罚金；4. 销毁、禁用、没收或扣押财产；5. 确定应给付的损害赔偿、归还、恢复原状、补偿、成本费、收费或酬金的数额；6. 许可证的吊销、停止或附加条件；7. 采取其他强制性或限制性措施。

② 参见《Project：The Decriminalization of Administrative Law Penalties-Civil Remedies, Alternatives，Policy，and Constitutional Implications》，Administrative Review Fall 1993，pp.369—434。

刑事程序简便和容易得多。例如关于金钱的处罚，有很多是采用和解的方式进行。

美国的行政机关作出的处罚行为实际上也带有司法性。对于违反社会治安秩序的行为大部分是作为刑事犯罪行为由法院来处理的。行政机关通过国会的授权逐渐取得对违法行为的处罚权，该处罚权被定性为民事处罚权，但是，这种处罚权的行使是有条件限制的，当受处罚人提出异议时，即转为民事诉讼程序，由法院科处。

奥地利《行政罚法》专门规定了行政处罚程序，其程序是由行政机关基于职权主动启动的，行政机关可决定是否对违法行为予以侦查和追诉，在行政机关提起追诉后的审查程序中，分为正式程序和简易程序两种①。

奥地利行政处罚程序则是介于司法和行政性之间的程序。尽管其行政处罚程序明确规定在行政程序法典中，但整个行政处罚程序的设计完全参照刑事诉讼程序，具有明显的司法性。

德国也像奥地利一样有专门的违反秩序法，其中对违法行为的制裁程序作了详细规定。如有关行政机关对违反秩序行为的追诉及处罚拥有"优先管辖权"②；关于一般程序规定，德国《违反秩序法》第46条第1项规定，如果法律没有其他规定时，准用刑事程序法律规定，尤其是刑事诉讼法、法院组织法及少年法院法；关于事前程序③；关于罚款程序④；关于异议程序⑤；关于罚款决定的主要程序，即罚款裁决的相对人对该罚款裁决提出异议后，由有管辖权的法院予以审理的程序。

---

① 正式程序是制裁行政违法行为的一般程序，在正式程序中必须保证被告能够主张作为当事人的所有权利，尤其是听证权；简易程序是制裁行政违法行为的简便程序，在简易程序中，可以不经审讯径行予以处罚或警告，但是只限于3天以下的拘留及2000先令以下的罚款。

② 德国《违反秩序法》第35条。

③ 德国《违反秩序法》第53条至第64条。

④ 德国《违反秩序法》第65条。

⑤ 德国《违反秩序法》第67条。

以德国为代表的此种行政处罚程序严格意义上属司法性程序，带有浓厚的刑事诉讼程序痕迹。因为这类行政违法案件是行政机关从司法机关手中接管过来的，这类案件一般社会危害性不大，但行政机关完全可以按照类似刑事程序的程序来处理。而且行政机关这种处罚权的行使必须以受处罚人无异议为前提的，一旦受处罚人提出异议，那么行政机关必须立即终止处罚，将案件移交司法机关，由司法机关按照刑事诉讼程序作出裁决。日本在行政处罚程序的设定上与德国相似①。

二、我国行政处罚程序的立法宗旨

我国关于行政处罚程序的规定，在1996年《行政处罚法》颁布之前散见于有关的法律、法规中，如《治安管理处罚条例》中就规定了传唤、讯问、取证、裁决、补救等程序。而且各个法律、法规和规章对同一行政处罚程序的规定是各异的。如《治安管理处罚条例》规定对违法行为轻微的，给予50元以下罚款或者警告的当场处罚；而《违反矿产资源法规行政处罚办法》规定，处以500元以下的罚款、没收矿产品和违法所得价值不超过1000元的，可以由行政处罚机关工作人员在现场决定。这样导致一方面处罚程序混乱，另一方面处罚权和处罚程序的设定权不清，不仅享有各种立法权的国家机关制定处罚规范包括相应的程序规范，而且没有立法权的国家机关也发布规范性文件设定处罚规则。立法的缺陷必然在执法实践中反映出来，制定统一的处罚程序规则势在必行。我国

---

① 日本1993年行政程序法第3（5）、（6）、（8）、（13）条规定了行政程序法的除外适用。包括检察官、检察事务官或司法警察职员依刑事案件相关法令所为之处分及行政指导；国税厅长官、国税局长、税务署长、收税官员、税关长、税关职员或税务员（包括依其他法令规定得为该等职员之职务者）依国税或地方税处罚事件之有关法令（包括准用其他法令之情形）所为之处分或行政指导；证券交易等监视委员会或其职员、财务局长、财务支局长，依证券交易或金融期货交易处罚事件之有关法令所为之处分或行政指导；在发生或可能发生公共卫生、环境保全、防疫、保安或其他有关公益情事之现场，警察、海上保安官或法律上直接赋予其为确保公益而应行使权限之其他职员所为之处分及行政指导。

《行政处罚法》的制定正是适应了这种需要。该法第一条规定："为了规范行政处罚的设定和实施，保障和监督行政机关有效实施行政管理，维护公共利益和社会秩序，保护公民、法人或者其他组织的合法权益……"表明行政处罚程序的立法宗旨一在于控制，二在于保障。

没有法律规范行政处罚程序事实上并不影响行政处罚权的实施，行政处罚程序的设定根本上不是为了进一步维护这种行政权的实施，而是为了控制在实践中已经广泛、严重存在的行政权力的滥用。当然，控制权力的前提是肯定这种权力存在的必要性，而且控制本身也包含着对依法实施行政处罚权的维护并留有自由裁量的余地，否则行政处罚权将无法存在，公共利益不能维护。立法就不得不通过授予处罚机关新的程序性手段，甚至是强有力的手段，比如强制措施权等，以保障处罚权有效实施。

三、行政处罚决定的条件

行政处罚决定只有在下述三个前提条件下才能作出。

（一）事实清楚。行政处罚应建立在违法事实的基础上，为此行政机关在作出行政处罚决定前须通过调查了解事实真相、搜集证据，防止执法人员主观臆断。《行政处罚法》第三十条规定："公民、法人或者其他组织违反行政管理秩序的行为，依法应当给予行政处罚的，行政机关必须查明事实；违法事实不清的，不得给予行政处罚。"

（二）事先告知当事人。《行政处罚法》第三十一条规定："行政机关在作出行政处罚决定之前，应当告知当事人作出行政处罚决定的事实、理由及依据，并告知当事人依法享有的权利。"

（三）听取当事人陈述和申辩。行政机关在作出行政处罚时要充分听取相对方当事人意见，在涉及多个当事人时，应给予当事人各方平等地陈述自己观点和理由的机会。《行政处罚法》第三十二条第一款规定："当事人有权进行陈述和申辩。行政机关必须充分听取当事人的意见，对当事人提出的事实、理由和证据，应当进行复核；当事人提出的事实、理由或者证据成立的，行政机关应当采纳。"

四、行政处罚决定的程序

《行政处罚法》的重要内容是行政处罚程序，如前所述，该法第五章规定了行政处罚的决定程序。根据法律规定，行政处罚程序包括简易程序和一般程序两种。

（一）简易程序

简易程序是指行政机关对于违法事实确凿、情节简单的行政处罚事项当场进行处罚的行政处罚程序。它最大的特点是程序简单，行政执法人员发现违法行为后即可当场处罚，不需要经过复杂的调查取证。我国《行政处罚法》第三十三条规定：适用简易程序必须"违法事实确凿并有法定依据，对公民处以五十元以下、对法人或者其他组织处以一千元以下罚款或者警告的行政处罚的，可以当场作出行政处罚决定。……"

1. 设置简易程序的理由

在《行政处罚法》出台前，我国对行政处罚简易程序不够重视，单行立法中对简易程序的规定很少而且过于简单。《行政处罚法》规定行政处罚简易程序出于这些考虑：一是有利于提高行政效率，节省行政成本。行政权所涉及的领域非常广泛，面对变化迅速、范围广阔的行政事务，如不及时处理，势必使问题进一步积累，所以行政需要高效率，简易程序不仅可以简化手续，还可以节约能源，减少不必要的人力物力浪费。二是入世后的立法趋势。世界各国的诉讼程序几乎都有简易程序规定，如美国对简单司法案件采用的程序就非常简便，法官办案效率极高。我国台湾地区1991年"社会秩序维护法"规定了即时处罚程序，规定警察对于情节轻微、事实清楚的违法案件，可不经通知、讯问等程序，径行作出处罚决定。三是简易程序同样能够保护当事人的利益。简易程序尽管非常简单，但它的适用是有条件限制的，仅适用于违法证据确凿且有处罚法定依据的案件，这样一般能保证无辜者不被处罚，对当事人权利并不构成大的影响。

2. 适用简易程序必须具备的条件

（1）违法事实确凿。即违法的事实清楚，证据充分，没有异议；（2）有法定依据。即必须是法律、法规或规章规定可以处罚的；（3）限于警告、罚款等较轻微的行政处罚规则。即对公民处以 50 元以下、对法人或者其他组织处以 1000 元以下罚款或者警告。

3. 简易处罚程序的内容

确认违法事实，说明处罚理由。这是简易处罚程序的第一环节。我国《行政处罚法》没有对违法事实的认定作出明确规定，是因为现实中违法事实的认定比较复杂，有时执法人员当场发现的轻微违法行为，可能违法者会拒绝承认，有时也可能执法人员的发现存在事实上的偏差。如果立法规定仅靠执法人员自己的发现或认定就可以认定违法事实并进行处罚，实践中会有很多问题；如果立法规定仅靠执法人员自己的判断就可以认定违法事实不能处罚会束缚执法人员的手脚。所以在违法事实认定上，执法人员应尽可能取得其他证据。说明处罚理由，即在事实认定的基础上，对违法行为人作出处罚前，应当向相对方说明处罚的事实根据和法律根据，以便被处罚人心中有数。

制作处罚决定书。执法人员当场作出处罚决定的，也应当填写预定格式、编有号码的行政处罚决定书。其中应载明当事人违法行为、行政处罚依据、罚款数额、时间、地点以及行政机关名称，并由执法人员签名或者盖章。

送达。即执法人员按照法律规定的格式要求填写处罚决定书后，应当当场交付当事人。

备案。即执法人员当场作出的行政处罚决定，必须向所属行政机关备案。

当事人签名。对于执法人员制作的行政处罚决定书，当事人应当根据要求签名，而不论对处罚决定是否持有异议。

（二）一般程序

一般程序是指简易程序和听证程序以外的，应适用的程序。行政处

1429

罚主体作出行政处罚，除了可以当场处罚的以外，还必须依照法律规定的一般程序去实施，否则即属于违法，作出的处罚无效。一般程序的特点是：第一，适用范围最广。除《行政处罚法》规定的适用简易程序和听证程序的处罚案件外，其他一律适用一般程序。第二，一般程序是一种比较严格复杂的程序。即事先需要经历许多步骤才能作出行政处罚决定。

行政处罚的一般程序必须经过以下步骤。

1. 收集证据。这是一般程序中的第一个步骤。《行政处罚法》第三十六条、第三十七条对此作了详细规定。"……行政机关发现公民、法人或者其他组织有依法应当给予行政处罚的行为的，必须全面、客观、公正地调查，收集有关证据；……"；"……行政机关在收集证据时，可以采取抽样取证的方法，在证据可能灭失或者以后难以取得的情况下，经行政机关负责人批准，可以先行登记保存，并应当在七日内及时作出处理决定，在此期间，当事人或者有关人员不得销毁或者转移证据"。

2. 告知当事人行政处罚的事实、理由和依据。依据《行政处罚法》第三十一条、第四十一条的规定，行政机关在作出处罚决定之前，必须告知当事人作出行政处罚决定的事实、理由及依据，否则，行政处罚决定不能成立。

3. 听取当事人的陈述、申辩。依据《行政处罚法》第三十二条和第四十一条的规定，行政机关作出处罚决定前，除了告知当事人处罚的事实、理由外，还必须听取当事人的意见，对当事人提出的事实、理由和证据进行复核，当事人提出的事实、理由或者证据成立的，行政机关应当采纳。

4. 作出处理决定。根据《行政处罚法》的规定，取证调查结果有4种情况，应分别依此作出不同的处理决定。（1）《行政处罚法》第三十八条第一款第一项规定："确有应受行政处罚的违法行为的，根据情节轻重及具体情况，作出行政处罚决定；"（2）《行政处罚法》第三十八条第一款第二项规定："违法行为轻微，依法可以不予行政处罚的，不予行政处罚;"（3）《行政处罚法》第三十八条第一款第三项规定："违法事实不能成立的，不得给予行政处罚;"（4）《行政处罚法》第三十八条第一款第四项规定："违法行为已构成犯罪的，移送司法机关。"

5. 制作并送达处罚决定书。行政机关作出处罚决定，应当制作处罚决定书。根据《行政处罚法》第三十九条规定，处罚决定书应当载明下列事项：（1）当事人的姓名或者名称、地址；（2）违反法律、法规或者规章的事实和证据；（3）行政处罚的种类和依据；（4）行政处罚的履行方式和期限；（5）不服行政处罚决定，申请行政复议或者提起行政诉讼的途径和期限；（6）作出行政处罚决定的行政机关名称和作出决定的日期。

《行政处罚法》第四十条还规定："行政处罚决定书应当在宣告后当场交付当事人；当事人不在场的，行政机关应当在七日内依照民事诉讼法的有关规定，将行政处罚决定书送达当事人。"

（三）听证程序

我国的听证程序从制度外形上讲移植于西方，尤其是英美国家。我国行政处罚中的听证程序是指行政机关在作出行政处罚决定前，为了查明案件事实，通过公开方式举行的由有关利害关系人参加的，广泛吸取各方意见的活动的程序。目前，听证已成为各国行政程序法一项共同的制度，但据有关资料统计，即使行政法治非常发达的国家，听证制度的实际运用比例还是比较低的①。这大抵因为听证是赋予当事人的一项权利，当事人可以选择的缘故。

听证应符合以下条件。

1. 行政机关作出责令停产停业、吊销许可证或者执照、较大数额罚

---

① 例如，在美国，1941 年的一项官方文献透露，在非联邦政府执行控制职能的机构所作的决定中，听证的比率还不到 5%。在执行控制职能的机构所作的决定中，听证的比率更小。在 1981 年，联邦社会保障署作出了 5 千万个决定，进行听证的案件只有 262000 个，只占 0.5%。（参见王名扬：《美国行政法》，中国法制出版社 2005 年版，第 382 页）

款等行政处罚决定①，轻微的行政处罚行为一般不需要听证。这里涉及两个方面的问题：一是听证程序的适用受到严格限制，并非所有行政处罚案件都可以适用听证；二是在听证程序的适用中行政机关拥有较大的自由裁量权，尤其"较大数额罚款"可以要求听证，这里的较大数额是个弹性很大的概念，往往由行政机关确定。

2. 当事人要求听证的，行政机关才组织听证。对于当事人没有提出要求举行听证的，行政机关一般不会主动要求听证。但在行政机关认为实行听证有利于查清事实，对违法案件予以正确定性时，也会主动组织听证。

依照我国《行政处罚法》第四十二条、第四十三条的规定，听证的具体程序如下。

1. 当事人要求听证的，应当在行政机关告知后3日内提出，超过此期限即丧失要求听证的权利。提出的形式一般是书面的，也可以是口头的。

---

① 关于我国行政处罚听证范围的"等"，学界有"等内等"和"等外等"之分。很多学者支持"等外等"之说。最高人民法院发布的6号指导案例，是"等外等"之说的司法适用表现。在6号指导案例的判决中，四川省金堂县人民法院于2006年5月25日作出（2006）金堂行初字第3号行政判决，第一项判决内容是，撤销成工商金堂处字（2005）第02026号《行政处罚决定书》。随后成都市中级人民法院维持了该判决的这项内容。法院生效判决的理由是：《中华人民共和国行政处罚法》第四十二条规定："行政机关作出责令停产停业、吊销许可证或者执照、较大数额罚款等行政处罚决定之前，应当告知当事人有要求举行听证的权利。"虽然该条规定没有明确列举"没收财产"，但是该条中的"等"系不完全列举，应当包括与明文列举的"责令停产停业、吊销许可证或者执照、较大数额罚款"类似的其他对相对人权益产生较大影响的行政处罚。为了保证行政相对人充分行使陈述权和申辩权，保障行政处罚决定的合法性和合理性，对没收较大数额财产的行政处罚，也应当根据《行政处罚法》第四十二条的规定适用听证程序。本案中，金堂工商局在作出处罚决定前只按照行政处罚一般程序告知原告有陈述、申辩的权利，而没有告知听证权利，违反了法定程序，依法应予撤销。（参见：《黄泽富、何伯琼、何熠诉四川省成都市金堂工商行政管理局行政处罚案》，最高人民法院审判委员会讨论通过，2012年4月9日发布）

2. 行政机关应当在听证的 7 日前，通知当事人举行听证的时间、地点，以便当事人有提出各种事实、证据及对争议的问题进行申辩的机会。

3. 除涉及国家秘密、商业秘密或个人隐私外，听证公开举行，既允许人们旁听，也允许新闻记者采访和报道。

4. 听证由行政机关指定的非本案调查人员主持，以便能客观、公正地依据事实和法律作出判断。当事人认为主持人与本案有直接利害关系的，有权申请回避。

5. 当事人可以亲自参加听证，也可以委托一至二人代理。

6. 举行听证时，调查人员提出当事人违法的事实、证据和行政处罚建议；当事人进行申辩和质证。

7. 听证应当制作笔录；笔录应当交当事人审核无误后签字或盖章。

8. 听证结束后，行政机关依照本法第三十八条的规定，作出决定。

第六节　行政处罚的执行

依据我国《行政处罚法》规定，行政处罚决定依法作出后，当事人应当在行政处罚决定的期限内，予以履行。当事人对行政处罚决定不服申请行政复议或者提起行政诉讼的，行政处罚不停止执行，法律另有规定的除外。

行政处罚的执行是指有关国家机关强制当事人履行行政处罚决定义务的制度。《行政处罚法》设专章对此作了规范，确立了行政处罚执行的具体制度和措施。

一、行政处罚权和执行权相分离制度

（一）行政处罚权与执行权分离界定

行政处罚权和执行权的分离是政府职能转变和行政法治发展的趋势和要求。是指行政罚款决定由法定享有行政处罚权的机关作出，而罚款的缴纳则由法定的专门机构或机关统一收缴的制度。

首先,区分了两权的属性。对处罚行为与处罚决定的实施行为作了合理划分,使二者有了相对独立的规定性。行政处罚行为虽属行政行为,但更接近司法行为。司法实践中,包括取证、调查、辩论、合议等在内的审判性可裁定性行为与执行是分而行使的,归于不同的权力系统。行政处罚权和行政执行权的分离便意味着赋予了裁决行为和执行行为两种属性。

其次,对行使两权的机关作了分工。把处罚权交由与行政事务直接发生关系的机关负责,执行权交由相对专门化的机构负责。使履行管理职能、直接行使管理权的机关只负责对违反行政法的当事人行使取证、审议和裁决的权力,而把处罚决定的实施权交由另一机关行使。

最后,肯定了两权逻辑上的有序性。处罚权的执行权存在的前提和条件,而执行权则是保证处罚权实施的手段。

(二) 处罚权与执行权分离的基本范畴

我国《行政处罚法》第四十六条规定:"作出罚款决定的行政机关应当与收缴罚款的机构相分离。除依照本法第四十七条、第四十八条的规定当场收缴的罚款外,作出行政处罚决定的行政机关及其执法人员不得自行收缴罚款。当事人应当自收到行政处罚决定书之日起十五日内,到指定的银行缴纳罚款。银行应当收受罚款,并将罚款直接上缴国库。"1997年国务院制定的《罚款决定与罚款收缴分离实施办法》第三条也规定:"作出罚款决定的行政机关应当与收缴罚款的机构分离……"这一规定包含两层含义:第一,行政处罚的决定机关与收缴罚款的单位分离。第二,罚款收入必须全部上缴财政,财政部门不得以任何形式向原处罚单位返还罚款。有利于控制行政机关的乱罚、截留、坐支等腐败现象,维护当事人的合法权益。

然而,《行政处罚法》所规范的处罚权与执行权分离仅仅是针对具有经济内容的制裁权,即防止行政机关从管理相对人取得非法经济利益,侵犯公民、法人和社会组织的经济权益,因而行政机关的处罚裁决作出后,由另一专职的机构予以执行,罚款收归国库。

笔者认为,除了罚款的行政处罚应与执行权分离外,下列范畴在以后的行政处罚法典修改时予以考虑。

1. 具有限制人身自由的制裁权①。法律权赋予行政机关限制人身自由的制裁措施，即行政拘留。行政拘留规定在《中华人民共和国治安管理处罚法》中，对处罚的期限、条件、程序等作了较为详细的规定，但行文中只规定行政拘留权由公安机关行使，而没有明确处罚权和执行权的分离。由于处罚和执行合为一体，因此实践中滥施拘留权不乏其例。把行政机关具有的这项权力，予以合理分离，只允许处罚机关依法定程序作出行政拘留的裁决，而由另一机构负责执行，甚至有必要设立专职执行机构，这对于保障公民的人身自由权具有一定的意义。

2. 授权的组织和委托的组织行使的制裁权。对依授权和依委托而作的行政制裁的有效制约和监督办法就是将其处罚权和执行权分离。就是说，只允许这些组织严格依授予的权限和委托的权限行使处罚权，作出处罚裁决后，再由职能行政机关负责执行。

（三）处罚权与执行权相分离的几种例外情形

1. 依法给予20元以下罚款的。20元以下的罚款数额很小，适用决定与收缴分离制度对行政效率和当事人的综合利益都有负面影响。

2. 不当场收缴事后难以执行的。主要有两种情况：一是对异地人员的处罚，如不当场收缴，以后执行起来非常困难；二是被处罚的当事人当事无法证明其身份。

3. 在边远、水上、交通不便地区，行政机关及其执法人员依照《行政处罚法》第三十三条、第三十八条的规定作出罚款决定后，当事人向指定的银行缴纳罚款确有困难，经当事人提出，行政机关及其执法人员可以当场收缴罚款。

（四）专门机构收缴罚款的程序

罚款的执行，除当场收缴和依法采取强制措施执行罚款的外，一般情况下由专门机构负责收缴。收缴罚款的专门机构主要为金融机构或专

① 参见关保英：《论行政处罚权和执行权的分离》，《法学研究》1993年第4期。

门银行，其收缴程序为：

1. 通知当事人在法定期限内交款。当事人自收到行政处罚决定书之日起 15 日内须到指定的银行缴纳罚款。

2. 专门机构收受罚款。当事人向专门机构缴纳罚款后，专门机构应向缴纳人开具统一的罚款收据。

3. 将罚款上缴国库。银行收到罚款后应直接上缴国库。

二、当场收缴罚款的情形与程序

当场收缴罚款的几种情形也就是上述罚款处罚权与执行权分离的两种例外情况。当场收缴罚款的程序如下：

1. 行政机关及其执法人员当场收缴罚款的，必须向当事人出具省、自治区、直辖市财政部门统一制发的罚款收据；不出具财政部门统一制发的罚款收据的，当事人有权拒绝缴纳罚款。

2. 执法人员当场收缴的罚款，应当自收缴罚款之日起 2 日内，交至行政机关；在水上当场收缴的罚款，应当自抵岸之日起 2 日内交至行政机关；行政机关应当在 2 日内将罚款缴付指定银行。

三、强制执行制度

强制执行制度是执行机关为了达到迫使当事人履行处罚决定的目的而采取的包含国家强制力的手段或办法。《行政处罚法》第五十一、五十三条作了专门规定。

（一）强制执行种类

1. 行政强制执行

即由作出处罚决定的行政机关依法强制执行。一般可采取人身性强制措施和财产性强制措施。前者主要是强制拘留；后者主要有滞纳金、拍卖扣押财产抵缴罚款、通知银行划拨或扣款。

2. 申请人民法院强制执行

无强制执行权的行政机关在作出行政处罚法律文书后，应向人民法院提出强制执行申请。人民法院经过对案件审查决定予以执行的，应于一定期限内向被处罚人发出执行通知书，责令其在指定的期间履行处罚义务。被处罚人拒不履行处罚义务的，则由人民法院执行人员依法实施强制执行措施。

（二）强制执行措施

当事人逾期不履行行政处罚决定的，作出行政处罚决定的行政机关可以采取下列措施。

1. 到期不缴纳罚款的，每日按罚款数额的3%加处罚款；

2. 根据法律规定，将查封、扣押的财物拍卖或者将冻结的存款划拨抵缴罚款；

3. 申请人民法院强制执行；

4. 除依法应当予以销毁的物品外，依法没收的非法财物必须按照国家规定公开拍卖或者按照国家有关规定处理。

罚款、没收违法所得或者没收非法财物拍卖的款项，必须全部上缴国库，任何行政机关或者个人不得以任何形式截留、私分或者变相私分；财政部门不得以任何形式向作出行政处罚决定的行政机关返还罚款、没收的违法所得或者返还没收非法财物的拍卖款项。

（三）强制执行例外情形

依《行政处罚法》第五十二条规定："当事人确有经济困难，需要延期或者分期缴纳罚款的，经当事人申请和行政机关批准，可以暂缓或者分期缴纳。"

第七节　我国行政处罚的发展趋势——
相对集中行政处罚权

《国务院关于进一步推进相对集中行政处罚权工作的决定》规定："依照行政处罚法的规定，国务院授权省、自治区、直辖市人民政府可以决定在本行政区域内有计划、有步骤地开展相对集中行政处罚权工作。"

可见，相对集中行政处罚权是我国行政系统在今后一段时间还必须继续深化的，那么，从理论上和实践上探讨相对集中行政处罚权的发展趋势就是十分必要的。

一、相对集中行政处罚权的现状

相对集中行政处罚权对我国行政系统而言，无疑是一个新出现的事物，但可以说已经基本上形成了规模。据统计，到 2002 年 8 月止，实行相对集中行政处罚权的试点城市就有 80 多个。如今，在一些地方立法比较发达的省市，已经制定了关于相对集中行政处罚权和行政综合执法的地方性法规和规章。例如，2004 年 1 月 5 日上海市人民政府发布了《上海市城市管理相对集中行政处罚权暂行办法》、2004 年 12 月 24 日上海市人民政府发布了《上海市文化领域相对集中行政处罚权办法》。广州市人民政府 2011 年 8 月 9 日发布了《广州市城市管理综合执法细则》，还有长沙、苏州、杭州等。当然，还有对相对集中行政处罚权进行规制的一些重要的政策性规范文件，如 1999 年国务院发布的《国务院关于全面推进依法行政的决定》、1998 年 12 月 4 日广东省人民政府发布的《关于设立广州市城市管理综合执法队伍的公告》、1999 年广州市人民政府发布的《关于推进城市管理综合执法试点工作的决定》，以及 2000 年国务院办公厅发布的 63 号文件《国务院办公厅关于继续做好相对集中行政处罚权试点工作的通知》、2002 年 8 月 22 日国务院发布的第 17 号文件《国务院关于进一步推进相对集中行政处罚权工作的决定》等。这些行政法规范和一些政策性规则使我国相对集中行政处罚权形成了一个雏形，试点城市就是根据这些较为深厚的法律渊源稳步地推进相对集中行政处罚权的工作。这些规定的内容和各试点城市实施的状况都表明，相对集中行政处罚权在我国的基本状况可作出如下基本评价。

（一）推行广度的集聚性与分散性并存

相对集中行政处罚权是我国行政大系统内部的事物，其与行政大系统的基本管理属性相对应，因此，对它进行探讨必须从我国行政权和行政机构体系的总格局出发。我们讲的相对集中行政处罚权的广度就是基于行政大系统而言的，因为就试点城市来讲其无法进行广度的分析。就是说，笔者试用的广度概念是就我国行政权所辖地域范围而言的。目前确定的试点城市以及推行的状况告诉我们，相对集中行政处罚权既有集聚性的一面，又有分散性的一面。前者指目前相对集中行政处罚权是以试点的形式出现的，而试点又集中在一些经济和文化比较发达的城市，而经济和文化相对落后的中西部城市尚未被列为试点。该集聚性是有一定道理和优势的，一是它有推行该制度的文化基础，二是有一定的成本可对推行过程中的问题进行经济性调整。到2002年8月止，全国260多个城市只有80多个城市为试点城市充分反映了此种集聚性。后者指各试点城市之间并没有建立起一个完整的、有序的试点链条，而是相对分离的，国家有关部门也没有对试点城市在试点过程中工作的侧重点作出合理分工，也就是说，试点城市的确定并没有完全集中在一个头脑之下，没有把所有的试点城市当作相对集中行政处罚权大系统的一个支系统和子系统，因而导致同一性质的问题在不同试点城市有统一的表现，各试点城市存在的问题也是同一性的①。笔者认为，试点的目的在于总结经验和寻求不足，而分散性的试点城市设立很难达到这样的目的，并会最终使试点失去尝试和试验的意义。

---

① 实行行政综合执法与相对集中行政处罚权试点城市的审批权目前由国务院法制办公室审批，目前被视为行政授权的一种方式，从审批的程序和内容来看，先由集中行政处罚权的城市提出请求，国务院法制办公室审查以后再作出批准决定。例如对长沙市审批的内容是这样的："湖南省人民政府：《湖南省人民政府关于在长沙市开展城市管理综合执法试点工作的请示》（湘政〔2000〕2号）收悉。根据国务院领导批准的开展城市管理综合执法试点方案，现函复如下：一、湖南省人民政府可以在长沙市开展城市管理综合执法试点工作。二、集中行使行政处罚权的行政机关的具体职责是：（一）行使规划管理方面法律、法规、规章规定的行政处罚权，强制拆除不符合城市容貌标准的违法建筑物或者设施；（二）行使市容环境卫生管理方面法律、法规、规章规定的行政处罚权；（三）行使城市园林绿化管理方面法律、法规、规章规定的行政处罚权；……"。还有一些城市是由市人大常委会决定的，如上海市。

（二）实施宽度的综合性与职能性并存

行政处罚既是一个重要的行政法制度又是一个普遍运用的行政行为。它的制度属性可以从《中华人民共和国行政处罚法》对它的全面规制使它制度化中体现出来。它作为行政行为的普遍性可以从基本上任何一个向相对人行使管理权的行政主体都可以运用中体现出来①。以此而论，行政处罚是行政主体行使行政权的一个不可或缺的手段，它几乎是所有行政管理行为之首②。笔者讲的宽度就是将其与行政管理权和行政机关的行政行为联系起来考察的。相对集中行政处罚权的宽度可以概括为综合性与职能性的并存。所谓综合性就是指相对集中处罚权是从将特殊变为一般、将个别变为普遍这一思维进路出发，如《上海市文化领域相对集中行政处罚权办法》（2010 年修订）第三条规定："上海市文化市场行政执法总队（以下简称'市文化执法总队'）是市人民政府直属的行政执法机构，主管全市文化领域综合执法工作，集中行使文化领域行政处罚权。区县文化综合执法机构是区县人民政府直属的行政执法机构，按照本办法规定的权限在辖区内集中行使文化领域行政处罚权，并接受市文化执法总队的业务指导和监督。各级文广影视、新闻出版、版权、文物、体育、旅游、公安、工商等行政管理部门应当配合市文化执法总队和区县文化综合执法机构（以下统称'市和区县文化综合执法机构'）做好文化领域相对集中行政处罚权工作。"第四条规定："市和区县文化综合执法机构集中行使下列行政处罚权：（一）依据法律、法规和规章规定，

---

① 目前实施行政综合执法与相对集中行政处罚权的领域还比较有限，主要反映在城市管理领域。

② 万洪源在《具体行政行为要览》一书中按照各类行政机关的不同职能，将行政行为的范围分为"政府、财政、审计、税收征管、工商、金融、外汇、物价、劳动、公安和国家安全、司法、海关、环境保护、商检、外贸外事、技术监督、科学技术、商标、专利、教育、新闻出版和广播电影电视及文化、卫生医药、城乡建设、土地规划、工业商业、化工、烟草专卖、农牧渔业、能源、交通运输、旅游、地质矿产、林业、水管理、邮政民政等具体行政行为共三十五大类"。其中每一类都以行政处罚行为为主。（万洪源编著：《具体行政行为要览》，武汉出版社 1994 年版，目录第 1—72 页）

原由市和区县文化广播影视行政管理部门行使的行政处罚权。……"
将文化领域的行政处罚权综合在市和区县文化综合执法机构身上。相对
集中行政处罚权追求的目标就是一种综合。与之相对，目前相对集中行
政处罚权还有职能性的一面，即它集中反映在一些单一的行政职能之
下，如2000年《国务院办公厅关于继续做好相对集中行政处罚权试点
工作的通知》规定的"在城市管理领域可以集中行使的行政处罚权，
主要包括：（一）市容环境卫生管理、规划管理、城市绿化管理、市政
管理、环境保护管理等方面法律、法规、规章规定的全部或者部分行政
处罚权；……"显然，相对集中也仅仅反映在一些职能性的行政管理
环节上。按职能权限进行集中固然有一定好处，但它没有从行政权行使
的宏观范畴入手，导致目前集中行使处罚权的宽度与整个行政处罚行为
相比是十分狭窄的。

（三）规制力度的规范性与实用性并存

行政处罚权相对集中行使是行政处罚制度中的一个变革，同时，相
对集中行政处罚权又是我国行政法治大系统的基本构成，其不能从行政
法治的大环境下游离出去。对此作者在本节前文已作过分析。因此便导
致了一个变革、革新与合法化之间的矛盾关系，即是说，任何行政法治
中的革新都不能对抗宪法和法律，都必须具有形式上和实质上的合法性，
如果这一问题处理不好，既有可能对抗《中华人民共和国宪法》，又有可
能对抗《中华人民共和国行政处罚法》以及其他部门行政管理法。而
《行政处罚法》的现实情况又必须使行政处罚权相对集中，如何解决这一
问题便成了我们必须作出抉择的一个问题。相对集中行政处罚权的试点
工作表明，在当前情况下，对该一问题的规制尚是规范性与实用性的并
存。其规范性表现在政府行政系统尽可能使相对集中行政处罚权有章可
循、有据可查，并尽可能形成一个规范化的系统，正如《广州市城市管
理综合执法细则》第一条规定的："为明确城市管理综合执法范围，规范
行政执法行为，促进依法行政，维护公民、法人和其他组织的合法权益，
根据《中华人民共和国行政处罚法》和《广州市城市管理综合执法条例》
等法律、法规，结合本市实际，制定本细则。"《苏州市城市管理相对集

中行政处罚权实施办法》第一条规定："为加强城市管理，提高行政执法效能，规范实施相对集中行政处罚权，保护公民、法人和其他组织的合法权益，根据《中华人民共和国行政处罚法》和《国务院关于进一步推进相对集中行政处罚权工作的决定》等规定，结合本市实际，制定本办法。"《杭州市城市管理相对集中行政处罚权实施办法》第一条规定："为加强城市管理，维护城市秩序，提高行政执法水平和效能，优化执法环境，保护公民、法人和其他社会组织的合法权益，根据《中华人民共和国行政处罚法》、国务院法制办公室《关于在浙江省杭州市开展相对集中行政处罚权试点工作的复函》及有关法律、法规的规定，制定本办法。"使相对集中行政处罚权的问题严格依规范进行。同时应看到，规范化只是问题的一个方面，与其并存的还有实用性的一面，该实用性主要表现在大多数相对集中的行政处罚权都是就事论事的，而没有从行政处罚运作的总体构架中寻求出路，正因为如此，各地在试点过程中都有自己的客观追求，如上海市就针对上海的情况将文化领域的行政处罚权相对集中，而其他试点城市则没有。

（四）实现深度的主动性与被动性并存

相对集中行政处罚权是城市行政管理的重要组成部分，推行这一制度并不是一个权宜之计，而应当是行政管理的一个战略目标，事实上一些省市已经将其纳入了政府的行政决策之中，如南京市在确立新的行政编制时，专门为综合执法机构留了一个位置，使其在将来成为行政系统中的一个职能机构，而且是常设性的。作为一个战略目标其在试点城市实施中的主动性与被动性就必须引起注意。所谓实现深度的主动性就是指行政系统、行政决策人员、行政主体以及相关的组织都自觉地认识到了相对集中的意义，并主动地予以配合。我们知道，相对集中行政处罚权必然会使一些既得利益者在经济利益等方面受损，若在受损的情况下采取不配合、不支持的态度就是被动性的表现，若在利益受损的情况下还能积极支持就是主动性的表现。事实上，在近年的试点工作中，一些地方就出现了抵制情绪①，如某大城市原有 2 万名城建方面的执法人员，若将行政处罚权相对集中行使以后，就只保留 2 千名执法人员，城建等部门就采取了不配合的态度。笔者认为，主动性和被动性可以充分佐证相对集中行政处罚权的深度。只有当任何一个行政主体、任何一个行政执法人员都主动性地支持该项工作时，其实现的深度便是可以肯定的，反之则是浅层次的。

二、相对集中行政处罚权的主观趋势

"目前，政府职能转变和行政管理体制改革尚未到位，行政机关仍在管着许多不该管、管不了、实际上也管不好的事情，机构臃肿、职责不清、执法不规范的问题相当严重。往往是制定一部法律、法规后，就要设置一支执法队伍。一方面，行政执法机构多，行政执法权分散；另一方面，部门之间职权交叉重复，执法效率低，不仅造成执法扰民，也容易滋生腐败。实行相对集中行政处罚权制度对于解决行政管理中长期存

---

① 国务院办公厅 2000 年 63 号文件明确提出了相对集中行政处罚权必须与机构改革结合起来。"为什么这样提？就是要把试点推向深入，要使这个制度及其成果在政府机构改革之中得以巩固和深化。这就是试点的深度问题，杨景宇主任提出，这项工作要和深化行政管理体制结合起来，体现到市县机构改革中去。这就给试点工作指明了方向，就是要和政府的整个行政体制改革结合起来，使它固定化、深入化。曹康泰副主任也强调，要考虑把试点工作的成功经验运用到市县机构改革，进一步理顺市县行政管理体制。比如，江苏省在这次政府机构改革中，专门预留了一个局的位置给执法局，还没有批就预留了，这样就使这项工作有一个比较扎实的组织保障。如果要说试点工作要深入的话，就是在组织上的深入和组织上的保障，就是和市县机构改革相结合。今天上午，省编办的周处长提到市县乡机构改革中，要清理行政执法队伍，特别提出了要积极支持和鼓励地方政府实行相对集中行政处罚权制度。我体会这个意思就是要在机构上给予考虑。同时，这个意见还特别提出对试点工作任何部门不得干预，这就说明对此问题也是有一个明确态度的。"表明相对集中行政处罚权必然与一定组织、一定个人的利益有关，正是这一点使实现中的主动性与被动性并存。（参见青锋：《关于相对集中行政处罚权的几个问题》，2001 年广州市城市管理相对集中行政处罚权研讨会上的讲话）

在的多头执法、职权交叉重复和行政机构臃肿等问题，提高行政执法水平和效率，降低执法成本，建立'精简、统一、效能'的行政管理体制，都有重要意义。"这是 63 号文件①对相对集中行政处罚权基本价值的一个阐释。笔者认为，这也是相对集中行政处罚权主观趋势的一个勾画。笔者指的主观趋势是从相对集中行政处罚权要达到的预期目标及相对集中行政处罚权将会给行政法治带来的冲击的角度认识的。若没有主观趋势，相对集中行政处罚权就不会有独立的价值构成，因此，对相对集中行政处罚权趋势的探讨必须从主观趋势开始。这些主观趋势可作出这样的概括。

（一）相对集中行政处罚权与行政综合执法一体化

《行政处罚法》第十六条规定："国务院或者经国务院授权的省、自治区、直辖市人民政府可以决定一个行政机关行使有关行政机关的行政处罚权，……"这是对行政综合执法的一个规定。该规定表明行政综合执法是由一个集中若干行政机关权力的超权限机关行使若干机关转让权力的执法行为。其特点是执法主体是具有一定执法资格的主体，其资格由省级人民政府以上的国家机关决定，行使的权力是复合性的或者是超权限的，即其权力超越了一般的行政机关。行政综合执法的实质在于对行政职能进行集中，将分散的管理职能集中在一个行政机构之中。行政综合执法的范围相对较大，它包括了行政执法行为中的各个环节，如调查、取证、许可、制裁等。由此可见，相对集中行政处罚权是行政综合执法的有机构成部分，行政处罚行为与行政相对人权益的密切关系使人们常常将相对集中行政处罚权作为独立行政综合执法的一个事物来看待。当然，这样的独立有利于强调相对集中行政处罚权的重要性，有利于突出相对集中行政处罚权在行政综合执法中的地位。然而，无论如何，相对集中行政处罚权都不能完全从行政综合执法中独立出去。我们在建立相应的制度时，必须将相对集中行政处罚权与行政综合执法一致起来，

---

① 即《国务院办公厅关于继续做好相对集中行政处罚权试点工作的通知》，2000 年 9 月 8 日，国办发 [2000] 63 号。

使二者成为一个有机的统一体。另外，我们必须清楚，相对集中行政处罚权不能成为行政综合执法的代名词，因为执法行为要比相对集中行政处罚权的行为广泛得多，而在一些地方制定的有关行政综合执法规范性文件中，仅仅规定了相对集中行政处罚这一集中执法行为，如《广州市城市管理综合执法细则》第三条关于市容环境卫生方面的综合执法规定的就是行政处罚行为。《长沙市城市管理条例》第三章是"城市管理综合行政执法"方面的规定，其实是以相对集中行政处罚权的规定为首要要义。如第二十九条规定："本市城市管理行政执法工作按照《中华人民共和国行政处罚法》规定和国务院、省人民政府有关决定，实行相对集中行政处罚权制度。""城市管理综合行政执法机关相对集中行使国务院、省人民政府有关决定确定的行政处罚权，具体职责是：（一）行使城乡规划管理方面法律、法规、规章规定的部分行政处罚权；（二）行使市容环境卫生管理方面法律、法规、规章规定的行政处罚权，依法强制拆除不符合城市容貌标准、环境卫生标准的违法建筑物或者设施；（三）行使城市园林绿化管理方面法律、法规、规章规定的行政处罚权；（四）行使环境保护管理方面法律、法规、规章规定的部分行政处罚权；（五）行使工商行政管理方面法律、法规、规章规定的对无照商贩的行政处罚权；（六）行使公安交通管理方面法律、法规、规章规定的部分行政处罚权；（七）行使市政管理方面法律、法规、规章规定的行政处罚权；（八）行使土地管理方面法律、法规、规章规定的违法占用集体土地修建建筑物和设施的行政处罚权；（九）行使户外广告设置管理方面法律、法规、规章规定的行政处罚权；（十）履行法律、法规、规章或者省、市人民政府规定的其他职责。"如何使概念进一步周延这是今后立法应当引起注意的一个问题。

（二）相对集中行政处罚权与加入 WTO 后的行政执法衔接化

2001 年 11 月我国完成了加入世界贸易组织的伟大事业。加入 WTO 与其说是政府的一种经济行为，还不如说是一种行政行为。WTO 规则只有一小部分是有关经济法和国际法的规则，绝大多数是有关行政法的规则①。加入 WTO 对我国经济的发展是一个机遇，而对政府行政管理则是一个巨大的挑战。行政执法在规范化、集中化、公开化等方面都必须有新的突破。以前被下放了的分散的行政行为必须作相应集中②，行政主体也必须由多元性、多头性变为规范性和相对单一性。行政处罚权相对集中行使就是要解决执法主体的多元性问题，如《广州市城市管理综合执法条例》第三条第一款规定："市、区城市管理综合执法机关是本级人民政府实施城市管理综合执法的行政机关，按照市人民政府规定的市、区职责分工，依法查处本管辖范围内的违法行为，并对其作出的具体行政行为承担法律责任。"《上海市城市管理相对集中行政处罚权暂行办法》第六条规定："城市管理行政处罚权相对集中后，有关的市和区县行政机关和法律、法规授权的组织不得再行使已由市和区县城管执法部门集中行使的行政处罚权；仍然行使的，作出的行政处罚决定无效。"加入 WTO 以后，我国行政执法在公开化方面，在监督的制约机制方面都要有所提高，而相对集中行政处罚权作为加入 WTO 以后的一种特殊形态的执法行为，也必须在实施的程序化方面以及在权力救济方面有所突破。这一客观趋势要求我们在设计相对集中行政处罚权的制度时，必须将其放在世界发达国家行政执法的总体水平之下，而不能单单从区域性、部门性出发。

（三）相对集中行政处罚权与行政效率原则共容化

行政效率是现代行政学和行政法学非常重视的问题之一。在一些发达国家，提高行政效率已成为行政法治中的一项重要原则，也是一些国家的行政法制度重点考虑的。如西方国家在建立行政组织时，以目标原

---

① 参见关保英：《比较行政法学若干问题探讨》，《法学研究》2001 年第 2 期。

② 我国在加入 WTO 议定书中已经承诺对地方政府行政行为进行有效监控，如使其进入司法审查的范围，使其在有关刊物上公布，并告知世界贸易组织等。（参见全国人大常委会办公厅公报编辑室编：《中国加入世界贸易组织法律文件及有关国际条约》，中国民主法制出版社 2002 年版，第 6—13 页）

则为基准使行政机构体系充分发挥效能、行政行为中的期限规则、行政程序中的时效规则都是行政效率原则的一个反映。行政效率可以有两个方面的内涵：一是行政机构的设置要是最小成本的，换句话说，行政机构的成本越低其效率就越高，成本越大，其效率就越低①。二是行政活动必须迅速、简捷，当事人的请求权能很快得到满足②。此两个方面的内涵充分印证了相对集中行政处罚权对行政效率原则的体现。一则，相对集中行政处罚权使行政机构大幅度精简，如在城市建设管理方面，以前有七八个行政主体行使管理权和处罚权，而处罚权相对集中以后，变七为一，甚至变八为一。国家对行政机构体系的投入原先若需要 8 个成本的话，那么现在只需要 1 个成本，若以数量计算的话，效率便被提高了 8 倍。各个城市实行相对集中处罚权以后，城建方面的执法人员都有大幅度减少③。相对集中行政处罚权后，处罚行为较以前迅速、简捷。如《上海市城市管理相对集中行政处罚权暂行办法》第十九条规定："市和区县城管执法部门应当建立违法行为举报受理制度，并为举报人保密。对公民、法人或者其他组织举报的违法行为，属职责范围内的，市和区县城管执法部门应当及时查处；属职责范围外的，市和区县城管执法部门应当移送有关管理部门处理。市和区县城管执法部门应当将查处或者移送处理的情况告知举报人。"今后有关相对集中行政处罚权的制度设立也必须以行政效率原则为指南，有必要将其融于行政效率原则之中，若遵循效率原则建立相对集中行政处罚权制度，其他相关难题便会迎刃而解。

（四）相对集中行政处罚权与行政法价值统一化

行政法价值在不同的层面有不同的认识，站立的角度不同其内容表述也有所不同。在哲理层面上，行政法是效率和程序的一种和谐，因为

①　关保英：《行政法价值定位》，中国政法大学出版社 1997 年版，第 25—26 页。

②　关保英：《行政法案例教程》（修订版），中国政法大学出版社 2013 年版，第 63—65 页。

③　参见《广州市开展城市管理相对集中行政处罚权试点工作的情况汇报》，2001 年广州市城市管理相对集中行政处罚权研讨会论文。

行政法反映行政权行使主体和归属主体之间的关系，是归属主体对行使主体的一种约定规则。作为一种约定，它要求行使主体必须是最小成本的，活动必须是有序的，这便是效率与程序的一致。在政治层面上，它是一种平衡，是行政主体和行政相对人之间的一种平衡规则，即既要赋予行政主体相应的权力，同时充分保护行政相对人广泛的权利。在法律层面上，它是一种控权规则，就是以法律规范控制行政权，防止其对公民、法人和其他社会组织进行侵害。在伦理层面上，它是一种服务，就是通过行政法规则达到行政主体对行政相对人服务的目的。上列各层面的行政法价值都必然对相对集中行政处罚权有所制约。深而论之，我们在设立行政处罚权相对集中行使的制度时，要考察程序和效率的关系问题，将程序和效率的内涵贯穿于相对集中行政处罚权的规则；要考虑行政主体和行政相对人的平衡关系，只有在行政主体和行政相对人的平衡关系之中，相对集中行政处罚权的运作才会是适时的、可行的；要考虑相关的法律规则对集中以后的行政处罚权的控制，如现行关于行政处罚权相对集中行使的规则就有效地控制了相对集中行使中的行政行为；要考虑相对集中行政处罚权过程中对公众和社会的服务。总之，相对集中行政处罚权只有和行政法的价值保持一致，才有资格成为行政法中的一个基本范畴，否则，将永远处在政策层面上。

三、相对集中行政处罚权的客观趋势

依马克思主义哲学的基本原理，法律或者制度范畴的东西是第二性的，其是在一定经济基础之上的上层建筑，同时，作为规则和制度，至少有四个制约因素：一是自然因素，即作为物理原因的那些因素，其是自然范畴的东西，不以人的主观意志为转移，如社会技术、自然环境、生态因素等都会对规则或制度起制约作用。二是社会因素，就是由各种人文因素构成的东西，如习惯性、民族特性、文化水准、经济状态等等，这些因素对规则和制度同样可以制约。三是规则的设计者或者制度的创立者，所处的社会阶层、知识素质、利益关系都会决定一个规则、一个制度的方向。四是执行因素，一个规则制定出来以后在付诸实施的过程

中，实施者也或多或少制约着规则实施的程度①。相对集中行政处罚权在实现中也必然会受到上述因素的制约，正如国务院法制办协调司领导在广东省相对集中行政处罚权试点工作座谈会上讲话时谈到的，"试点经国务院批准后，是省人民政府的试点。试点的领导权在省人民政府，城市人民政府具体负责实施，执法局是具体落实的机构。各级政府法制机构，特别是县、市级政府法制机构，在这个问题上负有责无旁贷的责任。"②也就是说，不同地方的行政机关在实施行政处罚权相对集中的制度时，必然会有不同的表现。而这些问题以及相关的问题是国务院在确立相对集中行政处罚权制度时无法控制和改变的，其作为一种客观因素与相对集中行政处罚权发生联系。由此可见，我们讲的相对集中行政处罚权客观趋势就是指在实施过程中不受主观因素制约，但朝着一个普遍性的格局发展的状况。笔者认为这些客观趋势有下列几个方面。

首先，被行政职能取代的相对集中行政处罚权。相对集中行政处罚权存在的前提条件是法律规则本身的不周延，如城市管理领域依法律、行政法规的规定包括市容环境卫生管理、城市规划管理、城市绿化管理、市政管理、环境保护管理、工商行政管理、公路交通管理、文化管理等若干方面。每一个方面都有相互对应的法律规则为根据，正是大量的分部类的法律规则形成了多头的城市管理格局，就这些法律规则来讲是没有错的，都是从本部门行政管理的实际出发而制定的。然而，若放在法治这一客观体系中考察，法律规则对城市行政管理规制的疏漏就充分地体现出来，换句话说，正是这些大量的法律规则形成了部门之间的打架现象。而目前解决法律规则打架的办法是对各部门管理规范进行协调，行政综合执法和相对集中行政处罚权就是通过协调使相关的行政管理部门放弃一些权力，将权力集中于一个新的行政管理机构手中。《上海市城市管理相对集中行政处罚权暂行办法》第 6 条就明确规定了其他部门必

---

① 《马克思恩格斯全集》第一卷，人民出版社 1974 年版，第 183 页。

② 参见青锋：《关于相对集中行政处罚权的几个问题》，2000 年在广州市相对集中行政处罚权理论研讨会上的讲话。

须放弃有关的权力。笔者认为，这从理论上讲，不是一个长久之计，因为行使相对集中行政处罚权的机关，进行综合执法的机关并没有在法律上取得可以经得起论证的名分，即是说，人们很可能将这些综合执法机关、相对集中行政处罚权的机关视为临时机构。这种非驴非马的状态若不得到解决，相对集中行政处罚权的问题就永远是一个权宜之计。因此，若要让相对集中行政处罚权符合客观规律，若要该相对集中行政处罚权客观地发展下去，就必须使相对集中的行政处罚事项归于一定的行政职能之下，也就是说，只有符合行政职能特点的才能归于同一的行政职能之下。这就对目前一股脑儿地将所有城市行政管理处罚中的事态集中在一个综合执法之手的做法提出了疑问，这样归类符合行政职能的一般原理吗？所归于一个行政机构的事项是一类吗？等等。总之，相对集中行政处罚权职能化是其发展的一种客观必然。

其次，被法律规则认可的相对集中行政处罚权。不言而喻，相对集中行政处罚权是对权力的一种分配，虽然这种分配只是在行政系统内部进行的，其没有超出行政系统之外，但是，作为权力分配来讲必然牵涉到行政权与公民权之间的关系，可以设想相对集中以后行使的行政处罚权与没有集中的行政处罚权对公民权益的影响必然是两种完全不同的结果。从这个意义上讲，相对集中行政处罚权是一个宪政问题，属于宪法范畴内的问题，或者至少是法律范畴内的问题。而就现阶段我国法律规范对相对集中行政处罚权的规定看，最高层次的法律规则是《中华人民共和国行政处罚法》。而该法的规定十分简单，甚至简单到使你难以寻找出行政综合执法与行政处罚权相对集中行使的概念。而绝大多数关于相对集中行政处罚权的规则都是以规范性文件的形式出现的，如《国务院办公厅关于继续做好相对集中行政处罚权试点工作的通知》《国务院关于进一步推进相对集中行政处罚权工作的决定》等等。在地方机关制定的规则中也大多是由行政机构体系制定的，如上海市关于文化领域的相对集中行政处罚权、关于城市管理领域的相对集中行政处罚权等都是由市政府制定的规则调整的。笔者认为，相对集中行政处罚权处在试点阶段进行这样的规制是可以理解的，也可能是必须的一步。但是，相对集中行政处罚权的试点，无论如何也只是一种过渡，最终必须由试点而全面推开，而当前情况下的进程却是让人担忧的，至少反映了一种不平衡水平。如就试点城市看，从最初北京市宣武区开始搞试点，到 2002 年 7 月试点城市达到 60 多个，其覆盖面可以说发展得很迅速，而与之对应的法律规则还停留在原来的水平上，既没有一个完整的行政法规对相对集中行政处罚权作出规定，更没有一个系统的法律调整这一制度。今后一段时间，相对集中行政处罚权试点工作应进一步扩大，与之对应的规制它的法律规范级别也应当越来越高，这是一个不可逆转的过程。

再次，被机构调整的相对集中行政处罚权。相对集中行政处罚权是以行政系统的行政行为为契机的。它的外在反映是行政法中的动态因素，就是通过政府的管理行为而表现的要素。它的一些规则也似乎是针对行政主体的行政行为的，如《广州市城市管理综合执法细则》第五条第二项规定："城市管理综合执法机关依据环境保护管理方面法律、法规、规章的规定，对下列违法行为行使行政处罚权：……（二）除抢修和抢险工程外，超出规定时间，在市区行政街和城镇噪声控制范围内的建筑、装饰、市政工程、清拆施工场地，使用各种施工机械造成环境噪声污染的；……"这是由综合执法主体行使的一个职权，也是其为之的一个行政行为，其动态性的特征再明显不过了。应当说，这只是行政综合执法和相对集中行政处罚权的极其外在的要素，若从内在化分析，相对集中行政处罚权是一个体的问题，即行政机构体系的问题。正如 2000 年国务院办公厅 63 号文件讲的："市县两级政府担负着十分繁重的行政执法任务，长期以来多头执法、职权交叉重复和行政执法机构膨胀等问题比较突出，需要通过改革真正做到精兵简政，建立办事高效、运转协调、行为规范的行政管理体系和行政执法体制。"一针见血地指出了相对集中行政处罚权是一个对行政机构体系进行调整的问题。反过来说，相对集中行政处罚权的推行将必然和行政机构的调整联结在一起，相对集中行政处罚权的成果也将通过机构调整得到巩固。例如，试点城市相对集中行政处罚权的机关是本级人民政府的行政机关，而不是政府部门的内设机构，相对集中行政处罚权的行政执法人员亦当然是公务员编制，相应地被集中起来的行政处罚权，原先的行政机构将不再保持，或者直接予以精简，或者归化到其他行政管理机构中去。

最后，被全方位运行的相对集中行政处罚权。行政处罚权的相对集中是城市政府行政管理的一个构成部分，其大前提是行政管理，而行政管理是全方位的，包括工业、农业、国防、教育、城建、卫生、文化等数十个具体门类，同时包括行政机关的若干行政管理权，如行政检查权、行政许可权、行政责任权、行政强制权等等，还包括行政机关的诸多行政行为，如作为的行政行为与不作为的行政行为，羁束的行政行为与裁量的行政行为，实质意义的行政行为与形式意义的行政行为，抽象行政行为与具体行政行为，事实行政行为与法律行政行为等等。相对集中行政处罚权目前仅仅是就行政处罚而论的，且只限定在城市建设等方面的行政处罚中，若干重要领域的行政处罚并没有被集中行使。例如关于知识产权方面的行政处罚、卫生方面的行政处罚至少有五六个行政机关享有权力。此外，绝大多数行政执法行为也没有被相对集中。上海市人民政府制定的《上海市城市管理相对集中行政处罚权暂行办法》开了一个好头，其在确定综合执法部门的权力时并不限于单一的行政处罚权，而是系统的行政执法权，如《上海市城市管理相对集中行政处罚权暂行办法》第二条规定："本市行政区域内城市管理相对集中行政处罚权以及与行政处罚权相关的行政强制权和行政检查权（以下统称"行政处罚权"）的行使，适用本办法。"其将强制权、检查权等也相对集中起来。它反映了一种趋势，就是随着相对集中行政处罚权的深入，一方面，相对集中行政处罚权将由个别行政处罚领域拓展到所有应当集中处罚的领域，如卫生检疫、知识产权、文化管理等。另一方面，如果需要的话，相对集中行政处罚权不再单单限制在行政处罚行为之中，不单体现在行政权的这一个方面，而是在绝大多数行政管理权中都进行相对集中。作为全方位的相对集中行政处罚权其比限于个别环节的行政处罚权更具有规范化和系统化的色彩。

|第二十二章|
行政处罚和刑事处罚衔接

练育强

副教授、硕士生导师、兼任中国行政法学会理事。中国政法大学法学博士后。主要从事行政法学和行政诉讼法学的研究。主持国家社科重大项目子课题1项，国家社会科学基金青年项目1项，上海市教育科学研究项目和上海市卫生局科研项目各1项，获得第五十批中国博士后科学基金面上资助，并参与最高人民法院重点研究项目、上海市哲学社会科学规划项目、教育部、司法部、上海市教育委员会科研创新重点项目以及上海市教育科学研究项目等10多项课题。已出版个人专著1本，主编3本，并在《中国社会科学》（英文版）、《社会科学》《政法论坛》《法学》《法制日报》等核心期刊和报纸上发表各类论文40多篇。

作为公法责任的两种重要的制裁形式，行政处罚针对的是不构成犯罪的轻微违法行为，刑事处罚针对的是构成犯罪的严重违法行为，因此，仅从字面意义上分析，本不应产生衔接冲突的问题。但是，由于立法上所确定的制裁种类以及所适用的原则的不同，使得当同一违法行为既违反了法定的行政管理制度需要予以行政处罚时，又由于"情节严重"需要予以刑事处罚时，就必然产生两者的衔接与冲突问题。此外，由于在实践中，对于某一违法行为是否构成犯罪的不同认定以及不同执法部门的利益之争，使得在不少的行政执法领域，有案不移、有案难移、以罚代刑的问题比较突出，即党的十八届四中全会通过的《中共中央关于全面推进依法治国若干重大问题的决定》指出的，要"坚决克服有案不移、有案难移、以罚代刑现象，实现行政处罚与刑事处罚无缝对接"。

第一节　衔接研究的现状

一、概念的界定

就两者的衔接，不同的学者表达的方式是不同的：在 2000 年之前，无论是理论研究还是制度的建构，立足点都是行政处罚与刑罚处罚的衔接，如陈兴良于 1992 年在《中国法学》第 4 期发表了《论行政处罚与刑罚处罚的关系》一文，周佑勇、刘艳红于 1996 年在《法律科学》第 3 期和 1997 年在《法律科学》第 2 期发表了《论行政处罚与刑罚处罚的立法衔接》和《论行政处罚与刑罚处罚的适用衔接》两篇文章。就制度而言，1996 年实施的《行政处罚法》中有 5 个条文涉及行政处罚与刑罚的衔接，第二十八条还具体规定了行政处罚与刑罚的折抵。因此，2000 年之前的表述更多的是"行政处罚与刑罚处罚"衔接，此外，类似的表述还包括了行政责任与刑事责任的衔接、行政违法与行政犯罪的衔接、行政处罚权与刑罚权、行政法与刑法等。

2001 年 4 月，国务院在《关于整顿和规范市场经济秩序的决定》中开始使用"行政执法与刑事执法"衔接的表述，此时也有不少学者们使用行政执法与刑事执法衔接的概念，如元明于 2006 年在《国家检察官学院学报》第 2 期发表了《行政执法与刑事执法相衔接工作机制总结》一文，实务界还常简化为"两法"衔接。

2011 年 2 月 9 日中央八部委共同发布的《关于加强行政执法与刑事司法衔接工作的意见》开始使用"行政执法与刑事司法"衔接的表述，随后十八届三中全会和四中全会决定使用的都是"行政执法与刑事司法衔接"，四中全会决定中除了强调要"健全行政执法与刑事司法衔接机制"外，还指出了衔接的目的是要"实现行政处罚与刑事处罚无缝对接"。

此外，自 20 世纪 90 年代初开始讨论二者之间衔接之始，就有学者采用行政刑法以及行政刑罚的概念，如张明楷于 1995 年在《中国社会科学》第 3 期上发表了《行政刑法辨析》一文，刘莘于 1995 年在《法商研究——中南政法学院学报》第 6 期上发表了《行政刑罚——行政法与刑法的衔接》一文。

笔者认为虽然表述有差别，并且行政执法与行政处罚也是不完全相同，但关注点都是行政和刑事之间的衔接问题，因此，只要是涉及两者衔接的研究都是笔者研究的对象。本节采用的是行政处罚与刑罚处罚衔接这一组概念，既与本章"行政处罚"相对应，同时也对应着十八届四中全会《决定》中所指出的"实现行政处罚与刑事处罚无缝对接"。

二、研究阶段的划分

根据规范行政处罚与刑事处罚衔接的法律、行政法规以及规范性文件制定的时间，本节将学者的研究分为三个阶段：第一阶段从 20 世纪 90 年代初期至 2001 年；第二阶段从 2001 年至 2011 年；第三阶段为 2011 年至今。

第一阶段定位于 20 世纪 90 年代初至 2001 年，即从学界开始关注行政处罚与刑事处罚的衔接起，至 2001 年国务院制定衔接的行政法规止。这一时期里，有关行政处罚与刑事处罚衔接的重要的法律是 1996 年制定的《行政处罚法》，该法中共有 5 个条文涉及两者之间的衔接问题。

这一阶段的研究特点非常明显，主要就是为了服务于《行政处罚法》的制定及具体适用而提出行政处罚与刑事处罚的竞合、衔接等问题及解决方法。此外，基于对德国行政刑法的研究，学者们初步提出了行政刑法的概念。

第二阶段定位于 2001 年至 2011 年，即从 2001 年国务院《行政执法机关移送涉嫌犯罪案件的规定》的制定至 2011 年新的规范性文件出台。这期间，为了落实《行政执法机关移送涉嫌犯罪案件的规定》，最高人民检察院分别于 2001 年 12 月、2004 年 3 月、2006 年 1 月单独或与其他部门共同发布了三部规范性文件以督促行政执法机关及时移送涉嫌犯罪的案件。这三部规范性文件分别是《人民检察院办理行政执法机关移送涉嫌犯罪案件的规定》《最高人民检察院、全国整顿和规范市场经济秩序领导小组办公室、公安部关于加强行政执法机关与公安机关、人民检察院工作联系的意见》和《最高人民检察院、全国整顿和规范市场经济秩序领导小组办公室、公安部、监察部关于在行政执法中及时移送涉嫌犯罪案件的意见》。

由于上述行政法规与规范性文件赋予了人民检察院在行政处罚与刑事处罚衔接中的监督职责，这一时期研究的主要内容除了继续关注行政处罚与刑事处罚之间的竞合与适用外，其显著的特点就是大量的有关检察机关移送监督、立案监督等文章予以公开发表，探讨了人民检察院在两者衔接中的地位与作用。为此，以检察部门为主的实务部门在这一时期单独或与理论界共同举办了一些理论研讨会和座谈会，并将研究成果予以公开出版。此外，行政刑法学科的建构问题也成为这一时期理论研究关注的重点之一。

第三阶段定位于 2011 年至今，即起始于 2011 年 2 月 9 日《关于加强行政执法与刑事司法衔接工作的意见》的颁布。此前除 2001 年国务院制定的行政法规，以及最高人民检察院单独制定的司法业务文件外，另外两部规范性文件制定的主体是最高人民检察院、全国整顿和规范市场经济秩序领导小组办公室以及公安部，2006 年的规范性文件还包括监察部。但是 2011 年的《关于加强行政执法与刑事司法衔接工作的意见》制定主体则极为广泛，包括国务院法制办、中央纪委、最高人民法院、最高人民检察院、公安部、国家安全部、司法部、人力资源和社会保障部，而且还通过中共中央办公厅、国务院办公厅转发。因此，虽然无法从严格意义上的"法"的视角就其主体进行分析，但是该文件颁布的重要性是毋庸置疑的。

另外，在 2011 年《关于加强行政执法与刑事司法衔接工作的意见》颁布后，2012 年 3 月 14 日新修订的《刑事诉讼法》第五十二条第二款增加规定："行政机关在行政执法和查办案件过程中收集的物证、书证、视听资料、电子数据等证据材料，在刑事诉讼中可以作为证据使用。"

这一阶段虽然时间不长，但研究的特点还是非常显著的，主要体现在两个方面。第一，进行了更加务实的规范分析与实证分析。就规范分析而言，既有对《行政处罚法》与《刑法》因衔接而产生的具体条文的分析，也有对新修订的《刑事诉讼法》中相关条文所作的规范分析。就实证分析而言，既有从检察部门监督视角作的实证分析，也有以一个地区内两者衔接为视角的研究。第二，基于多年来行政处罚与刑事制裁衔接不太畅通这一现象，学界开始对衔接的有关理论以及制度建构进行了初步的反思，包括对衔接中的"一事不再罚"原则"刑事优先"原则以及"检察监督的宪法依据"等进行了反思。

三、研究的主要内容

20 多年来，有关行政处罚与刑事处罚衔接研究的主要内容如下。

（一）有关行政处罚与刑事处罚衔接难的表现及原因的研究

针对行政处罚与刑事处罚衔接难的具体表现，有研究指出："从目前情况来看，三方面的衔接关系存在不同程度的问题：一是行政执法机关与公安机关无法实现有效衔接。具体包括行政执法机关不移送涉罪案件、公安机关不接受移送的涉罪案件、行政执法机关和公安机关协商不移送；

二是公安机关与检察机关无法实现有效衔接。具体包括公安机关不移送外部接受的涉罪案件、公安机关不移送内部接受的涉罪案件；三是行政执法机关与检察机关无法实现有效衔接。具体包括两类案件，行政执法机关所管辖的国有企业事业单位中的国家工作人员涉嫌职务犯罪的案件、行政机关所属部门或下级单位的国家工作人员涉嫌职务犯罪的案件。"有研究指出："目前在处理行政犯罪行为的实践中，存在着诸'以罚代刑'或者'只刑不罚，等不合理的现象。"还有研究在此基础上进一步指出："尽管'以罚代刑'多指经济类案件中，以行政处罚来解决，而不作刑事案件处理。然而，倘若对现象进行观察，会发现在治安、公共安全、社会管理等诸多方面都存在这类问题。"

针对行政处罚与刑事处罚产生衔接的原因，早在 20 世纪 90 年代初，就有研究指出两者之所以会产生衔接，在于"行政不法与刑事不法虽然存在社会危害性程度上的根本差别，但两者又有着不可分割的内在联系。这主要是指刑事不法中的行政犯。这种犯罪是一种禁止恶，其恶性系源自法律的禁止规定，因而不同于自体恶的自然犯，因此，行政犯实际上是由行政不法转化为刑事不法，它具有行政不法与刑事不法的双重属性"。

针对两者衔接难的原因，有研究指出："最根本的原因是未能在立法上使行政处罚和刑罚处罚很好地衔接起来。在立法内容上，行政处罚和刑罚处罚各自适用的范围还不够清晰，责任的轻重也不够协调；在立法的形式上，目前我国主要采用依附性的散在型立法方式，分散设置在行政法律中的刑事罚则往往只规定'依法追究刑事责任'，而没有直接规定罪名和法定刑，结果刑事罚则不具体，不明确，以致有法难依，使用混乱，难以从总体上使行政处罚和刑罚处罚很好地衔接，在一定程度上造成了'以罚代刑'。"有研究则认为："衔接机制的问题实质是检察机关的法律监督权没有得到落实，或者说是检察权与行政权之间的分权制衡关系还不够完善。"还有研究指出："除去其中存在的腐败原因，从制度上、从权力上进行分析，可以初步找到三个因由：1. 法律原因，最典型的例子恐怕就是《治安管理处罚法》和《刑法》的关系；2. 职能的重叠，这主要指公安机关职能重叠问题；3. 行政处罚的主动性和刑罚权的被动性。"该研究进一步指出，行政处罚权与刑罚权之间存在纠葛的原因，如果作简单的断语，那就是权力划分、配置以及彼此协调方面出现了问题。

（二）有关行政处罚与刑事处罚衔接适用的规则及原则的研究

行政处罚与刑事处罚的衔接适用上可能出现三种情况：1. 互为代替，理论上称"代替主义"，认为对违法行为的制裁，只能在行政处罚与刑罚中，选择一种。至于选择刑罚，还是选择行政处罚，又有两种观点：一是根据适用法律责任的"重者吸收轻者"的原则，选择刑罚；二是根据从轻的原则或有利于行为者的原则，选择行政处罚；2. 并列适用，理论上称"二元主义"，主张对同一违法行为既要适用刑罚，又要适用行政处罚；3. 附条件并科，也称"免除代替"，认为行政处罚与刑罚可以并科，但任何一个执行后，认为没有必要再执行另一个时，可以免除执行。对此，有研究指出："处理行政处罚与刑罚的竞合问题，既要维护社会的整体利益，又要维护个人的合法权益，既要注意行政处罚与刑罚的共同点，有可以代替的一面，又要注意二者在目的、种类和适用范围等方面的不同，有可以并列适用的一面。"有研究指出："当同一违法行为既违反行政法规又触犯刑律而发生行政处罚与刑罚处罚的竞合时，应该予以合并适用。但是由于实际情况复杂，有时会出现某些不能合并或者无需合并适用的情况，因此，行政处罚与刑罚处罚的合并适用只是个一般原则，在具体合并适用时应视不同情况采用不同的方法予以衔接。"对于合并适用的条件，有研究指出："合并适用包括四个条件：一是主体、行为的唯一性；二是违法构成的双重性；三是处罚种类的异质性；四是追究程序的双轨性。"

在行政处罚与刑事处罚衔接适用时涉及的原则有"一事不再理"原则和"刑事优先"原则。"一事不再理"原则，是指针对同一违法行为，不应给于两次以上的处罚。该原则源自古罗马。在罗马共和国时期，法院实行一审终审，因而实行"一事不再理"的原则，是指对于已发生法律效力的案件，除法律另有规定外，不得再行起诉和处理。这个原则普遍适用于民事案件的审判，同时也适用于刑事案件。有研究指出："目前司法中的主要障碍就是'一事不再理'原则。"在 2006 年《最高人民检察院、全国整顿和规范市场经济秩序领导小组办公室、公安部、监察部关于在行政执法中及时移送涉嫌犯罪案件的意见》的修改过程中，也有一种意见认为"一事不能两罚，对涉嫌犯罪的案件经行政处罚后不应再移送司法机关处理"。对此，相关的研究意见较为一致，就是行政处罚与刑事处罚的衔接并不违反"一事不再理"原则，只是在阐述理由方面不太一致。有研究指出："'一事不再理'中所说的两次处分一般是指性质相同的两次处分，同时给予罪犯以刑罚处罚和行政处罚则是两种性质不同的处罚，对于行政犯罪实行双重处罚具有理论与法律上的根据：理论上的根据是指行政犯罪是构成犯罪的行政不法，具有行政违法与刑事违法的双重违法性，这种双重违法性决定了应受双重处罚；法律上的根据既包括了直接的法律规定，又包括了间接的法律规定。"有研究从行政犯罪的角度指出："由于行政犯罪既违反了行政法，又违反了行政刑法规范，这就导致行政刑法规范中的法律后果部分具有自身的特点，即许多行政刑法规范在法律后果部分规定了法定刑以外，还同时规定按行政法的规定追究行政法律责任。从理论上讲，只有全面追究犯罪分子的法律责任，才能有效地打击犯罪。而行政犯罪的双重违法性决定了其责任的双重性，即既要追究刑事责任，又要追究行政责任。"有研究指出："一事不能两罚是指一种行为不能作出两次同种类的处罚，而对涉嫌犯罪的案件作行政处罚后又予以刑事追究，是两种不同性质的处罚，所以并不违反一事不能两罚的原则。"

"刑事优先"原则是指，针对同一不法行为，需要同时予以行政处罚与刑事处罚时，应当优先追究其刑事责任。因此，行政执法机关在处理行政违法案件时，发现相关行为已涉嫌构成违法犯罪时，应当及时将案件移送司法机关立案追究。对于该原则，大多数的研究成果都予以认可，如有观点提出："在对行政犯罪实行双重处罚时，应当优先追究其刑事责任，在追究刑事责任以后，除刑事处罚吸收行政处罚的情形外，可以再行由行政机关予以行政处罚。"有观点提出："在适用程序上衔接行政处罚与刑罚处罚的关系，首先必须遵循刑事优先原则。"还有观点提出：

"衔接机制的目的在于依法追究犯罪分子的刑事责任。这一目的决定了衔接机制必须以刑事执法机关为中心来建立。"但是也有研究成果提出了疑问，指出"将'刑事优先原则'适用于行政处罚与刑罚处罚竞合的案件中，是对'刑事优先原则'错误理解和不适当的滥用"。之所以提出必须刑事优先，有研究指出："实行刑事优先原则有利于打击犯罪，实行刑法的防卫机能。当然对于个别在追究刑事责任的同时需要及时追究行政责任的，可以采取刑事附带行政的方式解决。"有研究指出："第一，行政犯罪与行政违法行为相比，社会危害性更严重，应优先审查；第二，刑罚处罚与行政处罚相比，制裁程度更为严厉，应优先施行；第三，行政机关先作出行政处罚，并不是司法机关审理行政犯罪案件的必经程序，作为行政处罚的事实和证据依据，对司法机关并不具有当然的效力，还需经司法机关重新调查、核实和认定，而司法机关认定的犯罪事实和审查的证据，对行政机关具有当然的效力。"

（三）有关行政处罚与刑事处罚衔接的制度设置研究

行政处罚与刑事处罚衔接的制度设置在立法领域的研究，主要集中在立法内容、立法形式以及检察机关的地位三个方面。

1. 关于立法内容，有研究认为，首先应根据违法行为的性质和类别，确定哪些领域的行为应侧重于考虑行政刑罚，哪些领域的行为应侧重于考虑行政处罚；其次要考虑违法行为在情节、数额和后果方面量上的因素，行政处罚与刑罚处罚在轻重上应当互相衔接、协调一致，劳动教养应作为一种保安刑引入刑罚体系，行政处罚中的人身刑仅应限于行政拘留；再次要考量处罚的对象和种类，如果主要是对法人或者其他组织实施制裁，或者是对物实施制裁（如强制报废汽车、扣押船舶等），或者主要是实施能力罚（如对不按排污条件排污）等，就应设立行政处罚而不是刑罚；最后应把握制裁违法行为所需成本，实施行政处罚的成本包括行政机关的认定、裁决、复议和法院的行政审判，而刑罚的成本只有经过刑事诉讼程序，因此当某一行政处罚的严厉程度与刑罚相当时，从国家的角度，其成本就大于刑罚的成本，对违法行为就应当设立刑罚而不是行政处罚，如巨额罚款超过罚金以及劳动教养等不仅容易造成对公民合法权益事实上的侵害，对国家来说，也并不合算。

2. 关于立法形式，有研究指出："我国现行采用的是依附性的散在型立法方式，主要分为三种情况：一是原则性规定刑事罚则，即在行政法律中笼统规定对某种行为依法追究刑事责任；二是援引性规定刑事罚则，即直接援引刑法中的某个具体条款；三是比照性规定刑事罚则，即类推规定对某种行为比照刑法某一条款追究刑事责任。"对于此种立法形式的缺陷，有研究指出："一是原则性规定的刑事罚则，一般无法在刑法典中找到相对应的罪刑规定，往往导致它们难以甚至不能适用而形同虚设；二是援引性或者比照性规定的刑事罚则，又往往显得十分牵强、不合理，使得它们与刑法典不协调，并导致刑法典失去规范性，犯罪的构成要件失去统一性。"因此，不少研究指出："应采用独立性、散在型立法方式，直接在行政法的刑事法律规范中规定罪名、法定刑。"有研究又进一步指出："在独立的散在型立法方式下，具体的立法上的衔接包括了适用范围上的衔接和制裁种类上的衔接。适用范围上的衔接，既要考虑行为的情节、数量、后果等量上的要素，更要考虑促成行为转化的质上的要素，即应根据违法行为的性质和类别，确定哪些领域的行为应侧重于考虑行政刑罚，哪些领域的行为应侧重于考虑行政处罚。制裁种类上的衔接包括：短期自由刑与人身自由罚的衔接；罚款与罚金数额的衔接；没收财产刑与没收财产罚的衔接；暂扣许可证、暂扣执照、责令停产停业与吊销许可证、吊销执照、剥夺从事特定职业或者生产经营活动权利的衔接。"但是，也有研究提出不同的看法，认为"采取何种行政刑法的立法模式并不是问题的关键，需要明确的是在行政刑法的构建过程中如何实现行政违法与刑事犯罪的衔接，在行政刑法的构建中如何实现刑罚权的司法化，而不是给行政权向司法权的扩张和侵袭留下空隙，从而在达到维持秩序目的的同时实现对行政权的有效控制，保障公民的权利不被侵犯"。

3. 关于检察机关的地位，有研究指出："法律层面的立法完善包括：通过立法提升检察机关的法律地位；通过立法赋予检察机关对行政执法的监督权；通过立法增强检察机关监督权的刚性和力度；制定统一的衔接机制单行法律。"

行政处罚与刑事处罚衔接的制度设置在适用领域的研究，主要集中在适用方法、适用程序以及检察机关的作用三个方面。

1. 关于适用方法。有研究指出："适用方法上的衔接分为先刑后罚与先罚后刑两种情况。在先刑后罚的情况下，行政机关应采用的具体方法是：第一，类似罚则不得再处罚。其一是人民法院已处罚金后，行政机关不得再处罚款，其二是人民法院已经适用了拘役或者有期徒刑后，行政机关也不得再适用目的和内容相同的行政拘留等限制人身自由的行政处罚。第二，不同罚则可予再处罚。其一是人民法院已适用了管制、拘役、有期徒刑后，行政机关认为需要可依法处以吊销许可证或执照等能力罚，人民法院没有适用罚金的，行政机关认为需要还可依法予以罚款，其二是法人或其他组织有违法犯罪行为的，如果人民法院只追究直接责任人员的刑事责任，行政机关还可对该法人或其他组织依法适用行政处罚，包括财产罚和能力罚。第三，免刑后应予再处罚。在先罚后刑的情况下，人民法院应采用的具体方法：一是类似罚则相折抵；二是不同罚则各自适用。"

2. 关于适用程序。有研究指出："行政执法与刑事司法相衔接的主要程序机制包括：行政执法机关移送的程序；司法机关对移送案件的受理及处理程序；行政执法与刑事司法衔接程序中的证据收集与转化。"

3. 关于检察机关的作用。有研究指出："检察机关对行政执法机关移送涉嫌犯罪案件的监督，不仅是必要的，而且是可行的；既有充分的法律依据，又有坚实的实践基础。"还有研究指出："除个别省份外，全国绝大部分省级院（检察院）及一大批市、县级院（检察院），与相应的行政执法部门联合会签了加强工作联系的文件，初步建立起行政执法与刑事司法相衔接的工作机制。"

（四）有关行政刑法的研究

自 20 世纪 90 年代初起，行政刑法的概念、行政刑法的性质、行政刑法规范及学科构建等也成为学者们研究的主要内容，但至第二阶段后半期，尤其是第三阶段几乎没有什么研究成果。具体研究内容如下。

第一，行政刑法的概念。有研究指出，"行政刑法就是国家为了维护正常的行政管理活动，实现行政管理目的，规定行政犯罪及其刑事责任的法律规范的总称。我国的行政刑法，可以分为广义的行政刑法与狭义的行政刑法。广义的行政刑法，是包括刑法典、单行刑法与行政法律中规定行政犯罪及其刑事责任的法律规范的总称；狭义的行政刑法，仅指行政法律中的刑事责任条款。"有研究指出，"所谓行政刑法是指国家为了实现维护和分配公共利益的行政目的，将违反行政法规范的同时又触犯国家刑律的行为规定为行政犯罪行为，并追究其法律责任的法律规范的总称。"有研究指出，"行政刑法是规定什么是行政犯罪以及具体的行政犯罪罪证和犯罪构成，最终依据什么样的罪责关系确定行为人应承担何种行政刑法责任的特殊法律规范总和。"

第二，行政刑法的性质。对于行政刑法性质的研究，集中于行政刑法属于行政法，还是刑法，还是兼容了行政法和刑法的双重性质。有研究指出："行政刑法属于行政法的范畴"，其主张的理由是，"首先，行政刑法调整的是在国家行政管理活动中因违反行政管理法规的行为而引起的各种社会关系，它所针对的主要是那些较为严重的行政违法行为，即行政法意义上的'犯罪行为'，而不是刑法意义上的犯罪行为；其次，行政刑法的法律渊源一般都是行政法律规范，或分散在行政法律体系的各个分支部门，或集中体现为'行政刑法典'；再次，行政刑法所规定的制裁（也即所谓的行政刑罚）是行政机关在其法定职权范围内作出的行政处罚与行政处分，这与刑法所规定的刑罚是有本质区别的；最后，行政刑法的执法机构为行政机关而非司法机关，其宗旨是为国家行政权力的行使提供强有力的法律保障，保证国家行政管理活动的正常进行，实现国家行政管理的职能和目标。"

更多的研究指出："行政刑法应属于刑法的范畴"，其主张的理由是，"从形式上说，刑法有广义与狭义之分，行政刑法属于广义的刑法的一部分；从程序上说，对于行政犯罪所适用的是刑事诉讼程序，而不是行政诉讼程序；行政犯罪的认定与处罚机关是人民法院（人民检察院在免予起诉的情况下可以定罪），而不是行政机关；从实质上说，行政刑法在体系上的地位问题，决定于支配它的是行政法原理还是刑法原理，由于固有刑法的诸原则大多在行政刑法中是妥当的，故行政刑法并非只是与固有刑法的形式相同，而是形成统一的刑法的一个部门。"

有研究指出："行政刑法实际兼容了行政法和刑法的双重性质，是一种特殊的具有双重性质的法律体系"，其主张的理由是，"首先，从法律责任或制裁性质上来看，行政刑法所规定的应当是行政犯罪行为所引起的法律责任或制裁，因此，行政刑法应当是规定双重法律责任——行政法律责任和刑事法律责任的法律规范。其次，就行政刑法的法律渊源而言，虽然行政刑法规范分散于刑法典、单行刑法和各种行政法律之中，但它既不同于一般的行政法律规范，也不同于一般的罪行规范。从整体观念看，行政刑法规范在法律后果部分既包括刑事责任也包括行政责任，是一种特殊的、双层次的法律规范。再次，从行政刑法的执法机构和适用程序上来看，对于行政犯罪所引起的刑事责任应由司法机关适用刑事诉讼程序予以追究，而对于其所引起的行政责任则应由行政机关适用行政程序予以裁决。最后，在行政刑法的指导原理上，既受行政法原理的支配，又受刑法原理的支配。"

对此，有研究表示了部分认同，"行政刑法既有刑法的基本性格也兼有行政法的某些特征，属于行政法与刑法的交叉领域，如果条件成熟，使其尽早独立是最佳的选择。但在我国目前情况下，尤其是基于许多方面的客观因素与现实环境，暂时定位或归属于刑法领域是一种比较切合实际的理性选择。"

也有研究提出了明确的反对意见，主张的理由是，"尽管行政犯与刑事犯可能在社会伦理道德的违反上存在差异，但由于我们是对行为的社会意义进行评价，而不是对行为自身进行评价，所以我们不能以是否违反社会伦理道德作为行政犯性质的认定标准，因此，作者认为主张行政犯与文化、伦理没有关系的观点并不妥当。"

此外，还有研究指出："行政刑法的定位是行政法、刑事法或是双重属性都并不重要，重要的是行政刑法所要解决的问题是什么。"

第三，行政刑法规范。就行政刑法规范，有研究指出，"行政犯罪都是严重违反行政法的行为，而行政法的内容又不是刑法规定的，这就使行政刑法规范具有一个重要特点，即行政刑法规范都是空白刑罚规范。由于行政犯罪的违法双重性与责任双重性，决定了行政刑法规范是一种双层次的法律规范。在犯罪构成要件方面，既要指明行为所违反的行政法，又要在此基础上规定更严格的特别要件；在法律后果方面，既指明仍然依照行政法追究行政法律责任，同时规定法定刑。"有研究指出，"在形式上行政刑法规范既不属于行政法规范也不属于刑法规范，而是一种独立的双属性的法律规范；在内容上，行政刑法规范兼顾行政法规范和刑法规范的双重属性，故应将重点放在协调行政法规范与刑法规范的内容的衔接上。"

第四，行政刑法学科建构。对于行政刑法能否作为一个独立学科予以建构的研究，大多数研究指出，"行政刑法应作为一门新兴的交叉学科，从行政法与刑法的结合部走向独立，在我国法学体系中自立门户。"有研究进一步指出，"将行政刑法作为一门独立的交叉学科来研究，这不仅是可能的，而且也是很有必要的。第一，将行政刑法作为一门独立的交叉学科，这是由其固有的法律性质所决定的；第二，将行政刑法作为法学体系中的一门独立分科，具有独立的研究对象；第三，将行政刑法作为法学体系中的一门独立分科，也有其特殊的学科体系；第四，将行政刑法作为一门独立学科来研究，还是理论和现实的需要，有着重要的理论价值和实践意义。"

此外，也有研究指出，"行政刑法学属于刑法学，是刑法学的一个分支学科，不是独立的交叉学科。"

第二节　衔接制度的规范分析

最早针对行政处罚与刑事处罚衔接问题作出规定的是 1957 年 9 月 30 日最高人民法院作出的《关于行政拘留日期是否应折抵刑期等问题的批复》。在该批复中，最高人民法院明确了行政拘留应该折抵相应刑期。

1981 年 7 月 6 日，最高人民法院又对劳动教养日期可否折抵刑期问题作出了肯定的答复。此后，1996 年 10 月 1 日开始施行的《行政处罚法》中有 5 个条文涉及行政处罚与刑事制裁的衔接问题，1997 年实施的《刑法》规定的"拒不移交追究刑事责任罪"。但真正首次明确提出"两法衔接"问题的，则是 2000 年 11 月国务院在开展打假联合行动的通知中，明确提出"对屡教不改的经营业主，要坚决清出市场，触犯刑律的依法追究刑事责任"。

为此，2001 年 7 月 9 日，国务院专门制定了一部行政法规——《行政执法机关移送涉嫌犯罪案件的规定》（简称 2001 年《国务院规定》），随后，为具体落实该行政法规中的内容，最高人民检察院分别于 2001 年 12 月、2004 年 3 月、2006 年 1 月单独或与其他部门共同发布了三部规范性文件——《人民检察院办理行政执法机关移送涉嫌犯罪案件的规定》（简称 2001 年《人民检察院规定》，该规定于 2001 年 9 月 10 日最高人民检察院第九届检察委员会第九十六次会议讨论通过，2001 年 12 月 3 日高检发释字〔2001〕4 号印发）、《最高人民检察院、全国整顿和规范市场经济秩序领导小组办公室、公安部关于加强行政执法机关与公安机关、人民检察院工作联系的意见》（简称 2004 年《意见》）、《最高人民检察院、全国整顿和规范市场经济秩序领导小组办公室、公安部、监察部关于在行政执法中及时移送涉嫌犯罪案件的意见》（简称 2006 年《意见》）。2008 年，国务院法制办还在《对陕西省人民政府法制办公室〈关于对行政执法机关移送涉嫌犯罪案件后管辖权问题的请示〉的复函》（国法秘政函〔2008〕199 号）中对于移送至公安机关的涉嫌犯罪案件，行政执法机关的管辖权问题作出了解释。

此外，为了进一步加强"行政执法与刑事司法"之间的衔接，2011 年 2 月 9 日，中共中央办公厅、国务院办公厅还共同转发了国务院法制办等八部门共同制定的《关于加强行政执法与刑事司法衔接工作的意见》（简称 2011 年《意见》，中办发〔2011〕8 号）。2013 年 11 月 12 日，党的十八届三中全会通过的《中共中央关于全面深化改革若干重大问题的决定》的"九、推进法治中国建设"中的关于"深化行政执法体制改

革"部分，明确提出要"完善行政执法与刑事司法衔接机制"。2014 年
10 月 23 日，党的十八届四中全会通过的《中共中央关于全面推进依法治
国若干重大问题的决定》中的"三、深入推进依法行政，加快建设法治
政府"中有一整段就"健全行政执法和刑事司法衔接机制"提出明确的
具体的要求。

就司法判例而言，最高人民法院行政审判庭通过其于 2010 年出版的
《中国行政审判指导案例》第 1 卷第 14 号案例"枣庄永帮橡胶有限公司
诉山东省枣庄市国家税务局税务行政处罚案"（以下简称"第 14 号案
例"）予以明确行政执法机关将案件移送司法机关追究刑事责任后能否
再对行政相对人作出行政处罚。最高人民检察院也通过 2012 年 11 月公布
的第二批指导性案例中的第 7 号案例"胡某、郑某徇私舞弊不移交刑事
案件案"（以下简称"检例第 7 号"）予以明确检察机关如何在衔接中发
挥作用以及在衔接中的监督性质。

一、实体衔接

（一）衔接的前提

立足于实体的视角，行政处罚与刑事处罚衔接的前提是违法行为构
成犯罪。对此，《行政处罚法》第七条第二款规定"违法行为构成犯罪，
应当依法追究刑事责任，不得以行政处罚代替刑事处罚"。第二十二条进
一步强调了"违法行为构成犯罪的，行政机关必须将案件移送司法机关，
依法追究刑事责任"。这两个条文明确规定了行政机关移送的前提的是违
法行为"构成犯罪"。

2001 年《国务院规定》作出了同样的规定，其第一条规定"为了保
证行政执法机关向公安机关及时移送涉嫌犯罪案件，依法惩罚破坏社会
主义市场经济秩序罪、妨碍社会管理秩序罪以及其他罪，保障社会主义
建设事业顺利进行，制定本规定"。该条强调的是及时移送"涉嫌犯罪"
案件。第三条又对如何认定"涉嫌犯罪"作出了规定，即"行政执法机
关在依法查处违法行为过程中，发现违法事实涉及的金额、违法事实的

情节、违法事实造成的后果等，根据刑法关于破坏社会主义市场经济秩序罪、妨碍社会管理秩序罪等罪的规定和最高人民法院、最高人民检察院关于破坏社会主义市场经济秩序罪、妨碍社会管理秩序罪等罪的司法解释以及最高人民检察院、公安部关于经济犯罪案件的追诉标准等规定，涉嫌构成犯罪，依法需要追究刑事责任的，必须依照本规定向公安机关移送"。

从文字的表述角度来看，2001 年《国务院规定》中采用的是"涉嫌构成犯罪"，而《行政处罚法》中的表述是"构成犯罪"，二者的表述有稍许差异，但其核心意思是一致的，即违法行为构成或涉嫌构成犯罪。严格说来，2001 年《国务院规定》的表述更为准确。除此以外，这里还需要明确两点：第一，涉嫌犯罪的种类。从 2001 年《国务院规定》来看，涉嫌犯罪的种类主要集中在两大类，一类是破坏社会主义市场经济秩序罪，一类是妨碍社会管理秩序罪。虽然 2001 年《国务院规定》的第一条和第三条中使用了"其他罪"以及"等罪"的表达，但主要涉及的犯罪还是属于这两大类，2011 年《意见》的引言部分提到"行政执法机关移送涉嫌犯罪案件工作得到加强，一大批危害社会主义市场经济秩序和社会管理秩序的犯罪行为受到刑事制裁"，可见其强调的也只是这两大类犯罪；第二，涉嫌犯罪的认定主体问题，从《行政处罚法》第二十二条，尤其是第三十八条第一款第（四）项的规定，该款强调的是"调查终结，行政机关负责人应当对调查结果进行审查，根据不同情况，分别作出如下决定"，第（四）项即是"违法行为已构成犯罪的，移送司法机关"，显然这一判断主体是行政机关负责人。2001 年《国务院规定》中强调的也应是行政执法机关。但是根据 2008 年，最高人民法院、最高人民检察院、公安部、中国证券监管管理委员会共同颁发的《关于整治非法证券活动有关问题的通知》"二、明确法律政策界限，依法打击非法证券活动"中的"（四）关于非法证券活动性质的认定"里的规定，"非法证券活动是否涉嫌犯罪，由公安机关、司法机关认定"。只是在"公安机关、司法机关认为需要有关行政主管机关进行性质认定的，行政主管机关应当出具认定意见"。此外，还规定了"对因案情复杂、意见分歧，需要进行协调的，协调小组应当根据办案部门的要求，组织有关单位进行研究解决"。显然该通知的中的规定不同于《行政处罚法》以及2001年《国务院规定》中的规定，其认为是否涉嫌犯罪的判断主体应是公安机关和司法机关，而不是行政执法机关。

（二）折抵

关于行政处罚与刑事处罚之间的折抵问题，应是两者衔接最先关注的问题，无论是1957年最高人民法院的批复，还是1981年的答复，都明确的是行政处罚措施与刑事处罚措施之间的折抵。《行政处罚法》第二十八条针对折抵的问题作出了明确的规定，"违法行为构成犯罪，人民法院判处拘役或者有期徒刑时，行政机关已经给予当事人行政拘留的，应当依法折抵相应刑期。违法行为构成犯罪，人民法院判处罚金时，行政机关已经给予当事人罚款的，应当折抵相应罚金。"该条明确了行政拘留与拘役或有期徒刑之间的折抵以及罚款与罚金之间的折抵。

2001年《国务院规定》第十一条则是针对申诫罚、行为罚以及财产罚中的罚款在将案件移送后的执行问题作出了规定，其第二款的规定是"行政执法机关向公安机关移送涉嫌犯罪案件前已经作出的警告，责令停产停业，暂扣或者吊销许可证、暂扣或者吊销执照的行政处罚决定，不停止执行"，第三款的规定是"依照行政处罚法的规定，行政执法机关向公安机关移送涉嫌犯罪案件前，已经依法给予当事人罚款的，人民法院判处罚金时，依法折抵相应罚金"。关于这一条还需要明确的是：第一，"已经给予当事人罚款的"，是指已经作出了行政处罚决定，还是这一处罚决定已经执行完毕，如果是已经作出处罚决定，但是还没有执行，因涉嫌犯罪移送司法机关后，是否还需要继续执行；第二，"没收"这一行政处罚决定如何衔接，在《行政处罚法》中没收是指"没收违法所得、非法财物"，而《刑法》中对于"违法所得、违法财物"使用的是"追缴"，没收则针对的是"合法财产"，因此，"没收"如何衔接则没有明确。

二、程序衔接

（一）移送与接收主体

1. 移送主体。无论是从《行政处罚法》，还是 2001 年《国务院规定》中的规定来看，行政处罚与刑事处罚衔接的移送主体都是行政（执法）机关，对于"行政执法机关"的理解，2001 年《国务院规定》采用的是广义行政机关的概念，其第二条的规定是"本规定所称行政执法机关，是指依照法律、法规或者规章的规定，对破坏社会主义市场经济秩序、妨碍社会管理秩序以及其他违法行为具有行政处罚权的行政机关，以及法律、法规授权的具有管理公共事务职能、在法定授权范围内实施行政处罚的组织"。该概念明确了行政机关和法律、法规授权的组织都属于行政执法机关的范畴。2006 年《意见》的最后一条也再次明确行政执法机关的含义，其与 2011 年《国务院规定》的不同之处就在于增加规定"不包括公安机关、监察机关"。由于新《行政诉讼法》的第二条第二款增加规定了"前款所称的行政行为，包括法律、法规、规章授权的组织作出的行政行为"。该款明确了规章授权组织的行政主体资格，因此，此处"在法定授权范围内实施行政处罚的组织"是否也应包括"规章"的授权，而不仅仅局限于"法律、法规"的授权。

根据 2001 年《国务院规定》第五条的规定，对于移送的涉嫌犯罪案件，行政执法机关应当立即指定 2 名或者 2 名以上行政执法人员组成专案组专门负责，核实情况后提出移送涉嫌犯罪案件的书面报告，报经本机关正职负责人或者主持工作的负责人审批，行政执法机关的正职负责人或者主持工作的负责人应当自接到报告之日起 3 日内作出批准移送或者不批准移送的决定。决定批准的，应当在 24 小时内向同级公安机关移送；决定不批准的，应当将不予批准的理由记录在案。

2006 年《意见》还就未能及时移送并已作出行政处罚决定的处理以及立即移送的情形作出了规定。对于前者，2006 年《意见》的规定是，"对于未能及时移送并已作出行政处罚的涉嫌犯罪案件，行政执法机关应当于作出行政处罚十日以内向同级公安机关、人民检察院抄送《行政处罚决定书》副本，并书面告知相关权利人"。对于后者，即立即移送的情形是，"现场查获的涉案货值或者案件其他情节明显达到刑事追诉标准、涉嫌犯罪的，应当立即移送公安机关查处"。

此外，2001年《国务院规定》第十三条和2006年《意见》的"九"中还规定了作为司法机关的公安机关作为移送主体的情况，即"公安机关对发现的违法行为，经审查，没有犯罪事实，或者立案侦查后认为犯罪情节轻微，不需要追究刑事责任，但依法应当追究行政责任的，应当及时将案件移送行政执法机关，有关行政执法机关应当依法作出处理，并将处理结果书面告知公安机关和人民检察院"。

2. 接受主体。从相关的规定来看，行政处罚与刑事制裁衔接的接受主体较为广泛，具体包括了：公安机关、人民检察院、监察机关以及安全机关四种主体。

公安机关是最常见的一种接受主体，根据2001年《国务院规定》第七条、第八条的规定：公安机关对行政执法机关移送的涉嫌犯罪案件，应当在涉嫌犯罪案件移送书的回执上签字；其中，不属于本机关管辖的，应当在24小时内转送有管辖权的机关，并书面告知移送案件的行政执法机关。公安机关应当自接到行政执法机关移送的涉嫌犯罪案件之日起3日内，依照刑法、刑事诉讼法以及最高人民法院、最高人民检察院关于立案标准和公安部关于公安机关办理刑事案件程序的规定，对所移送的案件进行审查。认为有犯罪事实，需要追究刑事责任，依法决定立案的，应当书面通知移送案件的行政执法机关；认为没有犯罪事实，或者犯罪事实显著轻微，不需要追究刑事责任，依法不予立案的，应当说明理由，并书面通知移送案件的行政执法机关，相应退回案卷材料。

2006年《意见》还就公安机关审查的时限作出规定，"对行政执法机关移送的涉嫌犯罪案件，公安机关应当及时审查，自受理之日起十日以内作出立案或者不立案的决定；案情重大、复杂的，可以在受理之日起三十日以内作出立案或者不立案的决定。公安机关作出立案或者不立案决定，应当书面告知移送案件的行政执法机关、同级人民检察院及相关权利人"。

　　根据三部《意见》中的规定，行政执法机关在向公安机关移送涉嫌犯罪案件的同时，还应向人民检察院备案，2004 年《意见》中的表述是"行政执法机关查处的破坏社会主义市场经济秩序的违法案件，……及时向公安机关移送，并向人民检察院备案"，2006 年《意见》中的表述是"行政执法机关在查办案件过程中，对符合刑事追诉标准、涉嫌犯罪的案件，应当制作《涉嫌犯罪案件移送书》，及时将案件向同级公安机关移送，并抄送同级人民检察院"，2011 年《意见》中的表述是"行政执法机关向公安机关移送涉嫌犯罪案件，应当移交案件的全部材料，同时将案件移送书及有关材料目录抄送人民检察院。"

　　人民检察院是接受涉嫌犯罪案件的另一常见主体，根据 2001 年《国务院规定》第十八条的规定，"行政执法机关在依法查处违法行为过程中，发现贪污贿赂、国家工作人员渎职或者国家机关工作人员利用职权侵犯公民人身权利和民主权利等违法行为，涉嫌构成犯罪的，应当比照本规定及时将案件移送人民检察院"。2001 年《人民检察院规定》对此作出了进一步明确的规定："对于行政执法机关移送检察机关的涉嫌犯罪案件，统一由人民检察院控告检察部门受理。人民检察院控告检察部门受理行政执法机关移送的涉嫌犯罪案件后，应当登记，并指派二名以上检察人员进行初步审查"；"人民检察院控告检察部门审查行政执法机关移送的涉嫌犯罪案件，应当根据不同情况，提出移交有关部门的处理意见，三日内报主管副检察长或者检察长批准，并通知移送的行政执法机关：（一）对于不属于检察机关管辖的案件，移送其他有管辖权的机关处理；（二）对于属于检察机关管辖，但不属于本院管辖的案件，移送有管辖权的人民检察院办理；（三）对于属于本院管辖的案件，转本院反贪、渎职侵权检察部门办理。对于性质不明、难以归口办理的案件，可以先由控告检察部门进行必须的调查"。

　　2004 年《意见》也明确规定了"行政执法机关在工作中发现行政执法人员贪污贿赂、徇私枉法、玩忽职守以及徇私舞弊不移交刑事案件等职务犯罪线索，应依法及时向人民检察院移送。人民检察院对行政执法机关移送的职务犯罪线索应当认真审查，依法处理，并将处理结果及时通知移送案件的行政执法机关"。

严格说来，监察机关并不是行政处罚与刑事处罚衔接的接受主体，但由于2006年《意见》和2011年《意见》中将行政执法机关在执法过程中，发现国家工作人员可能涉嫌违纪、违法的行为应如何处理放在一起规定，也就使得监察机关从表面上看来也是接受主体之一，只不过监察机关接受不是因为犯罪，而是因为违纪。2006年《意见》中的规定是"行政执法机关在依法查处违法行为过程中，发现国家工作人员贪污贿赂或者国家机关工作人员渎职等违纪、犯罪线索的，应当根据案件的性质，及时向监察机关或者人民检察院移送。监察机关、人民检察院应当认真审查，依纪、依法处理，并将处理结果书面告知移送案件线索的行政执法机关"。2011年《意见》则作出了更为详细的规定，"行政执法机关在查处违法行为，以及公安机关在审查、侦查行政执法机关移送的涉嫌犯罪案件过程中，发现国家工作人员涉嫌贪污贿赂、渎职侵权等违纪违法线索的，应当根据案件的性质，及时向监察机关或者人民检察院移送。监察机关、人民检察院应当对行政执法机关、公安机关移送的违纪或者职务犯罪案件线索及时认真审查，依纪依法处理，并将处理结果及时书面告知行政执法机关"。

安全机关作为涉嫌犯罪案件的接受主体是指相关案件涉及危害国家安全，2011年《意见》中规定，"行政执法机关在查处违法行为过程中，发现危害国家安全犯罪案件线索，依法应当向国家安全机关移送的，参照《行政执法机关移送涉嫌犯罪案件的规定》和本意见执行"。

（二）移送材料与不予立案的救济

1. 移送材料。对于涉嫌犯罪案件，行政执法机关应移送哪些材料给相应的司法机关，2001年《国务院规定》和2001年《人民检察院规定》中的规定较为一致，但是与2011年《意见》稍有不同。

2001年《国务院规定》将需要移送的材料分为两个步骤，分为立案前与立案后。第一步，行政执法机关向公安机关移送涉嫌犯罪案件，应当附有的材料包括：（一）涉嫌犯罪案件移送书；（二）涉嫌犯罪案件情况的调查报告；（三）涉案物品清单；（四）有关检验报告或者鉴定结论；

（五）其他有关涉嫌犯罪的材料。第二步，即公安机关立案后，"行政执法机关对公安机关决定立案的案件，应当自接到立案通知书之日起三日内将涉案物品以及与案件有关的其他材料移交公安机关，并办结交接手续"。

2001年《人民检察院规定》作出了类似的规定，"对于行政执法机关移送的涉嫌犯罪案件，人民检察院反贪、渎职侵权检察部门应当审查是否附有下列材料：（一）涉嫌犯罪案件移送书；（二）涉嫌犯罪案件情况的调查报告；（三）涉案物品清单；（四）有关检验报告或者鉴定结论；（五）其他有关涉嫌犯罪的材料。人民检察院可以要求移送案件的行政执法机关补充上述材料和证据"。

2011年《意见》中则没有采取两步移送的做法，而是直接规定"行政执法机关向公安机关移送涉嫌犯罪案件，应当移交案件的全部材料，同时将案件移送书及有关材料目录抄送人民检察院"。对于这两种不同的规定，实践中应如何协调也是一个较为重要的问题。

此外，接受案件移送的司法机关对于这些材料如何认定，上述1部行政法规以及4部规范性文件都没有作出规定，在2012年新《刑事诉讼法》颁布之前，这也确是一个较为重大的问题，司法机关正常情况下对于行政执法机关提供的证据一概不予认定。随着新《刑事诉讼法》的实施，这一问题得到了初步的解决。该法第五十二条第二款规定，"行政机关在行政执法和查办案件过程中收集的物证、书证、视听资料、电子数据等证据材料，在刑事诉讼中可以作为证据使用"。这一规定只能说是初步解决了衔接中的证据问题，还有两个方面的问题需要解决：第一，这一规定只是初步解决了客观证据的衔接问题，对于主观证据，如证人证言、当事人陈述（刑事诉讼中称"被害人陈述、犯罪嫌疑人、被告人供述和辩解"）等则还需要司法机关重新提取后才能作为刑事诉讼中的证据使用；第二，如何理解"可以"作为证据使用，既然使用了"可以"这一词汇，也就意味着"可以不"作为证据使用。

2. 不予立案的救济。对于行政执法机关移送涉嫌犯罪的案件，如果接受主体不予立案，移送主体可以采取的措施有申请复议和建议立案监督。

对此，2001年《国务院规定》第九条第一款、第二款的规定是，"行政执法机关接到公安机关不予立案的通知书后，认为依法应当由公安机关决定立案的，可以自接到不予立案通知书之日起三日内，提请作出不予立案决定的公安机关复议，也可以建议人民检察院依法进行立案监督。作出不予立案决定的公安机关应当自收到行政执法机关提请复议的文件之日起三日内作出立案或者不予立案的决定，并书面通知移送案件的行政执法机关。移送案件的行政执法机关对公安机关不予立案的复议决定仍有异议的，应当自收到复议决定通知书之日起三日内建议人民检察院依法进行立案监督"。

2001年《人民检察院规定》中的规定则是，"对于人民检察院的不立案决定，移送涉嫌犯罪案件的行政执法机关可以在收到不立案决定书后五日内要求作出不立案决定的人民检察院复议。人民检察院刑事申诉检察部门应当指派专人进行审查，并在收到行政执法机关要求复议意见书后七日内作出复议决定。行政执法机关对复议决定不了的，可以在收到人民检察院复议决定书后五日内向上一级人民检察院提出复核。上一级人民检察院应当在收到行政执法机关提请复核意见书后十五日内作出复核决定。对于原不立案决定错误的，应当及时纠正，并通知作出不立案决定的下级人民检察院执行"。

2006年《意见》和2011年《意见》也都重申了2001年《国务院规定》中对于不予立案有异议可以申请复议或提请人民检察院进行立案监督。

（三）移送后行政执法机关能否对案件行使管辖权

对于涉嫌犯罪的案件移送司法机关追究刑事责任后，行政执法机关对于该案件的处理，相关的规定不太一致。

2001年《国务院规定》中的规定较为模糊，其第十条只是规定了"行政执法机关对于公安机关决定不予立案的案件，应当依法作出处理；其中，依照有关法律、法规或者规章的规定应当给予行政处罚的，应当依法实施行政处罚"。第十一条则规定了对于移送前已经作出的行政处罚决定不停止执行，以及罚款与罚金如何折抵的问题，但是对于移送后刑事处罚作出之前能否作出行政处罚，以及刑事处罚作出之后能否作出行政处罚决定则没有规定，其规定是"行政执法机关对应当向公安机关移送的涉嫌犯罪案件，不得以行政处罚代替移送。行政执法机关向公安机关移送涉嫌犯罪案件前已经作出的警告，责令停产停业，暂扣或者吊销许可证、暂扣或吊销执照的行政处罚决定，不停止执行。依照行政处罚法的规定，行政执法机关向公安机关移送涉嫌犯罪案件前，已经依法给予当事人罚款的，人民法院判处罚金时，依法折抵相应罚金"。

2008 年，国务院法制办在《对陕西省人民政府法制办公室〈关于对行政执法机关移送涉嫌犯罪案件后管辖权问题的请示〉的复函》（国法秘政函〔2008〕199 号）中指出，对移送公安机关的涉嫌犯罪案件，行政执法机关只是在三种情形下有管辖权：一是，公安机关不予立案，并依法退案的案件；二是，公安机关立案后审查认为没有犯罪事实或显著轻微，不需要追究刑事责任后移交同级别行政执法机关的案件；三是，经刑事诉讼后被免予刑事制裁的案件。从该《复函》中可以看出三点：第一，一旦移送司法机关追究刑事责任后，在司法机关没有作出认定前，行政执法机关是没有管辖权的，即不能作出任何行政处罚决定；第二，只有在上述提到的三情况下才能行使相应的行政管辖权，这三种情形的共同点都是不予追究刑事责任；第三，如果司法机关追究刑事责任后，则不得再对其施加行政处罚措施。

2008 年，最高人民法院在对山东省高级人民法院《关于在司法机关对当事人虚开增值税专用发票罪立案侦查之后刑事判决之前，税务机关又以同一事实以偷税为由对同一当事人能否作出行政处罚问题的答复》（〔2008〕行他字第 1 号）中则作出了不同的解释。该答复指出"税务机关在发现涉嫌犯罪案件并移送公安机关进行刑事侦查后，不再针对同一违法行为作出行为罚和申诫罚以外的行政处罚；刑事被告人构成涉税犯罪并被处以人身和财产的刑罚后，税务机关不应再作出罚款的行政处罚"。从该《答复》中可以看出两点：第一，行政执法机关对于涉嫌犯罪的违法行为移送司法机关追究刑事责任后，仍可以作出行政处罚决定，但是，行政执法机关作出的行政处罚决定只能是行为罚和申诫罚；第二，司法机关追究刑事责任后，行政执法机关仍然可以对违法行为施以行政处罚，只不过如果刑事制裁处以人身罚和财产罚，则行政处罚决定中不应再作出罚款的决定。显然，最高人民法院的《答复》与国务院法制办的《复函》中的内容几乎全不相同。

2011 年《意见》中的规定与国务院法制办《复函》中的规定较为一致，其规定"行政执法机关在移送时已经作出行政处罚决定的，应当将行政处罚决定书一并抄送公安机关、人民检察院；未作出行政处罚决定的，原则上应当在公安机关决定不予立案或者撤销案件、人民检察院作出不起诉决定、人民法院作出无罪决定或者免予刑事处罚后，再决定是否给予行政处罚"。与《复函》不同的是，2011 年《意见》中用的词语是"原则上"，这也就意味着还是存在着例外的，也就并没有完全排斥移送后再作出行政处罚决定。

（四）衔接协调机制

有关行政处罚与刑事处罚衔接的协调机制具体包括了"联席会议制度""信息共享机制""案件会商机制"等。

1. 联席会议制度。对于联席会议制度的建立，主要规定于 2004 年《意见》、2006 年《意见》以及 2011 年《意见》中。2004 年《意见》第二条"加强联系配合，建立信息共享机制"中提出"建立联席会议制度，定期或不定期召开不同层次的联席会议，沟通情况，统一认识，共同研究执法中遇到的新情况、新问题，协商解决疑难问题"。2006 年《意见》第十六条中也提出了"在查办违法犯罪案件工作中，公安机关、监察机关、行政执法机关和人民检察院应当建立联席会议、情况通报、信息共享等机制，加强联系，密切配合，各司其职，相互制约，保证准确有效地执行法律"。2011 年《意见》中的"二、完善衔接工作机制"中"（十）建立行政执法与刑事司法衔接工作联席会议制度"中规定，"牵头单位要定期组织召开联席会议，由有关单位相互通报查处破坏社会主义市场经济秩序、妨碍社会管理秩序等违法犯罪行为以及衔接工作的有关情况，研究衔接工作中存在的问题，提出加强衔接工作的对策"。

对于联席会议的具体实施情况，多数省份规定，除根据实际需要不定期外，原则上每季度或每半年召开一次联席会议，各单位确定主管负责人和具体联络员，会议的协调组织工作由人民检察院、公安机关、整规办三家轮流主持。新疆维吾尔自治区规定由自治区整规办、人民政府法制办协调召开，自治区检察院牵头和主持；贵州省规定由检察机关主持；江苏省规定联席会议由省整规办召集，联席会议办公室设在省整规办。

2. 信息共享机制。与联席会议制度的建立较为一致的是，信息共享机制的建立也是主要规定于 2004 年《意见》、2006 年《意见》和 2011 年《意见》中。

2004 年《意见》第二条"加强联系配合，建立信息共享机制"中指出"各级行政执法机关、公安机关、人民检察院要充分发挥各自职能作用的基础上，做到信息共享、密切合作。要建立情况信息通报制度，并在加强保密工作的前提下，逐步实现各行政执法机关管理信息系统与公安机关、人民检察院的信息联网共享"。

2006 年《意见》第十六条中提到"在查办违法犯罪案件工作中，公安机关、监察机关、行政执法机关和人民检察院应当建立联席会议、情况通报、信息共享等机制，加强联系，密切配合，各司其职，相互制约，保证准确有效地执行法律"。

2011 年《意见》中更是明确规定了"建立衔接工作信息共享平台"，提出"各地要充分利用已有电子政务网络和信息共享公共基础设施等资源，将行政执法与刑事司法衔接工作信息共享平台建设纳入电子政务建设规划，拟定信息共享平台建设工作计划，明确完成时间，加大投入，加快工作进度，充分运用现代信息技术实现行政执法机关、公安机关、人民检察院之间执法、司法信息互联互通。行政执法机关应当在规定时间内，将查处的符合刑事追诉标准、涉嫌犯罪的案件信息以及虽未达到刑事追诉标准、但有其他严重情节的案件信息等录入信息共享平台。各有关单位应当在规定时间内，将移送案件、办理移送案件的相关信息录入信息共享平台。加强对信息共享平台的管理，严格遵守共享信息的使用权限，防止泄密。积极推进网上移送、网上受理、网上监督，提高衔接工作效率。"

3. 案件会商机制。最早对案件会商机制进行规定的是 2004 年《意见》，该《意见》的"一、树立全局观念，形成打击合力"中就提到"各级行政执法机关、公安机关、人民检察院要从有利于打击犯罪的大局出发，加强工作联系，加强协调配合"，该《意见》的"三、强化案件移送工作，推动涉嫌犯罪案件及时进入司法程序"中则明确指出"对于案情重大、可能涉嫌犯罪案件，行政执法机关在查处过程中应及时向公安机关、人民检察院通报，并可以就涉嫌犯罪的标准、证据的固定和保全等问题进行咨询，公安机关、人民检察院应当认真研究，及时答复。"

2006 年《意见》第十条规定"行政执法机关对案情复杂、疑难，性质难以认定的案件，可以向公安机关、人民检察院咨询，公安机关、人民检察院应当认真研究，在七日以内回复意见。对有证据表明可能涉嫌犯罪的行为人可能逃匿或者销毁证据，需要公安机关参与、配合的，行政执法机关可以商请公安机关提前介入，公安机关可以派员介入。对涉嫌犯罪的，公安机关应当及时立案侦查。"第十一条规定"对重大、有影响的涉嫌犯罪案件，人民检察院可以根据公安机关的请求派员介入公安机关的侦查，参与案件讨论，审查相关案件材料，提出取证建议，并对侦查活动实施法律监督。"

2011 年《意见》"二、完善衔接工作机制"中的第（十一）"健全案件咨询制度"中规定"对于案情重大、复杂、疑难，性质难以认定的案件，行政执法机关可以就刑事案件立案追诉标准、证据的固定和保全等问题咨询公安机关、人民检察院，公安机关、人民检察院可以就案件办理中的专业性问题咨询行政执法机关，受咨询的机关应当认真研究、及时答复。"

此外，对于案件会商制度，2006 年 3 月 2 日，中国证券监督管理委员会、公安部联合下发的《关于在打击证券期货违法犯罪中加强执法协作的通知》中规定了"商请会商制度"。所谓"商请会商制度"，是指无论是证监会，还是公安机关在查处违法案件过程中，对于可能涉及对方管辖范围或专业判断的案件，应当或可以商请对方配合开展调查工作，以便更有效的对证券违法行为进行查处。

应当商请会商，是指证券监管机构在日常监管和调查证券期货违法案件过程中，对可能涉嫌经济犯罪的线索，应当及时向公安机关通报，商请公安机关配合开展调查工作，此外，对中国证监会移送重大、复杂、疑难的涉嫌犯罪案件前，为方便工作的衔接，应当就案件的认定和处理意见与公安部提前会商。公安机关在接到商请的通知后，可依照有关规定采取四项措施：（一）对案件的查处进行会商；（二）协助证券监管机关调查人员查阅、复制被调查对象的户籍、出入境信息等资料；（三）对涉嫌经济犯罪的线索，依照《公安机关办理经济犯罪案件的若干规定》进行立案审查并开展相应的调查；（四）依法可以采取的其他措施。

可以商请会商，是指公安机关在办理证券监管机关移送的证券犯罪案件过程中，需要证券监管机关协助的，可以商请证券监管机关对侦查提供协助。商请证券监管机关协助侦查，由公安部有关部门统一向中国证监会有关部门发函联系。中国证监会有关部门收到公安部有关部门协助侦查的来函后，应当积极配合，根据案情需要，可依法采取四项措施：（一）商请有关部门或指定排除机构专业人员协助侦查；（二）需要出具专业认定意见的，作出或提请有关部门、机构作出认定；（三）协助侦查人员查阅、复制有关专业资料；（四）依法可以采取的其他措施。

三、衔接监督及法律责任

（一）衔接监督

行政处罚与刑事制裁衔接过程中监督机制的设置应是衔接制度中的关键一环，自2001年《国务院规定》起，至2011年《意见》等行政法规、规范性文件中都将"监督"作为衔接过程中的一项重要的工作予以规定。从1部行政法规和4部规范性文件的规定来看，衔接中涉及的监督主体分别有人民检察院、监察机关、上级行政执法机关、本级或者上级人民政府，这其中人民检察院是最重要的监督主体。

1. 人民检察院监督。作为宪法明确规定的法律监督机关的人民检察院行政处罚与刑事制裁衔接工作中最重要的监督主体，其监督职责既体现为针对公安机关的立案监督，也体现为针对行政执法机关的移送监督。

第一，针对公安机关的立案监督。在刑事诉讼中，立案是指公安机关、人民检察院、人民法院对于报案、控告、举报、自首以及自诉人起诉等材料，按照各自的职能管辖范围进行审查后，认为有犯罪事实发生并需要追究刑事责任时，决定将其作为刑事案件进行侦查或审查的一种诉讼活动。立案是我国刑事诉讼的一个独立、必经的诉讼阶段，是刑事诉讼活动开始的标志。因此，立案是衔接中的关键环节，对于行政执法机关移送的涉嫌犯罪的案件能否追究刑事责任具有重大的作用。因此，针对公安机关进行立案监督也就成为国务院行政法规以及 4 部规范性文件赋予人民检察院在"两法"衔接中重要职能之一。

所谓立案监督，即指人民检察院针对公安机关就行政执法机关移送涉嫌犯罪的案件是否及时立案所进行的监督，其目的是促使公安机关尽快立案，以使涉嫌犯罪案件进入刑事追究程序。从相关的规定来看，人民检察院的立案监督包括下面几个方面的内容。

首先，立案监督的启动。从相关的规定可以看出，立案监督的启动主要由行政执法机关发起。行政执法机关可以在两种情形下申请人民检察院进行立案监督：一是接到公安机关不予立案通知书后的 3 日内，既可以提请作出不予立案决定的公安机关复议，也可以建议人民检察院依法进行立案监督；二是行政执法机关对于公安机关不予立案的复议决定仍有异议的，应当在收到复议决定通知书之日起 3 日内建议人民检察院依法进行立案监督。此外，根据 2001 年《人民检察院规定》第十条第一款第二项的规定，"被害人认为公安机关对应当立案侦查的案件而不立案侦查，向人民检察院提出的"，人民检察院也应当启动立案监督。

其次，立案监督的方式。立案监督的方式主要有两种：一是要求公安机关说明理由；一是提出检察意见。2001 年《人民检察院规定》和 2006 年《意见》都规定了公安机关针对行政执法机关移交的涉嫌犯罪案件如不予立案应说明理由的制度。根据 2001 年《人民检察院规定》第十条的规定，在三种情形下，人民检察院应当要求公安机关在收到人民检察院《要求说明不立案理由通知书》后七日内将关于不立案理由的说明书面答复人民检察院。这三种情形分别是：一是人民检察院认为公安机关应当立案侦查的案件而不立案侦查的；二是被害人认为公安机关对应当立案侦查的案件而不立案侦查，向人民检察院提出的；三是移送涉嫌犯罪案件的行政执法机关对公安机关不予立案决定或者不予立案的复议决定有异议，建议人民检察院依法进行立案监督的。此外，根据2001年《人民检察院规定》第十三条的规定，各级人民检察院对公安机关不接受行政执法机关移送的涉嫌犯罪案件，或者逾期不作出立案或者不予立案决定，在检察机关依法实施立案监督后，仍不接受或者不作出决定的，可以向公安机关提出检察意见。

再次，立案监督的效力。立案监督的效力是指人民检察院对于公安机关接受行政执法机关移送涉嫌犯罪案件是否立案的法律拘束力。根据相关规定，公安机关应当接受人民检察院依法进行的立案监督，人民检察院认为公安机关不立案理由不能成立，应当通知公安机关在收到《通知立案书》后十五日内决定立案，并将立案决定书送达人民检察院。如有关公安人员涉嫌犯罪的，还要依照刑法的有关规定，追究刑事责任。

第二，针对行政执法机关的移送监督。移送监督是指人民检察院监督行政执法机关就其查处的涉嫌犯罪案件及时移送公安机关，以防有案不移、以罚代刑等问题，促使危害社会主义市场经济秩序和社会管理秩序的犯罪行为及时受到刑事制裁，以更好地维护经济社会秩序和人民群众的切身利益。从1部行政法规和4部规范性文件的规定来看，人民检察院的移送监督包括下面几个方面的内容。

首先，移送监督的启动。根据2001年《国务院规定》和2004年《意见》以及2006年《意见》中的规定，人民检察院移送监督的启动主要来自控告、举报以及人民检察院的自行发现，即任何单位和个人都可以成为移送监督的启动主体。2001年《国务院规定》第十四条第二款的规定是，"任何单位和个人对行政执法机关违反本规定，应当向公安机关移送涉嫌犯罪案件而不移送的，有权向人民检察院、监察机关或者上级行政执法机关举报"。2004年《意见》第三条的规定是，"……对于行政执法机关不移送涉嫌犯罪案件，有关单位、个人举报或者群众反映强烈的，人民检察院可以向行政执法机关查询案件情况，经协商同意，还可以派员查阅有关案卷材料，行政执法机关应予配合"。2006 年《意见》第二条的规定是，"任何单位和个人发现行政执法机关不按规定向公安机关移送涉嫌犯罪案件，向公安机关、人民检察院、监察机关或者上级行政执法机关举报的，公安机关、人民检察院、监察机关或者上级行政执法机关应当根据有关规定及时处理，并向举报人反馈处理结果"。

其次，移送监督的方式。人民检察院监督行政执法机关移送涉嫌犯罪案件采用的方式是查询案件情况和提出检察意见。对于查询案件情况，2004 年《意见》和 2006 年《意见》中都作出了相应的规定。2004 年《意见》规定的是，"……对于行政执法机关不移送涉嫌犯罪案件，有关单位、个人举报或者群众反映强烈的，人民检察院可以向行政执法机关查询案件情况，经协商同意，还可以派员查阅有关案卷材料，行政执法机关应予配合"。2006 年《意见》规定的是，"人民检察院接到控告、举报或者发现行政执法机关不移送涉嫌犯罪案件，经审查或者调查后认为情况基本属实的，可以向行政执法机关查询案件情况、要求行政执法机关提供有关案件材料或者派员查阅案卷材料，行政执法机关应当配合。确属应当移送公安机关而不移送的，人民检察院应当向行政执法机关提出移送的书面意见，行政执法机关应当移送"。

对于检察意见，根据 2001 年《人民检察院规定》第十二条的规定，在具备四种情形之一时，各级人民检察院对于行政执法机关不移送涉嫌犯罪案件的，可以提出检察意见。这四种情形分别是：一是检察机关发现行政执法机关应当移送的涉嫌犯罪案件而不移送的；二是有关单位和个人举报的行政执法机关应当移送的涉嫌犯罪案件而不移送的；三是隐匿、销毁涉案物品或者私分涉案财物的；四是以行政处罚代替刑事追究而不移送的。2004 年《意见》的第三条第二款又强调规定，"必要时，人民检察院应当向行政执法机关提出检察意见，建议其按照管辖规定向公安机关移送涉嫌犯罪案件，行政执法机关应当反馈落实情况。……"

再次，移送监督的效力。移送监督的效力是指行政执法机关对于人民检察院提出的要求其移送涉嫌犯罪案件的法律拘束力。对此，相关的规定不太一致，有三种方式。

第一种方式是原则规定行政执法机关应当接受人民检察院的监督，如人民检察院提出移送建议，则应当移送。对此，2001年《国务院规定》、2006年《意见》都有相关的规定。2001年《国务院规定》的第十四条第一款的规定即是，"行政执法机关移送涉嫌犯罪案件，应当接受人民检察院和监察机关依法实施的监督"。2006年《意见》第三条也有着类似的规定"……确属应当移送公安机关而不移送的，人民检察院应当向行政执法机关提出移送的书面意见，行政执法机关应当移送。"

第二种方式是如行政执法机关不移送则由公安机关直接立案侦查。对此，2004年《意见》和2011年《意见》中有着相关规定。2004年《意见》第三条第二款规定的是"……行政执法机关仍不移送的，检察机关应将情况书面通知公安机关。公安机关经过审查，认为有犯罪事实需要追究刑事责任，且属于公安机关管辖的，应当立案侦查"。2011年《意见》第十五条规定的是，"……人民检察院发现行政执法机关不移送或者逾期未移送的，应当向行政执法机关提出意见，建议其移送。人民检察院建议移送的，行政执法机关应当立即移送，并将有关材料及时抄送人民检察院；行政执法机关仍不移送的，人民检察院应当将有关情况书面通知公安机关，公安机关应当根据人民检察院的意见，主动向行政执法机关查询案件，必要时直接立案侦查"。

第三种方式是通过刑事的手段予以保障人民检察院移送监督的效力。即2006年《意见》第十四条的规定，"人民检察院依法对行政执法机关移送涉嫌犯罪案件情况实施监督，发现行政执法人员徇私舞弊，对依法应当移送的涉嫌犯罪案件不移送，情节严重，构成犯罪的，应当依照刑法有关的规定追究其刑事责任"。

2. 监察机关监督。监察机关作为行政处罚与刑事制裁衔接监督主体地位主要规定于2001年《国务院规定》、2006年《意见》和2011年《意见》中，其中2006年《意见》和2011年《意见》中多个条文涉及监察机关的监督职责。

2001 年《国务院规定》将监察机关和人民检察院并列一起共同作为监督行政执法机关移送涉嫌犯罪案件的主体，其第十四条规定："行政执法机关移送涉嫌犯罪案件，应当接受人民检察院和监察机关依法实施的监督。任何单位和个人对行政执法机关违反本规定，应当向公安机关移送涉嫌犯罪案件而不移送的，有权向人民检察院、监察机关或者上级行政执法机关举报。"该条规定的是监察机关可以针对行政执法机关移送进行监督。

2006 年《意见》的制定主体之一就包括了监察部，其中共有 5 个条文涉及监察机关的职责，具体围绕监察机关针对行政执法机关不按规定移送涉嫌犯罪案件接受单位和个人的举报、涉嫌违纪案件的接受与查处、干预、阻挠移送、接受案件的组织和个人的责任追究，以及作为联席会议、情况通报和信息共享等机制的主体之一。

2006 年《意见》"二"规定的就是"任何单位和个人发现行政执法机关不按规定向公安机关移送涉嫌犯罪案件，向公安机关、人民检察院、监察机关或者上级行政执法机关举报的，公安机关、人民检察院、监察机关或者上级行政执法机关应当根据有关规定及时处理，并向举报人反馈处理结果"。该条将监察机关与公安机关、人民检察院以及上级行政机关并列规定作为接受举报的主体，并可依职权作出处理。

2006 年《意见》"十二"规定的是监察机关作为违纪案件的接受及处理主体，"行政执法机关在依法查处违法行为过程中，发现国家工作人员贪污贿赂或者国家机关工作人员渎职等违纪、犯罪线索的，应当根据案件的性质，及时向监察机关或者人民检察院移送。监察机关、人民检察院应当认真审查，依纪、依法处理，并将处理结果书面告知移送案件线索的行政执法机关"。

2006 年《意见》"十三"明确规定了监察机关针对行政执法机关移送涉嫌违纪、违法案件的监督职责，即"监察机关依法对行政执法机关查处违法案件和移送涉嫌犯罪案件工作进行监督，发现违纪、违法问题的，依照有关规定进行处理。发现涉嫌职务犯罪的，应当及时移送人民检察院"。

2006 年《意见》"十五"中规定了监察机关对于干预、阻挠行政执法机关移送涉嫌犯罪案件的组织和个人的责任追究，即"……国家行政机关和法律、法规授权的具有管理公共事务职能的组织以及国家行政机关依法委托的组织及其工勤人员以外的工作人员，利用职权干预行政执法机关和公安机关执法，阻挠案件移送和刑事追诉，构成违纪的，监察机关应当依法追究其纪律责任"。

2006 年《意见》"十六"则明确了监察机关作为衔接协调机制的主体之一，其规定"在查办违法案件工作中，公安机关、监察机关、行政执法机关和人民检察院应当建立联席会议、情况通报、信息共享等机制，加强联系，密切配合，各司其职，相互制约，保证准确有效地执行法律"。

2011 年《意见》共规定了四个大方面十九个具体方面的内容，其中共有三个大的方面、六个具体方面的内容涉及监察机关，有关的职责、职权规定与 2006 年《意见》基本一致，具体如下。

首先，在"一、严格履行法定职责"中规定了监察机关作为违纪案件的接受主体，即"（六）行政执法机关在查处违法行为，以及公安机关在审查、侦查行政执法机关移送的涉嫌犯罪案件过程中，发现国家工作人员涉嫌贪污贿赂、渎职侵权等违纪违法线索的，应当根据案件的性质，及时向监察机关或者人民检察院移送。监察机关、人民检察院应当对行政执法机关、公安机关移送的违纪或者职务犯罪案件线索及时认真审查，依纪依法处理，并将处理结果及时书面告知行政执法机关"。

其次，在"三、加强对衔接工作的监督"中共有四个具体方面的规定涉及监察机关。

第一，在（十三）中规定了监察机关与地方人民政府、人民检察院相同的监督主体的地位，即"县级以上地方人民政府、人民检察院和监察机关要依法履行监督职责，严格责任追究，确保行政执法与刑事司法衔接工作有关制度落到实处"。

第二，在（十四）中规定了监察机关作为接受举报的主体之一，即"完善行政执法与刑事司法衔接工作举报制度。县级以上地方人民政府、人民检察院和监察机关对行政执法机关应当移送涉嫌犯罪案件而不移送或者公安机关应当受理而不受理、应当立案而不立案的举报，要认真调查处理，并将调查处理结果告知实名举报人。人民检察院、监察机关在调查时，应当及时向行政执法机关、公安机关查询案件情况，必要时，可以派人查阅、复印案件材料，行政执法机关、公安机关应当予以配合"。

第三，在（十七）、（十八）中规定了人民检察院对于违纪案件移送监察机关处理以及监察机关针对行政执法人员的不移送、公安机关工作人员的不受理、不立案的处理，即"（十七）人民检察院发现行政执法人员不移送涉嫌犯罪案件，公安机关工作人员不依法处理、立案，需要追究行政纪律责任的，应当将可以证明违纪违法事实的材料移送监察机关，由监察机关依纪依法处理；涉嫌犯罪的，应当依法追究刑事责任"，"（十八）监察机关发现行政执法人员不移送涉嫌犯罪案件，公安机关工作人员不依法受理、立案，违反行政纪律、需要追究责任的，应当依纪依法处理；情节严重、涉嫌犯罪的，应当移送人民检察院。对行政执法机关或者人民检察院移送监察机关的违纪案件线索，监察机关应当及时受理，认真审查，依纪依法处理，并将处理结果及时书面告知移送案件线索的行政执法机关或者人民检察院"。

第四，在"四、切实加强组织领导"中规定了要加大监察机关相关工作人员的培训力度，即"……加大培训力度，使行政执法人员和公安机关、监察机关、检察机关相关工作人员熟悉行政执法与刑事司法衔接工作的有关知识和具体要求，强化依法移送、依法办案的意识"。

3. 上级行政执法机关、本级或者上级人民政府的监督。规定上级行政执法机关、本级或者上级人民政府具有监督行政处罚与刑事制裁衔接职责的是 2001 年《国务院规定》和 2011 年《意见》。

2001 年《国务院规定》中有 3 个条文涉及人民政府的监督职责，分别是第十五条、第十六条和第十七条。

第十五条规定的是本级或者上级人民政府以及上级行政机关针对行政执法机关隐匿、私分或者销毁涉案物品的行为进行的责任追究措施，即"行政执法机关违反本规定，隐匿、私分、销毁涉案物品的，由本级或者上级人民政府，或者实行垂直管理的上级行政执法机关，对其正职负责人根据情节轻重，给予降级以上的行政处分；构成犯罪的，依法追究刑事责任。对前款所列行为直接负责的主管人员和其他直接责任人员，比照前款的规定给予行政处分；构成犯罪的，依法追究刑事责任"。

第十六条规定的是本级或者上级人民政府以及上级行政机关针对行政执法机关逾期不移送、不移送或者以罚代刑的违法行为进行的责任追究措施，即"行政执法机关违反本规定，逾期不将案件移送公安机关的，由本级或者上级人民，或者实行垂直管理的上级行政执法机关，责令限期移送，并对其正职负责人或者主持工作的负责人根据情节轻重，给予记过以上的行政处分；构成犯罪的，依法追究刑事责任。行政执法机关违反本规定，对应当向公安机关移送的案件不移送，或者以行政处罚代替移送的，由本级或者上级人民政府，或者实行垂直管理的上级行政执法机关，责令改正，给予通报；拒不改正的，对其正职负责人或者主持工作的负责人给予记过以上的行政处分；构成犯罪的，依法追究刑事责任。对本条第一款、第二款所列行为直接负责的主管人员和其他直接责任人员，分别比照前两款的规定给予行政处分；构成犯罪的，依法追究刑事责任"。

第十七条针对的是本级或者上级人民政府针对公安机关不接受、逾期不立案或不立案的违法行为进行的责任追究措施，即"公安机关违反本规定，不接受行政执法机关移送的涉嫌犯罪案件，或者逾期不作出立案或者不予立案的决定的，除由人民检察院依法实施立案监督外，由本级或者上级人民政府责令改正，对其正职负责人根据情节轻重，给予记过以上的行政处分；构成犯罪的，依法追究刑事责任。对前款所列行为直接负责的主管人员和其他直接责任人员，比照前款的规定给予行政处分；构成犯罪的，依法追究刑事责任"。

2011年《意见》的"三、加强对衔接工作的监督"中的（十三）、（十四）、（十五）涉及人民政府的监督职责，其中（十三）、（十四）是将人民政府、人民检察院和监察机关作为一个整体明确监督职责的，其规定"县级以上人民政府、人民检察院和监察机关要依法履行监督职责，严格责任追究，确保行政执法与刑事司法衔接工作有关制度落到实处""县级以上地方人民政府、人民检察院和监察机关对行政执法机关应当移送涉嫌犯罪案件而不移送或者公安机关应当受理而不受理、应当立案而不立案的举报，要认真调查处理，并将调查处理结果告知实名举报人"。(十五)规定的是"行政执法机关不移送涉嫌犯罪案件或者逾期未移送的，由本级或者上级人民政府，或者实行垂直管理的上级行政机关，责令限期移送；情节严重的，对负有责任的主管人员和其他直接责任人员依法给予处分。……"

(二) 法律责任

针对行政处罚与刑事责任衔接中违法行为应承担的法律责任，除2004年《意见》外，其余1部行政法规和3部规范性文件，以及《行政处罚法》《刑法》中都有相关的规定，其中2001年《国务院规定》中的规定最为详尽。

1. 违法行为及其实施主体。2001年《国务院规定》将违法行为分为四类：(1)行政执法机关违反本规定，隐匿、私分、销毁物品的行为；(2)行政执法机关违反本规定，逾期不将案件移送公安机关的行为；(3)行政执法机关违反本规定，对应当向公安机关移送的案件不移送，或者以行政处罚代替移送的行为；(4)公安机关违反本规定，不接受行政执法机关移送的涉嫌犯罪案件，或者逾期不作出立案或者不立案决定的行为。违法行为的实施主体有：行政执法机关和公安机关。

2001年《人民检察院规定》将违法行为分为三类：(1)有关行政执法人员涉嫌犯罪的行为；(2)有关公安人员涉嫌犯罪的行为；(3)人民检察院不依法办理以及办理过程中的违法违纪的行为。违法行为的实施主体是行政执法人员、公安人员、人民检察院。

2006年《意见》将违法行为分为三类：(1)行政执法人员徇私舞弊，对依法应当移送的涉嫌犯罪案件不移送，情节严重的行为；(2)国家机关工作人员以及在依照法律、法规规定行使国家行政管理职权的组织中从事公务的人员，或者在受国家机关委托代表国家机关行使职权的组织中从事公务的人员，或者虽未列入国家机关编制但在国家机关中从事公务的人员，利用职权干预行政执法机关和公安机关执法，阻挠案件移送和刑事追诉、构成犯罪的行为；（3）国家行政机关和法律、法规授权的具有管理公共事务职能的组织以及国家行政机关依法委托的组织及其工勤人员以外的工作人员，利用职权干预行政执法机关和公安机关执法，阻挠案件移送和刑事追诉，构成违纪的行为。违法行为的实施主体，除了行政执法人员外，强调的主要是承担公务的人员，具有利用职权的便利干预、阻挠行政执法机关移送涉嫌犯罪的案件和公安机关的受理、立案。

2011 年《意见》涉及违法行为有两类：（1）行政执法机关不移送涉嫌犯罪案件或者逾期未移送的行为；（2）行政执法人员不移送涉嫌犯罪案件，公安机关工作人员不依法受理、立案，违反行政纪律、需要追究责任的行为。违法行为的实施主体有：行政执法机关、行政执法人员、公安机关工作人员。

1996 年《行政处罚法》中确定的违法行为是"行政机关为牟取本单位私利，对应当依法移交司法机关追究刑事责任的不移交，以行政处罚代替刑罚的行为"。实施主体只是行政机关。

1997 年《刑法》中确定的犯罪行为是"行政执法人员徇私舞弊，对依法应当移交司法机关追究刑事责任的不移交，情节严重的行为"。犯罪行为的实施主体是行政执法人员。

2. 追究法律责任的主体。从相关的规定来看，追究法律责任的主体较为多样。根据 2001 年《国务院规定》，追究行政执法机关的主体是本级或者上级人民政府，或者实行垂直管理的上级行政执法机关，追究公安机关责任的主体是本级或者上级人民政府。2001 年《人民检察院规定》中追究法律责任的主体都是人民检察院。2006 年《意见》中追究法律责任的主体是人民检察院和监察机关，其中人民检察院都是作为追究刑事责任的主体，监察机关是追究行政责任的主体。2011 年《意见》中确定的追究责任的主体是本级或者上级人民政府，或者实行垂直管理的上级行政机关以及监察机关，其中本级或者上级人民政府，或者实行垂直管理的上级行政机关针对的是行政执法机关的违法行为，监察机关针对的是行政执法人员的违法行为。《行政处罚法》中确定的追究法律责任的主体是上级行政机关或者有关部门。《刑法》第四百零二条虽然没有明确规定追究责任的主体，但该犯罪行为的追究主体是人民检察院和公安机关。

3. 承担法律责任的方式。由于 2001 年《人民检察院规定》和 2006 年《意见》中关于法律责任承担方式的规定极为简单，只是简单地强调了追究刑事责任和纪律，就不作过多讨论。从 2001 年《国务院规定》和 2011 年《意见》以及《行政处罚法》的规定来看，三者有关法律责任承担方式的规定是不尽相同的。

2001 年《国务院规定》将行为人和行为人直接负责的主管人员和其他直接责任人员分开进行规定，对行为人而言，承担责任的正职负责人或者主持工作的负责人。行为人的正职负责人或主持工作的负责人应承担的行政责任有两类：一是降级以上的行政处分；二是记过以上的行政处分。降级以上的行政处分只适用于一种违法行为，即"行政执法机关违反本规定，隐匿、私分、销毁物品的行为"。对于行为人直接负责的主管人员和其他直接责任人员则比照正职负责人或主持工作的负责人承担相应的法律责任。涉嫌犯罪的，自然应追究刑事责任。

2011 年《意见》则将行政执法机关与行政执法人员分开进行规定，对于行政执法机关而言，只有在情节严重的情况下，才对负有责任的主管人员和其他直接责任人员依法给予处分。对于行政执法人员、公安机关工作人员则无此要求，只要行政执法人员不移送涉嫌犯罪案件，公安机关工作人员不依法受理、立案，就属于违反行政纪律，监察机关就需要追究相应的行政责任。

《行政处罚法》针对的是行政机关，该机关为牟取本单位私利，对应当依法移交司法机关追究刑事责任的不移交，以行政处罚代替刑罚的行为，由上级行政机关或者有关部门追究责任，首先是责令行政机关改正违法行为，拒不纠正的，对直接负责的主管人员给予行政处分；其次是徇私舞弊、包庇纵容违法行为的，依照刑法有关规定追究刑事责任。

《刑法》针对的只是行政执法人员，承担的刑事责任是"处三年以下有期徒刑或者拘役；造成严重后果的，处三年以上七年以下有期徒刑"。

第三节　衔接困境的表现

行政处罚与刑事处罚衔接的困境主要体现在实体、程序以及监督等三个方面。

一、实体衔接上的困境

所谓实体上的衔接主要涉及行政执法机关如何判断违法行为是否已经构成犯罪，以及针对违法犯罪行为在追究刑事责任时已经实施了行政处罚应如何折抵的问题。目前实践中的困境主要体现在以下三个方面：一是如何认定违法行为已经构成犯罪；二是如何认定违法行为与犯罪行为是同一行为；三是行政处罚如何与刑事处罚进行折抵。

（一）如何认定"构成犯罪"

行政处罚与刑事处罚衔接的前提就是违法行为涉嫌构成犯罪，因此，判断某一违法行为是否涉嫌构成犯罪就成为衔接中首先需要解决的问题。《行政处罚法》第七条第二款规定"违法行为构成犯罪，应当依法追究刑事责任，不得以行政处罚代替刑事处罚"。第二十二条进一步强调了"违法行为构成犯罪的，行政机关必须将案件移送司法机关，依法追究刑事责任"。2001 年《国务院规定》第三条也指出了"行政执法机关在依法查处违法行为过程中，发现违法事实涉及的金额、违法事实的情节、违法事实造成的后果等，……涉嫌构成犯罪，依法需要追究刑事责任的，必须依照本规定向公安机关移送"。虽然从文字的表述来看，2001 年《国务院规定》中的表述与《行政处罚法》中的表述有些许差异，尤其是用"涉嫌构成犯罪"代替"构成犯罪"，但是从这三个条文表达的实际意图来看，都是为了强调，"两法"衔接的前提是"违法行为构成犯罪"，或"涉嫌构成犯罪"，并且这一判断的主体还是行政执法机关。对此，我们需要思考的是，行政执法机关具有判断某一违法行为是否构成（或涉嫌构成）犯罪的资格或能力吗？

由于犯罪是一种严重的危害社会的行为，因此，古今中外各个国家都规定了严厉的制裁措施，其不仅可以剥夺犯罪人的财产权利和人身自由，甚至可以剥夺犯罪人的生命。这种严厉的制裁措施所产生的影响具有正反两方面的作用：一方面可以有效地打击威慑违法犯罪行为；但另一方面这种严厉的制裁措施一旦使用不当，则对于公民的人身、财产的损害也是巨大的，有些甚至是无法挽回的，如死刑判决。因此，自资产阶级革命以来，对于犯罪的认定以及刑罚的实施都采取了极为严格的标准与程序。早在 1215 年 6 月 15 日，英国国王约翰被迫签署的第一部资产阶级的宪法性文件——《自由大宪章》的第 38 项就明确规定了"任何自由人，如未经其同级贵族之依法裁判，或经国法判决，皆不得被逮捕、监禁、没收财产、剥夺法律保护权、流放，或加以任何其他损害。"这也是"正当程序"（dueprocess）原则的渊源，其核心强调的是任何人不经依法审判不得宣判为有罪并施以刑罚措施。法国 1789 年的《人权与公民权宣言》第 9 条也规定了"任何人在其未被宣告为犯罪以前应推定为无罪"。1966 年 12 月 16 日第 21 届联大通过的《公民权利和政治权利国际公约》以及《公民权利和政治权利国际公约任意议定书》中也规定了无罪推定原则，即"凡受刑事控告者，在未依法证实有罪之前，应有权被视为无罪"。

我国现行《刑法》与《刑事诉讼法》也就什么样的违法行为是犯罪行为以及由哪个主体来判断违法行为是否构成犯罪作出了明确的规定。《刑法》第三条规定了"罪刑法定"原则，即"法律明文规定为犯罪行为的，依照法律定罪处罚；法律没有明文规定为犯罪行为的，不得定罪处罚"。《刑事诉讼法》第一百七十三条和第一百九十五条则将判断违法行为是否构成犯罪的主体分别赋予了人民检察院和人民法院。第一百七十三条规定了人民检察院应当作出不起诉决定和可以作出不起诉决定的两种情形：应当不起诉的情形是指"犯罪嫌疑人没有犯罪事实，或者有该法第十五条规定的情形之一的"；可以不起诉的情形是指"对于犯罪情节轻微，依照刑法规定不需要判处刑罚或者免除刑罚的"。显然第一百七十三条将不起诉，即不构成犯罪的判断权赋予了检察机关。第一百九十五条规定了人民法院对于被告人三种情形下的认定方式：案件事实清楚，证据确实、充分，依据法律认定被告人有罪的，应当作出有罪判决；依据法律认定被告人无罪的，应当作出无罪判决；证据不足，不能认定被告人有罪的，应当作出证据不足、指控的犯罪不能成立的无罪判决。显然，根据《刑法》和《刑事诉讼法》的规定，对于违法行为是否构成犯罪的判断主体只能是人民检察院和人民法院。因此，如果行政执法机关认定某一违法行为构成（或涉嫌构成）犯罪是否是有罪推定的表现呢？

此外，由于应受行政处罚的一般违法行为与应受刑事处罚的犯罪行为在构成要件上的不同，也使得行政执法人员在知识储备上不具备判断某一违法行为是否构成犯罪的能力。根据《行政处罚法》第三条第一款中的规定，行政处罚的基本功能是维护社会正常发展所需要的"行政管理秩序"。行政处罚的这一基本功能回应在应受行政处罚的一般违法行为的构成要件上，有时它并不要求行政相对人主观上是否存在故意或过失的心理状态，而是以"客观归罪"原则追究其法律责任，其法理基础是"推定过失"，即无论相对人主观上是否有故意或过失，只要其行为在客观上对行政管理秩序产生危害性，即推定其为过失，具有当罚性。但是在刑事犯罪行为的认定上，这种"推定过失"的构成要件是绝对不允许的，即便是过失犯罪，也必须以法律的明确规定为前提。

对于应受行政处罚的一般违法行为在构成要件上不需要考察行政相对人的主观上的状态，从《商标法》的修改中也可以看出一般违法行为不需要主观上的故意或过失这一要件。如1993年《商标法》的第三十八条规定的是侵犯注册商标专用权的违法行为，其中第（二）项规定的是"销售明知是假冒注册商标商品的"，该项强调了行为人违法的主观状态是"明知"。但在随后的2001年以及2013年《商标法》的修改中，都将"明知"删去，直接表达为"销售侵犯注册商标专用权的商品"，其中2001年《商标法》涉及的条文是第五十二条第一款第（二）项、2013年《商标法》涉及的条文是第五十七条第一款第（三）项。可见，从立法者的角度来看，其也认为应受行政处罚的违法行为不需要主观方面的要件。

另外，从犯罪行为发生的过程来看，存在着既遂、预备、未遂、中止等各种形态，而应受行政处罚的一般违法行为则不存在这些形态。这些不同也在实践中产生了影响。

（二）如何认定违法、犯罪"行为"的同一性

第14号案例"裁判要旨"中明确指出"税务机关在发现涉嫌犯罪并移送公安机关进行刑事侦查后，不再针对同一违法行为作出行为罚和申诫罚以外的行政处罚"。这句话最核心的关键词应是"同一"，即针对"同一"违法行为不得再作出行为罚和申诫罚以外的行政处罚。此外，《行政处罚法》中也规定了"违法行为构成犯罪，应当依法追究刑事责任，不得以行政处罚代替刑事处罚"。该句虽没有明确提到"同一"违法行为，但显然这里指的违法行为是"同一"违法行为。因此，违法行为的"同一性"判断就成为了"两法"衔接中的关键，但由于立法技术上的原因，使得"同一性"判断成为了实践中的一大难题。

我国现行法律中，就"两法"衔接的规定模式，大体可以分为三种：第一种模式是在"法律责任"部分用一个法律条文笼统规定"违反本法规定，构成犯罪的，依法追究刑事责任"，如《公司法》的第二百一十五条、《证券法》的第二百三十一条。第二种模式是直接在某一具体法律条文中，针对某一违法行为先规定行政处罚，然后再规定构成犯罪的，依法追究刑事责任，如《税收征收管理法》中就是这么规定的。该法第六十五条规定"纳税人欠缴应纳税款，采取转移或者隐匿财产的手段，妨碍税务机关追缴欠缴的税款的，由税务机关追缴欠缴的税款、滞纳金，并处欠缴税款百分之五十以上五倍以下的罚款；构成犯罪的，依法追究刑事责任"。第三种模式是既在法律中用一条文笼统规定"构成犯罪应追究刑事责任"，又在具体条文中规定行政处罚后，再明示追究刑事责任，《商标法》就是如此规定的。该法第六十一条规定"对侵犯注册商标专用权的行为，工商行政管理部门有权依法查处；涉嫌犯罪的，应当及时移送司法机关依法处理"，第六十八条第一款规定"商标代理机构有下列行为之一的，由工商行政管理部门责令限期改正，给予警告、处一万元以上十万元以下的罚款；对直接负责的主管人员和其他直接责任人员给予警告，处五千元以上五万元以下的罚款；构成犯罪的，依法追究刑事责任……"。

　　相对于第一种立法模式而言，行政执法人员对于第二种、第三种立法模式中同一违法行为是否构成犯罪有一直观的判断，依据同一法律条文就能判断某一违法行为是否会涉嫌犯罪而应移送司法机关追究刑事责任。但是，在第一种立法模式下，行政执法人员针对同一违法行为是否构成犯罪的判断就不是那么容易的了，以《证券法》为例，该法第十一章"法律责任"中涉及应受行政处罚的行政违法行为有48种，而根据《刑法》中的规定，涉及证券领域的犯罪行为有19种，仅仅从数字上分析，就有29种违法行为只会受到行政处罚，而不会受到刑事制裁。显然，在这样的一种立法模式下，行政执法人员对于违法行为的"同一性"判断必会产生问题。而且，大多数案件涉及的都不是一个违法行为，如有些违法行为涉及犯罪，有些违法行为不涉及犯罪，这时如何判断违法行为的"同一性"又更是难上加难。

　　即便在第二种、第三种立法模式下，违法行为的"同一性"判断也会存在问题，这在第14号案例中就有体现。该案中，税务机关针对的是橡胶公司偷税行为。依据《税收征收管理法》第六十三条第一款的规定作出行政处罚，法院认定橡胶公司的行为构成虚开增值税专用发票罪，依据《刑法》第二百零五条的规定作出刑罚处罚。那么偷税行为与虚开增值税专用发票的行为是不是"同一"违法行为呢？就该案而言，就"同一性"存在两个方面的问题：第一，《税收征收管理法》第六十三条界定的违法行为是偷税，该条第一款规定"纳税人伪造、编造、隐匿、擅自销毁账簿、记账凭证，或者在账簿上多列支出或者不列、少列收入，或者经税务机关通知申报而拒不申报或者进行虚假的纳税申报，不缴或者少缴应纳税款的，是偷税。对纳税人偷税的，由税务机关追缴其不缴或者少缴的税款、滞纳金，并处不缴或者少缴税款百分之五十以上五倍以下的罚款；构成犯罪的，依法追究刑事责任"。对应的犯罪行为应是《刑法》第二百零一条界定的逃避缴纳税款罪，该条第一款规定的是"纳税人采取欺骗、隐瞒手段进行虚假纳税申报或者不申报，逃避缴纳税款数额较大并且占应纳税额百分之十以上的，处三年以下有期徒刑或者拘役，并处罚金；数额巨大并且占应纳税额百分之三十以上的，处三年以上七年以下有期徒刑，并处罚金"，而不应是《刑法》第二百零五条规定的虚开增值税专用发票罪。第二，虚开增值税专用发票的行为一经作出就构成了犯罪，不存在所谓的应受行政处罚的一般违法行为。《刑法》第二百零五条第一款规定"虚开增值税专用发票或者虚开用于骗取出口退税、抵扣税款的其他发票的，处三年以下有期徒刑或者拘役，并处二万元以上二十万元以下罚金……"，显然，从该款的规定来看，虚开增值税专用发票罪是没有对应的违反行政法律规范的一般违法行为之说的，自然也就不存在"同一性"判断问题了。虽然，该案在裁判要旨中强调的是"同一"违法行为，但从案件事实、适用法律及最后裁判来看，涉及的并不是"同一"违法行为，而是"同一"案件。

（三）如何进行"折抵"

所谓"折抵"，是指涉嫌犯罪的违法行为在移送司法机关追究刑事责任前已经作出的行政处罚应在随后的刑事处罚中予以抵扣。早在 1957 年 9 月 30 日，最高人民法院在其作出《关于行政拘留日期是否应折抵刑期等问题的批复》中就对行政拘留应折抵刑期作出明确的答复，1981 年 7 月 6 日又对劳动教养日期可否折抵刑期问题作出了肯定的答复。《行政处罚法》第二十八条明确规定了折抵的方法，"违法行为构成犯罪，人民法院判处拘役或者有期徒刑时，行政机关已经给予当事人刑事拘留的，应当依法折抵相应刑期。违法行为构成犯罪，人民法院判处罚金时，行政机关已经给予当事人罚款的，应当折抵相应罚金"。2001 年《国务院规定》第十一条第三款中也就罚款和罚金之间的折抵重复了《行政处罚法》中的规定。

从这些规定中可以看出，"折抵"只会发生在财产罚和自由罚之中。由于劳动教养的废除，使得人身自由处罚之间的衔接已不存在什么问题，根据《治安管理处罚法》第十六条中的规定"行政拘留处罚合并执行的，最长不超过二十日"，最长 20 日的行政拘留时间远远低于刑事判决中限制人身自由的制裁，因此，人身自由处罚中的"折抵"不是问题。存在的问题主要体现在财产罚中，首先需要思考的是罚款如何与罚金之间进行折抵。罚款是行政处罚中适用最广泛的一种形式，指行政主体强制违法的行政相对人承担金钱给付义务的处罚形式，主要适用于以牟取非法经济利益为目的的行政违法行为，或者适用于通过剥夺违法者财产来补偿因违法行为造成经济损失的领域。罚金是人民法院判处犯罪分子向国家缴纳一定数额金钱的刑罚方法，是刑罚的附加刑之一。根据《行政处罚法》第二十八条中的规定"人民法院判处罚金时，行政机关已经给予当事人罚款的，应当折抵相应罚金"，仅从规范的角度分析，这句话所预设的含义有两点：第一，罚款应当折抵罚金；第二，折抵的前提就是罚款的数额少于罚金。那么如果罚款的数额高于罚金的数额该如何？事实上这绝不仅仅是假设，行政执法机关针对违法行为的巨额罚款是屡见不鲜。

以中国证券监督管理委员会（以下简称"中国证监会"）所作出的罚款为例，除 2013 年 11 月针对"光大证券乌龙指事件"引发的内幕交易违法行为所作出的"中国证券史上最重的处罚"外，2001 年至 2011 年 11 年间，中国证监会作出行政处罚决定书中超过千万元以上的罚款有 8 份，其中亿元以上的罚款有 3 份。如此巨额罚款所涉违法行为是否涉嫌构成犯罪在"光大证券乌龙指事件"的讨论中不少学者提出质疑。如涉嫌犯罪移送司法机关，在已作出如此巨额罚款之下，法院如何再次进行罚金，以及如何进行折抵。在第 14 号案例中虽然判决撤销了国税局作出的《税务行政处罚决定书》，使得该行政处罚决定书失去了强制执行的效力，但仍能从该行政处罚决定中看出，针对违法行为行政机关作出的罚款数额是 520.342533 万元，而法院作出的罚金数额则是 150 万元，显然罚款的数额远远高于罚金的数额。

这种罚款的数额远远高于罚金的数额，不仅仅使得"折抵"成为一句空话，有时甚至会影响到刑罚中罚金刑的判决和执行。之所以会出现这种倒挂现象，即行政处罚中罚款数额高于刑事处罚的罚金数额，是与我国现行的立法有关的。以"操作证券市场"为例，《证券法》第二百零三条规定了"违反本法规定，操纵证券市场的，责令依法处理非法持有的证券，没收违法所得，并处违法所得一倍以上五倍以下的罚款；没有违法所得或者违法所得不足三十万元的，处以三十万元以上三百万元以下的罚款。单位操纵证券市场的，还应当对直接负责的主管人员和其他直接责任人员给予警告，并处以十万元以上六十万元以下的罚款"，这里对于"操纵证券市场"的一般违法行为所应作出罚款的数额比例已作出了明确的规定，行政执法机关的裁量必须在这一条款规定的幅度范围内。《刑法》第一百八十二条"操纵证券、期货市场罪"中的规定是"有下列情形之一，操纵证券、期货市场，情节严重的，处五年以下有期徒刑或者拘役，并处或者单处罚金；情节特别严重的，处五年以上十年以下有期徒刑，并处罚金。……单位犯前款罪的，对单位判处罚金，并对其直接负责的主管人员和其他直接责任人员，依照前款的规定处罚。"这里对于"操纵证券市场"的犯罪行为所应作出的罚金数额并没有规定具体的数额，结合《刑法》第五十二条的规定"判处罚金，应当根据犯罪情节决定罚金数额"。因此，在决定罚金数额时必须全面考察犯罪情节。此外，还应酌情考虑犯罪人的经济状况。这就意味着即使"操纵证券市场"的违法行为没有违法所得，证监会仍必须作出三十万元以上三百万元以下的罚款，但是法院则可能会因没有违法所得，或者犯罪嫌疑人的经济状况而不作出罚金的处罚，或数额较少的罚金。

此外，还需要思考的是行政处罚中的"没收"与刑罚中"没收"的衔接。同样是"没收"，根据《行政处罚法》第八条的规定，行政处罚中没收的是违法所得与非法财物，而根据《刑法》第五十九条的规定，没收财产是没收犯罪分子个人所有财产的一部或者全部，所指应是合法财产。而对于违法所得和非法财物，根据《刑法》第六十四条的规定，使用的是"追缴"和"没收"，即"犯罪分子违法所得的一切财物，应当予以追缴或者责令退赔；……违禁品和供犯罪所用的本人财物，应当予以没收。"虽然，这里也使用了"没收"的概念，但与附加刑的"没收"不是一个概念，更类似于行政处罚中的"没收"，但不具有惩罚性。立足于这一视角考虑，即使行政处罚中对于违法行为人实施了"没收"的行政处罚，并不影响刑罚处罚附加刑"没收"的判决。

二、程序衔接上的困境

程序衔接，是指一旦违法行为涉嫌构成犯罪，行政执法机关应当及时移送司法机关追究刑事责任。目前存在的困境主要体现在这样四个方面：一是谁来移送；二是如何移送的问题；三是移送什么，即证据如何衔接的问题；四是移送给哪个主体的问题。

（一）谁来移送

就行政处罚与刑事处罚衔接的制度设置而言，这应不是问题，移送的主体只能是行政执法机关，而不可能是刑事司法机关，但是具体到某一执法领域显然就并非如此简单了，以证券另行政处罚与刑事制裁为例，具体由哪一证券执法机关移送就是首先需要解决的问题。

根据《证券法》《行政处罚法》等法律法规的规定，中国证监会制定了具体的证券期货案件调查规则，对涉嫌违法违规行为进行调查的立案过程有明确规定，其基本程序为：证券监管机构有关部门在日常监督检查、专项核查中，发现涉嫌违反证券期货法律、法规和行政规章行为时，应当提出立案建议。根据 2006 年 7 月 17 日制定的《中国证券监督管理委员会案件调查实施办法》规定，具体的立案操作程序有四种情况：第一，证监会机关日常监管部门提出的立案建议，会商调查部门，报证监会负责人批准；第二，证监会调查部门可直接提出立案建议，报证监会负责人批准；第三，派出机构立案，由日常监管处室、稽查处室提出建议，派出机构负责人批准；第四，证监会负责人可根据上级指示、其他部门通报、重要情况和线索，直接批示立案。

根据"查审分离"的原则，证监会在对相关违法案件立案后，发现可能涉嫌犯罪，在三种情况下移送公安机关进行审查：第一种情况，在案件的调查阶段，相关的违法行为涉嫌构成犯罪，由稽查部门将案件移送公安部证券犯罪侦查局；第二种情况，在案件的审理阶段，相关的违法行为涉嫌犯罪，由行政处罚委员会将案件移送公安部证券犯罪侦查局；第三种情况，派出机构立案的相关案件，相关的违法行为涉嫌犯罪，如系重大案件则上报稽查部移送公安部证券犯罪侦查局，如系一般案件则直接移送派出机构所在地公安局的经侦部门（如非法经营罪）。三种情况下的立案及移送情况见下图。

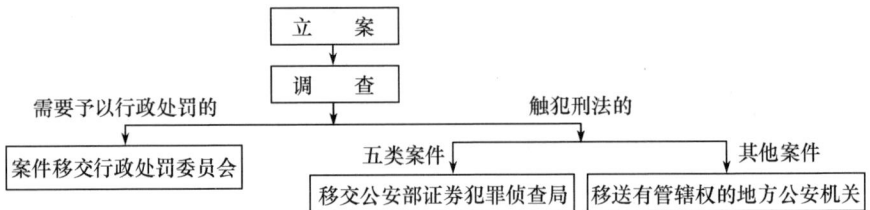

立　案
↓
调　查

需要予以行政处罚的 ——→ 案件移交行政处罚委员会

触犯刑法的 ——→ 五类案件 ——→ 移交公安部证券犯罪侦查局
　　　　　　　　其他案件 ——→ 移送有管辖权的地方公安机关

一、稽查部门立案与移送

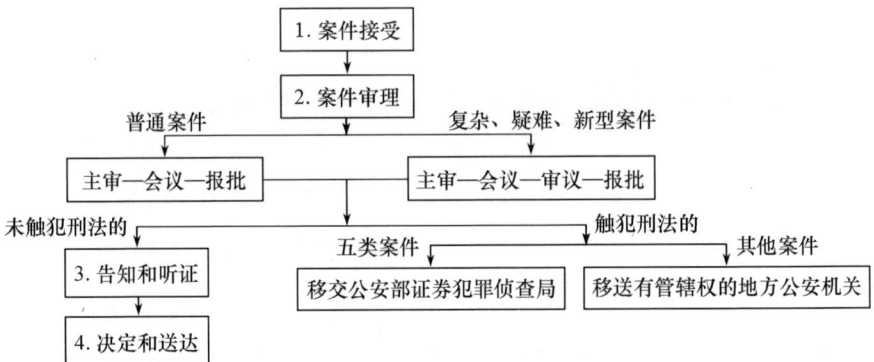

1. 案件接受
↓
2. 案件审理

普通案件 ——→ 主审—会议—报批
复杂、疑难、新型案件 ——→ 主审—会议—审议—报批

未触犯刑法的 ——→ 3. 告知和听证 ——→ 4. 决定和送达

触犯刑法的 ——→ 五类案件 ——→ 移交公安部证券犯罪侦查局
　　　　　　　　其他案件 ——→ 移送有管辖权的地方公安机关

二、行政处罚委员会审理与移送

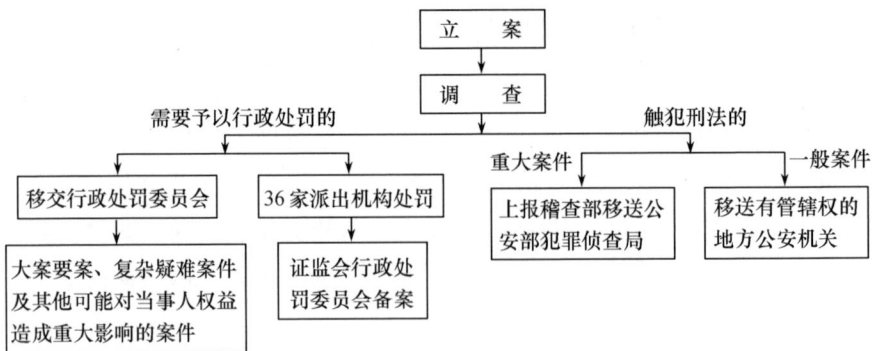

立　案
↓
调　查

需要予以行政处罚的：
　移交行政处罚委员会 ——→ 大案要案、复杂疑难案件及其他可能对当事人权益造成重大影响的案件
　36家派出机构处罚 ——→ 证监会行政处罚委员会备案

触犯刑法的：
　重大案件 ——→ 上报稽查部移送公安部犯罪侦查局
　一般案件 ——→ 移送有管辖权的地方公安机关

三、派出机构立案、审理及移送

在相关违法行为涉嫌犯罪后，证监会内能够移送的主体有调查部门、审理部门以及派出机构。调查部门，即稽查局在案件的调查阶段，如认

为相关的违法行为涉嫌构成犯罪，应将案件移送公安部证券犯罪侦查局。审理部门，即行政处罚委员在案件的审理阶段，如认为相关的违法行为涉嫌犯罪，也应将案件移送公安部证券犯罪侦查局。派出机构，如认为相关的违法行为涉嫌犯罪，如系重大案件则上报稽查部移送公安部证券犯罪侦查局，如系一般案件则直接移送派出机构所在地公安局的经侦部门。

此外，自 2010 年 10 月，证监会试点在上海证监局、广东证监局、深圳证监局等三个派出机构开展行政处罚的试点工作。2013 年 7 月发布《中国证券监督管理委员会派出机构行政处罚工作规定》，决定自 2013 年 10 月 1 日起 36 家派出机构均可行使行政处罚权。由于《中国证券监督管理委员会派出机构行政处罚工作规定》也明确规定了"查审分离"的原则，因此，在派出机构内也会存在调查部门、审理部门将涉嫌犯罪案件移送公安的情况。

那么，在中国证券监督管理委员会的内设机构中，就有三个部门能够将涉嫌犯罪的证券违法行为移送公安部门。这里涉及的问题是认定标准以及部门协调的问题，即如何确定相关的违法行为是否涉嫌犯罪，如果调查部门没有认定相关的行为涉嫌犯罪移送公安机关，而是将违法行为移送处罚委员会进行行政处罚，那么处罚委员会依据什么来认定相关的行为涉嫌犯罪。此外，派出机构在面对相关的违法行为可能涉及犯罪时，也面临选择判断问题，是移送稽查局再移送公安机关，还是直接移送公安机关，目前也没有明确的规定。

（二）如何移送

对于违法行为涉嫌构成犯罪的移送问题，《行政处罚法》第二十二条的规定是"违法行为构成犯罪的，行政机关必须将案件移送司法机关，依法追究刑事责任。" 2001 年《国务院规定》第五条又具体规定了移送的执法人员、批准主体以及时限，即"行政执法机关对应当向公安机关移送的涉嫌犯罪案件，应当立即指定两名或者两名以上行政执法人员组成专案组专门负责，核实情况后提出移送涉嫌犯罪案件的书面报告，报经本机关正职负责人或者主持工作的负责人审批。行政执法机关正职负责人或者主持工作的负责人应当自接到报告之日起三日内作出批准移送或者不批准移送的决定。决定批准的，应当在二十四小时内向同级公安机关移送；决定不批准的，应当将不予批准的理由记录在案"。这一似乎很明确的规定，由于绝大多数案件中都不仅仅只是存在一个违法行为或违法主体，这就使得行政执法机关在移送过程中往往会存在着两个彼此相连的判断难题：第一，当一个案件涉及多个违法行为以及违法主体时，有些违法行为或者违法主体涉及犯罪，有些违法行为或者违法主体不涉及犯罪，是全案移送，还是仅仅将涉嫌犯罪的违法行为、违法主体移送；第二，移送后行政执法的状态问题，即行政执法机关一旦认定相关的违法行为涉嫌犯罪后，是立即中止案件审理及时移送司法机关追究刑事责任，还是可以在移送的同时继续调查并作出行政处罚决定。

对于这两个彼此相连的判断难题，2001 年《国务院规定》中的规定与第 14 号案例的判决思路似乎不太一致。

根据 2001 年《国务院规定》的第十二条、第十三条规定，对于公安机关决定立案侦查的案件，行政执法机关应当自接到通知书之日起 3 日内将涉案物品以及与案件有关的其他材料都一并移交给公安机关，只有在公安机关审查后认为没有犯罪事实或者犯罪事实显著轻微，不需要追究刑事责任，但依法应当追究行政责任的，并且将案件移送同级行政执法机关后，有关行政执法机关才能对案件作出行政处理决定。这两个条文虽然没有明确使用"中止"这一概念，但由于行政执法机关将全部案卷已经移送给公安机关，使得行政执法机关实际上处于"中止"状态，而且只有等待公安机关返还移送案卷后，才有可能作出相应的处理决定。

但是，根据第 14 号案例的裁判要旨及判决思路分析，法院采取的并不是"完全中止"，而是"有限中止"。第 14 号案例裁判要旨的第二点指出"税务机关在发现涉嫌犯罪并移送公安机关进行刑事侦查后，不再针对同一违法行为作出行为罚和申诫罚以外的行政处罚"，也就意味在行政执法机关将案件移送公安机关追究刑事责任后，仍然可以作出行为罚和申诫罚的行政处罚。一审法院的论证思路也是如此，其根据《行政处罚法》第二十八条的规定，认为"对同一违法犯罪行为，原则上只能给予一次刑事法律上的人身罚或财产罚，即使行政机关已经作出人身罚或者财产罚的行政处罚，相关的行政处罚和刑事处罚也必须进行折抵。……在司法机关对该违法犯罪行为作出最后处理之前，行政机关如在向公安机关移送之前未作出人身权和财产权的行政处罚，则不再针对同一违法行为作出该类行政处罚，否则构成程序违法。"从该判决思路上可以看出，法院不认同的是针对同一违法行为作出人身罚与财产罚，对于行为罚与申诫罚则应是允许的。但问题是，如果全部案卷已经移送公安机关了，行政执法机关依据什么作出相应的行政处理决定呢？

在具体的移送实践中，行政执法机关采用的方式则更为多样，以中国证监会为例，中国证监会在 2001 年至 2011 年共作出 428 份行政处罚决定书，其中有 10 份含有"涉嫌犯罪移送公安机关追究刑事责任"的表述。这 10 份行政处罚决定书中对于违法行为涉嫌犯罪移送司法机关追究刑事责任后如何再追究行政责任的做法有三种方式，笔者将其分别概括为"完全中止""部分中止"以及"不中止"。

"完全中止"是指行政机关将案件作为一个整体，无论有多少种违法行为，只要其中有违法行为涉嫌犯罪，则"中止"行政执法活动，先移送追究刑事责任，然后再根据刑事处罚的结果再实施行政处罚，这一做法符合 2001 年《国务院规定》中的规定。这一方式涉及的行政处罚决定书有 4 份：1 份是证监罚字［2008］25 号，该处罚决定是针对上海外高桥保税区开发股份有限公司及相关高管作出的处罚，从决定书中可知，司法机关已经对原董事、总经理史贤俊作出了刑事处罚，并依据该刑事处罚认定为情节严重，然后再针对相关行为人作出警告及罚款的处罚；1 份是证监罚字［2010］13 号，该处罚决定是针对上海宽频科技股份有限公司及相关高管的处罚，从决定书中可知，证监会是在将涉嫌犯罪的董事长张杰移送公安机关，并判处刑罚后，才针对公司及高管作出警告与罚款的处罚；1 份是证监罚字［2011］29 号，该处罚决定是针对曾任长城基金管理有限公司久富证券投资基金经理韩刚的处罚，从决定书中可知，证监会是在刑事判决后再对韩刚作出的取消基金从业资格的处罚；1 份是证监罚字［2011］52 号，该处罚决定是针对曾任光大保德信基金管理有限公司基金经理许春茂的处罚，从决定书中可知，证监会是在刑事判决后再对许春茂作出的取消基金从业资格的处罚。

"部分中止"是指行政机关将案件中涉及违法主体及违法行为，区分是否涉嫌犯罪，针对涉嫌犯罪的则移送司法机关予以追究刑事责任，然后再根据情况予以行政处罚，也就意味着针对涉嫌犯罪的违法行为的行政执法活动是"中止"了，而针对不构成犯罪的一般违法行为，则继续执法调查，并予以行政处罚。这一方式涉及的行政处罚决定书有2份：1份是证监罚字〔2002〕10号，针对的是广夏（银川）实业股份有限公司的违法行为作出的，在处罚决定书中区分了银广夏与银广夏部分责任人员的不同违法行为作出不同的处理，对银广夏处以罚款60万元，并责令其改正，对银广夏的部分责任人员则指出已移送司法机关追究其刑事责任，待司法机关查清此案后，再对其予以行政处罚；1份是证监罚字〔2005〕43号，针对福建闽发证券有限责任公司相关高管进行的处罚，处罚决定书中明确表述闽发证券案件涉嫌犯罪部分已经移送司法机关，同时作出吊销周反美、昌琳、林瑾、廖宙群、杨胜利等高管的证券从业资格证书。

"不中止"是指行政机关在认定违法行为涉嫌构成犯罪移送司法机关追究刑事责任后，并未"中止"行政执法活动，而是继续调查并作出行政处罚决定。这一方式涉及的行政处罚决定书有4份：1份是证监罚字〔2004〕31号，针对原海南港澳国际信托公司沈阳证券营业部交易部经理周林辉的违法行为作出的处罚。该处罚决定书已认定周林辉涉嫌犯罪，但仍对其处以警告，罚款10万元，并吊销证券从业资格证书的处罚。1份是证监罚字〔2006〕16号，针对科龙电器及顾雏军、刘从梦等相关人员的处罚，处罚决定书认定顾雏军等人侵占、挪用科龙电器巨额财产等涉嫌犯罪行为，并已将其依法移送公安机关查处，但同时对科龙电器、顾雏军等人处以警告和罚款的处罚。1份是证监罚字〔2009〕20号，针对的是深圳市金股之王科技有限公司及相关参与人员作出的处罚，处罚决定书认定金股之王的行为已涉嫌犯罪并决定移送公安机关，同时撤销参与人马勇、刘博威的证券投资咨询业务资格。1份是证监罚字〔2010〕

46 号，针对的是华夏建通科技开发股份有限公司及相关高管进行的处罚，处罚决定书指出，原董事长何强因涉嫌犯罪被移送公安机关，并对华夏建通及相关责任人作出警告及罚款的处罚。

对于证监会的三种方式，除了"完全中止"的做法符合 2001 年《国务院规定》外，"部分中止"和"不中止"的方式既不符合 2001 年《国务院规定》，也与第 14 号案例中的"有限中止"相距甚远。这也实际反映了行政机关对于涉嫌犯罪行为移送过程中困境。

（三）移送什么

与如何移送直接相关的一个问题是"移送什么"，即对于涉嫌犯罪的违法行为，行政执法机关应移送哪些材料给司法机关，以及司法机关对于这些材料如何认定？

对于涉嫌犯罪的违法行为，行政执法机关应移送哪些材料给司法机关，2001 年《国务院规定》与 2011 年《意见》中的规定不一致。2001年《国务院规定》采取的是"两步"移送法：第一步移送的是书面材料，具体包括涉嫌犯罪案件移送书、涉嫌犯罪案件情况的调查报告、涉案物品清单；有关检验报告或者鉴定结论；其他有关涉嫌犯罪的材料；第二步移送的是全部材料，即公安机关一旦立案后，行政执法机关应当自接到立案通知书之日起 3 日内将涉案物品以及与案件有关的其他材料全部移交公安机关。2011 年《意见》则未作"两步"移送的区分，采取的是"一并"移送法，即直接规定了"行政执法机关向公安机关移送涉嫌犯罪案件，应当移交案件的全部材料，同时将案件移送书及有关材料目录抄送人民检察院。"对于这两种不同的移送材料的规定，在实践操作中都会存在着一定的困境，对于"两步"移送法，公安机关仅仅凭书面材料是很难判断相关的违法行为是否构成犯罪，而对于"一并"移送法，由于相关的材料全部移送了公安机关，则可能导致相关的违法行为得不到及时的查处，尤其是针对违法行为人能力或资格方面的及时处罚。

司法机关对于行政执法机关移送材料的认定，即司法机关应当如何对待行政执法机关收集、调取的证据。有学者在研究中明确指出"行政执法与刑事司法相衔接的程序性设计，必须考虑的一个基础性因素是证据的衔接问题"。从相关法律的规定来看，目前行政执法证据与刑事司法证据在种类、收集主体以及认定标准上都不尽相同，这也应是在程序上导致"两法"衔接的困境之一。

首先就证据的种类而言，目前有两类证据在"两法"衔接中存在着困难。一类是"现场笔录"，该证据是《行政诉讼法》规定的一种独有的证据。与其他证据相比，现场笔录具有两个明显的特征：一是制作现场笔录的主体仅限于行政执法人员；二是现场笔录所记录的内容是正在发生或者刚刚发生的现场情况。在很多情况下，如果不及时制作现场笔录，事后取证将很困难。由于只是行政执法中特有的证据形式，那么案件移送司法机关后对其如何认定应值得关注。另一类是"专业意见"，从现有的法律规定来看，"专业意见"不是法定的证据形式，但从2011年6月23日最高人民法院《关于审理证券行政处罚案件证据若干问题的座谈会纪要》的规定来看，"专业意见"是证券行政案件的证据形式之一，并得到了最高人民法院的认可。该《纪要》的"三、关于专业意见"中的规定是"会议认为，对被诉行政处罚决定涉及的专门性问题，当事人可以向人民法院提供其聘请的专业机构、特定行业专家出具的统计分析意见和规则解释意见；人民法院认为有必要的，也可以聘请相关专业机构、专家出具意见"。但显然，目前"专业意见"不是刑事案件处理中的证据形式，这样，如证监会依据"专业意见"得出可能涉嫌犯罪移交时必将面临衔接困难的情况。

其次是证据收集的主体，根据《刑事诉讼法》第五十条的规定，刑事案件的收集主体是审判人员、检察人员以及侦查人员，即"审判人员、检察人员、侦查人员必须依照法定程序，收集能够证实犯罪嫌疑人、被告人有罪或者无罪、犯罪情节轻重的各种证据。……"虽然第五十二条第二款规定了"行政机关在行政执法和查办案件过程中收集的物证、书证、视听资料、电子证据等证据材料，在刑事诉讼中可以作为证据使用。"但这一规定存在着两个方面的问题：第一，这一规定只是初步解决了客观证据的衔接问题，而对于主观证据，如证人证言、当事人陈述（刑事诉讼中称"被害人陈述、犯罪嫌疑人、被告人供述和辩解"）等则还需要司法机关重新提取后才能作为刑事诉讼中的证据使用；第二，如何理解"可以"作为证据使用，既然使用了"可以"这一词汇，也就意味着"可以不"作为证据使用。

最后在证据的认定标准上，行政案件与刑事案件也是不尽相同的。虽然此次新修改的《行政诉讼法》第四十三条明确了"以非法手段取得的证据，不得作为认定案件事实的根据"，但是何为"非法手段"却较难界定。根据最高人民法院《关于执行〈中华人民共和国行政诉讼法〉若干问题的解释》第三十条以及《关于行政诉讼证据若干问题的规定》第五十条的相关规定，该"非法手段"应只是"被告严重违反法定程序收集的其他证据"才不能作为认定被诉行政行为合法的根据，而对于在收集证据的过程中轻微违法行为则不会影响到证据的认定。刑事案件中采取的标准则是非法证据的排除。根据《刑事诉讼法》第五十四条的规定，对于主观证据，明确规定了"采用刑讯逼供等非法方法收集的犯罪嫌疑人、被告人供述和采用暴力、威胁等非法方法收集的证人证言、被害人陈述，应当予以排除"，对于客观证据则采用的是"收集物证、书证不符合法定程序，可能严重影响司法公正的，应当予以补正或者作出合理解释；不能补正或者作出合理解释的，对该证据应当予以排除"。显然，证据认定标准的不一致也必然会导致"两法"衔接的困难。

（四）移送给哪个主体

从关于行政执法的立案管辖以及刑事司法的立案管辖等相关法律、规章的规定来看，一般都是根据属地原则来确定管辖机关的，即由违法行为发生地或犯罪地的国家相应机关立案查处。在这种情况下，当同一行为既触犯行政法规需要追究行政责任，同时又触犯刑事法律需要追究刑事责任时，从管辖的角度来看，应不会存在衔接上的问题。根据《刑事诉讼法》第十八条的规定，除了违法行为涉嫌"贪污贿赂犯罪，国家工作人员的渎职犯罪，国家工作人员利用职权实施的非法拘禁、刑讯逼供、报复陷害、非法搜查的侵犯公民人身权利的犯罪以及侵犯公民民主权利"等犯罪时，应由行政执法机关移送同级检察机关外，其余涉嫌犯罪的案件直接移送同级公安机关即可。

但是在有些领域，如金融领域，尤其是证券期货等虚拟经济、网络经济等方面，无论是行政违法行为，还是刑事犯罪行为，要确定其违法行为发生地或犯罪地，是极不容易的。因此，法律上对于金融领域的行政执法和刑事司法的管辖都作出了特殊规定，正是由于这些管辖上的特殊规定，导致了行政执法机关对于涉嫌犯罪的违法行为应移送给哪个司法机关存在着困境。

以证券领域违法、犯罪行为的衔接为例，由于证券市场的虚拟性，《证券法》第七条将全国证券市场的集中统一监督管理的职权赋予了国务院证券监督管理机构，即中国证券监督管理委员会。此外，该管理机构可以根据需要设立若干派出机构，派出机构按照授权履行监管管理职责。《证券法》第一百七十九条第一款第七项也明确规定了证券监督管理机构的职责之一是"依法对违反证券市场监督管理法律、行政法规的行为进行查处"，即明确了证券期货领域行政违法行为的查处主体是国务院证券监督管理机构，而且是唯一主体。2013 年 7 月，中国证监会发布了《中国证券监督管理委员会派出机构行政处罚工作规定》。根据该规定，自 2013 年 10 月 1 日起，除大案要案、复杂疑难案件及其他可能对当事人权益造成重大影响的案件仍由证监会机关负责审理外，36 家派出机构将按照规定对管辖范围内的自立自办案件进行审理，实施行政处罚，由证监会行政处罚委负责备案。从《证券法》以及《中国证券监督管理委员会派出机构行政处罚工作规定》的规定来分析，证券领域的行政执法管辖的设定显然不是完全按照属地原则来确定，而是首先根据案件的复杂程度在证监会与派出机构之间进行管辖划分，然后再根据属地原则在 36 家派出机构之间进行立案管辖划分。

而对于证券领域犯罪行为的立案管辖则更为复杂。根据 2005 年 2 月 28 日发布的《关于公安部证券犯罪侦查局直属分局办理证券期货领域刑事案件适用刑事诉讼程序若干问题的通知》规定，欺诈发行股票债券案件、上市公司提供虚假财会报告案件、内幕交易泄露内幕信息案件、操纵证券期货交易价格案件以及公安部交办的其他经济犯罪案件 5 类案件由证券犯罪侦查局直属分局直接立案侦查，其他案件则由有管辖权的地方公安机关管辖。从《通知》中的规定来看，目前证券期货领域的犯罪行为的立案管辖采取的也是一种不完全的属地管辖原则，管辖权的确定要根据案件的性质类型来决定。

从证券违法行为与犯罪行为的立案管辖的规定来看，无论是行政违法行为的立案管辖，还是涉嫌犯罪行为的立案管辖，都和普通的行政违法行为和涉嫌犯罪行为的立案管辖不尽相同，而且即使都属于不完全的属地管辖中的"地"的标准也完全不相同，这必然导致行政处罚与刑事处罚在立案衔接中的困境。此外，如果一起案件涉及多种犯罪类型，既有上述5种类型的犯罪，也有其他证券类型犯罪，或其他经济犯罪类型，事实上也确是如此，每一起案件几乎都涉及多个犯罪行为，那么此时的证监会及其派出机构必然面临移送给公安机关的哪一个具体部门的问题，是移送给证券犯罪侦查局及其分局，还是移送地方公安机关？

三、监督衔接上的困境

行政处罚与刑事处罚衔接过程中监督机制的设置应是衔接制度中的关键一环，自2001年《国务院规定》起至2011年《意见》等行政法规、规范性文件中都将"监督"作为衔接过程中的一项重要工作予以规定，但是在实践过程中，无论是在监督主体职责分工，还是在监督依据以及监督效果等方面都存在着一定的困境。

（一）监督主体虚置

从行政法规和4部规范性文件的规定来看，衔接中涉及的监督主体分别有人民检察院、监察机关、上级行政执法机关、本级或者上级人民政府。对于移送主体——行政执法机关而言，上述几类主体都可以行使监督职权，对于接受主体之一——公安机关对于移送案件是否立案的监督主体主要有人民检察院和本级或者上级人民政府，对于接受主体之一——人民检察院是否立案的监督主体则没有相应的规定。从相关的规定来看，监督主体的虚置主要体现在以下三个方面。

第一，人民政府如何行使监督职权。规定人民政府具有监督"两法"衔接职责的是2001年《国务院规定》和2011年《意见》。2001年《国务院规定》中有 3 个条文涉及人民政府的监督职责，分别是第十五条、第十六条和第十七条。其中第十五条、第十六条是针对行政执法机关违反该规定，如隐匿、私分、销毁涉案财物，或者逾期不将案件移送公安机关，或者对于应当向公安机关移送的案件不移送以及以行政处罚代替移送的，由本级或者上级人民政府或者实行垂直管理的上级行政执法机关，责令限期移送，并对相关责任人根据情节轻重予以行政处分，第十七条针对的是公安机关违反该规定，如不接受行政执法机关移送的涉嫌犯罪案件，或者逾期不作出立案，或者不予立案的决定的，除由人民检察院依法实施立案监督外，由本级或者上级人民政府责令改正，并对相关责任人根据情节轻重予以行政处分。

2011 年《意见》的"三、加强对衔接工作的监督"中的（十三）、（十四）、（十五）涉及人民政府的监督职责，其中（十三）、（十四）是将人民政府、人民检察院和监察机关作为一个整体明确监督职责的，其规定"县级以上人民政府、人民检察院和监察机关要依法履行监督职责，严格责任追究，确保行政执法与刑事司法衔接工作有关制度落到实处""县级以上地方人民政府、人民检察院和监察机关对行政执法机关应当移送涉嫌犯罪案件而不移送或者公安机关应当受理而不受理、应当立案而不立案的举报，要认真调查处理，并将调查处理结果告知实名举报人"。（十五）规定的是"行政执法机关不移送涉嫌犯罪案件或者逾期未移送的，由本级或者上级人民政府，或者实行垂直管理的上级行政机关，责令限期移送；情节严重的，对负有责任的主管人员和其他直接责任人员依法给予处分。……"

2011 年《意见》（十三）、（十四）更多体现的是一种宣示性规定，无实质内容，而对于 2001 年《国务院规定》以及 2011 年《意见》（十五）中的相关规定，有两点值得反思：一是已经规定了作为人民政府组成部门的监察机关在衔接工作中的监督职责，再规定人民政府的监督职责有何意义？二是虽然公安机关属于人民政府的组成部门，应接受其领导，但需要注意的是在衔接过程中，公安机关是否立案的职权应属于司法权范畴，那么作为行使行政权的人民政府如何去监督司法权的行使？

从这两点疑问以及 2011 年《意见》中的相关规定来看，人民政府监督主体地位的确定只具有象征意义，显然属于虚置主体。

第二，人民检察院对于行政执法机关移送监督的虚置。在衔接工作中，人民检察院处于非常独特的地位，既是监督主体，同时也是移送案件的接受主体，对于监督主体而言，既可以监督行政执法机关及时移送涉嫌犯罪的案件，也可以监督公安机关对于移送的涉嫌犯罪案件进行立案，为此，2001 年 12 月 3 日最高人民检察院制定并颁布了《人民检察院办理行政执法机关移送涉嫌犯罪案件的规定》。

根据该规定，作为行政执法机关移送涉嫌犯罪案件的接受主体，是由其控告检察部门受理，对于移送的涉嫌犯罪案件，控告检察部门应当登记，并指派两名以上检察人员进行初步审查。对于公安机关的立案监督，根据该规定，统一由人民检察院的侦查监督部门受理。但是对于行政执法机关不移送涉嫌犯罪案件的监督，该规定只是规定了各级人民检察院可以提出检察意见，然而由哪个部门具体负责却不清楚，显然与前两个职责都有具体部门负责外，该项职责的规定处于一种虚置的位置。

第三，对于人民检察院接受移送案件是否立案监督的虚置。从相关的规定来看，无论是针对行政执法机关对于涉嫌犯罪案件是否移送的监督，还是针对公安机关对于涉嫌犯罪的案件是否立案的监督，都有着具体明确的规定，而且都是强调外部监督。

但是对于人民检察院作为移送案件的接受主体是否立案的监督的规定就显得较为简单，而且监督的效果也值得怀疑。首先，就 1 部行政法规和 4 部规范性文件来看，只有 2001 年《人民检察院规定》中有规定，国务院行政法规和其他 3 部规范性文件中只字未提；其次，2001 年《人民检察院规定》中确定的移送监督属于内部监督，对于不立案决定有异议的，行政执法机关先向该人民检察院申请复议，对于复议决定仍然不服的，可以向上一级人民检察院申请复核。这种由最高人民检察院自己设定监督措施，并且这种监督措施还属于内部监督，其设置的意义和效果何在值得怀疑。

（二）监督依据缺失

对于公权力机关而言，监督既是一种职责，同时也是一种职权。要判断这种职权或职责的行使是否合法与有效，关键的一环就是其依据的来源是否合法。因此，对于"两法"衔接过程中监督职权或职责行使的合法性分析，首先需要思考的就是目前1部行政法规和4部规范性文件能否授予上述四种监督主体的监督职权或职责，其次需要思考的是如果这1部行政法规和4部规范文件不能授予这些监督职权或职责，那么该监督职权或者职责的行使有无其他法律上的依据，如没有，则意味着合法性存在疑问。

由于4部规范性文件主要是具体细化、明确、落实2001年《国务院规定》中的内容，因此，本部分主要需要思考的是该行政法规能否授予这些监督主体的监督职责。根据2015年修订后的《立法法》第六十五条第二款的规定，行政法规可以就两类事件作出规定：一是为执行法律的规定需要制定行政法规的事项；二是宪法第八十九条规定的国务院行政管理职权的事项。由于"两法"衔接目前还没有制定法律，因此2001年《国务院规定》不属于为执行法律规定事项的需要而予以制定，而是属于宪法第八十九条规定的国务院行政管理职权的事项。毫无疑问，衔接中行政执法事项及对其监督属于国务院行政管理职权的事项，行政法规对其予以规定的合法性是毋庸置疑的，因此，本级或者上级人民政府、垂直管理的上级行政执法机关、监察机关对于行政执法机关移送涉嫌犯罪案件进行监督的合法性是肯定的。但是，其能否规定人民检察院的监督职权（职责）呢？

对此，《立法法》第八条、第九条作出了规定，即所谓的法律保留原则，该原则要求一定的事项只能由立法机关制定的法律予以规制，其他任何规范性文件包括行政法规都不能规定。该法第八条规定了十一个方面的事项只能制定法律，其中第（二）项的规定即是"各级人民代表大会、人民政府、人民法院和人民检察院的产生、组织和职权"。第九条虽然认可了第八条规定的事项尚未制定法律的，全国人民代表大会及其常务委员会有权作出决定授权国务院可以根据实际需要，对其中的部分事项先制定行政法规，但在该条的后半部分又明确规定了，"但是有关犯罪和刑罚、对公民政治权利的剥夺和限制人身自由的强制措施和处罚、司法制度等事项除外"。显然人民检察院产生、组织和职权属于司法制度的范畴，对于人民检察院职权的规定只能由法律予以规制。因此，2001 年《国务院规定》中有关人民检察院监督职权（职责）事项的规定的合法性是值得怀疑的。

虽然 2001 年《国务院规定》中有关人民检察院职权（职责）的规定的合法性存在疑问，但是否就意味着人民检察院在行使这些职权（职责）时就是违法的呢？显然不能这么简单下结论。虽然该行政法规不能提供人民检察院行使这些职权（职责）的法律依据，但是只要有其他法律提供行使的依据，仍然应认可其行使职权（职责）的合法性。《刑事诉讼法》是保证刑罚正确实施的程序法，具体规定了各方主体在刑事诉讼过程中的权利义务，"两法"衔接的目的也就是使应追究刑事责任的违法行为人及时得到刑罚的惩处，因此其必然也要受到《刑事诉讼法》制约。从人民检察院在"两法"衔接中的监督职责来看，其包括了立案案件与移送监督，对于立案监督，其依据来自《刑事诉讼法》的第一百一十一条，该条规定"人民检察院认为公安机关对应当立案侦查的案件而不立案侦查的，或者被害人认为公安机关对应当立案侦查的案件而不立案侦查，向人民检察院提出的，人民检察院应当要求公安机关说明不立案的理由。人民检察院认为公安机关不立案理由不成立的，应当通知公安机关立案，公安机关接到通知后应当立案"。从该条的规定可以看出，人民检察院针对公安机关的立案监督是有着法律上的依据。那么，对于公安机关针对行政执法机关移送涉嫌犯罪的案件是否立案，人民检察院自然具有相应的监督职权，2001 年《国务院规定》第九条关于立案监督的规定只不过是对《刑事诉讼法》该条的规定的强调而已。

对于行政执法机关的移送监督，显然是无法从《刑事诉讼法》中找到相关依据的。那么人民检察院的这一监督职责（职权）能否从《宪法》以及《人民检察院组织法》中寻找到相关的依据呢？《宪法》第一百二十九条和《人民检察院组织法》第一条都规定了，"中华人民共和国人民检察院是国家的法律监督机关"。人民检察院的这一法律监督机关的地位能否成为其监督行政执法机关移送涉嫌犯罪的法律依据呢？即人民检察院是否具有针对行政机关的一般法律监督权呢？从历史发展的角度来看，对这一问题的回答应是否定的。

新中国的检察制度是在列宁的检察权理论基础上予以建立的。列宁的观点是，"检察长有权力和义务做的只有一件事：注意使整个共和国对法制有真正一致的理解，不管任何地方差别，不受任何地方的影响，……检察长的责任是使任何地方政权机关的任何一项决定都不同法律相抵触。"这里，列宁将全面监督法律实施的法律监督权授予了检察机关。依据这一理论建立起的新中国的检察机关虽然1954年制定的《中华人民共和国宪法》和《人民检察院组织法》都没有明确规定检察机关是"国家法律监督机关"的性质，但在具体条文中赋予了检察机关实施一般的法律监督职责（职权）。如1954年《人民检察院组织法》第三条的规定是，"最高人民检察院对于国务院所属各部门、地方各级国家机关、国家机关工作人员和公民是否遵守法律，行使检察权"；第四条第一款第一项规定是，"对于地方国家机关的决议、命令和措施是否合法，国家机关工作人员和公民是否遵守法律，实行监督"。

现行有效的1979年制定的《人民检察院组织法》和1982年制定的《宪法》第一次在宪法层面明确规定了检察机关的性质是"国家的法律监督机关"。但是在具体条文中，即《人民检察院组织法》的第五条中却取消了检察机关实施一般法律监督的职责（职权），即取消了人民检察院对国务院所属各部门，各级国家机关、国家机关工作人员和公民是否遵守法律的相关规定，保留了人民检察院行使的其他职责（职权）。显然，这样的立法规定不是无意为之，而是有意如此规定，即不赋予人民检察院针对行政执法机关及其工作人员的一般法律监督权。立足于这一分析，对于"两法"衔接中最重要的监督——人民检察院针对行政执法机关是否移送或是否及时移送涉嫌犯罪案件的监督的法律依据就处于缺失的地位，其合法性也就自然成为不容回避的问题。

（三）监督效果堪忧

对于立案监督，根据《刑事诉讼法》和2001年《人民检察院规定》以及2006年《意见》中的规定，人民检察院认为公安机关不立案理由不成立的，应当通知公安机关立案，公安机关应当在接到通知书后的十五日内立案，同时还需要将立案决定书送达人民检察院，并书面告知行政执法机关，因此，立案监督的效果应不存在太大问题。问题的关键是针对行政执法机关的移送监督的效果令人堪忧。

首先，对于人民检察院而言，由于监督依据的缺失，针对行政执法机关不移送涉嫌犯罪案件，目前能采取的措施只有两种，一种是柔性的手段——检察建议；另一种是最为严厉的手段——依据《刑法》第四百零二条，对"徇私舞弊不移交案件罪"予以惩处。根据2001年《人民检察院规定》第十二条中的规定，各级人民检察院在四种情形下可以提出检察建议：一是检察机关发现行政执法机关应当移送的涉嫌犯罪案件而不移送的；二是有关单位和个人举报的行政执法机关应当移送的涉嫌犯罪案件而不移送的；三是隐匿、销毁涉案物品或者私分涉案财物的；四是以行政处罚代替刑事追究而不移送的。但是由于检察建议的非强制性特征，相关行政执法机关能否接受人民检察院提出的移送建议还是个疑问，因此这种柔性手段的监督效果是值得怀疑的。而对于最严厉的手段——对"徇私舞弊不移交案件罪"的惩处也是要求非常严格的，从最高人民检察院检例第7号中可以看出，认定该罪的前提条件就是主观上的"徇私"——即该案中胡某、郑某所在的公平交易科因此案得到了罚款2.5万元罚款提成，因此，如没有"徇私"情节，单纯的以行政处罚代替刑事制裁是不构成犯罪的。因此，该手段对于不移送涉嫌犯罪的案件似乎也没有多大作用。

其次，对于具有监督职权的人民政府、上级行政执法机关以及监察机关而言，目前采取的都是事后追究责任，这是否与2001年《国务院规定》的立法目的不一致？

2001年《国务院规定》第一条中明确规定"为了保证行政执法机关向公安机关及时移送涉嫌犯罪案件"，其核心关键词是"及时"。但是从具体的规定来看，无论是人民政府和上级行政执法机关，还是监察机关，监督作用的发挥只是在行政执法机关违反该规定，如隐匿、私分、销毁涉案物品，以及逾期不移送，或者不移送等情况下，才给予相应的责任追究。显然，这时已经与"及时"相差较远了，监督的效果能有几何，也是值得考虑的。

第四节　衔接困境的原因

行政处罚与刑事处罚衔接过程中会产生如此多的困境，原因肯定是多方面的，既有理论研究上的原因，也有立法上的原因，还有实践操作上的因素。

一、理论研究上的原因

任何制度的建构都离不开一定理论的支撑，行政处罚与刑事处罚衔接制度的建构同样如此，自20世纪90年代初学界开始探讨行政处罚与刑罚处罚如何衔接起，至2013年党的十八届三中全会明确提出要"完善行政执法与刑事司法衔接机制"止，"两法"衔接制度的建构，尤其是2001年《国务院规定》确立的针对若干衔接的具体规则，都是与理论研究密切相关的。在该制度建立的初期，理论界先后讨论了衔接过程中应适用的规则和原则，就适用的规则而言，主要涉及"互为代替""合并适用"以及"附条件并科"，而就适用的原则而言，主要涉及的是"一事不再理"原则和"刑事优先"原则。

这些理论在讨论过程中，有些未经激烈的讨论就达成了一致的意见，如"一事不再理"原则，最早是陈兴良在1992年《论行政处罚与刑罚处罚的关系》中提到"目前司法中主要障碍就是'一事不再理'原则"，随后在2006年《意见》的制定过程中也有一种意见认为"一事不能两罚，对涉嫌犯罪的案件经行政处罚后不应再移送司法机关处理"，但随后很少再有异议公开发表。

　　有些理论则是经过了激烈的讨论，才达成基本一致的观点。如衔接适用的规则问题，这是只要涉及"两法"衔接就无法回避的问题。早在20世纪90年代初，就有学者总结了行政处罚规范与刑罚处罚规范发生竞合时应如何适用的三种观点，即"互为代替""合并适用"以及"附条件并科"三种不同的主张。随后逐步达成了一致意见，有限制地采用了"合并适用"观点，指出"当同一违法行为既违反了行政法规又触犯刑律而发生行政处罚与刑罚处罚的竞合时，应该予以合并适用。但是由于实际情况复杂，有时会出现某些不能合并或者无需合并适用的情况，因此，行政处罚与刑罚处罚的合并适用只是个一般原则，在具体合并适用时应视不同情况采用不同的方法予以衔接"。这一理论主张直接影响了制度的建立，《行政处罚法》第二十八条以及2001年《国务院规定》第十一条确立的行政处罚与刑罚的折抵办法就是"合并适用"理论的具体体现。

　　也有理论，如"刑事优先"原则，除少数学者近年来提出了一定的质疑外，绝大多数学者都明确指出，在行政处罚与刑罚处罚的衔接上必须遵循"刑事优先"原则，并且该原则直接影响了行政处罚与刑事处罚衔接制度的建构。如2001年《国务院规定》第一条就是"刑事优先"原则的具体体现。其明确指出"为了保证行政执法机关向公安机关及时移送涉嫌犯罪案件，……制定本规定"，在随后所有的相关规范性文件中都是围绕着"刑事优先"而设置各种具体规则的。

　　理论研究对于制度建构起的作用是毋庸置疑的，但如果理论研究的反思性不足，那么对于制度的进一步完善必会起到阻碍作用，具体到"两法"衔接机制的完善，首先需要认真反思的就是"刑事优先"原则。"刑事优先"原则原本是处理刑民交叉时所适用之原则，指遇有同一犯罪嫌疑人既涉及刑事案件又涉及民事案件时，民事案件不得先于刑事案件审理和裁判，而须让位于刑事案件，以保障刑事案件的优先审理和裁判。在行政处罚与刑事处罚衔接理论研究之初，学者们几乎不假思索就将该原则引进，而引入该原则的理由则主要有"实行'刑事优先'原则有利于打击犯罪，实行刑法的防卫机能"，还有学者指出采用"刑事优先"原则的理由之一就是"刑罚处罚与行政处罚相比，制裁程度更为严厉，应优先施行"。

对此，姑且不谈在刑民交叉领域已经逐步放弃"刑事优先"原则，就是针对"刑事处罚一定严厉于行政处罚"的观点也有待商榷。在处罚种类中，行政处罚所独有的能力罚，或曰资格罚，如责令停产停业、暂扣或吊销许可证或执照就被认为是严厉于刑罚的制裁方式。有学者指出，吊销许可证之所以被认为是一种比刑罚更为严厉的制裁措施，是因为许可证的吊销意味着被许可人被彻底排除在市场之外，而即便被提起刑事诉讼，从而可能受到处罚或遭受信誉上的损失，却仍然允许企业从事交易活动。而且，我们还需思考的就是，行政执法与刑事司法价值取向也不尽相同，行政执法强调更多的是效率，而刑事司法强调更多的应是公正，两种价值取向不尽相同的制裁措施非得要分个谁先谁后是否可能以及是否必要？

此外，与"刑事优先"原则密切相关的一个理论反思就是行政处罚的概念。之所以学界能够不假思索地引入"刑事优先"原则也与行政处罚的概念密切相关。目前主流的观点对于行政处罚的概念的基本含义都包括了"违反行政管理秩序但不构成犯罪"这一核心要素。对于该概念给读者的第一判断就是行政违法行为与犯罪行为只是社会危害性的轻重之别，并不存在构成要件上的差别，这就意味着所有的行政违法行为都有可能升格为犯罪行为。但事实并非如此，行政违法行为与刑事犯罪行为不仅在构成要件上存在不同，而且有不少行政违法行为不可能上升为犯罪行为，如随地吐痰等。但由于主流观点的影响，似乎是所有的行政违法行为都有可能上升为犯罪行为，一旦违法行为情节严重涉嫌犯罪，为了强调刑法的防卫功能，自然选择了"刑事优先"原则。

二、立法上的原因

从立法角度分析，"两法"衔接困难主要体现在两个方面：一是衔接立法的层级较低，制度刚性不足，缺乏强制效力；二是在具体执法领域中行政执法与刑事司法衔接的立法方式存在着缺陷，导致衔接困难。

就衔接立法而言，除《行政处罚法》《刑法》《刑事诉讼法》中有个别条款涉及行政处罚与刑事处罚衔接外，两者衔接的制度框架主要是以1部行政法规（2001年《国务院规定》）为核心，4部规范性文件（2001年《人民检察院规定》、2004年《意见》、2006年《意见》、2011年《意见》）为主体，众多地方性规定和各级人民检察院与公安机关、行政执法机关会签的规范性文件为补充。对此，上文已针对2001年《国务院规定》中关于人民检察院移送监督的合法性进行了分析，同样的情况也存在于2001年《人民检察院规定》对于行政执法机关的强制约束力上。这一《规定》由于属于内部工作规定，不属于严格意义上的司法解释，自然对于行政执法机关的强制约束力存在着合法性质疑。其他3部规范性文件属于多主体共同会签的文件，因这些规范性文件在《立法法》上无任何地位，也就自然没有严格意义上的法律约束力了，而且就其内容规定而言，也都是原则性很强的务虚文件，如2004年《意见》规定人民检察院向行政执法机关查询案件情况，需"经协商同意"才"可以派员查阅有关案卷材料"。这样的规定明显缺乏实际执行的刚性。而对于众多的地方性规定和各级人民检察院与公安机关、行政执法机关会签的规范性文件则同样存在类似问题。

对此，有研究指出行政处罚与刑事处罚衔接在制度框架层面上存在的问题是，"政策层面高、法治层级较低，制度刚性不足、权威性还不够，尤其是可供具体操作和执行的法治层面的依据难寻踪迹，衔接机制的建立和运行事实上处于无序的状态，进而导致已有的衔接机制大多停留在文件上、纸面上，空转无效、运行乏力，实际成效大打折扣。"事实就是如此。党的十八届三中全会的《决定》已指出，要"完善行政执法与刑事司法衔接机制"，党的十八届四中全会的《决定》也指出了"两法"衔接要"坚决克服有案不移、有案难移、以罚代刑现象"，因此，在政策层面不可谓不够"高"，也不可谓不够"重视"，但行政处罚与刑事处罚衔接现实状况却不容乐观。

就具体执法领域中的衔接立法方式而言，上文已具体分析了我国当前立法中存在的三种模式：第一种模式是在"法律责任"部分用一个法律条文笼统规定："违反本法规定，构成犯罪的，依法追究刑事责任"；

第二种模式是直接在某一具体法律条文中，针对某一违法行为先规定行政处罚，然后再规定构成犯罪的，依法追究刑事责任；第三种模式是既在法律中用一条文笼统规定"构成犯罪应追究刑事责任"，又在具体条文中规定行政处罚后，再明示追究刑事责任。对于这样的立法方式，学者们概括为"依附性的散在型立法方式"。在第一种模式下，由于只是原则性规定承担刑事责任，往往无法在刑法典中找到相对应的罪刑规定，导致规定难以适用而形同虚设。在第二种、第三种模式下也同样存在着违法、犯罪"同一"性判断问题，从第 14 号案例的分析来看，这两种立法模式也显得较为牵强，不太合理，与刑法典的规定不协调，并导致刑法典失去规范性、犯罪构成要件失去统一性。

对此有学者指出，应采用"独立性的散在型立法方式"，即在行政法律中设置具有独立罪名和法定刑的刑法规范。并指出，这种立法方式不仅仅可以在立法上使其成为典型的分则性规定，与刑法典分则、单行刑法相并列，并都以刑法典总则为指导，从而能够使它们协调一致，并使各自的规定具有特定性、稳定性；而且，在执法上能够使司法机关直接依据该规定定罪量刑，不致因刑事罚则不具体、不明确、不合理而造成使用上的混乱，在一定程度上可以避免"以罚代刑"，从而在总体上起到协调行政处罚与刑罚处罚的作用。由于立法上一直没有采取这种立法模式，因此能否如这些学者们所希望的可以避免"以罚代刑"的现象也就不得而知了，对此，在笔者看来，如果没有能够切实的解决行政处罚与刑事处罚衔接的基本理念，如衔接的价值取向、原则等，仅仅单纯地解决衔接立法的方式问题，应是很难起到什么实质性效果的。

三、实践操作上的原因

为了推进"两法"的有效衔接，便于实践操作，自 2004 年《意见》起，就提出了设立了"联席会议制度""信息共享机制""案件咨询制度"等具体的衔接操作制度。在实践操作中，这些具体的制度发挥了一定的作用，但也存在不少问题。

对于"联席会议制度"，2004 年《意见》的第二条中明确提出"建立联席会议制度，定期或不定期召开不同层次的联席会议，沟通情况，统一认识，共同研究执法中遇到的新情况、新问题，协商解决疑难问题"，2006 年《意见》和 2011 年《意见》也都有类似的规定。各地在具体的实施过程中也都已建立了不同的层次的联席会议制度，共同研究执法中遇到的新情况、新问题，协调解决疑难问题。

针对运动式执法以及个案的处理，"联席会议制度"显然能够发挥着重要作用，但是从制度的建构与运行角度来看，"联席会议制度"还存在两个方面的难题：第一，会议的组织协调单位不明确。除 2011 年《意见》中提出由"牵头单位"组织召开联席会议外，2004 年《意见》以及 2006 年《意见》中均未明确由哪一组织具体负责组织联席会议的召开。对此，大多数省份规定，会议的协调组织工作由人民检察院、公安机关、整规办三家轮流主持；新疆维吾尔自治区的规定是由自治区整规办、人民政府法制办协调召开，自治区检察院牵头和主持；贵州省规定由检察机关主持；而江苏省之前的规定是联席会议由省整规办召集，联席会议办公室设在省整规办，而自 2014 年 5 月 30 日起牵头单位则改为新成立的行政执法监督局。而且"牵头单位"也是一个不明确的概念，因此这必然导致实践中的混乱。第二，联席会议召开的时间问题，2004 年《意见》规定的是"定期或不定期召开"，2006 年《意见》中则没有相应的规定，2011 年《意见》中的规定则是"定期组织召开"，无论是定期还是不定期均是不确定的概念，而在实际的操作过程中，根据多数省份规定，除根据实际需要不定期外，原则上每季度或每半年召开一次联席会议。

与"联席会议制度"一样，"信息共享机制"也是首先规定于 2004 年《意见》中，随后 2006 年《意见》与 2011 年《意见》都有相应的规定，尤其是 2011 年《意见》作出了非常明细的规定，强调要"将行政执法与刑事司法衔接工作信息共享平台建设纳入电子政务建设规划，拟定信息共享平台建设工作计划，明确完成时间，加大投入，加快工作进度，充分运用现代信息技术实现行政执法机关、公安机关、人民检察院之间执法、司法信息互联互通"。2005 年 6 月，上海市浦东新区人民检察院率先设计开发了全国首个基层检察机关和基层行政执法机关之间的"行政执法与刑事司法信息共享平台"系统，开启了利用网络技术开展执法工作衔接的先河。为了促进和规范"行政执法与刑事司法信息共享平台"的建设和推广应用，上海市整规办和市检察院联合制定了《〈行政执法与刑事司法信息共享平台〉应用管理暂行办法》。随后浦东新区人民检察院也出台了《〈行政执法与刑事司法信息共享平台〉应用管理暂行办法》的实施细则。

在"信息共享机制"运作过程中存在的问题是，信息共享平台在实际的运行过程中存在"两张皮"的现象，即大部分行政执法机关并没有将所需要移送的案件进行登录，充分利用信息平台进行沟通交流，并将相关案件进行移送，从而解决实质性问题，而只是将其作为一般性的"信息交流平台"来使用。有些行政执法机关为了完成考核任务，只是将已经移交并经司法机关立案的案件进行登录，这就完全背离了"信息共享平台"设置的本意了。这里既有着客观原因，如相关职能部门至今未制定一套实施有效的考核办法，各成员单位将该工作看作可有可无，自然不会重视；也有着主观原因，如税务行政执法部门，其移送案件至司法机关越多越对自己不利，且内部查处程序复杂，因此，即便税务行政执法部门认为所查案件涉嫌犯罪，也不是采取移送的方式，而是将该涉嫌犯罪的线索作为公安机关直接发现并查处的线索。

同样，对于"案件咨询制度"的建立，3部《意见》都予以了明确规定，尤其是2011年《意见》在"二、完善衔接工作机制"中专门设立了一项予以规定，即第（十一）项"健全案件咨询制度"。其规定"对于案情重大、复杂、疑难，性质难以认定的案件，行政执法机关可以就刑事案件立案追诉标准、证据的固定和保全等问题咨询公安机关、人民检察院，公安机关、人民检察院可以就案件办理中的专业性问题咨询行政执法机关，受咨询的机关应当认真研究、及时答复。"此外，2006年3月2日，中国证券监督管理委员会、公安部联合下发的《关于在打击证券期货违法犯罪中加强执法协作的通知》也规定了"商请会商制度"，并明确了"应当商请会商"和"可以商请会商"两种会商形式。

与"信息共享机制"在运行中存在的问题基本相同的是，"案件咨询制度"在运行中也大致存在两个方面的问题：一是如何判断案件重大、复杂、疑难以及性质难以认定；二是有些行政执法机关根本就没有任何动力去咨询是否涉嫌犯罪，并移送司法机关追究刑事责任。因此，"案件咨询制度"的运行在实际操作过程中也是有名无实。

第五节　制度重构的思考

自2001年《国务院规定》施行以来，各地区各相关部门均已建立了行政处罚与刑事处罚衔接的工作机制，对于遏制危害市场经济秩序和社会管理秩序的违法犯罪活动起到了不少作用。但正如本文所分析的，目前两者的衔接面临实体、程序以及监督等多方面的困境；导致衔接困境的原因也是多方面。至于是不是如有些学者指出的那样，应由全国人大或常务委员会通过制定法律的形式解决目前存在的困境，暂不作论述，而是拟就制度的重构应遵循的基本理念进行一简要分析。

一、制度建构的目的

行政处罚与刑事处罚衔接机制运行至今，存在着诸多困境，党的十八届三中全会《决定》已将其提升到国家战略层面予以推进完善，党的十八届四中全会《决定》也将其纳入全面推进依法治国若干重大问题之一。但如不认真研究该制度设置的缘起，遗忘了最初设置该制度的目的，那么也许会在所谓"完善"的道路上离最初的目的渐行渐远，最终不仅达不到最初设置的目的，而且又会在"完善"的同时产生许多新的衔接难题，因此，探求该制度最初建构的目的也就成为该制度重构的前提。

从法律规范层面来看，最早对衔接进行规定的是1996年的《行政处罚法》。该法的目的就是行政处罚与刑罚处罚的衔接。该法中共有5个条文涉及行政处罚与刑罚处罚的衔接，分别是第七条第二款、第二十二条、第二十八条、第三十八条第一款第（四）项、第六十一条，内容主要涉及三个方面：一是违法行为构成犯罪，不得以行政处罚代替刑事处罚；二是行政处罚与刑罚处罚之间的折抵；三是如不移交追究刑事责任，相关责任人应承担何种责任。此外，1997年《刑法》第四百零二条也规定了"徇私舞弊不移交刑事案件罪"。从这些规定来看，强调的核心是"违法行为构成犯罪，必须追究刑事责任"，防止的是"以罚代刑"，因此是一种结果上的衔接，而且这些规定也没有涉及具体的衔接机制的运行问题。

从政策层面来看，最早提出衔接的协作机制的是2001年5月10日国务院颁布的《关于整顿和规范市场经济秩序的决定》（以下简称《决定》），《决定》中明确规定了"行政执法部门在查处违法行为中发现的犯罪线索，必须及时通报并依法移送公安部门及其他有关部门，坚决制止一些地方和部门存在的瞒案不报、以罚代管、以罚代刑现象，造成严重后果的要严肃追究责任。"所以如此规定，是认为"依法严惩破坏市场经济秩序的违法犯罪行为，是整顿和规范市场经济秩序的重要措施。"因此可以看出，国务院最初推进衔接协作机制的目的是整顿和规范市场经济秩序。随后为了具体落实《决定》中有关的衔接协作机制，先后制定了1部行政法规和4部规范性文件，除了2001年《人民检察院规定》外，其余的1部行政法规与3部规范性文件都说明了制定的目的。2001年《国务院规定》第一条规定是，"为了保证行政执法机关向公安机关及时移送涉嫌犯罪案件，依法惩罚破坏社会主义市场经济秩序罪、妨害社会管理秩序罪以及其他罪，保护社会主义建设事业顺利进行，制定本规定。"从该条规定可以看出，2001年《国务院规定》的制定目的有三个层次，最终目的是"保护社会主义建设事业的顺利进行"。

2004年《意见》在引言中指出了制定该《意见》的目的，是"为了解决工作中存在的问题，建立起行政执法机关与公安机关、人民检察院相互配合的长效工作机制"，存在的问题则主要体现在"信息沟通不畅、案件移送不及时、协作配合不规范等"以及"破坏社会主义市场经济秩序的违法犯罪案件不断增多，行政执法机关查处的案件也逐年增长，但移送司法机关追究刑事责任的案件较少，移送后最终追究刑事责任的案件也较少"。2006年《意见》的引言中关于制定该《意见》的目的概括得较为简单，即"完善行政执法与刑事司法相衔接工作机制，加大对破坏社会主义市场经济秩序犯罪、妨害社会管理秩序犯罪以及其他犯罪的打击力度"。2011年《意见》的引言则指出了该《意见》制定的目的是"为加强行政执法与刑事司法衔接工作"。之所以要"加强"，是因为"在一些行政执法领域，有案不移、有案难移、以罚代刑的问题仍然比较突出"。

由于2001年《国务院规定》中增加了"依法惩罚破坏社会管理秩序罪以及其他罪"的规定，因此将《决定》中"整顿和规范市场经济秩序"的目的上升到"保护社会主义建设事业的顺利进行"，但大体意思是一致的，即解决的是社会秩序的稳定问题，尤其是市场秩序的稳定问题。而达到这一目的的手段就是通过依法惩罚破坏社会主义市场经济秩序罪、妨害社会管理秩序罪以及其他罪的犯罪行为予以实现。3部规范性文件的制定的目的则是"加强或完善行政执法与刑事司法衔接工作"。

此外，党的十八届四中全会《决定》中针对"健全行政执法与刑事司法衔接机制"的目的也表述得非常清楚，即"坚决克服有案不移、有案难移、以罚代刑现象，实现行政处罚与刑事处罚无缝衔接"，其最终的目的就是"实现行政处罚和刑事处罚无缝衔接"。

因此，从法律、行政法规、3部规范性文件以及党的十八届四中全会《决定》中的规定来看，衔接制度的目的有两层含义：一层是不能以行政处罚代替刑罚，即违法行为构成犯罪，必须追究刑事责任；另一层则是通过追究违法犯罪行为的刑事责任，以达到社会秩序稳定，尤其是社会主义市场经济秩序稳定的目的。

二、制度建构的原则

就现有制度分析，衔接机制运行的目的是维护社会秩序的稳定，尤其是社会主义市场经济秩序的稳定，立足于这一视角出发，当一违法行为涉嫌犯罪，是不是立即启动"刑事优先"原则，以追究刑事责任为首要任务也就值得商榷了。因为在维护市场秩序方面，刑事手段并不必然优于行政手段，如行政处罚中的责令停产停业、暂扣或吊销许可证或执照等能力罚（或曰资格罚）对于违法行为的及时制止等有效措施就不是刑罚手段所具备的。因此，在制度建构的原则方面，应从"刑事优先"原则转变为"同步协调"原则。所谓"同步协调"原则，即无论是行政执法机关，还是刑事司法机关，一旦发现同一违法、犯罪行为的线索，就先立案、先调查、先处罚，行政执法机关针对涉嫌犯罪行为采取移送而不停止调查及处罚，刑事司法机关针对需要及时采取能力（罚）资格的犯罪行为则商请行政执法机关及时作出处罚决定。之所以采取这一原则作为建构"两法"衔接的原则，理由有三个。

首先，"同步协调"原则与现行法律不相违背。就法律层面而言，目前我国涉及衔接的法律主要是《行政处罚法》。该法共有5个条文涉及衔接，其中关键的是3个条文，分别是第七条第二款、第二十二条、第二十八条。第七条第二款的规定是"违法行为构成犯罪的，应当依法追究刑事责任，不得以行政处罚代替刑事处罚"；第二十二条的规定是"违法行为构成犯罪，行政机关必须将案件移送司法机关，依法追究刑事责任"；第二十八条的规定是"违法行为构成犯罪，人民法院判处拘役或者有期徒刑时，行政机关已经给予当事人行政拘留的，应当依法折抵相应刑期。违法行为构成犯罪，人民法院判处罚金时，行政机关已经给予当事人罚款的，应当折抵相应罚金。"从这三条的规定来看，似乎看不出在追究刑事责任之前不能追究行政责任，尤其是从第二十八条中关于行政拘留与有期徒刑和拘役以及罚款与罚金可以相互折抵的规定来看，应是允许针对违法行为作出行政处罚之后再移送司法机关追究刑事责任的。因此，立足于《行政处罚法》的视角，"同步协调"原则与现行法律的规定不相违背。

其次，"同步协调"原则与现行理论不相冲突。与"同步协调"原则相对立的还有一种理论是"选择适用"的主张。该理论的最主要的观点就是同作为公法上的责任形式，行政处罚与刑事处罚在法的限制与促进机能上，二者的价值功能是类似的，因此，当同一不法行为同时触犯行政法规范和刑法规范时，需要同时接受行政处罚与刑事处罚时，只能选择一种，否则不符合处罚经济的原则，也可能导致不适当牺牲个人权利。对此，笔者认为，行政处罚与刑事处罚都是属于公法上的两种责任形式，具有一定的同质性，都是不法行为人因不法行为向国家承担的责任，因此，两者之间具有折抵的可能性，这也就是《行政处罚法》第二十八条规定的理论基础，同时也可以说明为什么民事责任与行政责任和刑事责任不可能存在折抵的问题的原因所在。此外，不能因为考虑处罚的经济原则而放弃本应追究的各种责任，否则对于相关的国家机关来讲，就是一种失职行为。而对于公民权利的保障问题，应考虑的是其违法行为应与承受的法律责任相对应，这也是社会公平正义的需要，不存在双重处罚以侵犯其合法权益的问题。

最后，"同步协调"原则能解决现实中存在的问题。虽然在制裁种类上行政处罚与刑罚处罚具有一定的同质性，但并不完全相同，事实上也不可能完全相同，尤其是在能力罚或曰资格罚方面，行政处罚的方式与刑罚处罚的方式就有着较大的不同，如行政处罚中的责令停产停业、暂扣或者吊销许可证或执照，刑罚处罚中的剥夺政治权利等。因此，对于同一违法、犯罪行为，如果只适用其中一种处罚方式，那就极有可能导致违法、犯罪行为不能得到及时有效制止。由于刑罚处罚主要针对自然人，对于法人只能施以罚金的处罚措施，如果不及时施以行政处罚措施，那么极有可能发生某一法人的违法、犯罪行为虽然已接受了刑事处罚，但由于没有采取责令停产停业以及吊销许可证等行政处罚措施，其相应的违法行为还能继续。所以对于同一违法、犯罪行为采用"同步协调"的原则是能够及时、有效地解决现实中存在的问题。

三、制度建构的依托

对于衔接机制运行中的"联席会议制度""信息共享机制""案件咨询制度"等具体的衔接操作制度，笔者认为，除非涉及重大复杂案件，如行政执法机关需要公安机关及时控制犯罪嫌疑人以防逃跑而无法追究相应的责任或司法机关需要行政执法机关及时采取能力罚（资格罚）以防止违法行为造成的后果继续扩大等情况下，可以考虑召开联席会议或启动案件咨询，其他涉及衔接的案件应充分运用的操作制度应是"信息共享机制"，这也是"同步协调"原则运用过程中的关键一环。党的十八届四中全会《决定》中指出要"建立行政执法机关、公安机关、检察机关、审判机关信息共享、案情通报、案件移送制度"。该《决定》也是将建立"信息共享"制度列入了首要位置，并且笔者认为"案情通报""案件移送"等制度也是完全可以通过"信息共享"制度予以实现或简化程序。

对于信息共享，2011 年《意见》中的规定是"行政执法机关应当在规定时间内，将查处的符合刑事追诉标准、涉嫌犯罪的案件信息以及虽未达到刑事追诉标准、但有其他严重情节的案件信息等录入信息共享平台"。由于是否"符合刑事追诉标准以及虽未达到刑事追诉标准、但有其他严重情节"需要行政执法人员在个案过程中予以判断，根据上文的分析，对于行政执法人员而言，无论是从客观上——判断是否符合刑事追诉标准以及是否其他严重情节不是其职责，还是从主观上——行政处罚决定的及时作出可以迅速结案以及可能情况下的罚款留成甚至地方利益保护等等，都很难使其有什么动力予以录入。

但是，在"同步协调"原则之下，无论是录入信息的主体，还是录入信息的标准，都与现有的规定有巨大的不同。就录入信息的主体而言，就不仅仅是行政执法机关了，还包括刑事司法机关，无论是公安机关、还是人民检察院、人民法院，针对犯罪嫌疑人或被告人认为需要追究其行政责任的，也必须将相关信息录入共享平台。就录入信息的标准而言，行政执法机关与刑事司法机关应有所不同。

针对行政执法机关而言，应明确在行政处罚达到一定的标准后必须要将该案件提交信息共享平台。该标准可以从程序与实体两个角度进行设定。就程序而言，目前《行政处罚法》规定了行政处罚的简易程序与一般程序，其中简易程序处罚的案件不可能构成犯罪，因此移交平台的应都是通过一般程序进行处罚的案件。从实体的角度，可以根据《刑法》中的相关规定设定如行政执法机关对于相对人处罚超过一定数额的罚款以及没收财产、责令停产停业、吊销许可证或执照、行政拘留等行政处罚都必须提交平台。

　　针对刑事司法机关而言，其录入信息应区分构成犯罪与不构成犯罪。对于不构成犯罪的录入，应依据《刑法》第三十七条和《刑事诉讼法》第一百四十二条第三款的规定。《刑法》第三十七条的规定是"对于犯罪情节轻微不需要判处刑罚的，可以免予刑事处罚，但是可以根据案件的不同情况，予以训诫或者责令具结悔过、赔礼道歉、赔偿损失，或者由主管部门予以行政处罚或者行政处分"，《刑事诉讼法》第一百四十二条第三款的规定是"人民检察院决定不起诉的案件，应当同时对侦查中的扣押、冻结的财物解除扣押、冻结。对被不起诉人需要给予行政处罚、行政处分或者需要没收其违法所得的，人民检察院应当提出检察意见，移送有关主管机关处理。有关主管机关应当将处理结果及时通知人民检察院"。对于构成犯罪案件的录入，人民法院在宣判刑事处罚后应根据不同的案件作出是否需要录入的决定，案件被告人如涉及能力罚（资格罚）时，如市场经济秩序领域的许多犯罪就涉及能力罚的问题，此时应及时录入相关信息，如案件不涉及能力（资格罚）的问题则不需要录入。

|第二十三章|
行政强制

傅士成　南开大学法学博士，南开大学法学院教授。曾到日本、韩国、美国和中国澳门、中国台湾进行学术访问或参加学术会议。主要研究方向为行政法、行政诉讼法、国家赔偿法。发表论文20余篇，出版专著和教材多部，主要有《行政强制研究》《行政法与行政诉讼法学》等。

行政强制作为维护公共利益和公共秩序，施加实力于行政相对人，以实现行政上必要的状态，或实现行政决定确定的义务的一类行为，其设定和实施，涉及公共利益和公共秩序的维护与相对人权益保护的协调与平衡问题。《中华人民共和国行政强制法》（以下简称《行政强制法》）由第十一届全国人大常委会第二十一次会议，于2011年6月30日通过，同日国家主席以第49号主席令公布，自2012年1月1日起实施。《行政强制法》从1999年3月开始着手调研起草，到2011年6月30日通过颁布，前后用时12年另3个月。本章根据《行政强制法》的规定及其实施情况和学界的研究成果，对行政强制问题进行比较详细的阐述和探讨。

第一节　行政强制概述

一、行政强制的概念梳理

我国行政法理论曾先后或同时使用行政强制、行政强制执行、行政即时执行、行政强制措施、非诉行政执行和行政执行等提法，来概括或指称本章所讨论的行政强制，或指称其中的一部分。各种提法之间常常彼此交叉、内容相互包含。1989年颁布的《中华人民共和国行政诉讼法》（以下简称《行政诉讼法》）规定行政强制措施为一种可诉的具体行政行为以后，一些学者对行政强制措施宠爱有加，甚至认为我国法制"新创一种行政强制制度"，[1] 这多少又增加了厘清上述概念之间关系的复杂性。

---

[1]　朱新力、余军认为，"由于《行政诉讼法》列举行政强制措施为可诉具体行政行为的规定，使我国学者对行政强制措施宠爱有加，实在无可指责，但是如果据此推断我国法制新创一种行政强制制度显然没有根据。"（朱新力、余军：《论行政强制措施的合理定位》，1999年西安海峡两岸行政法学学术研讨会论文）

行政强制概念的形成有一个历史过程。在这个过程中，经历了不同观点的并存和争论。梳理、归纳已有的理论认识，可以发现，至少曾经存在几种不同的观点。

第一种观点可以称为行政强制执行或行政强制执行涵盖型观点。这种观点虽然把行政强制执行的目的确定为"强制"或"迫使"相对人履行义务，或者达到与履行义务相同的状态，但是，这种观点把行政强制执行作为行政强制领域的基本概念来使用，其他形式的行政强制，或作为行政强制执行的组成部分，或作为行政强制执行的特例来看待。① 这是我国行政法学发展初期的观点。在这个时期，行政强制执行一直被作为行政行为的重点内容加以论述，即时强制不仅尚未进入研究的视野，甚至即时强制的概念都尚未在我国行政法理论上出现。这种观点在内容上有两个明显的特点：一是以"强制手段""强制措施"作为中心词，来解释行政强制执行；二是涵盖面较宽，往往不顾及各种强制形式的内在差异，一概归入行政强制执行的范畴。随着社会的发展和行政法理论研究的深入，并受我国台湾新的"行政执行法"的影响，在我国开始研究起草《行政强制法》的初期，有的学者提出了制定《行政执行法》的设想。该设想以行政执行概括行政领域的强制现象，并认为行政执行包括行政机关强制执行，行政机关申请法院强制执行和行政即时强制三部分。② 很明显，这同我国行政法学发展初期的行政强制执行涵盖型观点相比，有进一步的深化和发展。

第二种观点可以称为行政强制措施涵盖型观点。这种观点首先从理论上把行政强制措施划分为行政预防措施、行政制止措施和行政执行措施。由于前两种行政强制措施与后一种行政强制措施，在发生的时间、

---

① 参见王珉灿主编：《行政法概要》，法律出版社 1983 年版，第 125 页；罗豪才主编：《行政法论》，光明日报出版社 1988 年版，第 155 页；张尚鷟编：《行政法教程》，中央广播电视大学出版社 1988 年版，第 171 页；应松年主编：《行政法学教程》，中国政法大学出版社 1989 年版，第 305 页。

② 参见朱维究、江必新等提出的《行政（强制）执行法》（试拟稿），中国法学会行政法学研究会 2000 年（青岛）年会材料。

前提和法律救济途径上有明显区别，故在理论阐述形式上，将前两种置于行政强制措施题目下分析，而将后一种即行政执行措施放在行政强制执行题目下讨论。在这里，行政强制执行被视为一种行政强制措施。很明显，这种观点把行政强制措施作为行政强制领域的基本概念来使用，其他形式的行政强制，无论其目的是"预防""制止"，还是"执行"，也无论是行政强制执行，即时强制，还是行政调查中的强制，都作为行政强制措施的一种形式而存在。[①] 这是我国《行政诉讼法》将行政强制措施规定为一种可诉的具体行政行为以后，逐步形成的观点。这种观点也有两个明显的特点：一是打破了国内外既有的认识，以我国现行法规定的行政强制措施作为最上位概念，来概括和指称行政强制；二是涵盖面较宽，其他形式的行政强制都可以归入行政强制措施之中。

第三种观点可以称为行政强制措施和行政强制执行分立型观点。这种观点以并行存在的行政强制措施和行政强制执行，来概括行政领域的强制现象。二者的区别体现在如下几个方面：一是实施的主体不同。实施行政强制执行的主体既包括行政机关，也包括人民法院，而实施行政强制措施的主体只能是行政机关。二是实施的条件不同。行政强制执行一般以行政机关作出行政处理决定、对义务人预先科以义务为前提条件。而行政强制措施则是有关国家机关直接依照法律、法规赋予的职权，为了预防或制止违法行为的发生和继续而采取的强制方法，并不一定以某种具体义务的存在为前提条件。三是实施的目的不同。行政强制执行的目的是促使相对人履行特定的义务；而实施行政强制措施的目的是预防、制止违法行为的发生和继续，或者是保全证据，确保案件查处工作的顺利进行。四是性质不同。行政强制措施是独立存在的实体性具体行政行为；而行政强制执行是程序性活动，通常属于实体性具体行政行为的一部分，即执行程序部分。虽然存在上述区别，但行政强制执行

[①] 参见胡建淼：《行政法学》，法律出版社 1998 年版，第 322、361 页；胡锦光、杨建顺、李元起：《行政法专题研究》，中国人民大学出版社 1998 年版，第 182—205 页。

与行政强制措施都属于行政强制的范畴。① 这也是我国《行政诉讼法》将行政强制措施规定为一种具体行政行为以后，逐步形成的观点。

第四种观点可以称为行政强制或行政强制行为涵盖型观点。这种观点以行政强制或行政强制行为作为基本概念，来概括或指称行政领域的强制现象。行政强制执行、行政即时强制、行政强制措施等都是行政强制的组成部分，并作为行政强制的下位概念存在。这是我国在启动行政强制法立法前后，行政法学界经过进一步研究形成的观点。该观点因对行政强制涵盖内容认识的不同，又存在一定的差别。一是认为行政强制包括执行性强制和即时性强制，或者说执行性强制措施和即时性强制措施共同构成行政强制。② 二是认为行政强制包括行政强制执行、行政上的即时强制和行政调查中的强制，换言之，行政强制执行、行政上的即时强制和行政调查中的强制构成了作为一种具体行政行为的行政强制的整体。③ 三是认为行政强制包括"管理性"强制和"执行性"强制。对"管理性"强制，可按强制目的的不同，划分为预防性强制、制止性强制和保障性强制。对"管理性"强制，还可以按程序的不同，具体划分为一般性强制和即时强制。④ 四是认为行政强制包括行政强制措施和行政强制执行。其中，行政强制措施包括行政强制检查措施、行政强制保全措施和行政即时强制措施。行政强制执行包括行政机关强制执行和行政机关申请人民法院强制执行两部分。⑤ 行政强制立法基本采纳了这种观点。

---

① 方世荣主编：《行政法与行政诉讼法》，中国政法大学出版社 1999 年版，第 249—250、254—256 页。另参见王连昌主编：《行政法学》（修订版），中国政法大学出版社 1997 年版，第 222 页；叶必丰：《行政法学》，武汉大学出版社 1996 年版，第 201—221 页。

② 参见罗豪才主编：《行政法学》（新编本），北京大学出版社 1996 年版，第 233 页。

③ 参见姜明安主编：《行政法与行政诉讼法》，北京大学出版社 1999 年版，第 234—235 页。

④ 马怀德主编：《行政法与行政诉讼法》，中国法制出版社 2000 年版，第 314 页。

⑤ 应松年教授等提出的《行政强制法（试拟稿）》，中国法学会行政法学研究会 2000 年（青岛）年会材料。

　　行政强制是指行政机关为维护公共利益和公共秩序，预防和制止违法行为和危害事件发生，或者行政机关和人民法院为实现行政决定的内容，而实施的强行限制相对人权利的行为。根据我国《行政强制法》的规定，行政强制包括两部分：一是行政机关为预防和制止违法行为和危害事件发生而采取的行政强制措施；二是行政机关和人民法院为实现行政决定内容而实施的行政强制执行。行政强制是行政强制措施和行政强制执行的合称。

　　行政强制有以下几个方面的特征：

　　1. 行政强制是对与行政有关的强制性行为的概称。其强制性体现在有关主体运用国家权力，采用物理性打击或以物理性打击相威胁的方式，强行实现有关主体所追求的状态；其强制性还体现在行政强制的实施不顾及相对人是否同意和接受。行政强制是与非强制性行为（如行政指导、行政合同）相对应而存在的一类行为。

　　2. 实施行政强制的主体既有行政机关，也有人民法院。行政机关实施行政强制，并成为行政强制主体的条件是法律法规的专门授权。根据我国《行政强制法》的规定，行政机关是全部行政强制措施的实施主体和部分行政强制执行的实施主体。人民法院实施行政强制，并成为行政强制主体的条件，除了法律法规未授予行政机关行政强制执行权外，还必须存在行政机关的合法申请。人民法院是我国大部分行政强制执行的实施主体。

　　3. 行政强制是组合性概念。行政强制由行政强制措施和行政强制执行组合而成。而行政强制措施和行政强制执行又是各自独立的行为或制度。行政强制执行又可以分成由行政机关自行实施的行政强制执行和人民法院依（行政机关和具体行政行为确定的权利人）申请而实施的行政强制执行。

　　4. 行政强制属侵益性行为。无论行政机关自行实施的行政强制，还是人民法院依申请而实施的行政强制执行，都是基于公权力的运作和公共利益的追求，对特定相对人权利进行约束和限制的行为。

二、行政强制行为的种类

依据不同的标准，可以对行政强制作不同的种类划分。

1. 以是否有确定义务的行政决定的先行存在为标准，可以把行政强制划分为行政强制措施和行政强制执行。这是我国《行政强制法》采用的分类方法。

行政强制执行以确定义务的行政决定的先行存在为条件，并以决定为执行依据，对行政决定确定的义务强制执行。在德国的行政执行制度中，行政强制执行的前提条件是必须有一个确定义务的行政行为的先行存在，即行政强制执行是执行一个已经成立的行政行为。其中作为行政强制执行前提条件的行政行为就是基础性行政行为，而执行基础性行政行为的行为就是执行性行政行为。在我国，作为行政强制执行依据的行政决定相当于德国的基础性行政行为，它解决特定相对人具体承担什么义务的问题。当相对人不履行行政决定为其确定的义务时，为了实现行政决定的内容，就发生行政强制执行问题。行政强制执行是为了解决行政决定的内容（义务内容）实现而设计的行为与制度。与行政强制执行不同，行政强制措施不以行政决定的先行存在为条件，而是为制止违法行为、防止证据损毁、避免危害发生、控制危险扩大等情形而采取的，以制止、防止、避免和控制违法行为和危害事件为目的的限权性措施。其典型形式是限制人身自由及对财产的查封、扣押、冻结等措施。这些措施的采取纯粹是为了实现行政主体所追求的特定秩序和必要状态，或者是为了后续具体行政行为的顺利实施，它不可能以先行存在的一个行政决定为条件。它是为解决行政管理过程中对违法行为、危害事件的预防、制止和控制而设计的行为和制度。

2. 依据实施行政强制主体的不同，可以把行政强制划分为由行政机关实施的行政强制和由人民法院依申请实施的行政强制。法院依申请实施的行政强制也称非诉行政执行。这是针对我国行政强制实施主体的状况进行的分类。

由行政机关实施的行政强制，包括由行政机关采取的行政强制措施和由行政机关依法自行实施的行政强制执行。由法院依申请实施的行政强制专指人民法院依行政机关和行政决定确定的权利人申请而实施的行政强制执行（见图示）。

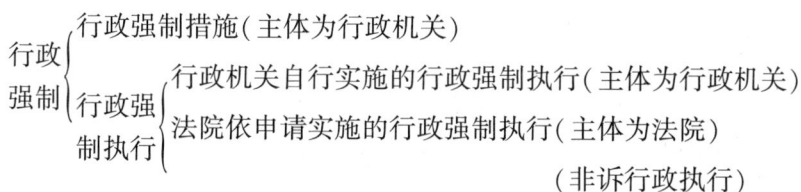

$$
行政强制
\begin{cases}
行政强制措施（主体为行政机关） \\
行政强制执行
\begin{cases}
行政机关自行实施的行政强制执行（主体为行政机关） \\
法院依申请实施的行政强制执行（主体为法院） \\
\qquad\qquad\qquad\qquad\quad （非诉行政执行）
\end{cases}
\end{cases}
$$

在这种分类当中，需要特别说明的是：法院依申请而实施的非诉行政执行，是法院行使职权的行为，为什么将其归入行政强制的范畴？这个问题在我国行政强制制度的构造中同样存在。对这个问题的回答需要从两个方面展开。

首先，行为的性质同法律如何规范这种行为是两个不同的问题。尽管学界存在强制执行权到底是行政权还是司法权的争议①，但在我国目前的体制下，法院依申请而实施的非诉行政执行行为，从哪个角度讲，都不好归入行政行为的范畴。将法院依申请而实施的非诉行政执行行为视为司法行为更符合我国目前的实际情况。这是问题的一个方面。另一方面，认识上、立法上如何对待这种行为，不仅取决于该行为的性质，还受制于许多其他因素。我国《行政强制法》将法院依申请而实施的非诉行政执行和行政机关自行实施的强制执行，共同置于行政强制执行之下，并作为行政强制执行的两个组成部分，在同一部法律中分别加以规定。这是考虑了诸多因素后进行的立法安排。

其次，法院依申请而实施的非诉行政执行与行政机关自行实施的行政强制执行，虽然行为的性质不同，但存在诸多的共同点，二者追求的

---

① 刘瀚、张根大：《强制执行权研究》，载信春鹰、李林主编：《依法治国与司法改革》，中国法制出版社1999年版，第431页。

目标高度一致，即都是为确保行政决定确定的义务得以实现的行为或制度；二者执行的依据完全相同，即都是生效的行政决定。不仅如此，面对不履行生效行政决定确定的义务的现实，从立法上讲，要么选择行政机关自行强制执行，要么选择法院非诉行政执行，这就产生了协调二者关系的必要性。只有将二者置于共同的行政强制执行制度之下，才更有利于作通盘考虑并加以规范。这是我国《行政强制法》将法院非诉行政执行纳入行政强制范畴的基本原因。

3. 依据实施行政强制的时间和存在形态的不同，可以把行政强制划分为行政强制执行、行政即时强制和其他行政强制①。这是基于对我国行政强制现象的认识所进行的分类。

这种分类的基本思路是：以行政强制作为最上位概念，来概括或指称行政领域的强制行为。行政强制的下位概念为行政强制执行、行政即时强制和其他行政强制。这是以实施行政强制的时间和存在形态的不同阶段所进行的划分。其中，行政强制执行的下位概念有行政机关自行强制执行和法院依申请非诉行政执行。这是以实际承担执行职能的主体是行政机关和法院的不同而划分的。（如图示）

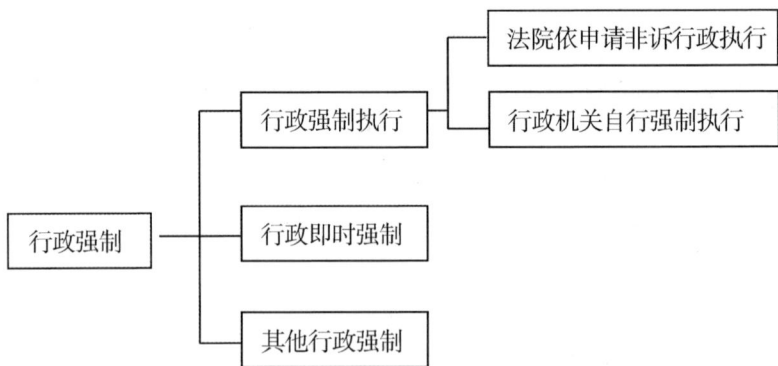

需要进一步说明，行政强制执行和行政即时强制的界限，在于是否有行政决定及其先行设定的义务存在，及是否强制该先定义务的实现。

---

① 傅士成：《行政强制研究》，法律出版社 2001 年版，第 36—37 页。

行政强制执行以设定义务的行政决定的先行存在为前提，并强制实现该行政决定所设定义务的内容；而行政即时强制不以设定义务的行政决定的存在为前提，行政即时强制的决定和执行往往合一，其间没有明显的时间间隔。其他行政强制是行政强制执行和行政即时强制以外的强制形式，它主要发生在实施其他行政行为的过程中，有时成为其他行政行为的组成部分，并为其他行政行为所吸收；有时因不需要实施其他行政行为，而成为独立的行政强制形式。①

三、行政强制与相关概念的区别

1. 行政强制与行政处罚的区别

行政强制是行政机关实施的强制（行政机关自行强制执行和行政机关采取的行政强制措施）和法院依申请实施的非诉行政执行的概称，其中既有行政行为，又有司法行为。行政处罚是行政主体对违反行政管理秩序尚未构成犯罪的相对人，依法给予人身的、财产的、名誉的及其他形式的法律制裁。行政处罚是一种典型的行政行为。行政强制与行政处罚的区别主要表现在以下几个方面。

第一，性质和目的上的差别。行政强制是为确保行政执法活动的顺利进行和行政执法结果的实现（包括行政处罚的顺利进行和行政处罚结果的实现）而实施的一类强制性行为。在实施行政强制时，强制方式的选择和确定取决于这种方式能否发挥"确保"作用，如果采取某种强制方式不足以发挥"确保"作用，还可以在法律规定的范围内，增加该方式的强制力度，或者改用其他的强制方式。行政处罚是为维护公共利益和社会秩序，通过给违法行为者施加精神上的痛苦或使其遭受物质上的损失的方式，对违法行为者实施的一种行政性制裁。行政处罚是一种行政行为。行政处罚所针对的违法行为的性质、违法程度，决定了实施行政处罚的方式和力度，行政处罚自身的特点和"一事不再罚"的限制，

---

① 傅士成：《行政强制研究》，法律出版社 2001 年版，第 246—249 页。

又使行政处罚对于某一特定的行为而言，成为"一次性"的和"最终"的处理行为。

第二，对相对人权利作用上的差别。由实施行政强制追求的目标所决定，行政强制较多地表现为对相对人权利的限制或威胁，而且本质上属于程序上的限制或威胁。即使是执行罚，也不是对违法相对人确定的惩罚，而更多的是对相对人不履行义务的督促和威胁。一旦相对人履行了义务，执行罚不再实际发生。这也是执行罚为什么属于行政强制的方式，而不属于行政处罚方式的主要原因。同样是由追求的目标所决定，行政处罚则表现为对违法相对人权利的剥夺，而且本质上属于对违法相对人的实体处理结果。无论人身罚、财产罚还是资格罚、精神罚，都充分体现了对违法相对人实体权利的剥夺。

第三，实施上的交错和差别。在行政处罚最终作出之前的实施阶段，存在实施行政强制的可能性，比如对违法财物、管制刀具在没收以前的查封、扣押；在行政处罚作出之后，当相对人不履行行政处罚确定的义务时，也存在实施行政强制执行的必要性。所有这些，都使行政强制和行政处罚在实施的时间和过程中发生交错，并表现出差别。

2. 行政强制与行政诉讼强制措施的区别

行政诉讼强制措施，又称对妨碍行政诉讼行为的强制措施，是指人民法院在行政诉讼中，为保证行政诉讼的顺利进行，对实施妨碍诉讼行为人采取的强制性排除妨碍的手段。行政诉讼强制措施属于行政诉讼过程中所采取的强制措施。行政强制与行政诉讼强制措施的区别主要表现在以下几个方面。

第一，性质和适用主体的不同。除了行政强制中较特殊的部分——法院依申请而实施的非诉行政执行外，行政强制在性质上属于行政行为，由行政主体实施。而行政诉讼强制措施在性质上属于司法行为，由法院实施。非诉行政执行与行政诉讼强制措施，虽然都由法院实施，但前者属于对行政行为结果的强制，而后者则属于诉讼过程中的强制，二者追求的目标也是不同的。

第二，所依据的法律不同。行政强制的实施依据行政实体法律规范和《行政强制法》。非诉行政执行虽然也依据行政诉讼法律规范，但它必须与相应的行政实体法律规范相结合，才能构成非诉行政执行的完整的法律依据。

第三，所追求的目标不同。行政强制以实现行政秩序和行政性义务的内容为目标；而行政诉讼强制措施则以确保行政诉讼程序运转的稳定、安全和有效率为目标。

第四，救济的途径不同。行政强制中的大部分强制方式（除非诉行政执行以外）都具有可诉性，即相对人对大部分行政强制不服，只要满足了起诉的条件，相对人都可以向法院提起行政诉讼；而行政诉讼强制措施则不具有可诉性，即被采取行政诉讼强制措施的相对人对该措施不服，只能对其中的罚款和拘留（司法拘留）向上一级法院申请复议，而对其他行政诉讼强制措施目前尚没有明确的诉讼救济途径。

第二节　行政强制措施

一、行政强制措施的概念和特征

在《行政强制法》颁布以前，学界对行政强制措施表述方式的观点很多，但归纳起来，主要有两类。

一类观点认为：行政强制措施是行政主体在行政执法过程中所采用的各种强制性手段和办法。这种强制性手段和办法，既可以在强制实现义务内容的行政强制执行（行政机关自行强制执行）中使用，又可以在行政即时强制中使用，还可以在日常行政管理中，为查明或有效控制、有效制止违法行为和危害事件而使用。与行政强制措施相对应的概念是行政非强制措施。[1] 这是"办法""手段"意义上的行政强制措施。只有

---

① 傅士成：《行政强制研究》，法律出版社 2001 年版，第 266—267 页。

当作为行政强制措施的"办法""手段"被使用时，才使其同特定的时间、过程、条件、程序和主体一起，转化为具体行政行为。①

另一类观点认为：行政强制措施是行政机关或者法律、法规授权的组织，为了预防或制止正在发生或可能发生的违法行为、危险状态以及不利后果，或者为了保全证据、确保案件查处工作的顺利进行，而对相对人的人身自由、财产权益予以强行限制的一种具体行政行为，也被称为"即时强制"。② 这是行为意义上的行政强制措施。很明显，这种观点把行政强制措施视为与行政强制执行并行存在的一种独立的具体行政行为，并尽可能与《行政诉讼法》规定的行政强制措施相对应。

在经过较长时间的研究以后，我国《行政强制法》将行政强制措施和行政强制执行视为行政强制的两种基本形式，并在该法第二条第二款规定：行政强制措施，是指行政机关在行政管理过程中，为制止违法行为、防止证据损毁、避免危害发生、控制危险扩大等情形，依法对公民的人身自由实施暂时性限制，或者对公民、法人或者其他组织的财物实施暂时性控制的行为。这种规定，主要是从行为意义上理解行政强制措施，并且在范围上把行政法传统理论上的"即时强制"也囊括其中。

行政强制措施有以下几个特征。

1. 行政强制措施实施的即时性，且不以确定义务的具体行政行为（行政决定）的先行存在为条件。行政强制措施是在需要制止违法行为、防止证据损毁、避免危害发生、控制危险扩大等情形发生时即刻实施的，其目的是维护公共利益和公共秩序，防止危害社会的状态发生。由于行政强制措施实施的即时性，在行政强制措施实施之前，不可能先行作出一个处理相应事态的具体行政行为（行政决定），然后再执行这个具体行政行为（行政决定）。而且即刻作出一个决定，即刻执行这个决定。并且

---

① 傅士成：《行政强制研究》，法律出版社 2001 年版，第 37 页。

② 方世荣主编：《行政法与行政诉讼法》，中国政法大学出版社 1999 年版，第 249 页。另参见胡建淼：《论中国"行政强制措施"概念的演变及定位》，《中国法学》2002 年第 6 期。

在决定的作出与该决定的执行之间，没有明显的时间间隔。这也是行政强制措施与行政强制执行的主要区别。

2. 行政强制措施实施的强制性和限权性，表现为对相对人及其权利的强行限制。公权力的行使一般都带有强制性（奖酬性权力和指导性权力等例外），但行政强制措施的强制性，特别是对受限相对人的强制性尤其明显和突出。如对公民人身自由的限制，产生该公民行动不自由的结果；对财物的查封、扣押，对存款的冻结，产生财物和存款的使用权和处分权不能行使的结果。但行政强制措施实施不产生剥夺权利的后果，其强行限权的特征十分明显。行政强制措施突出的强制性和限权性，要求必须对行政强制措施进行严格的条件、程序和期限控制。

3. 行政强制措施的暂时性和辅助性，这是由适用行政强制措施的条件决定的。无论是制止违法行为、防止证据损毁的行政强制措施，还是避免危害发生、控制危险扩大的行政强制措施，一旦实施行政强制措施的事由消除，行政强制措施的继续存在已没有意义。行政强制措施通常随着采取行政强制措施事由的消除而终止，因实施行政强制措施而受限的权利恢复到原来的状态。① 行政强制措施通常也是为保障具体行政行为的作出而采取的，如对走私嫌疑物的查封或扣押，经查实后，对查封或扣押物进行没收处罚。在这里，查封或扣押措施对后续处罚的顺利作出和执行，发挥了辅助和保障作用。由此，有学者认为，行政强制措施是行政机关在行政决定作出前采取的，并保障行政决定的作出和执行的强制手段。②

4. 行政强制措施的非制裁性和非最终性，这是由行政强制措施的性质决定的。限权和控制是行政强制措施的内容，而通过限权和控制避免社会秩序遭到破坏，则是实施行政强制措施的追求。因此，行政强制措

---

① 胡建淼教授将其称为"可复原性"。（胡建淼：《关于〈行政强制法〉意义上的行政强制措施之认定》，《政治与法律》2012 年第 12 期）

② 江必新主编：《中华人民共和国行政强制法条文理解与实务指南》，中国法制出版社 2011 年版，第 23 页。

施的采取，不以受限相对人有特定违法行为为前提，行政强制措施本身是限权而不是制裁，是限制性措施而非最终的措施。

二、行政强制措施的种类

1. 根据实施行政强制措施目的的不同，可以把行政强制措施划分为预防性行政强制措施、制止性行政强制措施和保障性行政强制措施。

预防性行政强制措施以防止违法行为发生和证据损毁，避免危害发生为目的。其特点是行政强制措施采取在违法行为、危害事件发生之前，或者证据有灭失危险的时候。如警察将对自己或他人构成威胁的醉酒人约束到酒醒，其目的就是为了预防醉酒人实施危害自身、他人和社会的违法行为。

制止性行政强制措施以制止正在发生的违法行为、危害事件为目的。其特点是行政强制措施采取在违法行为和危害事件发生之后、结束之前，如对走私货物的扣押，对超速或违章车辆的扣留等。

保障性行政强制措施以保障行政管理的顺利进行，或者保障后续行政行为的顺利作出和执行为目的。其特点是行政强制措施采取在启动行政执法之前或在行政执法过程中，如对证据的保全措施等。

2. 根据行政强制措施限权内容的不同，可以把行政强制措施划分为限制人身权的行政强制措施和限制财产权的行政强制措施。限制人身权的行政强制措施是以限制公民人身自由为内容的行政强制措施。其具体形式主要有：对人身的强制约束、强制传唤（《治安管理处罚法》），强制带回、人身搜查、人体检查（《海关法》），限制活动范围、强制离境（《外国人入境出境管理法》），强制隔离、强制立即离境（《艾滋病监测管理若干办法》）及人身扣留行为等；限制财产权的行政强制措施是以限制对财产的使用和处分为内容的行政强制措施，其具体形式主要有：对财产的查封、扣押、冻结、强制扣款、强制拆除、强行拍卖、以物折抵等。限制人身权的行政强制措施和限制财产权的行政强制措施之划分，是我国《行政诉讼法》规定受案范围涉及行政强制措施时采用的分类方式。

3. 《行政强制法》以行政强制措施具体限制相对人权利的内容和形式的不同，将行政强制措施列举规定为以下五种：

（1）限制公民人身自由的行政强制措施；

（2）查封场所、设施或者财物的行政强制措施；

（3）扣押财物的行政强制措施；

（4）冻结存款、汇款的行政强制措施；

（5）法律法规规定的其他行政强制措施。

三、我国行政强制措施的由来

1989年《行政诉讼法》颁布以前，我国现行法上没有行政强制措施这个概念。在文字表述上与行政强制措施比较接近的现行法上的概念，有《宪法》和《地方各级人大和地方各级政府组织法》（以下简称《地方组织法》）规定的行政措施①，及《刑事诉讼法》和《民事诉讼法》规定的强制措施，② 但其含义与现在使用的行政强制措施很少或根本没有相通之处。《宪法》和《地方组织法》规定的行政措施包含两种含义，一是指具体行政行为，其形态表现为行政主体对具体事件作单方面处理；二是指抽象行政行为的一种形式，特指县级以上国家行政机关为执行本级人民代表大会及其常委会的决议或上级行政机关的决议或命令而规定的各种办法和手段，其形态表现为命令、决定、条例、决议等。③ 《宪法》和《地方组织法》规定的行政措施显然是一个概括性、包容性的概念。仅将其按第一种含义即具体行政行为来理解，仍然是比行政强制措施范围大得多的概念。《刑事诉讼法》和《民事诉讼法》规定的强制措施本质上属于针对犯罪嫌疑人和排除妨碍诉讼行为的司法行为，与行政强制措施性质截然不同。1989年以前，现行法上虽然没有直接使用行政强

---

① 《中华人民共和国宪法》第八十九条，《中华人民共和国地方各级人大和地方各级政府组织法》第五十九条规定。

② 《中华人民共和国刑事诉讼法》第六章；《中华人民共和国民事诉讼法》第十章。

③ 皮纯协、胡建淼主编：《中外行政诉讼词典》，东方出版社1989年版，第11页。

制措施这个概念，但并不表明现行法上没有具体的行政强制措施方式的规定，更不表明实践中没有采取行政强制措施的行为。据统计，1989年以前规定具体行政强制措施的法律、法规为数不少，① 行政强制措施的具体名称和形态也多种多样。其中限制人身权的行政强制措施主要有：对人身的强制约束、强制传唤（《治安管理处罚法》），强制带回、人身搜查、人体检查（《海关法》），限制活动范围、强制离境（《外国人入境出境管理法》），强制隔离、强制立即离境（《艾滋病监测管理若干办法》）及人身扣留、强制实施行为、强制进入相对人处所等；限制财产权的行政强制措施主要有：对财产的查封、扣押、冻结、征缴滞纳金、强制扣款、强制拆除、强制征收、强制拍卖、以物折抵等。② 这些具体的行政强制措施的存在正是《行政诉讼法》将行政强制措施纳入可诉具体行政行为范围的基础。继《行政诉讼法》之后，《行政复议条例》（1990年）、《行政复议法》（1999年）和《国家赔偿法》（1994年，2010年修订）分别将行政强制措施明确纳入可申请行政复议和可请求国家赔偿的行为范围之中。《行政诉讼法》颁布以来，直至《行政强制法》的颁布实施，各单行法律、法规对行政强制措施的规定基本沿袭《行政诉讼法》颁布以前的轨迹发展。

通观行政强制措施的发展过程和具体形态，我们可以看出，行政强制措施与行政执法过程紧密联系在一起，是行政执法过程中采用的强制性措施，而且常常是行政机关作出行政处理决定的前奏和准备。从理论和行政执法的特点上来讲，行政强制措施是不可缺少的手段。我国长期存在的行政执法难的问题，也使行政执法机关更加偏爱行政强制措施。这也是在《行政强制法》制定之前，推动法律、法规甚至规章设定行政强制措施的现实原因。

---

① 姜明安主编：《行政诉讼与行政执法的法律适用》，人民法院出版社1995年版，第99—102页。

② 李援：《中国行政强制法律制度的构想》，2000年北京行政强制的理论与实践国际研讨会材料。

四、两类法律规定行政强制措施的意义和问题

由前述分析可知，在《行政强制法》颁布以前，我国法律规定行政强制措施的形式有两种，一种是各个领域的单行法律、法规和规章规定的形式。这种形式的规定，一般都不直接使用行政强制措施的名称，而是使用最能直观地描述强制手段的语言或名称，如强制约束、强制带回、限制活动范围、强制离境、强制立即离境、扣留、查封、扣押、冻结、强制扣款、强制拆除、强制拍卖等等。这种形式的规定，既是为行政机关在行政执法过程中使用强制措施提供依据，又是对行政执法实践的总结和对行政执法实践需要的回应。由前文统计数字可以看出，规定行政强制措施的地方性法规和地方政府规章，在被统计的地方性法规和地方政府规章中所占比例，多数远远高于规定行政强制措施的法律、行政法规和部门规章在所有法律、行政法规和部门规章中所占比例。这从一个侧面说明，离行政执法实践活动越近，对行政执法实际感知越深的法规和规章制定者，越容易规定行政强制措施。与此相反，中央级国家机关规定行政强制措施相对比较审慎。

另一种是《行政诉讼法》《行政复议法》（1990 年颁布的《行政复议条例》也规定了行政强制措施）《国家赔偿法》和《立法法》规定的形式。这种形式的规定，都是用行政强制措施概括地指称单行法律、法规和规章规定的名称不一的各种强制手段，如修订前和修订后的《行政诉讼法》都规定了"限制人身自由或者对财产的查封、扣押、冻结等行政强制措施"。这种规定形式是对单行法规定的名称不一、形态各异的行政强制手段的综合概括，其初衷或目的，是实现对单行法规定的这类强制性手段进行设定上的和复议、诉讼上的制约，并对其违法造成的损害后果进行国家赔偿。如果说单行法律、法规和规章规定行政强制措施是对行政执法实践需要的回应的话，那么，《行政诉讼法》等法律对行政强制措施的规定，则一方面可以统合名称不一、形态各异并散见于各单行法律、法规和规章中的强制手段；另一方面，也可以为行政复议、行政诉讼和国家赔偿活动实现对这些强制手段的事后制约提供明确的指向。

综合分析以上两种规定形式，其意义至少有以下几个方面。

第一，单行法律、法规和规章对强制性手段的规定或认可，在一定程度上适应了行政执法实践的需要，也与加强行政执法的总体政策思路相吻合，并且符合强制实现法律的方式本身对力度的要求。从更广泛的意义上分析，行政执法是实现法律内容的方式之一，行政执法者在执法过程中必须拥有足以排除各种抵抗或妨碍的强制手段，否则，行政执法将不会形成任何权威，也无法实现行政执法预期的效果。从这个意义上说，单行法律赋予行政机关采取强制性手段的权力也是必须的。

第二，《行政诉讼法》《行政复议法》《国家赔偿法》《立法法》对行政强制措施的规定，使名称不一、形态各异的行政强制性手段，从属性和特征上被统合到一类"行为"之中，并被置于"行政强制措施"名下，解决了理论上和立法上对该类强制性手段难以穷尽列举的困难，也解决了列举的烦琐和不周延的问题。《行政诉讼法》等法律对行政强制措施的规定，还在一定程度上填补了各单行法律、法规、规章重授权、疏监督的漏洞，并将这类强制性手段置于复议机关和人民法院的经常性监督之下。

第三，单行法律、法规和规章的规定，与《行政诉讼法》《行政复议法》《国家赔偿法》和《立法法》的规定相结合，使显得散乱的众多强制性手段有了明确的类别归属，也使《行政诉讼法》等法律概括、统合的行政强制措施有现实的依托。两种规定的结合，在一定程度上产生了相得益彰的效果。

第四，上述两种规定形式，为后来制定《行政强制法》提供了立法上的先期准备，使制定《行政强制法》有了立法实践经验的支持。

综合分析以上两种规定形式，也可以发现至少存在以下问题。

第一，《行政诉讼法》等法律规定的行政强制措施是作为具体行政行为的一种形式出现的。而《行政诉讼法》等法律规定的行政强制措施的实际所指应是行政机关"对有关对象的人身、财产和行为自由加以暂时性限制，并使其保持一定状态的手段"，① 这种强制性手段源于法律、法规和规章的规定，"它或者服务于行政违法案件的查处，或者服务于行政强制执行的实现，或者服务于法律、法规规定需要即时强制的状态，也可能为其他种类的具体行政行为服务。"② 正是这种强制性手段的服务性，使其容易与其他具体行政行为相混淆，因为在许多时候，这种强制性手段及其使用是某一特定具体行政行为完整过程的组成部分。从作为方式、方法的强制性手段，到对众多强制性手段概括和统合的行政强制措施，是如何实现从方法、手段到具体行政行为的转化的？我国的法律规定和行政法理论的解说都存在难以自圆其说的问题。这也是在行政强制措施问题上存在众多歧见的重要原因之一。

第二，既然行政强制措施是对众多强制性方法、手段的概括和统合，那么，从逻辑上讲，行政强制措施应该是对众多强制性方法、手段的概念抽象。对强制性方法、手段抽象概括而成的概念——行政强制措施，同被抽象概括的实务原型——强制性方法、手段，在根本属性上应该是同一的。如果不同一，就犯了逻辑错误。如同水果是对苹果、香蕉、橘子和梨等各种具体的可以吃的含水分较多的植物果实的本质抽象一样。学界存在的关于行政强制措施不包括行政强制执行措施的认识，③ 与上述逻辑环节上的处理不当有关，我国理论界和实务界在行政强制措施问题上存在的模糊认识也或多或少与此有关。

第三，单行法律、法规和规章规定强制性方法或手段，多数重授权、疏规范和监督。《行政诉讼法》等法律规定行政强制措施重事后监督或救济，而对采取行政强制措施过程中的实体条件和程序条件建设，通常是鞭长莫及。这就使二者的衔接常常出现问题：法院审理以行政强制措施为诉讼标的的案件，常常因为缺少实体标准和程序标准而难以作出判决，

① 应松年：《中国的行政强制制度》，2000 年北京行政强制的理论与实践国际研讨会材料。
② 朱新力：《行政法基本原理》，浙江大学出版社 1995 年版，第 208—209 页。
③ 应松年主编：《行政诉讼法学》，中国政法大学出版社 1994 年版，第 74—75 页。

这直接推动了《行政强制法》对实施行政强制措施程序的规定，也推动了后来制定和修改法律法规，改善对实施行政强制措施实体条件和标准的规定。

五、行政强制措施的范围和形态分析

从语义上分析，措施是指"针对某种情况而采用的处理办法（用于较大事情），如计划已经订出，措施应该跟得上"。① 依此认识，行政措施当指行政主体针对某种情况行使行政权力而采取的行政处理办法。我国《宪法》和《地方组织法》正是沿此认识而使用行政措施的。仔细推敲，尽管可以用办法解释措施，用行政处理办法解释行政措施，但办法和措施两者还是有细微差别的，即办法偏重用于处理较小的事情，而措施偏重用于处理较大的事情；办法的含义直白，不需要再作解释即可让人明白，一般不会产生歧义，而措施的含义相对抽象，至少没有办法那样直白、那样具体。正是由于措施本身的相对抽象性和办法本身的具体性，措施可以囊括各种办法，行政措施可以囊括各种行政处理办法。所有这些，都可以从《现代汉语词典》将措施解释为用于处理较大事情的办法中得到部分说明。还必须指出，措施虽然没有办法那样直白和具体，但措施也是应用范围较广，少有歧义而又容易理解的语言符号。正因为如此，采取措施已成为谈及处理问题的日常用语中使用频率较高的人所共知的说法。还必须说明，措施和用于解释措施的办法，按汉语的习惯，都应属于名词或名词系列，行政措施、行政强制措施的中心词都是措施，由此也可以推知，行政措施和行政强制措施都是名词词组。

我国行政法的早期理论沿袭传统语义习惯，在行政法意义上将行政措施特定化为一个学理概念，并将其理解为"行政机关在进行行政管理活动时，对于具体事件所作的单方处理"。② 很明显，行政法理论在这里所使用的行政措施，已经同《宪法》和《地方组织法》规定的行政措施

---

① 《现代汉语词典》，商务印书馆1983年版，第186页。
② 王珉璨主编：《行政法概要》，法律出版社1983年版，第112页。

在含义和范围上有了一定的分野。它剔除了《宪法》和《地方组织法》规定的行政措施中属于抽象行政行为的部分，保留了作为具体行政行为的部分。随着立法实践的进一步发展和行政法理论研究的进一步深入，行政措施逐渐被具体行政行为所取代。① 在 2014 年《行政诉讼法》修订之前，具体行政行为已经成为理论上和实践中一个基础概念，但从行政措施到具体行政行为的演变过程是不应该被遗忘的，它对于我们理解和分析行政强制措施也是有帮助的。

行政强制措施是在行政措施的基础上，用"强制"一词对行政措施的范围和属性加以限定，与行政措施相比，行政强制措施的范围缩小了，其属性也有了"强制"的限定，但其内涵和实际所指仍然应该是一类具有共同属性的办法或手段，只不过是带有强制性的一类办法或手段罢了。因此，行政强制措施仍然是一个概括性、包容性的概念，其中可以含有不同形态的甚至差异较大的不同形态的具体的行政强制措施。有些学者在论及行政强制措施时十分明确地指出，"行政强制措施包括行政（强制）预防措施、行政（强制）制止措施和行政（强制）执行措施"。② 换言之，行政强制措施既可以适用于行政强制执行的场合，以实现已生效的具体行政行为；也可以适用于事态紧急的场合，以制止危害、消除危险；还可以适用于调查、取证或可能对相对人的人身、他人或公共利益造成危害的场合，以保证具体行政行为的作出。③ 场合的不同，目标追求的差异，都使行政强制措施呈现不同的形态，与相对人权益的关系，法律对其规范和要求的侧重点，救济的渠道和途径也有许多差异。但不论有多么大的差异，都属于此种行政强制措施与彼种行政强制措施的差异，而不是行政强制措施与非行政强制措施的区别。那种把行政强制执行措施排除在行政强制措施之外，或者把行政强制措施等同于行政强制执行，

---

① 《行政诉讼法》在立法上正式使用具体行政行为，这也是行政法理论研究成果在立法上的体现。

② 胡建淼：《行政法学》，法律出版社 1998 年版，第 322 页。

③ 叶必丰：《行政法学》，武汉大学出版社 1996 年版，第 203—204 页。

以及把即时强制与行政强制措施对立起来的做法都是欠妥的。笔者认为，根据使用场合和所追求目标的不同，并考虑到与行政强制的形式相对应，可以将行政强制措施分为三种形态。

一是执行性强制措施。执行性强制措施是行政主体针对不履行具体行政行为所确定义务的相对人，为促使其履行义务或实现与履行义务相同状态所采取的强制措施，又可以称为行政强制执行措施，甚至直接称为行政强制执行。这一部分在德、日等国被看作行政强制的基本形态，也是不少国家和地区行政强制立法比较发达的部分。① 这里隐含着一个问题，即行政强制执行与行政强制措施到底是一个事物，还是两个不同的事物？对此，学术界存在不同的看法。有的学者认为，"行政强制执行是现代法治国家中行政强制措施的最基本的类型"，② 并将行政强制执行同即时强制和行政调查并列置于行政强制措施之下，作为行政强制措施的下位概念而存在。③ 很明显，该学者是将行政强制执行作为一种行政强制措施，而且是最基本类型的行政强制措施来看待的。因此，行政强制执行与执行性强制措施大体相同。也有的学者认为，行政强制执行以具体义务的存在为前提，是实现具体义务的程序性活动，通常属于某个实体性具体行政行为的一部分，即执行程序部分；而行政强制措施不一定以某种具体义务的存在为前提，是独立存在的实体性具体行政行为。④ 行政强制执行与行政强制措施"是一种相互交叉和包容的关系，没有动态的行政强制措施行为，行政强制执行无法实现，但行政强制措施行为仅是

① 奥地利 1925 年制定了《行政强制执行通则》，日本 1947 年制定了《行政代执行法》，原联邦德国（西德）1953 年制定了《行政执行法》，我国台湾地区长期沿用 1932 年制定、后经多次修订的"行政执行法"，台湾地区 1998 年又对该"法"进行了较大的修订。

② 胡锦光、杨建顺、李元起：《行政法专题研究》，中国人民大学出版社 1997 年版，第 182 页。

③ 胡锦光、杨建顺、李元起：《行政法专题研究》，中国人民大学出版社 1997 年版，第 182—205 页。

④ 王连昌主编：《行政法学》，中国政法大学出版社 1997 年版，第 223—224 页。

行政强制执行的一部分。"① 很明显，这种观点把行政强制措施看作可以应用于行政强制执行过程的措施，用于行政强制执行过程的措施就是行政强制执行措施。其实，稍加分析即不难看出，无论从字面上理解还是从实务中考察，行政强制执行与其说是一种行为，倒不如说是一个过程。在这个过程中，行政主体采取相应的强制措施，直接作用于相对人，以确保义务内容的实现。对这种行政强制措施，法律也有主体、方式、程序和时限等要求。行政强制执行是对采取行政强制执行措施全过程的综合概括，其中起决定作用、居于中心地位的仍然是行政强制措施。由于采取这种行政强制措施的目的是实现义务的内容，故在理论上和实务中习惯于将其称为执行性行政强制措施。它理应成为整个行政强制措施的一种形态或一个组成部分。将执行性行政强制措施排除在行政强制措施之外，在逻辑上是说不通的。《行政强制法》第四十六条第二款规定：行政机关实施强制执行前，需要采取查封、扣押、冻结措施的，依照本法第三章规定办理。也就是在行政强制执行过程中，需要采取查封、扣押、冻结措施的，依照《行政强制法》关于行政强制措施的规定办理。这也进一步说明，行政强制执行过程中，也有行政强制措施的使用。

二是即时性强制措施。即时性强制措施是行政主体在事态紧急的情况下，为排除紧急妨碍、消除紧急危险，来不及先行作出具体行政行为，而直接对相对人的人身、财产或行为采取的断然行动。行政即时强制的决定与实施往往同时作出，二者一般没有时间间隔，也很难作先后之分。因此，在实务中观察，行政主体采取的是一个断然的行动，有关相对人感知的是限制或影响自身权益的手段或措施。这是人们一般对行政即时强制和行政即时强制措施不加区分的主要原因。此外，由于即时强制是在事态紧急的情况下实施的，其过程相对短暂，其程序也比较简单甚至没有强制性程序，故行政即时强制措施几乎可以等同于行政即时强制。但是在观念上，我们仍然可以将行政即时强制措施理解为行政即时强制

---

① 朱新力：《行政法基本原理》，浙江大学出版社1995年版，第209页。

过程中所采取的行政强制措施，简称行政即时强制措施。

三是一般性强制措施。这类强制措施是行政机关为了查明情况，或者为了预防、制止、控制违法、危害状态，或者为了保障行政管理工作的顺利进行，根据现实需要，依职权对有关对象的人身或财产权利进行暂时性限制或暂时性控制的强制措施。

与执行性强制措施不同，在采取这类强制措施之前，并没有为被强制的相对人设定义务的具体行政行为（行政决定）存在，采取这类强制措施的目的也不是为了促使相对人履行义务，其具体目的因遇到的具体情况和行政机关追求目标的不同而不同，可能是为了查明情况，也可能是为了预防、制止或控制违法行为、危害状态，还可能是为了保障和辅助后续具体行政行为的作出。与即时强制措施也不同，在采取这类强制措施之前，不存在作为即时强制事实条件的"紧急事态"，一般也没有其他特别紧急的情况，它完全是在"不紧急"或正常情况下根据需要采取的行政强制措施。

根据采取强制措施的目的和适用场合的不同，可将一般性强制措施划分为行政强制检查措施、行政强制预防措施、行政强制制止措施和行政强制保障或辅助措施。行政强制检查措施是行政机关为查清事实，依职权对有关公民采取的传唤、留置盘问和对相关场所、行驶车辆进行强制性检查等措施。行政强制检查措施不以相对人违法为前提，通常适用于事实尚不清楚的场合。行政强制预防措施是行政机关对可能危害行政管理秩序或他人合法权益的人或物，实施强制控制，以防止危害发生的行政强制措施，《治安管理处罚法》规定的对本人有危险或者对他人安全有威胁的醉酒状态中的醉酒人，强行约束到酒醒的措施即属此类。行政强制措施适用于危害可能发生，不采取强制措施不足以防止危害发生的场合，其目的是防止这种危害的发生。行政强制制止措施是指行政机关针对正在实施危害行政管理秩序或他人合法权益行为的相对人，为制止其危害行为而对其人身自由或财产采取的强制措施。如交通管理法律、法规规定的对超速车辆的扣留，《海关法》规定的强制带离现场等措施即属此类。行政强制制止措施适用于危害正在发生而尚未结束的场合，不采取强制措施，危害会进一步扩大。其目的是防止危害的扩大。行政强制保障或辅助性措施，是为保障"以后的行政管理工作正常有效地进行"① 或者辅助具体行政行为的作出，而实施的强制措施。没有该强制措施的保障或辅助，行政管理工作就无法或很难有效进行。后续的具体行政行为也无法实施或很难有效地实施，如行政执法中的查封、扣押、冻结、强制检查等措施即属此类。行政强制保障或者辅助性措施多适用于惩罚性具体行政行为作出之前，而相对人又有明显逃避惩罚迹象的场合。其目的是使后续的具体行政行为顺利实施并保障其内容落到实处。

也有的学者同样根据上述标准，将一般性强制措施划分为预防、制止性强制措施和保全性强制措施②，这种划分的结果与前述划分的部分内容相一致，或在前述划分中可以找到相对应的部分。

无论哪一种一般性强制措施，都有一个共同点，即都不是为实现某个具体行政行为（行政决定）的内容而采取的，也不是出于事态紧急而实施的。因此，它不以具体行政行为（行政决定）的先行存在为前提，但它的采取可能成为实施后续具体行政行为的准备或前奏，当然，也不必然引起后续具体行政行为的实施。一般性行政强制措施是法律、法规赋予某些行政机关进行日常行政管理的一类手段或办法，这类手段或办法通常在行政机关行政执法或履行其职责过程中使用。

必须指出，从对制定《行政强制法》之前规定行政强制措施的法律、法规和规章的统计来看，绝大部分行政强制措施都属于这类在日常行政管理过程中，作为管理办法和手段的、非执行性的强制措施。修订前和修订后的《行政诉讼法》规定的行政强制措施当主要指这类一般性强制措施。③

---

① 方世荣主编：《行政法与行政诉讼法》，中国政法大学出版社 1999 年版，第252 页。
② 蔡小雪：《行政审判中的合法性审查》，人民法院出版社 1999 年版，第 296 页。
③ 应松年主编：《行政诉讼法学》，中国政法大学出版社 1997 年版，第 76 页。

此外，政府针对社会、经济生活中出现的突出问题所采取的"专项治理"措施，实际上是调动有关国家机关在特定时间内采取的共同行动，其中涉及采取行政强制措施，也涉及实施相应的行政处罚，还涉及追究刑事责任。"专项治理"措施，似是对包括上述措施、处罚和追究刑事责任在内的综合行动的概称或统称，这不是本章定义的行政强制措施，而是一般意义上处理和解决问题的办法。在"专项治理"行动中，存在有关行政机关采取行政强制措施的机会或可能性。从实务中考察，有关行政机关采取行政强制措施的情况还很多，其中有的属于执行性行政强制措施，如相对人对责令拆除违章建筑的决定不予履行，行政机关强制拆除；也有的属于行政即时性强制措施，如对高危险建筑物采取强制拆除的断然行动；还有的属于一般性行政强制措施，如强行预防、制止和控制措施。在不同的"专项治理"行动中，各种行政强制措施使用的情况并不一样，一般而言，使用一般性行政强制措施的情况居多。

还有，"收缴"在现行法律、法规中规定较多，但在行政法理论上却很少关注。如何看待"收缴"，"收缴"究竟属于何种性质的行为，应当引起更多的关注。据粗略统计，截至目前，在我国约有19部法律，69部行政法规和国务院发布的部分意见、批复与决定中，规定了"收缴"。但在《行政强制法》第九条列举的行政强制措施的种类当中，没有规定"收缴"。那么，这么多的法律、行政法规和国务院的批复中规定了"收缴"，实践中"收缴"的使用频率也比较高，"收缴"到底属不属于行政强制措施呢？阅读规定"收缴"的法律、行政法规和国务院的批复可以发现，"收缴"一词在不同的法律、行政法规和批复中的含义是不一样的，主要有这样几种类型：一是处罚或制裁型，大致相当于没收。如《中华人民共和国居民身份证法》第十七条第二款规定：伪造、变造的居民身份证和骗领的居民身份证，由公安机关予以收缴。《中华人民共和国枪支管理法》第二十六条第二款规定：配置民用枪支的单位和个人不再符合持枪条件时，必须及时将枪支连同持枪证件上缴核发持枪证件的公安机关；未及时上缴的，由公安机关收缴。这里的收缴，实际上是一种处罚或制裁。二是实现行政决定内容的强制执行型。如《中华人民共和

国行政处罚法》第四十六条规定：除依照本法第四十七条、第四十八条
的规定当场收缴的罚款外，作出行政处罚决定的行政机关及其执法人员
不得自行收缴罚款。这里的"收缴"实际上是对罚款决定的执行行为。三
是暂时性限制型。如《中华人民共和国森林法》第三十四条规定：……对
伐区作业不符合规定的单位，发放采伐许可证的部门有权收缴采伐许可
证，中止其采伐，直到纠正为止。这里的"收缴"显然是暂时性限制，
待纠正了存在的问题，或者达到了伐区作业规定要求的，恢复其采伐许
可证的效力，也就是恢复其采伐的权利。"收缴"的上述三种类型，第一
种可归入行政处罚；第二种可归入行政强制执行；第三种属于行政强制
措施。同是"收缴"一词，在我国现行法律和行政法规中使用的含义如
此不同，一方面说明理论上对"收缴"缺乏研究；另一方面也说明立法
者在使用"收缴"一词进行授权时，工作粗疏和不够慎重。

通过上述分析可以看出，因适用场合和目标的不同，行政强制措施
存在不同的种类或不同的形态。不同种类和不同形态的行政强制措施有
许多差别，但不能就此人为地将某些种类和形态的强制措施排除在行政
强制措施之外。行政强制措施作为强制办法和手段，既可以在强制实现
义务内容的行政强制执行中运用，也可以在行政即时强制中运用，还可
以在日常行政管理中，为查明情况或有效控制违法行为、危害状态而使
用。行政强制措施的对应概念是行政非强制措施。识别行政强制措施，
关键是把握"强制"二字，只要行政机关采用强制办法或手段，约束、
限制或影响了相对人的权益，该办法或手段就是行政强制措施。

六、实施行政强制措施的条件和程序

行政强制措施的实施，具有即时性和突出的强制性等特点。行政强
制措施实施的即时性特点，要求实施行政强制措施的条件清晰、明确，
程序简便易行，甚至可以事后补办手续；行政强制措施实施的强制性特
点，要求对行政强制措施的实施进行必要的条件和程序控制。这是一个
两难的问题。如同赋权和控权，需要根据我国的政治、经济、文化条
件，行政机关行使权力的理性程度和社会成员的法文化水平等因素，来

确定一个合理的度，使之既能维护社会秩序，又不致侵害相对人的合法权益。根据我国《行政强制法》的规定，行政强制措施的实施条件和程序如下。

1. 实施主体和适用条件。行政强制措施只能由法律、法规规定的有行政强制措施实施权的行政机关和法律授权的组织在法定的职权范围内实施。适用的事实条件是遇有制止违法行为、防止证据损毁、避免危害发生、控制危险扩大等情形；适用的法律条件是法律、法规有可以实施行政强制措施的明确规定。此外，实施查封、扣押的行政强制措施还有特别的适用条件要求：发现违禁物品；需要保全证据；发现当事人转移财物逃避法定义务等。

2. 一般程序步骤和要求：（1）除当场采取行政强制措施外，事前需经行政机关负责人批准；（2）由行政机关两名以上行政工作人员实施；（3）出示执法身份证件及行政决定书；（4）当场告知当事人采取行政强制措施的理由、依据、救济途径及当事人依法享有的权利；（5）制作现场笔录；（6）实施查封、扣押的，制作查封、扣押清单，查封、扣押清单一式二份，当事人和行政机关分别保存；（7）现场笔录和清单由当事人或者见证人和行政执法人员签名或者盖章，当事人或者见证人拒绝签名或者盖章的，应当在笔录中予以注明；（8）法律、法规规定的其他程序。

3. 对限制人身自由的特别程序要求：实施限制人身自由的行政强制措施除必须遵循一般程序要求外，还必须遵循特别程序：（1）当场告知或者实施行政强制措施后立即通知当事人家属实施行政强制措施的行政机关、地点和期限；（2）在紧急情况下当场实施限制人身自由行政强制措施的，在返回行政机关后，立即向行政机关负责人报告并补办批准手续；（3）还必须遵循《行政强制法》以外的其他法律规定的程序。

4. 对当场实施限制人身自由的行政强制措施以外的其他行政强制措施的特别程序要求：应当在事后二十四小时内向行政机关负责人报告，并补办批准手续。行政机关负责人认为不应当采取行政强制措施的，应当立即解除。

5. 对查封、扣押、冻结等对相对人权益影响较大的行政强制措施的特别程序要求：（1）查封、扣押限于涉案的场所、设施或者财物；（2）制作并向相对人当场交付查封、扣押决定书和清单；（3）不得查封、扣押与违法行为无关的场所、设施或者财物；不得查封、扣押公民个人及其所抚养家属的生活必需品；（4）在其他国家机关已经查封、扣押的情况下，不得重复查封、扣押；（5）除法律、行政法规另有规定和行政机关负责人批准外，查封、扣押的期限不得超过 30 日；（6）对查封、扣押的场所、设施、财物，行政机关应当妥善保管，不得使用或者损毁；（7）查封、扣押发生的保管费用由实施查封、扣押的行政机关承担；（8）查封、扣押后，行政机关应当及时查清事实，并在法定期限内作出处理，依法没收、销毁，或者解除查封、扣押等。

冻结存款、汇款的程序与查封、扣押的程序基本相同。

6. 对行政机关实施的行政强制措施，当事人有权陈述和申辩，行政机关应当听取当事人的意见。

第三节　行政强制执行

一、行政强制执行的概念和特征

行政强制执行是指行政机关或者由行政机关申请人民法院，对不履行发生法律效力的行政决定（具体行政行为）的公民、法人或者其他组织，采取法定的强制方式，强制其履行义务或达到与履行义务相同状态的行为。

行政强制执行是行政管理实践中常见的一种行为。其基本内涵可以在对其特征的阐述中得到进一步说明。

1. 行政强制执行以相对人不履行具体行政行为所确定的义务为前提。无此前提，不能适用行政强制执行。理解这一特征，需注意把握以下三点：（1）相对人所负义务是生效行政决定确定的义务；（2）相对人是故意或过失不履行义务，而不是无法履行义务。相对人无法履行义务不能适用行政强制执行；（3）相对人不履行义务已超过法定期限或行政主体依法确定的期限。未超过上述期限，仍属于相对人履行义务的期限，同样不能适用行政强制执行。

2. 实施行政强制执行的主体是作出行政决定的行政机关或者有管辖权的人民法院。行政机关成为行政强制执行主体的条件有两个①：一是该行政机关是作出待执行的行政决定的行政机关；二是法律明确授予行政机关行政强制执行权。这里的"法律"仅指全国人大及其常委会制定的法律，而不包括行政法规、地方性法规和规章。人民法院成为行政强制执行主体的条件也有两个②：一是法律没有明确授予行政机关行政强制执行权；二是作出行政决定的行政机关向法院提出了执行申请。

3. 行政强制执行的依据是为相对人确定义务的行政决定。③ 行政强制执行作为确保行政决定内容实现的保障行为或制度，其依据只能是已经成立并产生法律效力的行政决定。这一点与行政强制措施截然不同。行政强制执行以确定义务的行政处理决定（具体行政行为）的存在为前提，行政强制执行是对行政处理决定的执行；而行政强制措施却不需要行政处理决定存在这个前提，它是直接依据法律、法规的规定而实施的行政强制措施。

4. 行政强制执行的目的在于以强制的方式迫使行政相对人履行义务，或达到与履行义务相同的状态，即实现行政决定所确定的义务内容。行政强制执行是在先前作出的行政决定确定的义务未得到实现情况下实施的行为，是先前作出的行政决定的后续行为。该行为的宗旨和目的就是实现先前作出的行政决定确定的义务，它对先前行政决定的效果产生一定的影响，因此，我们可以将其理解为"二次行为"。④

---

① 《中华人民共和国行政强制法》第三十四条的规定。

② 《中华人民共和国行政强制法》第十三条第二款的规定。

③ 傅士成：《行政强制研究》，法律出版社 2001 年版，第 120—129 页。

④ 涂怀莹：《行政法原理》（修订版），台湾五南图书出版公司 1986 年版，第 573 页。

5. 行政强制执行方式的强制性和应由法律规定性。[①] 无论是排除妨碍、强制拆除、恢复原状等义务的代履行，还是按日加处罚款或滞纳金、一次性或数次加处一定数额罚款的执行罚，抑或将查封、扣押的财物拍卖或者依法处理，甚或是法律规定的其他行政强制执行方式，都不考虑相对人是否愿意或接受，都具有一定的强制性。正是由于行政强制执行方式具有强制性，从保护相对人合法权益，督促相关主体理性地实施行政强制执行出发，从公权力及其行使必须由法律授予的观念出发，行政强制执行的方式应该由法律加以规定。未经法律规定，不能成为行政强制执行方式。

二、行政决定内容实现的意义和方式

行政决定从作出到内容的实现，大致可以划分为两个阶段：一是行政主体根据特定的法律事实（如相对人行政性违法的事实）和相应的法律规定，将行政主体对该特定法律事实的处理意见形成一个能够为外界识别的行政决定。这是行政决定的作出或成立阶段。在这个阶段，完成了行政决定的从无到有，在理论上可以表述为行政决定的成立。二是有关行政主体通过一定的行为使已经成立的行政决定的内容得以实现。在这个阶段，只要行政决定未被撤销，其内容就应该得到实现。行政执法实践经验告诉我们，行政决定的作出或成立，只是行政主体对相应法律事实的认定结论和处理结果，只是行政主体依职权对相对人权利义务的一种强制性"判定"结论，行政主体作出行政决定的意义和目标追求，并不仅仅体现在行政决定的作出上，甚至可以说不主要体现在行政决定的作出上，而更多地体现在行政决定所确定内容的实现上。如果行政主体作出的行政决定的内容得不到实现，该行政决定只能停留在行政主体意志的表达阶段，不能实际触及相对人的权利和义务，也无法最终实现行政主体作出行政决定的目标。比如：一个责令停产停业的行政处罚作出以

[①] 傅士成：《行政强制研究》，法律出版社 2001 年版，第 168—184 页；另参见《中华人民共和国行政强制法》第十二条、十三条的规定。

后，因相对人拒不履行该行政处罚所确定的停产停业义务，行政主体也没有或不采取相应措施强制相对人履行停产停业的义务，而是听任其继续生产或营业，那么，这个行政处罚只是从书面上否定了相对人继续生产和营业的合法性，而行政处罚所确定的停产停业的内容并未真正实现。

这绝不是行政主体作出责令停产停业行政处罚时所预期的结果，也不是法律、法规赋予行政主体实施该种行政处罚权的初衷。然而，在行政执法的理论上和实践中，我国却存在重视行政决定的作出，而轻视甚至忽视行政决定内容实现的做法和现象。这种做法和现象通常表现为：行政主体"只顾行文（作出行政决定），不管结果"，甚至存在对行政决定内容是否实现采取"不闻不问、拖拉推诿的办法"①，或者完全依赖义务人自觉履行义务。这种做法和现象至少带来三个方面的危害后果：一是已经作出的行政决定因其内容得不到实现而实际上被虚置。行政主体作出行政决定，是其有效地实施行政管理的具体形式之一，但仅仅停留在行政决定的作出阶段，还是远远不够的。行政决定所确定的内容能否及时实现，直接关系到行政机关的威信、效率，关系到行政管理秩序和行政法律关系的稳定，内容得不到实现的行政决定，不论其在内容和形式上多么完善，都不过是一纸空文。这使已经作出的具体行政行为事实上被虚置。二是客观上纵容行政性违法行为。为相对人确定义务的行政决定因其所确定的义务未能实现，客观上使相对人逃避了行政决定为其确定的义务，甚至逃避了惩罚性义务。由于行政主体不能针对该相对人再一次以同一事实和理由作出同样的行政决定，相对人逃避义务因无法予以追究而使该相对人的违法行为在事实上"合法化"。这不仅在客观上纵容了行政性违法行为，而且使理论上、法律上强调的"行政决定一经作出即具有法律效力"成为一句空话。三是违法行为的受害人和公共利益未得到应有的救济和保护。由于为相对人确定义务的行政决定一般都是针对相对人的违法行为作出的，而内容得不到实现的行政决定，往往

---

① 李后启、万胜凡：《试论行政机关申请法院强制执行案件中的几个问题》，《行政法学研究》1996 年第 1 期。

使该违法行为产生的后果依然存在，并且未得到实际的补救，受害人的权益和公共利益也在事实上未得到任何救济和保护。

为相对人确定义务的行政决定内容的实现方式有两种：一种方式是负有义务的相对人自动履行了义务，而使行政决定的内容得以实现的方式。这种实现方式需要法律公正性的感召力、社会压力、心理惯性、道德义务以及人们对法律的信仰和行政决定本身的公正、恰当、可信赖等诸多因素的支持。相对人自觉履行行政决定确定的义务，应该成为法律制度建设的追求和行政主体作出行政决定的目标。但是，经验表明，行政决定，特别是制裁性行政决定作为影响甚至剥夺相对人权利的行政行为，即使它再恰当、再公道，也很难或无法全部做到让相对人心甘情愿地接受它，并自动履行它所确定的义务。正如一位英国学者所说："无论多么公正的法律制度，也不能保证所有的人都自愿服从它的各项规定，自愿承担一切义务。"① 在目前的社会转型时期，各种社会矛盾和社会冲突比较集中，相对人逃避义务的现象也比较突出。因此，由相对人自动履行义务实现行政决定内容的方式，存在较大的局限性。另一种方式是强制相对人履行义务，而使行政决定内容得以实现的方式。这种方式以相对人在法定的或行政决定确定的期限内未自动履行义务为条件，是对未自动履行义务的相对人采取强制措施，促使义务人履行义务或直接实现义务内容的方式。强制行政决定内容实现的方式，在行政法学理论上称为行政强制执行或行政强制执行制度。

两种方式相比较，应该说各有长短。相对人自动履行义务的方式，在相当程度上体现了相对人对行政决定的尊重，可以节省强制执行的社会公共成本投入，可以避免因为强制执行可能带来的行政相对人与行政主体的进一步对立，对促进整体社会关系的和谐与稳定有积极意义。相对人自动履行义务，是所有文明法律制度和理性的管理者的永恒追求。但相对人自动履行义务对于行政决定内容实现的局限性，使完全依赖相对人自动履行义务实现行政决定的内容是不现实的，也是做不到的。

---

① 《牛津法律大词典》，光明日报出版社1988年版，第342页。

　　强制执行方式并不排斥相对人自动履行义务，相反，它是对相对人于法定期限内未自动履行义务的强制，是以物理性力量强制促使相对人履行义务，或者以物理性力量直接实现义务的内容。其特点不仅在于违背义务人的意志强制实现行政主体所追求的状态，而且对所有不履行生效行政决定义务的相对人也有威慑作用。强制执行方式对恶意逃避和抵制、抗拒行政决定的义务人，是一种有效的制裁和打击措施，同时也为相对人在法定期限内履行义务产生警示和督促作用。但是，强制执行方式本身的强制性和不可违背性，使其一旦被滥用，就可能造成侵害相对人合法权益的后果。强制执行方式也存在强制不能的局限性。

　　行政决定内容的两种实现方式优劣并存，都有其存在的价值，并且不能以一种方式否定另一种方式，但在法律制度建设上，应更多地关注和研究强制执行制度。

三、我国行政强制执行制度形成的背景

　　从新中国建立到改革开放，我国基本上不存在行政强制执行制度。这是由我国当时的体制和行政行为方式决定的。改革开放以前，我国实行高度集权的政治、经济体制。在这种体制下，社会结构基本上是按照行政组织原则设计和建立起来的①，国家与社会、行政机关与相对人的关系基本上属于隶属性关系，公民、法人和其他组织都无例外地被纳入一定的组织体系之中。在这种社会结构中，行政机关主要用指令性计划和行政命令的方式对企业和社会成员进行指挥和控制，在强大的舆论督促和组织手段的震慑下，鲜有相对人不服从指挥和控制的，即使有极个别的相对人抗拒这种指挥和控制，也常常可以转为以刑事手段加以制裁。在这种情况下，行政行为内容的实现一般不存在什么阻力，也自然没有建立行政强制执行制度的客观必要性。改革开放以后，高度集权的体制被冲破，社会结构也发生了全方位的深刻变化。以搞活企业为中心的经济体制改革，首先实行政企分开，并赋予企业独立经营、自负盈亏的法

---

① 张树义：《行政强制执行研究》，《政法论坛》1989 年第 2 期。

人地位。这就使企业逐步摆脱了从属于行政机关的地位，而成为行政法律关系中独立的一方主体（外部行政相对人）。与经济体制改革相伴的其他方面的改革，也使行政机关与公民和其他社会组织的关系发生了类似的变化。这是问题的一个方面。另一方面，与行政相对人地位的变化相适应，行政机关行使行政权力、实施行政行为的方式也发生了深刻的变化，与隶属型关系相适应的行政指挥、行政命令、对人财物直接支配的方式逐渐减少，而行政立法、行政许可、行政处罚、行政合同、行政强制执行等间接管理方式，或从无到有，或适用的领域逐步扩大，并逐渐成为行政行为的主要形式。发生这种变化的原因主要是，行政相对人在摆脱了从属性地位以后，其所从事的经营或其他社会活动，都有其特定的利益追求，都有可能置国家利益或公共利益于不顾，实施危害社会、危害公共利益的违法行为。改革要求行政机关减少或放弃行政命令等行为方式，但不是放弃所有的行政管理。在承认行政相对人独立地位的情况下，行政机关有权力，也有责任对违法的行政相对人进行处罚或作其他相应的处理。在相对人不履行行政处罚或其他行政处理决定所确定的义务时，必须有相应的公权力确保上述义务内容的实现。在这种情况下，行政强制执行制度便应运而生。

四、我国行政强制执行体制

改革开放以来，我国以实现行政决定确定的义务为目标的行政强制执行，实行行政机关（最主要的行政主体）自行强制执行和法院依申请强制执行的双轨体制。这种体制在我国 2011 年制定的《行政强制法》中得到了进一步的确认。具体言之，就是在法律赋予行政机关自行强制执行权的情况下，行政决定（所确定义务）的强制执行由行政机关自行实施；在法律没有赋予行政机关自行强制执行权的情况下，行政决定（所确定义务）的强制执行由法院根据行政机关的申请实施。应松年教授曾明确指出，申请法院强制执行将司法审查引入行政强制执行，有利于保障当事人的合法权益，同时此项制度又不照搬英美国家执行之诉的复杂程序，而采用"申请"这一简便程序，有利于兼顾行政效率；在法律授权的情况下，行政机关可以自行强制执行，则有利于一些负有特殊使命的专业性较强的行政机关能及时达成执行目标，提高行政效率。①

目前，我国行政强制执行实行双轨体制的法律依据，主要是行政管理领域各单行法律的规定和《行政强制法》第十三条、第三十四条和第五十三条的规定。前者主要是就该法律所涉及的行政决定的强制执行问题进行类别列举规定，后者主要是在前述列举规定的基础上，对所有行政决定的强制执行的程序问题作统一安排。这样的统一安排为：《行政强制法》第三十四条规定："行政机关依法作出行政决定后，当事人在行政机关决定的期限内不履行义务的，具有行政强制执行权的行政机关依照本章规定强制执行"；第十三条第二款规定："法律没有规定行政机关强制执行的，作出行政决定的行政机关应当申请人民法院强制执行"。第五十三条规定："当事人在法定期限内不申请行政复议或者提起行政诉讼，又不履行行政决定的，没有行政强制执行权的行政机关可以自期限届满之日起三个月内，依照本章规定申请人民法院强制执行"。

总括而言，我国目前所奉行的双轨制行政强制执行体制，虽然在执行主体上表现为行政机关和法院都可以成为行政强制执行的主体，但由法院依行政机关的申请而担当执行主体的情况居多，并且在法律对行政强制执行未作规定的情况下，即只要法律未赋予行政机关强制执行权，不论其是否赋予了法院强制执行权，都推定只能由法院依行政机关的申请而担当执行主体，实施强制执行。因此，将我国双轨制的行政强制执行体制，概括为"以行政机关申请法院强制执行为原则，以行政机关自行强制执行为例外"，是客观的，也是有说服力的。

我国形成"以行政机关申请法院强制执行为原则，以行政机关自行强制执行为例外"的双轨制行政强制执行体制的原因是多方面的。

首先，是行政管理的现实需要。改革开放以来，体制的变革和社会的转型，使旧体制下许多传统的控制和监督手段的作用迅速减弱，甚至在较高程度上失灵，急需新的能够发挥作用的手段和方式跟进。与此局

---

① 应松年：《行政强制立法的几个问题》，《法学家》2006年第3期。

面相伴的却是行政机关的机构设置不健全、缺少必要的执行机构；行政执法人员的执法素质和依法行政的观念与意识不强；权力滥用的现象比较严重；行政管理的"管理色彩比较浓厚，行政管理触及的领域既广泛深入，但又缺少必要的内外监督"。① 在这种情况下，不得不寻求行政以外——法院的力量介入强制执行，以确保行政行为的内容和行政职能的实现。

其次，是保护人权和提高行政效率的需要。现行行政强制执行体制的设计，旨在充分保护人权的基础上达到提高行政效率的目的，这是立法者试图改变以往重提高效率、轻人权保护局面的措施。我国一向重视提高行政效率，但由于曾经长期忽视法治建设和片面追求经济指标，出现了片面追求效率，忽视甚至漠视保护人权的现象和局面。这不仅严重挫伤了基层和社会成员的积极性，而且也没有真正带来提高行政效率的结果。正是针对这种局面，立法者选择和确定了现行行政强制执行体制。

再次，是立法的模仿和趋同效应。由于我国 20 世纪 70 年代末至 80 年代初的立法过程比较简单，也不太重视理论上的论证，当一部法律制定出来，并规定了这种体制以后，后续的立法在面对相同或类似的问题时，便纷纷模仿或遵循先行的规定，产生了较明显的趋同现象。这大致可以描述和说明我国现行行政强制执行体制形成的过程。

我国现行行政强制执行体制有一些明显的优点：第一，有利于防止行政机关滥用行政强制执行权，并具有督促行政机关依法实施行政行为的作用。第二，有利于保护行政相对人的合法权益，特别是在相对人因种种原因放弃申请行政复议和提起行政诉讼的权利时，不致因违法行政行为直接由行政机关自行强制执行而受到侵害。第三，在一定程度上体现"司法终裁"的原则，并在一定程度上促进了行政执法人员依法行政观念的培养和依法行政意识的提高。第四，有限的行政机关自行强制执行，可以解决专业性、技术性较强的行政行为不宜由法院执行的问题，

---

① 参见全国人大常委会法制工作委员会行政法室编写：《中华人民共和国行政强制法释义与案例》，中国民主法制出版社 2012 年版，第 27—30 页。

也可以解决因情况紧急而需要迅速执行的问题。

但是，必须清醒地看到，我国现行行政强制执行体制也存在一定的缺陷和问题：一是由行政机关申请法院强制执行，往往耗费的时间较多，使已经作出的行政行为在较长的时间内得不到执行，既延缓了行政行为内容的实现，又可能因错过时机使行政行为内容的实现成为不可能。二是为解决和克服上述问题而曾经出现的由法院在行政机关中设立执行室，随申请随执行，导致在具体执行过程中出现行政权和司法权的混同（即法院联合行政机关共同强制执行），及行政机关越权执行的现象，是在现行行政强制执行体制运转不理想的情况下产生的规避法律的现象，或者说是抛开法律规定，自行追求低成本的措施。这既违背了现行法律的规定，也极易侵害相对人的合法权益，更说明现行行政强制执行体制本身运行不灵便。三是由行政机关申请法院执行，法院是既审查，又执行；还是只审查，执行回归行政机关，除强制拆迁方面有司法解释的规定外，其他方面的强制执行，在法律上还不明确。四是由行政机关自行实施的行政强制执行，虽然可以有《行政强制法》规定的程序约束，但对行政机关的内外监督机制还有待加强。

五、我国行政强制执行的依据

从一般意义上讲，行政强制执行的内容是行政相对人在行政法上的义务，而该义务是缘何产生的呢？到底是法定义务，是行政决定确定的义务，还是二者都是？在这里，义务产生或形成的缘由或形式，就是行政强制执行的依据问题。

关于行政强制执行的依据，我国学界历来存在不同的观点。一种观点认为，行政强制执行的依据是法律的规定和行政处理决定（具体行政行为），即行政强制执行既可以依据法律的规定实施，也可以依据行政处理决定实施。另一种观点认为，行政强制执行的依据只能是行政处理决定（具体行政行为），不能是法律的规定。[①] 行政处理决定在行政强制执

---

① 傅士成：《行政强制研究》，法律出版社 2001 年版，第 120 页。

行中的地位，类似于法院的裁判在法院诉讼执行中的地位，法院不能在没有裁判的情况下直接依据法律的规定实施强制执行。当然，行政处理决定作为行政强制执行的依据，也不是说每个行政处理决定都能成为行政强制执行的依据，如同法院的确认判决、形成判决无需执行一样，确认事实和权利、形成法律关系的行政处理决定，也不需要行政强制执行。因为这类行政处理决定作出之时，作出该行政处理决定的目标就已实现，强制执行已属没有必要。

在行政强制执行依据问题上存在不同观点的原因，主要是对我国现行法律、法规规定理解的差异，也与对行政强制执行内涵和外延理解的不同有关。但随着《行政强制法》的出台，行政强制措施与行政强制执行的依法区分，二者的不同依据已经明朗，行政强制执行仅指对行政处理决定的执行，行政强制执行的依据只能是行政处理决定（或具体行政行为）。行政机关作出强制执行决定前，应当事先催告，明确告知当事人履行义务的期限、方式、涉及金钱给付的金额和给付方式以及依法享有的陈述权和申辩权。

六、行政强制执行的种类

1. 行政机关自行实施的强制执行和行政机关申请法院实施的强制执行。以实施行政强制执行的主体是行政机关和法院的不同，可以将行政强制执行划分为行政机关自行实施的强制执行和行政机关申请法院实施的强制执行。行政机关自行实施的强制执行是作出行政决定的行政机关，依照法律的授权，对不履行行政决定确定的义务的相对人的强制执行。而行政机关申请法院实施的强制执行，是作出行政决定的行政机关或行政决定确定的权利人，在相对人不履行行政决定确定的义务的情况下，申请法院实施的强制执行。二者的区别主要是实施强制执行的主体不同。根据《行政强制法》的规定，只要法律未明确授予行政机关自行强制执行权的，就只能申请法院实施强制执行。

2. 间接强制执行和直接强制执行以强制执行的手段是否直接强制性地实现义务的内容为标准，可以把行政强制执行划分为间接强制执行和直接强制执行。这是我国行政法学理论对行政强制执行的传统分类方法。间接强制执行是以代履行代替义务人履行，或以执行罚促成义务人履行义务的强制执行。而直接强制执行，是有关强制执行的主体采用强制性手段直接实现义务内容的强制执行。二者的区别主要在于强制性手段与义务内容实现的关系不同。前者的强制性手段主要是为了有偿代替义务人履行义务，或者促成义务人履行义务，而后者的强制性手段则是为了直接实现义务的内容。

但是，直接强制执行和间接强制执行的划分不是绝对的，不应将这种划分推向极端。原因主要在于，行政决定所确定的义务千差万别，对于某一特定义务人的特定义务而言，不一定所有的强制执行手段都可以适用。有的义务可以选择多种强制执行手段，各种执行手段都可以达到实现义务内容的目的；而有的义务则只能用少数几种甚至一种强制执行手段，才能达到实现义务内容的目的。换言之，每一种强制性手段都有其特定的适用条件。由此我们可以看出，理论上设计的和法律上规定的各种强制执行手段，是以现实社会的复杂性、义务内容的千差万别性为基础的。强制执行及其手段的存在，一方面在于应对拒不履行义务的各种情况；另一方面也在于形成一种压力和威慑。最理想的结果是义务人自动履行义务。

3. 金钱给付义务的强制执行和行为义务的强制执行以待执行的行政决定所确定义务的内容不同，可以把行政强制执行划分为金钱给付义务的强制执行和行为义务的强制执行。金钱给付义务的强制执行，是指待执行的行政决定为相对人确定了对行政主体或国家的金钱给付义务（属公法上的义务），行政相对人在法定期限内未履行义务，有强制执行权的国家机关采用强制手段，强制其给付的行政强制执行。而行为义务的强制执行，是指待执行的行政决定为相对人确定了实施某一行为或不实施某些行为的义务，行政相对人在法定期限内未履行义务，有强制执行权的国家机关采用强制手段，强制义务人履行义务或直接实现义务内容的行政强制执行。二者的区别在于待执行的行政决定确定的义务内容不同。

七、行政强制执行的方式

行政强制执行的方式，是行政强制执行的手段或方法。行政强制执行的强制性主要体现在行政强制执行方式的强制性上。因此，对行政强制执行行为的规范，主要体现在对行政强制执行方式和如何使用行政强制执行方式的规范上。《行政强制法》第十二条规定了六项行政强制执行的方式，分别是："（一）加处罚款或者滞纳金；（二）划拨存款、汇款；（三）拍卖或者依法处理查封、扣押的场所、设施或者财物；（四）排除妨碍、恢复原状；（五）代履行；（六）其他强制执行方式。"这六种方式可以分为四大类。

1. 执行罚，也称罚锾、强制金，即为《行政强制法》所规定的"加处罚款或者滞纳金"，是指相对人逾期不履行行政机关依法作出的金钱给付义务的行政决定时，行政机关以科处新的金钱给付义务的方式，促使其履行义务的强制执行方式。在行政执法实践中，执行罚常常表现为按日加处罚款或者滞纳金、一次或者多次加处一定数额的罚款等。执行罚作为强制实现行政决定内容的方式，其应用的范围较广，实际效果也是明显的。《行政强制法》第四十五条把执行罚的适用范围，限定在相对人逾期不履行金钱给付义务的行政决定上，即只有相对人逾期不履行以金钱给付义务为内容的行政决定时，行政机关才可以适用执行罚。这里有两个问题值得探讨：首先，执行罚是不是只能在相对人逾期不履行以金钱给付义务为内容的行政决定时才能适用？这需要从设置执行罚的目的进行分析。执行罚的目的就是通过为义务人增科新的金钱给付义务的方式，给义务人施加经济上和心理上的压力，促使其履行义务。无论从理论上分析，还是从实践中考察，以增科新的金钱给付义务为内容的执行罚，似乎不必以不履行金钱给付义务为内容的行政决定为前提，不履行金钱给付义务以外的行为义务的行政决定，适用执行罚同样可以督促相对人履行义务。对于这一点，还可以根据今后的实践进一步研究。其次，执行罚所增科的新的金钱给付义务与义务人原有的义务，内容是否必须一致？执行罚所增科的义务是否必须是金钱给付义务？从实践来看，一般以按日增科金钱给付义务为执行罚的典型形式，但也存在无论你增科多少金钱给付义务也无效果的现象。在这种情况下，是否可以通过增科对相对人更有触动作用的其他义务，作为执行罚的特殊形式，达到促使相对人履行义务的目的？这可以从原《治安管理处罚条例》第三十六条的规定中找到佐证。对于这一点，也需要根据今后的实践进一步研究，并为未来修改《行政强制法》做理论准备。

还需要说明，根据《行政强制法》第四十五条第二款的规定，适用执行罚时，加处罚款和滞纳金的数额不得超出行政决定确定的金钱给付义务的数额。

2. 代履行，也称代执行，是指义务人不履行行政决定确定的义务，而该义务又可以由他人代为履行时，行政机关自行或请第三人代为履行，并向义务人征收履行义务所需费用的行政强制执行方式。代履行的具体方法可以是排除妨碍、强制拆除、恢复原状等义务的替代履行。代履行作为行政强制执行的一种方式，本质上是在义务人拒绝履行行政决定为其确定的义务的情况下，以他人代替履行的方式实现义务的内容。其着眼点是义务内容的强制实现。至于是由行政机关亲自代替履行，还是由行政机关请人或雇人（第三人）代替义务人履行，对履行本身的性质及由此而引发的法律关系不产生影响。代履行的意义，在于将行政决定所确定的义务实现过程中的难题简化。难题就是义务人应当履行而不履行，简化的方法是由行政机关自己或请他人代替义务人履行，并将行政机关要求义务人履行义务转化为要求义务人支付相应的费用。这样做的结果是义务的内容实现了，行政机关所预期的状态或目标达到了；要求义务人支付相应费用也比要求义务人履行其原本需要履行的义务容易了。但是，代履行的适用是有局限性的，其局限性表现在：能够适用代履行的义务只能是可替代性义务，不可替代性义务如接受行政拘留、服兵役义务及不作为义务等，具有明显的人身性和不可替代性，无法适用代履行。

3. 直接强制执行诸方式，包括《行政强制法》中规定的划拨存款、汇款；拍卖或者依法处理查封、扣押的场所、设施或者财物以及排除妨碍、恢复原状。与代履行和执行罚代替和促使义务人履行义务不同，直接强制执行的诸方式，均是对义务人的人身或财务实施实力控制，并直接实现义务内容的方式。

4. 其他强制执行方式。《行政强制法》第十二条在规定强制执行方式时，设定了兜底条款，即"其他强制执行方式"。这并非是一个极为宽泛的兜底条款，因为根据《行政强制法》的要求，行政强制执行方式的设定只能由法律加以规定，因此，"其他强制执行方式"也必须遵循法律保留的原则。同时，《行政强制法》第四十三条还明确排除了对居民生活采取停止供水、供电、供热、供燃气的方式迫使当事人履行行政决定。有学者提出，"其他强制执行方式"在设定时要听取意见、说明理由、遵守比例原则，同时对相关单行法律规范须进行评价和清理。①

八、行政强制执行的程序

（一）行政机关强制执行程序

根据《行政强制法》的规定，行政机关实施强制执行的程序主要有以下几个步骤。

1. 执行主体和执行起始时间。行政强制执行的主体必须是，且只能是法律规定的有强制执行权的行政机关，通常是作出行政决定的行政机关。可以开始强制执行的时间，是行政决定确定的相对人自动履行义务的期间届满之时。

2. 催告。有行政强制执行权的行政机关在作出行政强制执行决定之前，应当事先催告相对人履行义务。催告应当以书面形式作出，并载明下列内容：第一，自动履行义务所需的合理期限；第二，强制执行方式；第三，涉及金钱给付的，必须有明确的金额和给付方式；第四，相对人依法享有的陈述权和申辩权。载明上述内容的催告书，必须直接送达负有义务的相对人。经催告，相对人自动履行了行政决定的，不再实施行政强制执行。催告是作出行政强制执行决定的前置程序。

---

① 李大勇：《其他行政强制执行方式之界定》，《政治与法律》2014 年第 5 期。

3. 听取陈述和申辩。相对人在收到催告书后有权进行陈述和申辩。行政机关应当充分听取相对人的陈述和申辩意见，对其提出的事实、理由和证据，应当进行记录、复核。相对人提出的事实、理由或者证据成立的，行政机关应当采纳。

4. 作出行政强制执行决定书。经催告，相对人逾期仍不履行行政决定的，行政机关可以作出行政强制执行决定。行政强制执行决定应当采用书面形式，并载明：第一，负有义务的相对人的姓名或者名称、地址；第二，行政强制执行的理由和依据；第三，行政强制执行的方式和时间；第四，对行政强制执行决定申请行政复议或者提起行政诉讼的途径和期限；第五，作出行政强制执行决定的行政机关名称、印章和日期。

5. 催告期间的转换。在催告期间，对有证据证明相对人有转移或者隐匿财物迹象的，行政机关可以作出立即强制执行决定。

6. 送达行政强制执行决定书和实施强制执行。行政强制执行决定书应当在实施行政强制执行之前，或者在实施行政强制执行时当场直接送达相对人，直接送达就是交付送达；相对人拒绝接收或者无法直接送达的，依照《民事诉讼法》的有关规定送达。行政强制执行决定书送达后，即可组织实施强制执行。

7. 中止执行和终结执行。在启动行政强制执行程序后的执行过程中，有相对人履行行政决定确有困难或者暂无履行能力；第三人对执行标的主张权利并确有理由；执行可能造成难以弥补的损失，且停止执行不损害公共利益；实施行政强制执行的行政机关认为需要中止执行等情形之一的，应当中止执行。中止执行的情形消失后，应当恢复执行。对没有明显社会危害，或者当事人确无能力执行，中止执行满三年未恢复执行的，行政机关不再执行。执行过程中，遇有公民死亡，无遗产可供执行，又无义务承受人；法人或其他组织终止，无财产可供执行，又无义务承受人；执行标的灭失；据以执行的行政决定被撤销；及实施强制执行的行政机关认为需要终结执行等情形之一的，终结执行，即终结行政强制执行程序，并不再执行。

8. 执行和解。实施行政强制执行，行政机关在不损害公共利益和他人合法权益的情况下，可以与相对人达成执行协议。执行协议可以约定分阶段履行；相对人采取补救措施的，可以减免加处的罚款或滞纳金。执行协议达成后，相对人不履行执行协议的，行政机关应当恢复强制执行。

9. 对行政强制执行时间和方式的限制。除紧急情况外，行政强制执行不得在夜间或者法定节假日实施；不得对居民生活采取停止供水、供电、供热、供燃气等方式迫使相对人履行相关行政决定。

10. 对行政强制执行错误的补救。在执行中或者执行完毕后，作为强制执行依据的行政决定被撤销、变更，或者执行错误的，应当停止执行，恢复原状或退还财物；不能恢复或退还的，依法给予国家赔偿。

11. 对违法建筑物、构筑物、设施等需要强制拆除的，应当由有权的行政机关先予以公告，限期相对人自行拆除。相对人在法定期限内不申请复议或提起诉讼，又不拆除的，有权行政机关依法可以实施强制拆除。

金钱给付义务的执行和代履行，除必须遵循上述一般程序外，还必须遵循各自特殊的程序要求。

有必要进一步说明的是，《行政强制法》第四十二条赋予了执行协议以法定地位，确认依法达成的行政强制执行和解协议具有法律效力。达成执行和解协议的条件有：在实施行政强制执行过程中；不损害公共利益和他人合法权益。执行和解协议的内容包括：可以约定分阶段履行；当事人采取补救措施的，可以减免加处的罚款或者滞纳金。执行和解协议应当履行。当事人不履行执行和解协议的，行政机关应当恢复强制执行。《行政强制法》在设定诸种行政强制执行方式之后，又设立了相对柔性的实现行政决定的方式，值得学界和实务界高度重视和研究。行政强制执行和解协议虽体现了双方自愿的柔性，但其一旦达成，就具有了刚性效力（必须予以实施和执行），其内容不因外在条件的变化而发生变化。①

---

① 关保英：《行政强制执行和解协议研究》，《中州学刊》2013年第8期。

（二）申请法院强制执行程序

根据《行政强制法》的规定，申请法院强制执行程序主要有以下几个步骤。

1. 申请法院强制执行的主体和前提条件。申请法院强制执行的主体是没有行政强制执行权的行政机关。申请法院强制执行的前提条件是，当事人在法定期限内不申请行政复议或者提起行政诉讼，又不履行行政决定。行政机关在申请法院强制执行前，应当向相对人发出书面催告，催告相对人履行义务。催告书送达十日后当事人仍未履行义务的，行政机关可以向所在地有管辖权的人民法院申请强制执行；执行对象是不动产的，向不动产所在地有管辖权的人民法院申请强制执行。

2. 申请的要件。根据《行政强制法》第五十五条的规定："行政机关向人民法院申请强制执行，应当提供下列材料：（一）强制执行申请书；（二）行政决定书及作出决定的事实、理由和依据；（三）当事人的意见及行政机关催告情况；（四）申请强制执行标的情况；（五）法律、行政法规规定的其他材料。强制执行申请书应当由行政机关负责人签名，加盖行政机关的印章，并注明日期。"

3. 法院的受理。法院受理行政机关强制执行的申请，应符合下列条件：（1）行政处理决定依法可以由人民法院执行；（2）行政处理决定已经生效并具有可执行性；（3）申请人是作出行政处理决定的行政机关；（4）被申请人是该行政处理决定确定的义务人；（5）被申请人在行政处理决定确定的期限内或者行政机关指定的期限内未履行义务；（6）已经完成书面催告程序；（7）申请人在法定期限内提出申请；（8）被申请执行的行政案件属于受理执行的人民法院管辖。人民法院接到行政机关强制执行的申请，应当在五日内受理。行政机关对人民法院不予受理的裁定有异议的，可以在十五日内向上一级人民法院申请复议，上一级人民法院应当自收到复议申请之日起十五日内作出是否受理的裁定。

4. 法院的审查和裁定。人民法院受理行政机关强制执行的申请以后，应当进行书面审查，对符合《行政强制法》第五十五条规定，且待执行的行政决定合法并具备法定执行效力的，人民法院应当自受理之日起七日内作出执行裁定。根据《行政强制法》第五十八条的规定，如果待执行的行政决定存在明显缺乏事实根据；明显缺乏法律、法规依据；其他明显违法并损害被执行人合法权益三种情形之一的，人民法院可以在听取被执行人和行政机关意见的基础上，应当自受理之日起三十日内作出是否执行的裁定。裁定不予执行的，应当说明理由，并在五日内将不予执行的裁定送达行政机关。行政机关对人民法院不予执行的裁定有异议的，可以自收到裁定之日起十五日内向上一级人民法院申请复议，上一级人民法院应当自收到复议申请之日起三十日内作出是否执行的裁定。

5. 强制执行。人民法院经审查，认为不存在明显缺乏事实根据；明显缺乏法律、法规依据；其他明显违法并损害被执行人合法权益三种情形之一的，作出准予执行裁定。需要采取强制执行措施的，由受理该案件的法院负责强制执行的机构执行。强制执行的费用由被执行人承担。人民法院以划拨、拍卖方式强制执行的，可以在划拨、拍卖后将强制执行的费用扣除。依法拍卖财物，由人民法院委托拍卖机构依照《中华人民共和国拍卖法》的规定办理。此外，根据最高人民法院2012年4月发布的《最高人民法院关于办理申请人民法院强制执行国有土地上房屋征收补偿决定案件若干问题的规定》，对于国有土地上房屋征收补偿决定案件的执行，人民法院经审查，裁定准予执行的，一般由作出征收补偿决定的市、县级人民政府组织实施，也可以由人民法院执行。在这里，出现了法院承担审查职责，行政机关承担执行职能的选择性安排，其对未来的影响很值得关注。

6. 紧急情况下的立即执行。根据《行政强制法》第五十九条的规定，因情况紧急，为保障公共安全，行政机关可以申请人民法院立即执行。经人民法院院长批准，人民法院应当自作出执行裁定之日起五日内执行。

第四节　我国的行政强制立法

一、我国制定《行政强制法》的背景和过程

新中国成立以后，随着旧制度被推翻和旧法被废除，原有的一些行政强制观念和做法也被摈弃。此后直到实行改革开放，我国的法律、法规和规章虽然也对行政强制问题作过一些规定，但以确立和规范行政强制为宗旨的行政强制制度并没有真正形成。改革开放以后，随着社会结构的变化和市场经济体制的建立，为适应行政管理实践的需要，我国法律、法规和规章对行政强制的规定逐步增加，行政强制制度逐步形成。

据全国人大常委会法工委提供的统计数据显示，截至《行政强制法》通过前的 2011 年 6 月底，在我国现行有效的 228 部法律和 600 多部行政法规中，有 72 部法律和 122 部行政法规规定了行政强制。[1] 另据全国人大常委会法工委 2000 年向 10 个省、自治区、直辖市发函调查，地方性法规和地方政府规章中也有相当一部分规定或涉及行政强制。截至 1999 年底，河南省制定和批准的 329 件地方性法规中，有 65 件规定或涉及行政强制，占该省地方性法规总数的 19.8%；四川省规定和批准的 155 件地方性法规中，有 32 件规定或涉及行政强制，占该省地方性法规总数的 20.6%；上海市政府制定的 500 件地方政府规章中，有 26 件规定或涉及行政强制，占该市政府规章总数的 5.2%。[2] 上述规定行政强制的法律涉及的执法主体有：县级以上各级政府和公安、国家安全、海关、环保、林业、审计、卫生、动植物检疫机关和戒严机关等。上述规定行政强制

---

[1]　应松年、刘莘主编：《中华人民共和国行政强制法条文释义与案例适用》，中国市场出版社 2011 年版，第 4 页。

[2]　李援：《中国行政强制法律制度的构想》，北京 2000 年行政强制的理论与实践国际研讨会材料。

的行政法规涉及的执法主体主要有：工商、技术监督、城建、土地、规划、教育、民政、边防、港务监督、渔政、水产管理及商品流通管理部门。从上述统计数字可以看出，我国有实施行政强制权的行政机关比较多，行政强制存在的领域非常广泛。

需要说明，在《行政强制法》颁布以前，上述涉及行政强制的法律、法规和规章对行政强制的规定，可以归为两种类型：一是限制性规定，表现为《行政诉讼法》《国家赔偿法》《行政复议法》和《立法法》规定可以对相应的行政强制形式提起诉讼、申请复议、请求国家赔偿，及有权设定涉及人身自由的行政强制的主体问题；二是授权性规定，《行政诉讼法》《行政复议法》《国家赔偿法》和《立法法》以外的其他单行法律、法规和规章，在涉及行政强制时，一般都作授权性规定，对实施行政强制的条件和程序往往规定较少或未予规定。

在《行政强制法》颁布以前，我国行政强制立法存在的问题可以概括为以下几个方面。

第一，由于没有关于行政强制的统一立法，有关行政强制的规定分散在众多单行的法律、法规和规章之中。

第二，《行政诉讼法》《行政复议法》和《国家赔偿法》对行政强制的规定，只是从诉讼、复议和国家赔偿范围的角度，对行政强制措施属于诉讼、复议和国家赔偿范围予以肯定，对其他行政强制形式未予应有的关照，对实施行政强制的条件和程序更无暇顾及。

第三，由于规定行政强制的法律、法规和规章比较分散，也由于规定行政强制的法律、法规和规章效力等级差别很大，造成关于实施行政强制的主体、手段和实施条件的规定不统一，有的甚至存在矛盾，有权实施行政强制的主体过多，手段过杂、过滥、过重的问题也比较突出。①

第四，由于没有统一的法律规范，一些行政机关在执法过程中，既存在对某些严重的违法行为缺乏强制手段、处理不力的情况，即"软"的问题；又存在行政强制手段滥用的情况，即"乱"和"滥"的问题。

---

① 参见金伟峰主编：《中国行政强制法律制度》，法律出版社2003年版，第3页。

治乱、治滥、治软，是民众、学者、官员的一致呼声。①

为了解决上述问题，全国人大常委会法制工作委员会根据九届全国人大常委会立法规划，从 1999 年 3 月起，着手行政强制法的调研起草工作，于 2001 年 4 月，形成《行政强制法（草稿）》。经反复征求中央部门、地方人大和政府及法律专家的意见，并经多次修改，于 2002 年 4 月形成了《行政强制法（征求意见稿）》。经过广泛征求中央有关部门、法律专家和四个直辖市人大、政府法制部门的意见，修改形成《行政强制法（草案）》，于 2005 年 12 月，十届全国人大常委会第 19 次会议进行第一次审议。由于意见分歧较大，随后被搁置。2007 年 10 月，十届全国人大常委会第 30 次会议进行第二次审议，分歧依然比较大，随后又被搁置。2009 年 8 月，十一届人大常委会第 10 次会议进行第三次审议，随后全国人大常委会法工委公布了《行政强制法（草案）》向全社会公开征求意见。征求意见期间为 2009 年 8 月 28 日—9 月 30 日，共收到意见 3800 多件。与此同时，媒体进行了广泛的报道和讨论，凤凰网开辟专栏讨论《行政强制法》。2011 年 4 月，十一届全国人大常委会第 20 次会议进行第四次审议。

2011 年 6 月，十一届全国人大常委会第 21 次会议进行第五次审议，并于 6 月 30 日通过，同日国家主席以第 49 号主席令颁布了《行政强制法》，2012 年 1 月 1 日起实施。

从 1999 年 3 月全国人大常委会法工委开始调研起草，到 2011 年 6 月 30 日通过，历时 12 年零 3 个月。期间历经三届人大，常委会五次审议，两度搁置，最终获得通过。《行政强制法》是一部制定过程用时比较长的法律。在此期间，理论界举行了多次专题理论研讨会，就制定《行政强制法》诸多理论和实践问题进行研究。

《行政强制法》立法过程如此曲折的主要原因有：一是该法涉及公权力与私权利的关系问题，涉及相对人权益与公共利益和公共秩序的平

① 应松年、刘莘主编：《中华人民共和国行政强制法条文释义与案例适用》，中国市场出版社 2011 年版，第 4 页。

衡。此关系的处理事关重大，必须慎之又慎。二是该法涉及行政权和司法权的关系问题，各方在立法过程中博弈不断。三是该法旨在加强对行政强制权的限制和规范，事实上遇到了各种有形或无形的阻力。四是学界和实务界对该法涉及的一些重大问题存在不同观点和主张，存在较多争议。

针对行政强制领域"乱、滥、软"的问题，《行政强制法》立法的指导思想是：推进依法行政，维护公民权益，既赋予行政机关必要的强制手段，保障行政机关依法履行职责，维护公共利益和公共秩序，又对行政强制行为进行规范，避免和防止权力滥用，保护公民、法人和其他组织的合法权益。①《行政强制法》共 7 章 71 条，分为：总则，行政强制的种类和设定，行政强制措施实施程序，行政机关强制执行程序，申请人民法院强制执行，法律责任，附则。

二、行政强制措施与行政强制执行的界分

根据我国实际和《行政处罚法》开创的立法模式，我国针对某类行政行为的立法，一般遵循规范该类行为的设定和实施的逻辑顺序展开②，《行政强制法》也是按规范行政强制的设定和实施逻辑顺序进行的。

《行政强制法》是针对行政强制行为的立法，而行政强制行为有两种基本形式：一是行政强制措施，指行政机关在行政管理过程中，为制止违法行为、防止证据损毁、避免危害发生、控制危险扩大等情形，依法采取的对公民人身自由实施暂时性限制，或者对公民、法人或者其他组织的财产实施暂时性控制的行为。如对人身自由的限制，对财产的查封、扣押、冻结等。二是行政强制执行，指行政机关或者行政机关申请人民法院，对不履行行政决定的公民、法人或者其他组织，依法强制履行义务的行为。如执行罚、代履行、将银行的存款划拨、将扣押的财产拍卖以抵交罚款等。

---

① 信春鹰：关于《中华人民共和国行政强制法（草案）》的说明。
② 我国 2003 年 8 月 27 日颁布的《行政许可法》也是遵循这种逻辑。

虽然行政强制措施和行政强制执行都是我国行政法理论长期使用的概念，① 虽然《行政强制法》已将行政强制措施和行政强制执行规定为行政强制的两种基本形式，但无论在理论上，还是实践中，二者的关系却是远没有完全理清的问题。胡建淼教授认为，从《行政强制法》规范内容和实施出发，区别行政强制措施和行政强制执行，至少有几个方面的意义：一是有助于立法机关正确地分别设定行政强制措施和行政强制执行；二是有助于行政机关在实施行政强制中运用正确的强制手段；三是有助于行政机关正确地分别遵循行政强制措施和行政强制执行的程序；四是有助于防止将行政强制措施作为行政强制执行申请人民法院执行；五是有助于对以往行政强制措施和行政强制执行进行有效梳理和清理；六是有助于人民法院确定行政诉讼中的司法管辖制度。② 因此，梳理二者的关系，搞清二者的界分，显得十分必要。

对如何区分行政强制措施和行政强制执行，学界和行政强制立法实践中形成了不同的观点，主要有：

第一，以有无待履行的义务先行存在为标准的行政强制执行的实施，以需要义务人履行而义务人不履行的义务先行存在为条件，而行政强制措施的采取不需要以相对人负有特定义务为条件。有无待履行义务先行存在，是区分行政强制措施和行政强制执行的标准。有待履行的义务先行存在，为促使义务人履行义务，或者为直接实现义务的内容，而实施的行政强制，是行政强制执行。没有待履行义务的先行存在，为了制止、防止、避免、控制违法行为等情形出现而实施的行政强制，是行政强制措施。③

第二，以有无为相对人确定义务的具体行政行为（行政决定）的先

---

① 我国1989年颁布的《行政诉讼法》首次使用行政强制措施，而行政法理论使用行政强制执行的时间更长。

② 胡建淼：《"行政强制措施"与"行政强制执行"的分界》，《中国法学》2012年第2期。

③ 参见城仲模：《行政法之基础理论》，三民书局1994年版，第50页。另见胡建淼主编：《行政强制法研究》，法律出版社2003年版，第38页。

行存在为标准的行政强制执行是对确定义务的具体行政行为的强制执行，行政强制执行的实施必须以为相对人确定义务的具体行政行为（行政决定）的先行存在为条件；行政强制措施是对违法行为人采取的预防和制止措施，在采取行政强制措施之前，没有为违法行为人确定义务的具体行政行为（行政决定）的先行存在。因此，有无为相对人确定义务的具体行政行为（行政决定）的先行存在，是区分行政强制措施和行政强制执行的标准。①

第三，以是否可以期待相对人自动履行义务为标准这种观点借鉴德国"基础行为"和"执行行为"划分的理论，将为相对人确定义务的具体行政行为（行政决定）视为"基础行为"，将执行该具体行政行为的行为视为"执行行为"。如果"基础行为"作出后，有时间、有条件期待相对人自动履行义务，在期待相对人自动履行义务的时限内，相对人未履行义务，而后才实施的行政强制，就是行政强制执行；如果"基础行为"与"执行行为"合一，即没有时间和条件期待相对人自动履行义务，这时的行政强制就是行政强制措施。因此，是否可以期待相对人自动履行义务，是区分行政强制措施和行政强制执行的标准。②

第四，综合性区分标准这是《行政强制法》颁布以后，胡建淼教授着眼于《行政强制法》的实施，在总结、评判区分行政强制措施和行政强制执行各种观点的基础上，提出的标准。这些标准是：行政强制措施和行政强制执行都是行政强制机关以强制手段迫使当事人的行政义务得到履行，但这种义务内容是"不作为"或"容忍"义务者，是行政强制措施，如果这种义务内容是"作为"义务者，就是行政强制执行。这是最关键的内质层次的区分标准。此外，还可辅助参照几个外在标准：行政强制措施以对行政秩序的保障性为重点功能，行政强制执行以对业已存在并已生效的实体性、基础性行政决定的执行为主要任务。行政强制

① 傅士成：《行政强制研究》，法律出版社2001年版，第223页。另参见胡建淼主编：《行政强制法研究》，法律出版社2003年版，第39页。
② 胡建淼主编：《行政强制法研究》，法律出版社2003年版，第41—42页。

措施具有暂时性，属于中间行为；行政强制执行属于最终行为。①

上述标准的提出，可以为我们区分行政强制措施和行政强制执行提供相对比较清晰的标准。需要进一步说明的是，对行政强制作行政强制措施和行政强制执行两种形态的划分，是我国着手起草《行政强制法》以后才逐步确立起来的认识。其中行政强制执行与国外特别是与大陆法系国家和地区的行政强制执行基本一致；而行政强制措施则与一些大陆法系国家和地区的行政即时强制基本相当。2002年的《行政强制法（征求意见稿）》的说明，干脆把"行政机关为了预防或制止违法行为而采取的手段"，直接称为行政强制措施或即时强制。很明显，在起草者看来，行政强制措施与即时强制是相通的，甚至可以说是同一的。因此一些国家和地区关于行政强制执行和即时强制划分的理论和制度，对我们理清行政强制措施和行政强制执行的关系，有直接的借鉴意义。

《联邦德国行政执行法》第6条的规定，直接涉及行政强制执行与即时强制的区分。该条内容照录如下。

"行政强制执行的准许（1）内容为返还一物或某一行为或予以容忍或不作为的具体行政行为，如不可撤销或要求立即执行的，或有关法律诉讼救济无延缓效力的，可以采取第9条所述强制手段予以执行。（2）非法行为应处以刑罚或治安罚款的，为阻止其发生，或为阻止紧急危险，行政机关应立即采取行动并在法定职权内行事的，可无需事先作出具体行政行为而直接采取行政强制执行措施。"该条第（1）项规定的是行政强制执行，第（2）项规定的是即时强制，尽管并没有直接使用即时强制用语。由该条规定可以看出，行政强制执行是对具体行政行为的强制执行，而即时强制则是在不事先作出具体行政行为情况下直接采取的强制执行措施。区分二者的标准是，有无具体行政行为的先行存在和是不是执行先行存在的具体行政行为。有具体行政行为的先行存在并执行该先行存在具体行政行为的，是行政强制执行；反之，则是行政即时强制。

---

① 胡建淼：《"行政强制措施"与"行政强制执行"的分界》，《中国法学》2012年第2期。

　　日本区分行政强制执行与即时强制理论认为，行政强制执行以相对人不履行行政上的义务为前提，而即时强制不以行政上义务的先行存在和相对人不履行义务为条件。① 可以这样认为，日本大致上以有无需要相对人履行义务的先行存在，作为区分行政强制执行和即时强制的标准。

　　根据德国和日本区分行政强制执行和即时强制的做法，并结合我国《行政强制法》的设计，我们可以从以下两个基本点考虑行政强制措施和行政强制执行的区分：首先，行政强制执行是对具体行政行为（行政决定）的强制执行，进一步讲，是在行政相对人不履行具体行政行为（行政决定）确定义务情况下实施的强制执行；而行政强制措施的采取不需要具体行政行为（行政决定）的先行存在，当然也不需要具体行政行为（行政决定）确定的义务的先行存在。仅就这一点而言，有无具体行政行为（行政决定）的先行存在和有无需要相对人履行的义务的先行存在，均可以成为区分行政强制措施和行政强制执行的标准。其次，进一步分析，行政强制措施的采取不以相对人义务的先行存在为条件，当指不以具体行政行为（行政决定）为相对人确定的义务的先行存在为条件，绝不是说相对人不负有任何义务。行政强制措施是为了制止、防止、避免、控制违法行为等情形而采取的，不实施违法行为应该是每个公民、法人和其他组织的义务，但这种义务同具体行政行为（行政决定）确定的义务，在内容和形态上是不一样的，它更多的是"容忍"或"忍受"义务，是"不作为"义务。而这种"容忍"、"忍受"或"不作为"义务并不仅仅是由行政强制措施确定的。就这一点而言，以有无义务的先行存在作为区分行政强制执行和行政强制措施的标准，是有问题的。

　　总括而言，有无为相对人确定义务的具体行政行为（行政决定）的先行存在，是不是执行该具体行政行为（行政决定），是否可以期待相对人自动履行义务，可以成为区分行政强制措施和行政强制执行的标准。

---

① 杨建顺：《日本行政法通论》，中国法制出版社 1998 年版，第 479 页。

第五节　行政强制比较研究

一、德国的行政强制制度①

（一）基础和概况

在德国，行政强制是指行政机关为完成其任务，违背或无视相对人的意志所采取的一切（强制）措施。

德国的行政强制主要由两部分构成；一是以强制方式实现国家权利（力）机关对公民或者其他法律主体请求权的程序，被称为行政执行。行政执行的依据是行政机关设定相对人履行罚款或承担其他行为、容忍或不作为义务的行政决定（行政行为）。这个行政决定既是行政机关将法律的抽象规定通过个案具体化的形式，又是行政执行的前提条件。因此，在德国行政法理论上，这个行政决定被称为基础决定或基础行为。行政执行是德国行政强制的主要形式。二是在特殊情况下，行政机关没有作出指向相对人的行政决定，而直接使用行政强制措施。这种事先不作出为相对人确定义务的行政决定的行政强制，同样需要具备一定的前提条件，即紧急需要。这种形式的行政强制在理论上被称为即时强制，并且是有别于行政执行的一种强制形式或者是行政执行的特殊形式。

因为行政强制是在违背或无视相对人意志的情况下实施的，因而它极容易侵犯相对人的自由权和财产权。根据德国法治国家原则，行政强

① 本部分的写作，主要参考了于安编：《德国行政法》，清华大学出版社1998年版，第153—164页；德国技术合作公司、中国国家行政学院编：《联邦德国的宪法和行政法（内部印刷品）》，第169—176页；城仲模：《行政法之基础理论》，三民书局1994年版，第247—318页；[德]哈特穆特·毛雷尔：《行政法学总论》，高家伟译，法律出版社2000年版，第479—497页及北京2000年行政强制的理论与实践国际研讨会材料中，[德]鲍尔：《行政行为作为行政执行的中心概念》；[德]海默斯：《德国行政执行和行政强制》。

制的实施需要有成文法律依据。德国的《行政强制法》也因此都是成文法。

德国是联邦制国家，联邦机构执行行政行为，受联邦《行政执行法》规范；联邦州机构或地方机关执行行政行为，受州行政执行法规范。此外，在联邦一级，还有对执行机构及其职责范围和直接强制的使用有特殊规定的情况，其中最重要的案件是执行税务机关的征税通知单，它规定在税务法典中。因此，在联邦《行政执行法》和州《行政执行法》中关于执行金钱债权的规定只适用于非税金钱债权（如规费和受益费等）。

在没有作出基础行政行为（决定）而径行强制的情况下，如属联邦一级，其法律依据是联邦《行政执行法》第6条第2款的规定和有关联邦机构职权的特殊规定。如属州一级，其法律依据是州《行政执行法》和《普通警察法》。

德国在1953年制定颁布了联邦《行政执行法》。在此之前，德国一直没有一部统一的关于行政执行方面的联邦一级的法律。这种法律空白状况所产生的后果是：一方面，由于缺乏一部统一的行政执行的法律，面对相对人拒不履行公法上金钱债权义务的局面，一些联邦行政机关只好按私法救济途径，向普通法院主张他们所享有的公法上的金钱债权，普通法院按一般民事审判程序作出判决，并按民事执行程序加以执行。这种方式忽视了公法上的金钱债权已由行政机关确定的特殊性，不仅延缓了金钱债权的追偿时间，而且加重了法院和行政机关的负担。另一方面，面对相对人不履行其行为、容忍和不作为义务的局面，虽然在"执行权是行政机关享有的一项权力，并不依赖于是否存在特殊的法律依据"观念支配下，行政机关可以自行执行，但对于行政机关究竟享有多大的执行权限却存在许多不明确的地方，行政机关自行执行的方式也不统一。这同德国法治国家原则关于行政行为必须有法律依据的要求是不相适应的。1953年制定的联邦《行政执行法》，改变了行政执行在联邦一级无统一法律规范的状况，它不仅填补了法律规范方面的空白，而且将行政执行置于一种更加规范的法律约束之下。该法后经多次修改（最近一次修改是1997年12月17日），至今仍然行之有效。

除联邦《行政执行法》之外，德国又于1963年3月10日颁布了

《关于联邦官员行使公法权力间接强制法》。单行法律中有关行政执行的规定对上述一般法律起补充作用。《普通警察法》等法律与《行政执行法》的某些规定（如第 6 条第 2 款）共同构成其他行政强制的法律依据。

（二）行政执行的主要环节和理论

1. 基础性行政行为与执行性行政行为的区分

根据联邦德国《行政执行法》的规定，行政执行的前提条件是必须有一个行政行为的存在，即行政执行是执行一个已成立的行政行为的行为。在这里，作为行政执行前提条件的行政行为就是基础性行政行为，而执行基础性行政行为的行为就是执行性行政行为。

在联邦德国，无论是公法上金钱债权的行政执行，还是对行为、容忍或不作为义务的强制执行，都需要以确定公法上金钱给付义务和行为、容忍或不作为义务的行政决定的存在为基础，不能直接依据法律实施行政执行。因为法律规定的义务是一般性的和抽象的，在未经行政机关作出确定义务的行政行为之前，尚无法明确特定相对人的特定义务。因此，为相对人确定义务的行政行为，既将法律的抽象规定具体化，又是后续的行政执行的基础，即基础性行政行为。基础性行政行为在相对人未起诉的情况下，无需经过法院的裁定确认或支持，就可以被执行。因此，基础性行政行为通常又被称为"执行名义"。

执行性行政行为是对基础性行政行为的执行行为。其功能和作用是以强制的方式实现基础性行政行为的内容。

在联邦德国，对基础性行政行为和执行性行政行为加以区分，对于整个德国的行政执行体系关系重大。行政行为的这两种形式相互关联，没有基础性行政行为就不得有执行性行政行为，但二者又各有不同的具体要求和不同的法律后果，具体表现在如下几个方面。

（1）法律依据不同。实施基础性行政行为的法律依据主要是（程序法和实体法方面的）一般行政法；而实施执行性行政行为的法律依据主要是作为特别法的行政执行法。

（2）实施的主体不完全同一。有权实施执行性行政行为的行政机关不一定都是有权实施基础性行政行为的行政机关。根据德国《行政执行法》第4条的规定，对金钱债权的执行机关有两类：一类是最高联邦行政机关征得联邦内政部长的同意后所指定的行政机关；另一类是联邦财税管理部门的执行机关。根据德国《行政执行法》第7条的规定，对行为、容忍或不作为的行政强制执行，由作出具体行政行为的机关予以执行。

（3）程序不同。执行性行政行为虽然与行政程序的"结果"——基础性行政行为直接有关，但它同时自成一个行政程序，即《行政执行法》规定的执行程序，并且与基础性行政行为的程序不同。

（4）权利保护的形式和阶段不同。对执行性行政行为不服，原则上都可以向行政法院提起行政诉讼。但法院在审查执行性行政行为时，不允许相对人对已具有确定力的基础性行政行为再提出异议（执行性行政行为的实施已经表明：基础性行政行为已经具有确定力）。对基础性行政行为不服，可以在该行政行为作出后一个月内申请复议，对复议裁决不服，还可以在复议裁决作出后一个月内向法院提起诉讼。如果对基础性行政行为未申请复议和提起诉讼，在该行政行为作出后一个月期限届满以后，该行政行为就当然具有法律效力。在执行阶段，相对人不得再对基础性行政行为提出异议。这是基础性行政行为在执行阶段不可撤销性的体现。

基础性行政行为和执行性行政行为划分的理论和制度，可以使我们更加清楚地看出两种行为的差异，进而理解对两种行为以不同的法律规范加以约束的必要性。

2. 可执行基础性行政行为的条件

根据基本权利保护和法治国家原则的要求，任何行政行为都必须遵循行政合法性原则。作为可执行的基础性行政行为，必须满足以下条件。

（1）基础性行政行为的权限。由于《行政执行法》本身极强的目的性，关于行政机关是否可以作出基础性行政行为，作出什么内容的基础性行政行为，并没有在《行政执行法》中明确规定，而是规定在一般行政法和行政程序法中。此外，宪法中也有关于作出基础性行政行为权限的条款。从联邦德国的有关法律规定来看，行政机关经法律授权拥有对公民采取行动的权力，就包含了通过作出行政行为而采取行动的权限。

要求必须有明确的法律授权原则上只限于基础性行政行为的内容，而不涉及其形式。但是，在例外的情况下，没有法律的明确授权，行政机关不得作出任何行政行为，也不得将作出的行政行为作为基础性行政行为直接加以执行。这些例外的情况有：第一，禁止通过行政行为主张行政机关的私法上的债权，也不允许通过行政行为主张因行政合同而产生的行政机关的请求权；第二，长期存在争议的通过行政行为主张因行政行为而产生的资助关系中的偿还请求权。

（2）有可执行的规范内容。联邦德国行政法理论从内容上将行政行为划分为创设性行政行为、确认性行政行为和命令性行政行为三类。创设性行政行为可以创设、变更或者撤销一项具体的实体性法律关系。由创设性行政行为自身的性质和内容所决定，创设性行政行为一旦实施，就自动产生其预期的法律后果，不需要再实施执行行为。如宣布某一艺术品为国家重要文物的行政行为，一旦实施，就产生法律效果，不需要再对这个宣布行为实施执行。确认性行政行为可以确认一个人的权利或者权利方面的重要资格。同样由确认性行政行为的性质和内容所决定，确认性行政行为一旦实施，其确认内容本身就已实现，不再需要对确认实施强制执行。如确认某人不是德国公民，则立即产生视其为外国人的后果，不需要再用强制手段实现确认行为的内容。命令性行政行为是规定相对人义务（包括行为、容忍或不作为义务及公法上金钱给付义务）的行政行为。与前两类行政行为不同，命令性行政行为的实施，只是确定了相对人义务的内容，但其内容尚未实现。一旦义务人不履行该行政行为所确定的义务，就需要对该行政行为实施强制执行。如确定有关规费的缴纳行为，禁止在建筑行业从业的命令行为，禁止出售某种商品的禁卖令等行为。无论是针对特定对象的具体的行政行为，还是一般性命令行为，只要是明确确认相对人承担某种义务的行政行为，都可以作为强制执行的依据，都是可执行的基础性行政行为。而创设性行政行为和确认性行政行为因没有可执行的规范内容，故都不是可执行的基础性行政行为。

（3）对基础性行政行为的一般要求。对基础性行政行为合法性的一般要求，首先规定在专门法中，一般行政法，特别是《行政程序法》中还有一些补充规定，而《行政执行法》则部分地将《行政程序法》的规定具体化。根据上述法律的规定，对可执行的基础性行政行为的一般要求主要体现在两个方面：一是可执行的基础性行政行为内容必须足够明确以使相对人可以清楚地知道其应该承担的义务内容。内容足够明确，既是行政行为具体化和个性化功能的体现，又是行政执行对基础性行政行为的特别要求。内容不明确的行政行为，无法作为行政强制执行的依据，也不能加以强制执行。二是根据《行政程序法》的一般性规定，行政行为可以以书面、口头或其他形式作出，但以口头形式作出的基础性行政行为，必须随后出具一份书面证明加以证实，因为如果没有一个书面文件，在实践中就无法对强制方法发出书面告诫，也同样无法执行。

（4）可执行的基础性行政行为的确定力和其他可执行性。根据联邦德国《行政执行法》第6条第1款的规定，对行为、容忍或不作为的行政强制执行所依据的基础性行政行为，必须是不可撤销的，或者要求立即执行的，或者虽然处在法律诉讼救济中但对基础性行政行为无延缓效力。根据《行政法院法》第80条第1款的规定，对公法上金钱债权的执行所依据的基础性行政行为，由于法律排除了其中止效力，而具有其他方式的执行力。

可执行的基础性行政行为必须是不可撤销的基础性行政行为。基础性行政行为的不可撤销性始于对该基础性行政行为的法律救济期间届满。《行政法院法》规定，相对人对有异议的行政行为申请法律救济的期间通常为一个月。如果作出基础性行政行为时，未告知相对人法律救济的手段或者告知错误的，法律救济期间为一年。法律救济期间届满，相对人未请求法律救济的，行政行为正式产生确定力，相对人不得再对其提出异议。正式产生确定力的基础性行政行为是否合法，均不影响其确定力和可执行性。换言之，法律救济期间届满，相对人未请求法律救济的，即使是违法的基础性行政行为，同样产生确定力和可执行性。这实际上是将可执行性行政行为和基础性行政行为分开来考察和评判，在行政执行中，基础性行政行为已经产生确定力，并具有不可撤销性，其是否合法、是否错误，不仅相对人不得再提出异议，而且执行机关也不予考虑。当然，相对人对执行性行政行为有异议，可以在法律规定的期间内请求法律救济。在这里，基础性行政行为的稳定性比合法性处在更为优先的地位。

需要进一步说明的是，德国行政法理论通常认为行政行为一经作出，即产生公定力、确定力、拘束力和执行力。但上述关于执行的有关理论和规定，实际上认可了基础性行政行为在法律救济期间届满前和复议诉讼期间，不具有执行力。从形式上看，二者似乎是矛盾的。联邦德国的理论和制度，实际上奉行"复议和诉讼停止执行"的原则。从理论上解释，行政行为一经作出即产生法律效力，但复议、诉讼和相对人请求法律救济的期间，对行政行为的效力具有中止或延缓的作用。

还需要说明，复议、诉讼和相对人请求法院救济的期间对行政行为效力的中止或延缓是有例外情形存在的。公共捐税及费用方面的命令行为，警察局执行官员不可迟缓的命令和州法规定的行政执行措施（执行性行政行为），基于公共利益的需要，行政机关作出的即时执行的命令行为等，都属于例外情形的行政行为，即复议、诉讼和相对人请求法律救济的期间，都不能中止或延缓上述行政行为的效力，换言之，上述行政行为并不因复议、诉讼和相对人请求法律救济的期间未满而停止执行。

3. 执行性行政行为

联邦德国《行政执行法》主要是规范执行性行政行为的法律。执行性行政行为是执行机关根据《行政执行法》的规定，强制实现基础性行政行为内容的行政行为。无论是对公法上金钱债权的执行行为，还是对行为、容忍或不作为的执行行为，都可以表现为这样几种形式或几个行为：首先是执行中所发布的强制方法的告诫行为，根据《行政执行法》第13条的规定，告诫（行为）应采用书面形式，并应指定期限，所指定的期限应公正考虑义务人履行义务所需要的时间。告诫可以在作出基础性行政行为之后独立作出，也可以与基础性行政行为一并作出，并起到警告作用。告诫及其所规定的期限是一种强制手段，目的是为了促使当事人按时履行其义务。告诫是行政执行程序中的第一个执行性行政行为。

其次是确定强制方法。如果告诫的期间届满，相对人仍未履行义务，根据《行政执行法》第14条的规定，行政执行机关就要确定强制方法。确定强制方法是行政执行程序中的第二个，也是最后一个执行性行政行为。在德国，强制方法本身不被看作行政行为，而只是执行中的具体行为（或方式、方法）。强制方法的运用也是依照有关确定该强制方法的内容而行。这样看来，在行政执行中强制方法运用之前，事实上至少已存在三个行政行为：一个是确定义务的基础性行政行为，另一个是强制方法的告诫行为，还有一个是强制方法的确定行为。后两个行为都属于执行性行政行为。

行政执行行为及其过程是一个多级化的行为和过程。这种多级化的行为和程序设计，有助于保护行政相对人的合法权益。根据联邦德国《行政执行法》第18条的规定，对强制方法的告诫和对强制方法的确定不服同样适用于对基础性行政行为不服的法律救济程序，对错误使用强制方法的行为也可以向法院请求权利保护。如果行政执行机关超范围执行了其他标的，有关当事人还享有消除后果和损失赔偿请求权。

（三）没有先行作出行政行为的行政强制

根据联邦德国《行政执行法》第6条第1款的规定，在特别紧急或特别危险的情况下，即使没有先行作出基础性行政行为，行政机关也可以在其职权范围内直接采取行政强制执行措施或使用强制方法。这种没有先行作出行政行为而直接实施的行政强制，通常被称为即时执行或即时强制。

综合联邦德国《行政执行法》第18条的规定和其他有关法律的规定，德国即时执行的条件通常有三个方面：第一，虽然具备作出基础性行政行为的法律条件，但因为特别紧急的情况而不能作出行政行为。无法找到或无法及时找到引起危险的情况的公民时，也视为是特别紧急的情况。第二，具备使用各种强制方法的法律条件。第三，有特殊紧急的需要。如果从觉察到危险到出现预期的损害之间的时间很短，以至于因作出行政行为而产生的迟延导致不能有效排除危险，甚至加重了排除危险的难度，这种情况就属于有特别紧急的需要。

与没有先行作出基础性行政行为就采取强制方法的规定相似，在联邦德国一些州的警察法里也有所谓"直接执行"的规定，这些直接执行的法定条件与上述即时执行的法定条件一般没有什么区别。

相对人对没有先行作出基础性行政行为就采取的即时执行措施和直接执行措施不服，可以直接向法院提起诉讼，其目的就是使行政机关取消这些强制措施。如果不能或不会取消强制措施，相对人也可以提起确认之诉，要求法院确认强制措施因不具备法定条件而违法。如果最终证明使用上述强制措施违法，相对人还可以要求损害赔偿或补偿。

（四）通过上述介绍和分析的几点启示

联邦德国的行政强制制度可以给我们提供如下几点启示。

第一，行政执行制度是联邦德国行政强制制度的主要内容。在行政执行制度之外，也有即时执行制度的存在，但它同时被原则性地规定在联邦德国的《行政执行法》之中。在理论上和法律上，即时执行完全可以看作行政执行的一种例外。

第二，联邦德国行政执行的理论和法律，首先依内容的不同，将行政行为划分为基础性行政行为和执行性行政行为。基础性行政行为主要由专门行政法、一般行政法和行政程序法加以规范；而执行性行政行为则主要由行政执行法加以规范。可执行的基础性行政行为是执行性行政行为的依据或"执行名义"，行政执行一般不能直接根据法律的规定而实施。

第三，复议、诉讼和相对人请求法律救济的时效期间，可以中止或延缓基础性行政行为的效力，这实际上是奉行"复议和诉讼停止执行"的原则，而这一点与我国《行政诉讼法》规定的"诉讼不停止执行"的原则恰好相反。考虑到我国"诉讼不停止执行"原则的难以实施性，这不能不引起我们的深刻反思。

第四，联邦德国在理论和法律上，对执行性行政行为及其程序的多层级设计，特别是将执行性行政行为分成强制方法的告诫和强制方法的确定，并规定相对人对强制方法的告诫和强制方法的确定不服都可以提起诉讼，这可以为我国理论界长期存在的关于执行行为是否可诉的争论，提供直接的理论和实务借鉴，也可以为我国《行政强制法》规定行政强制执行行为的可诉性，提供域外理论、制度和实践的支持。

二、日本的行政强制制度①

（一）日本行政强制制度及其变迁概况

在日本，行政强制是由于公民一方不履行义务，或是在实现行政目的过程中所产生的现象。换言之，行政强制是一种行政作用，它通过增加实现行政目的者在身体、财产方面的实力，来达到实现行政目的所需要的状态。

日本的行政强制主要由两部分构成：一是行政上的强制执行。它以相对人不履行行政上的义务为前提，面向未来，行政权主体以实力使义务得到履行，或者实现与义务履行相同的状态。它的特点在于，不需要法院判断行政上的义务是否存在，也不需要法院对此作出裁断，而是依据行政权主体自身的判断，通过行使行政权的手段进行强制执行，即行政权主体自力执行。这里所说的行政上的义务，在《明治宪法》下笼统地指公法上的义务，而在《日本国宪法》下则指全部需要明确的法律依据。行政上的强制执行是日本行政强制的基本类型。二是行政上的即时强制，或称即时执行。它不以行政上义务的存在和相对人不履行义务为前提，而是为了排除目前紧迫障碍，在没有命令义务的余暇时，或者在性质上通过命令义务难以实现其目的的情况下，直接对相对人的身体或财产施加实际的力量，以实现行政上必要状态的行政作用。日本行政上的强制执行和行政上的即时强制是有差别的，前者是在不履行行政法上的义务时，确保

---

① 本部分的写作，主要参考了［日］盐野宏：《行政法》，杨建顺译，法律出版社1999年版，第158—182页。［日］南博方：《日本行政法》，杨建顺译，中国人民大学出版社1988年版，第88—92页。［日］室井力：《日本现代行政法》，吴微译，中国政法大学出版社1995年版，第164—174页。［日］和田英夫：《现代行政法》，倪健民等译，中国广播电视出版社1995年版，第221—227页。杨建顺：《日本行政法通论》，中国法制出版社1998年版，第479—499页。城仲模：《行政法之基础理论》，三民书局1999年版，第319—398页。

履行义务的担保手段；而后者并不以存在义务或不履行义务为前提，而是根据现实的迫切需要，即时增加对相对人身体及财产上的实力。

日本行政法理论一般将行政强制作为行政上确保义务履行和行政实效性的制度来看待。除行政强制以外，行政罚和授益行政行为的撤回、公布违法事实、课征金、加算税、拒绝给予等，都属于行政上确保义务履行和行政实效性的制度或手段。

第二次世界大战以前，日本师承普鲁士的法制，曾于1900年制定颁布《行政执行法》及其施行令，作为行政上强制执行的综合性法律依据。根据该法及其施行令，日本采取行政强制执行体制，就有关国家的行政活动，广泛地承认行政上的强制执行。当相对人不履行由法令或行政行为所设定的义务时，行政机关无需借助法院的力量，原则上可以凭借自己的判断，就该义务实行强制执行。日本的《行政执行法》同时也是即时执行和行政调查的一般法，它还规定了即时执行和行政调查的强有力的手段。日本《行政执行法》所确认的行政上的强制执行，是行政权主体实现法令和行政行为内容的强制性手段，对于有效实现行政目的，有着不可低估的作用。但是，广泛地承认行政上的强制执行制度，且较少对其有效的约束和限制，会导致对国民的人身、自由和财产造成侵害的危险，并与《日本国宪法》所确立的尊重基本人权和法治国家原理相背。因此，在《日本国宪法》实施一年后的1948年，日本的旧《行政执行法》被废止，取而代之的是《行政代执行法》。与日本旧《行政执行法》相比，《行政代执行法》的适用范围缩小了。它只规定代执行及其程序，只为代执行提供法律依据。其他由行政行为确定的义务，只要不是由第三人能够代替履行的义务，就不能适用代执行。如接受健康诊断义务（不可替代的不作为义务），停止营业的义务（不作为义务）。对于这些非替代性义务，只要个别法律中没有规定代执行以外的特别强制执行，在日本现行法下，是不能适用强制执行的。这说明，日本《行政代执行法》只是传统行政强制执行中代执行的一般法，而其他行政强制执行形式，则有赖于《行政代执行法》之外的个别法律加以规定。

日本《行政代执行法》共有7个条文，与旧《行政执行法》规定的代执行相比，有其特点：第一，有代执行权的主体范围扩大。除中央行政机关以外，地方行政机关和地方公共团体也有代执行权；第二，严格限制代执行权的发动。除义务人不履行法令和行政行为所确定的义务外，还需符合以下两个条件：一是依其他方法难以确保义务的履行；二是听任义务人不履行义务明显违反公共利益。这实际上将代执行作为敦促相对人履行义务的最后手段；第三，明确和严格地规定代执行的程序。《行政代执行法》除要求代执行应事先以书面形式规定一定的履行期限外，还要求以书面形式将代执行的日期，代执行的负责人的姓名及代执行所需费用之概算估计金额通知义务人；第四，确认特殊情况下的代执行，即在情况紧急或危险急迫的情况下，可以不遵循代执行的程序而径行代执行；第五，明确规定代执行所需费用的征收办法。即代执行费用按国税滞纳处分办法征收；第六，明确规定行政代执行的救济途径。即不服代执行者，可以提起诉愿或向该行政机关声明异议。

日本由行政执行到代执行的变迁，是日本战后对传统行政强制执行手段的实效性进行总结、评估和批判的结果。日本学界和实务界认为，行政强制执行中的直接强制，"过于苛酷而与尊重人权保障自由之新宪法精神不符"，只能作为最后的手段使用，而不宜广泛适用。执行罚又"效果低微"，且往往可以用行政罚方式代替。而即时强制有被滥用的历史。其结果是，代执行以其稳妥、方便和有效的特点，而成为战后日本行政强制执行的主要方式。与此同时，为克服传统强制方式的局限性，根据不同行政管理领域的特点和需要，诸如授益行政行为的撤回、违法事实的公布、拒绝给予和课征金等新型的"强制方式"纷纷出现。尽管这些方式尚不成熟，有的方式的法律依据尚不明确和具体，但它可以为我们思考和研究行政强制方式提供重要的思路。

（二）日本行政强制的主要类型

1. 行政上的强制执行

日本行政上的强制执行是相对于民事上的强制执行而存在的，是义务人不履行行政上的义务时，作为权利人的行政主体，通过自己的手段督促或强制实现义务内容的制度。日本于1948年以《行政代执行法》代替旧的《行政执行法》，自那时以来，代执行成为日本行政强制执行一般的和主要的方式。但这并不表明，代执行以外的其他传统行政强制执行方式就不再存在。事实上，代执行和代执行以外的执行罚、直接强制和强制征收，作为行政强制执行的种类、方式或手段，依然并行存在，只是适用的条件、范围和法律依据有所不同罢了。

（1）代执行。所谓代执行，是指在义务人不履行可替代性作为义务的情况下，由行政机关自身代替义务人履行义务，或委托第三人履行义务，并向义务人收取履行义务所需费用的制度、方式或手段。日本现行《行政代执行法》是日本代执行的一般法律。代执行的实施，只要没有特别法的规定，当然适用代执行法。

根据日本《行政代执行法》的规定，作为适用代执行的可替代性义务有两种：一种是根据法律规定直接成立的义务，即法定义务；另一种是行政行为所确定的义务，即设定义务。后一种义务的存在必须以确定该义务的行政行为有效为前提。日本代执行的实施，除存在可替代性义务和义务人不履行义务这个条件外，还需要满足另外两个条件：一是用代执行以外的其他手段难以确保义务人履行义务；二是如果放任义务人不履行义务，明显和严重违反公共利益。这两个条件的规定，事实上反映了尽可能规范和控制代执行的立法取向，并说明义务人不履行可替代性义务，代执行也不是无条件的和首要的选择方式。但在代执行之前，究竟应该以何种手段作为代执行的先行手段使用？何谓明显和严重违反公共利益？都很不明确。根据日本行政法理论，代执行的先行手段，似是指行政指导等法外手段，而明显和严重违反公共利益，似应交由行政机关判断，盐野宏教授认为，这两个方面都受比例原则的约束。

根据日本《行政代执行法》的规定，代执行的实施，应首先规定义务人履行义务的期限，并进行告诫。经告诫，相对人在履行义务的期限内仍未履行义务，才可以实际实施代执行。由于代执行是针对可替代性义务实施的强制执行，其本身并不具有对义务人身体实施物理性强制的必要，但是，一旦义务人对行政机关实施的代执行进行抵抗的话，对这种抵抗进行物理性排除（打击）就成为可能。这可以在《警察官职务执行法》中找到相应的根据。义务人对代执行的告诫和代执行令的通知不服，可以提起撤销诉讼寻求救济，但不能主张确定义务的行为（相当于德国的基础性行政行为）违法，这一点与德国的做法比较相似。

（2）执行罚。日本的执行罚，是在义务人未履行行政上的不可替代性义务时，行政机关通过赋课一定数额的过错罚款，以此对义务人施加心理上的压力，从而间接地强制义务人履行义务的制度或手段。在日本旧《行政执行法》被废止之前，执行罚是对不履行不作为义务、不可替代性作为义务的一般性强制方法。二战以后，随着《行政代执行法》的实施，执行罚作为行政上强制执行的一般方法已被废除，但个别法律仍以特别法的形式承认执行罚的方法，如日本《砂防法》第三十六条。不仅如此，日本最近也有人重新评价执行罚，认为执行罚可适用的范围比较大，也可以期待它有相当的实效性。

（3）直接强制。日本的直接强制，是指在义务人不履行义务时，直接对义务人的身体或财产施加强力，以实现义务内容的强制方法。如以强力迫使缺席的义务人到场，对不提供物件的义务人以强力取得其物件。直接强制方法可适用的范围非常广泛，无论是针对可替代性义务，还是不可替代性义务，也无论针对作为义务还是不作为义务，都可以适用直接强制。因此，对于行政机关而言，再没有比直接强制更方便、更有效的手段了。但是，直接强制是极其严酷的强制方法，它极容易对人权构成侵害。即使在旧《行政执行法》时期，直接强制也只能在代执行和执行罚都不能实现目的或紧急情况下才能适用。日本现行法律既没有将直接强制作为行政强制执行的一般方法加以认可，也没有将直接强制作为行政强制执行的最后手段加以定位。目前，日本只在《性病预防法》《关于确保学校设施的政令》《麻风病预防法》等少数法律中规定了直接强制。

（4）行政上的强制征收。日本行政上的强制征收，是指义务人在不履行行政上金钱给付义务的情况下，行政机关对义务人的财产施加实力，使其履行义务或达到与其履行义务同一状态的行政强制执行方法。日本没有关于实现公法上金钱债权的强制方法的一般法。日本公法金钱债权的强制执行由两种法律加以规定，一是国税的强制征收，由《国税征收法》加以规定；二是国税征收以外的其他公法上的金钱给付义务，由其他法律以特别法的形式规定强制征收的办法。

（5）行政罚。日本的行政罚是基于统治权，对违反行政法上的义务者所进行的制裁。从形式上看，行政罚是对已实施违反义务者实施的制裁，它着眼于过去，与面向未来谋求行政上义务实现的行政强制执行有本质区别。但从实质和机能上分析，行政罚具有预防不履行义务的现象发生的效果。从这个意义上讲，行政罚也被视为确保行政上义务履行的一种制度和手段。日本的行政罚大致分为两大类：一类是行政刑罚，即对违反行政法上的义务者科处刑法上规定的刑名的刑罚。与一般刑罚不同，行政刑罚主要是从取缔的角度科处的。另一类是行政上的秩序罚，即对于违法行为者不是科处刑法上的刑罚，而是处以过错罚款的制裁。

（6）其他确保义务履行的手段。在日本，确保行政上义务履行的手段不限于上述传统手段。随着行政民主化的加强，通过行政指导使义务人履行义务，是常见的手段。除此之外，近年来日本又出现了一些引人注目的诱导义务人履行义务的新手段，主要有：第一，授益行政行为的撤回，即许多法律规定，取得许可证、执照的人，在违反有关法律或基于法律发布的命令和实施的处罚时，行政机关可以吊销有关证、照，停止其从事某种活动的资格。这实际上是撤回已赋予相对人的某种权利，或取消相对人的某种资格。这种撤回具有间接确保义务人履行义务的作用。第二，公布事实，即行政机关公布相对人不服从指示或劝告的事实。公布这些事实本身并不能给相对人直接带来法律上的不利，但它可以导致相对人名誉受损或降低社会对他的评价，进而可能为其间接带来经济上或其他方面的不利。因而，公布事实也有确保行政上的义务得到履行的作用。第三，增加经济负担，即对义务违反者赋课各种加算税、违反规则金，加重其经济给付义务，以促使其履行义务。增加经济负担，有执行罚的味道。第四，拒绝给予，即对于不履行义务的相对人，拒绝给予其通常应给予其的利益或必需品。如拒绝向违法建筑物供给自来水，拒绝对行政指导不协作者提出的申请进行审批等。所有这些确保行政上义务履行的新手段，都具有制裁的性质，因而，有的学者将其称为行政罚以外的其他制裁形式。

2. 行政上的即时强制

日本行政上的即时强制，是行政机关为了排除目前的紧急障碍，在没有下达命令为相对人确定义务的余暇，或由于情况紧急下达命令也难以达到目的的情况下，直接对相对人的身体、财产施加强力，以达到行政目的的手段或作用。与行政强制执行不同，日本行政上的即时强制，不以义务的存在和相对人不履行义务为前提，换言之，即时强制不以确定义务的行政行为的先行存在为条件，即时强制也不是为了督促或强制相对人履行义务，而是在紧急情况下，为了实现必要的行政状态。

根据《日本国宪法》规定的精神，原则上讲，日本行政强制的一般理论对即时强制采取审慎的态度，即时强制只在例外和必要时才能存在。因此，理论上一般要求将即时强制限制在最小的必要的限度内，不允许借口维护公共利益和公共福利，没有法律根据而滥施即时强制，忽视对基本人权的保护。

事实上，日本的行政即时强制同联邦德国的即时强制相近，是行政强制执行的一种例外形式。它不是为了强制相对人履行义务，也不以为相对人确定义务的行政行为的存在为前提，而是根据当前行政管理的急迫需要，或根据事件本身的性质，直接而突然地对相对人的人身、自由或财产施加强制力的行为，其目的是达到行政管理的预期状态，或控制事态的进一步恶化，或排除行政管理的障碍。即时强制的直接性、突然性和紧急应对性特点，使其极容易对人权构成侵害。因此，日本行政法理论从"侵害法律保留"原则出发，一般主张和要求行政即时强制及其实施必须有明确的法律依据。

目前，日本规定行政即时强制的法律主要有以下几类：一是《警察官职务执行法》。该法作为警官实施即时强制的基本法，其规定的即时强制手段主要有保护、避难等措施，为预防和制止犯罪所进行的盘问、检查等。二是其他法律，如《性病预防法》《出入国管理及难民认定法》《传染病预防法》《精神卫生法》《所得税法》《食品卫生法》《道路交通法》等。这些法律分别规定了对人身或财产的即时强制，其规定的即时强制手段主要有：健康诊断、强制住院、强制收容、强制隔离、裁断交通、保护和拘束、对财产的限制使用、收取、废弃、暂时收管、狂犬的捕杀等。

　　3. 行政调查

　　日本的行政调查，是指行政主体为了实现行政目的，依职权对一定范围内的行政相对人进行的、能够影响相对人权益的检查、了解等信息收集活动。日本的行政调查因具体目的的不同，可以划分为两种：一种是广义的行政调查，也称一般行政调查，泛指行政机关为制定政策、确立政策标准和实施行政行为而进行的情报资料的收集工作，如为掌握某一方面的总体情况而进行的统计工作。另一种是狭义的行政调查，也称特定调查或个别调查，专指行政机关为实施特定的行政行为而进行的先期了解和情报资料的收集工作，如为了实施行政罚而进行的查证违法行为的工作。日本传统行政法理论一般将具有强制性的进入现场检查的行政调查，归入即时强制的一种形态来把握和定位，并以即时强制的法律对其加以约束和规范。但事实上，所有行使职权所进行的行政调查，都对相对人的权益有影响，甚至有重大影响。因而，日本现代行政法理论通常将行政调查置于行政强制之下，并作为与行政强制执行和行政上的即时强制并列的一种行政强制形态来认识和把握，对行政调查的控制和救济，也与行政强制执行适用同样的法律途径和法律制度。

　　日本的行政调查主要特点有：第一，行政调查是行政主体的行为。除行政主体以外，其他任何个人或组织都不具有行政调查的主体资格。第二，行政调查是行政主体行使职权的行为，具有命令性、强制性和执行性。行政相对人拒绝和违背行政调查，有时会导致行政强制措施的实施，甚至会导致相对人权利的被限制或剥夺。行政调查作为一种职权行为，也必须依法实施，否则会引发一定的法律责任。第三，行政调查的对象是行政相对人。第四，行政调查的内容和目的是了解、掌握有关的信息、资料。第五，行政调查作为影响相对人权益的一种行为，必须有明确的法律依据。

（三）通过上述介绍和分析的几点启示

日本的行政强制制度可以为我们提供几点启示：第一，日本的行政代执行以日本的《行政代执行法》为根据，并且是日本行政强制执行制度的核心。在代执行之外，传统的执行罚、直接强制、强制征收等形式依然存在，但这些强制方式的实施须以特别法为根据，可以理解为是代执行的例外形式。第二，日本行政上的即时强制和行政调查，是与行政强制执行并列存在的强制形式。与联邦德国不同，行政上的即时强制并不规定在行政强制执行的基本法《行政代执行法》中，而是依据特别法而存在。行政调查作为一个比较新的概念，至今仍处在形成的过程中，但将其列为行政强制的一种形式，可以说独具特色。第三，第二次世界大战以后，以1948年为界，日本的行政强制执行制度发生了较大的变迁，《行政代执行法》取代《行政执行法》成为日本行政强制执行的基本法，理论上和制度上对行政上的即时强制和行政调查特别法根据的强调，无不体现对行政专权的防范和对基本人权的关爱。

三、美国行政决定的执行制度①

（一）美国行政决定的执行制度概况

在美国，行政机关作出行政决定以后，相对人可能因该决定而负担某些作为或不作为义务。在通常情况下，相对人都能自动履行行政决定所确定的义务。但当相对人不履行义务时，行政决定内容的实现受阻，就发生行政决定的执行，即强制执行问题。

美国至今没有一部统一的法律概括地规定行政决定的执行问题，有

---

① 本部分的写作，主要参考了王名扬：《美国行政法》，中国法制出版社1995年版，第527—534页。[美]施瓦茨：《行政法》，徐炳译，群众出版社1986年版，第507—516页。美国国家环境保护局编：《环境执法原理》，王曦等译，民主与建设出版社1999年版，第56—70页。城仲模：《行政法之基础理论》，三民书局1999年版，第247—318页。薛刚凌等：《中美行政执行制度比较》，中国行政法学研究会2000年年会论文。

关行政决定执行的内容，因被执行的行政决定内容和性质的不同，而规定在不同的法律当中。概括地讲，有关美国行政执行的法律，包括那些规范执行前活动的法律——即规范监督行政决定履行，提交表格和报告，检查和调查，及与这些活动相联系的强制程序的法律；也包括行政机构为确保行政规则或决定的履行而适用的程序法律——非正式的解决程序和协定，请愿程序，在行政机构内进行的听证和上诉，及行政机构给予的行政制裁方面的法律；还包括规范民事或刑事法庭，及对不履行行政规则或命令而予以司法制裁的法律。

对美国行政决定执行制度的了解和把握，不能脱离美国政府体制和行政管理的基本特点。首先，美国是联邦制国家，除了存在联邦行政执行制度以外，50个州和较大的地方政府也各有自己的行政执行制度，但50个州和较大的地方政府的行政执行制度通常是联邦行政执行制度的补充。在某些行政领域，尤其是在健康和安全领域，也存在执行权由联邦和州共享的情况。限于资料，本书主要对联邦行政执行制度进行分析和研究。其次，美国奉行权力分立或职能分离原则，该原则对美国行政执行制度的影响是巨大的。较严格的权力分立或职能分离，使美国的行政执行制度在许多方面不同于其他国家，特别是不同于德国、日本及大陆法系国家。对行政的外部控制，特别是对包括行政决定执行在内的行政决定的外部司法控制，使美国的行政执行在较大范围内和相当程度上，要借助司法的力量。并且在执行的过程中，仍要对有关被执行的行政决定的争议进行处理。

在一定意义上说，行政执行是美国政府的基本使命。影响公民权益和行为的政府权力在很大程度上源于政府可以采取强制措施。因此，可以说政府的每一项职能都包含行政执行。行政执行的手段包括罚款、监禁、禁止令、中止和终结令、福利的中止、许可的撤销，及行政机构与相对人的谈判、协商等。这种意义的执行主要是从确保行政规则和决定内容的实现角度讲的，限于篇幅，本书的注意力主要集中于违背相对人意志的强制执行上。

（二）美国行政执行的主要手段

根据美国宪法规定的精神，行政决定的强制执行手段，必须由法律明确规定。在法律没有明确规定强制执行手段的情况下，行政机关只能用疏导和舆论压力的"软办法"，促使相对人履行行政决定确定的义务。如前所述，美国没有一部法律概括地规定行政决定的执行问题，行政执行的手段也因行政决定内容和性质的不同分散规定于不同的法律当中。在美国，行政决定执行手段的种类很多，有直接的手段，也有间接的手段。间接执行手段不立即实现行政决定的内容，往往也不是行政决定最终的执行手段，但它是最常用的执行手段。直接执行手段使用强制力量，也可以立即实现行政决定的内容，但适用的条件受到严格限制，并且只在较少的情况下使用。综合有关法律的规定，美国行政执行的手段主要有以下几种。

1. 刑罚。刑罚手段适用于相对人不履行重要行政决定，且法律有明确规定的场合。行政机关对于不执行行政决定的相对人，可以向检察机关检举，由检察机关向法院提出追诉，并由法院依法作出是否给予相对人刑罚的判决。这实际上是将不执行重要行政决定视为一种犯罪，以对这种犯罪的刑事处罚，保障行政决定的执行。

2. 行政罚。行政罚是在刑罚手段之外，法律规定由行政机关按照法定程序，对于不执行行政决定的相对人，科处某种行政制裁，以确保行政决定的执行。这实际上是将不执行行政决定视为一种行政违法行为，并以行政制裁保障行政决定的执行。行政罚是适用范围较广的执行手段，也是使用最多的执行手段。行政罚的常用形式是罚金，此外，还有命令停止某种活动，撤销或终止相对人的执照、许可证，拒绝延长相对人执照，不给予相对人某种利益或补助；驱逐出境，公布相对人拒绝履行行政决定的情况等。

3. 赔偿损失。赔偿损失是行政机关或其他利害关系人，因相对人不履行行政决定而受到损失，可以要求义务人赔偿损失。换言之，相对人因不履行行政决定，有被追究赔偿责任的可能性。赔偿损失实际上是以可能发生的赔偿责任，督促相对人履行行政决定。赔偿损失作为一种执行手段，通常和其他执行手段同时并用。

4. 强制执行。对于行政决定内容的实现而言，上述刑罚、行政罚和赔偿损失手段都属于间接手段。这些间接手段的实施，不一定能够达到实现行政决定内容的目的。因为相对人可能宁愿忍受制裁，或宁愿赔偿损失，也不履行行政决定确定的义务，这时，上述手段的实施，实际上仍然达不到目的。还由于公共利益的需要，某些行政决定内容的实现在时间上不容以制裁方式督促相对人履行，而需要立即执行。在这种情况下，美国有些法律授权行政机关采取直接执行相对人因行政决定所负义务，或令第三人履行该义务，并向义务人征收相应费用的手段，以直接实现行政决定的内容。这种执行手段相当于德国、日本和我国的代执行，也有即时强制的味道。这种执行手段通常在公共安全和卫生领域适用，但须以法律的明确规定为依据。

（三）美国行政执行的程序

美国行政执行的手段很多，但行政执行的程序，从性质上讲只有两种：一种是在法律明确授权下，行政机关采用执行手段自行执行的行政程序；另一种是行政机关通过向法院提起诉讼，请求法院裁判执行的司法程序。

1. 行政执行程序

在美国，当相对人不履行行政决定时，在法律有明确授权的情况下，行政机关可以对不履行行政决定的相对人实施行政罚，以确保行政决定的执行。行政罚手段都是通过行政程序实施的。在美国，由于行政罚的种类很多、使用频繁，故行政程序是美国执行行政决定经常适用的程序。

如前所述，行政罚作为一种执行手段，实际上是将相对人不履行行政决定的行为视为一种行政违法，并以对相对人的制裁方式保障、促进行政相对人履行行政决定。行政罚为相对人科处的义务，通常需要相对人的作为或不作为才能产生实际效果。而且，行政罚的实施也并没有直接带来行政决定内容的实现。当相对人仍不履行行政罚所确定的义务时，如不缴纳罚款，不停止某种活动，如果行政机关没有直接执行的权力，也只能向法院提起诉讼，请求法院作出相应的裁判。因此，行政执行程序往往不是执行行政决定的最终程序。

此外，根据公共利益的需要，行政机关可以依法直接强制执行，并且不受一般行政程序的约束。这种直接执行是行政机关以实力直接实现行政决定的内容，并且不需要经过法院的确认和支持。但行政机关的直接执行是否合法，仍处在法院的监督之下。

2. 司法执行程序

在美国，当相对人不履行行政决定确定的义务时，行政机关可以通过向法院提起诉讼的方式，请求法院裁判执行行政决定。法院按执行诉讼程序（一种司法程序）裁判确定是否执行行政决定。在美国，通常在以下两种情况下，行政机关可以通过向法院提起执行诉讼的司法程序执行行政决定：一种情况是，法律对行政决定完全没有规定执行的手段。在这种情况下，当相对人不履行行政决定确定的义务时，行政机关只能向法院提起执行诉讼，请求法院裁判执行行政决定。舍此没有其他方法。如在1906年以前，美国法律对美国州际商业委员会的决定，没有规定任何执行手段。一旦出现相对人不履行州际商业委员会的决定时，唯一的执行办法就是由州际商业委员会向法院提起诉讼，并由法院裁判执行。另一种情况是，法律规定在相对人不履行行政决定时，行政机关可以采取行政罚等制裁性手段，对相对人实施制裁，但是没有赋予行政机关直接执行的权力和手段，在相对人仍不履行行政决定，并且不履行行政罚所确定的义务时，行政机关通常也只能向法院提起执行诉讼，法院是最后的执行力量。只有在极少数情况下，法律才授予行政机关直接执行的权力。总括来讲，在相对人不自动履行行政决定时，除少数情况外，最后只能以实际剥夺相对人的自由和财产权利作为强制手段。而这种实际剥夺的权力原则上只能由法院掌握，并通过司法程序确定。所以，行政决定的执行，在多数情况下，直接或最终依赖司法程序。

美国法律规定行政决定的执行，最终通过司法程序确定，主要是为了防止行政机关行使专横的执行权力。法院在裁判执行行政决定以前，必须解决两个问题：一是被审查的行政决定是否合法成立，非合法成立或违法的行政决定不具有执行力，当然不能得到法院的支持，也不能付诸实施；二是在行政决定合法的情况下，还要审查相对人是否存在不履行行政决定的情况。如果不存在相对人不履行行政决定的情况，也不发生法院对行政决定的执行问题。

在美国的司法执行程序中，法院实际上拥有对行政决定的司法审查权。这一方面可以用司法的力量阻止违法行政决定的执行；另一方面，也可以借助司法力量强制实现合法行政决定的内容。在司法执行程序中，相对人可以主张行政决定违法，并以此作为正常的抗辩理由。但如果法律对某些行政决定规定有法定的司法审查形式，即相对人对行政决定不服，只能在法律规定的期限内申请法院司法复审，而相对人未在法定的期限内申请司法复审，相对人就不能再在行政机关提起的执行诉讼中主张行政决定违法，法院也不再审查行政决定是否违法，只审查相对人是否存在不履行行政决定的情况。此外，如果法律对行政决定规定有行政救济办法，而相对人未穷尽行政救济，他也不能再在行政机关提起的执行诉讼中主张行政决定违法，法院同样不再审查行政决定是否违法问题。这似乎可以看作行政相对人放弃申请司法复审或放弃行政救济的代价，同时，也反衬出在相对人放弃申请司法复审或放弃行政救济的情况下，行政决定的效力具有最终性和不可置疑性。这一点，与联邦德国强调基础性行政行为的稳定性，不允许相对人在执行过程中对基础性行政行为提出异议，有相似性。

（四）几点启示

通过以上介绍和分析，美国行政决定的执行制度可以为我们提供几点启示：第一，美国行政决定的执行，是行政机关自行执行和行政机关向法院提起执行诉讼，由法院审查后执行并存，但通常以法院的执行作为最终的执行程序。第二，美国行政决定的执行手段，多属对义务人制裁性的间接手段。只在法律有明确授权的情况下，并且根据公共利益的需要，行政机关才能以实力直接实现行政决定的内容。将制裁性手段视为执行的手段，与日本将行政罚视为确保行政上义务履行的手段，在形式上比较接近，而与我国将行政处罚与行政强制执行分立，并视为两种不同的行为显然不同。第三，法院在行政机关提起执行诉讼中的作用比较特殊。除相对人可以主张行政决定违法并作为抗辩理由外，法院要审查行政决定是否合法。如果行政决定不合法，则不发生对行政决定的执行问题。这与我国法院在行政机关申请法院强制执行的非诉讼行政案件中的作用相当。但美国法院对行政决定的审查是有例外情形存在的，这在一定意义上显示了对行政决定效力最终性和不可置疑性的认可。而这一点与联邦德国比较接近。

四、法国行政处理的执行制度①

（一）法国行政处理及其执行制度概况

法国的行政处理，是行政机关对具体事件所作的单方面决定，是行政机关制定行政条例以外另一种单方面行使公共权力的法律手段，也是数量最多，并与相对人联系最密切的一种行政行为。从内容和形式上看，法国的行政处理大体相当于我国的具体行政行为。

在法国，行政处理作为行政机关行使公共权力的单方面决定，以维护公共利益为宗旨，在法律上具有执行的力量。因而，法国的行政处理和行政条例都被称为有执行力的决定。

法国行政处理的执行是对实现行政处理的内容而言。并不是所有的行政处理都存在执行问题，只有那些为相对人规定了作为或不作为义务的行政处理才需要执行。需执行的行政处理，在遇有相对人不履行行政处理所确定的义务时，就发生强制实现行政处理内容的问题。

法国没有统一规定行政制度的法律，也没有统一的行政程序或行政执行的法律。

这个领域普遍的原则，是由 19 世纪以来的判例形成的。总括而言，

---

① 本部分的写作，主要参考了王名扬：《法国行政法》，中国政法大学出版社 1989 年版，第 166—170 页；城仲模：《行政法之基础理论》，三民书局 1999 年版，第 247—318 页；[法] 古斯塔夫·佩泽尔：《法国行政法》，廖坤明、周洁译，国家行政学院出版社 2002 年版，第 56—73 页；[法] 高德松：《法国的行政法和其政府的行政强制权》，北京 2000 年行政强制的理论与实践国际研讨会材料。

法国行政处理的执行，在体制上存在行政机关借助法院力量的执行和不借助法院力量的自行执行。其中，借助法院力量的执行，是行政机关寻求刑事法院的帮助，刑事法院以刑罚制裁的方式促使相对人对行政处理义务的履行；不借助法院力量的执行，包括行政机关对相对人实施行政制裁，促使相对人履行，和行政机关直接使用公共权力的强制执行。

（二）法国行政处理的执行方法

法国的行政处理作为单方面行政行为，其具有效力先定特权。行政处理一旦成立，就推定其合法，就产生执行力。当相对人不履行行政处理所确定的义务时，就可以采取执行的方法。法国行政处理的执行方法有：

1. 刑罚。刑罚方法适用于不履行法律规定的行政处理决定的相对人。换言之，只有相对人不履行法律规定的行政处理决定时，才由刑事法院，以不履行行政处理决定为由，判处刑罚并予以执行。这里的刑罚不同于一般的刑罚，而是行政刑罚。对不履行行政处理决定的相对人实施刑罚制裁的法律规定，实际上是以刑罚制裁或制裁的威胁，促使相对人履行行政处理决定。

2. 行政罚。除刑罚以外，对于不履行行政处理决定的相对人，行政机关可以依据法律规定对其处以行政罚。在法国，行政罚与刑罚一样，只在法律有规定时才能实施。行政罚作为执行方法，其作用也是以行政罚的制裁和制裁的威胁，促使相对人履行行政处理决定。

3. 强制执行。刑罚和行政罚作为行政处理执行的方法，只在法律有明确规定时才能适用，而且刑罚和行政罚都是以制裁和制裁威胁的方式，促使相对人履行行政处理决定。这些执行方法，对行政处理决定内容的实现而言，都属于间接执行方法，并且这些执行方法的使用，未必能够带来行政处理决定内容的实现。因此行政机关通常在三种情况下可以适用强制执行：（1）对相对人不履行义务，行政机关没有其他办法可予以执行或促其履行，强制执行是最后的唯一的可使用的办法。如果还有其他办法，则不能适用强制执行；（2）遇有紧急情形，为了维护公共利益的需要，即使还有其他办法，也可以适用强制执行。但这种情况下的强制执行一旦被起诉，要接受法院对当时是否存在紧急情形进行审查和判断；（3）在有法律明文规定的情况下，行政机关可以依法使用强制执行。目前，法国明文规定行政机关强制执行权力的法律在增多。但总体上对行政机关强制执行权力的限制是比较严格的。

法国的强制执行有两种方式：一是代执行，即相对人应履行的义务不具有个人性，由他人代为履行也可以达到执行目的，行政机关可以自己或使第三人履行该义务，并向义务人征收费用。这里的代执行，与德国、日本和我国的代执行，在内容和形式上基本上是一致的。二是直接强制，即相对人所负义务为不作为义务，或者不具有可替代履行性，或者虽然具有可替代履行性，但由于情况紧急不能由他人代执行，行政机关对相对人的人身或财产施加实力，以达到执行目的。

（三）通过以上介绍和分析的几点启示

法国行政处理的执行制度可以为我们提供几点启示：第一，与美国相似，法国没有统一规定行政处理决定执行的法律。行政执行领域的普遍性原则是由法院的判例确立的。这一点与法国行政法上的重要原则由判例产生的特点是一致的。第二，法国行政处理的执行方法，主要是由法院和行政机关对义务人实施刑罚和行政罚的制裁，来促使义务人履行义务。而刑罚和行政罚对行政处理决定内容的实现而言，属于间接执行方法。在这种情况下，行政机关直接行使实力的强制执行，就成为刑罚和行政罚以外的一种必然选择，但由于法国一向将行政机关自行执行行政处理决定的权力，视为一种令人生畏的权力，故行政机关的强制执行权存在和行使的条件都是十分严格的。这一点与联邦德国的行政自行执行体制形成极大的反差。第三，刑罚和行政罚这些制裁性方法，作为行政处理决定执行的主要方法，能够长久存在并发挥作用，说明制裁方法对相对人履行义务的作用是突出的，也说明制裁方法可以对社会成员产生相当程度的警示作用。而我国的刑罚、行政处罚等制裁性手段对社会成员实际产生的警示作用则相对不够理想，甚至很不理想。这使我国在制度安排上不得不较多地采用法国、美国都极其慎用的强制执行办法。对此，我们除了必须从制度建设本身进行研究以外，还必须对法制建设所处的人文社会环境进行反思性审视。

五、比较与借鉴

通过对上述有代表性的四个国家有关行政强制的理论和制度的介绍和分析，可以发现，各国在实现行政行为内容、维护公共利益和公共秩序方面所面临的问题，有相同或近似的一面。但各国解决这些问题的制度、方法及相应的理论，却并不相同，甚至存在很大的差别。总括而言，德、日两国主要采用行政机关自行执行体制，但也不排斥个别领域借助法院力量执行的存在，还有特殊情况下不以行政行为存在为前提的即时强制或即时执行与之并存。美、法两国虽然分属于两大法系，但都主要奉行借助法院力量的司法执行体制，以刑罚和行政罚的制裁促使相对人履行义务，是其主要的执行方式。只有在法律有明确授权，并符合法定条件的情况下，行政机关才能适用直接强制执行的方式。具体考察，即便在德国、日本和美国、法国之间，也仍然存在许多实质性的差别。德国以《行政执行法》作为行政强制的基本法；而日本自1948年以来，则以《行政代执行法》作为日本行政代执行的基本法，执行罚、直接强制、强制征收和即时强制等方式，都依据特别法而存在。美国行政决定的执行，通常以行政机关向法院提起执行诉讼或刑事诉讼的方式，由法院在对行政决定进行审查后裁判是否予以执行，但也有例外情形的存在；法国的刑罚和行政罚制裁，在形式上与美国相近，但刑罚、行政罚制裁的操作环节与美国相比也有很大的差异。美、法两国虽然都有行政机关直接强制执行的方式，但适用的条件、具体的形式也存在差别。完全可以这样认为，各国在行政行为内容的实现、公共利益和公共秩序的维护方面所面临的问题，虽然有相同或近似的一面，但产生这些问题的原因、问题本身的严重程度都是不一样的，解决这些问题的制度、方法和理论，更表现出较大的差别，甚至完全不同。

上述各国行政强制制度的差异，缘于各国传统、习惯、国家体制和分权状况的差别，也与各国各具特色的行政法理论和认识有关。无论哪个国家，其行政强制制度的建立和完善，都无法脱离开其本国的历史传统和习惯，都不能不受制于其国家体制和权力分立状况，也不能不面对各国的现实。各国的行政强制制度都面临行政职能的实现、行政效率的提高、公共利益的维护，同相对人权益保护之间关系的处理问题，简言之，都面临效率与公正关系的处理问题。对此关系的处理，又受制于各自不同的行政法理论和认识，侧重于保护人权、控制行政权力滥用的行政法理论，一般倾向于剥夺行政机关自行执行权，自然倾向于借助法院的力量实现行政职能；侧重于加强行政管理、提高行政效率的行政法理论，一般倾向于支持行政机关自行拥有执行权，自然倾向于行政机关以自己的力量实现行政职能。当然，随着社会的发展，行政法理论本身也在发生变化，各国之间的彼此借鉴也使各国的行政强制制度，在某些方面脱离自己原有运行和发展的轨迹。

比较各国有关行政强制的理论和制度，还可以发现，由于各国的具体情况不同，解决同样的问题，可以有不同的思路、不同的理论、不同的制度和不同的办法。很难简单权衡不同思路、不同理论之间的优劣，也无法简单判断不同制度、不同方法的好坏。原则上讲，无论是解决问题的思路、理论，还是制度、办法，只要比较而言是可行的、有效的、合理的、能够为公众所接受和拥护的，就是可取的。

笔者认为，上述四国有关行政强制的理论和制度，至少可以为我国完善行政强制制度提供以下几点启示。

第一，强制实现行政职能和行政行为内容的手段不是单一的，也不宜全部交给一个或一类国家机关掌握，而应是立体的、多层次的，并可以由不同的国家机关掌握。但任何强制手段的拥有和使用，都必须有明确的法律依据，并受严格的条件和程序约束。

第二，任何强制手段，无论其多么有效，都可能存在不可适用、不宜适用的局限性。同诉讼强制一样，行政强制也可能存在强制不能或无法强制的情况。这就不能不考虑强制之外，诸如行政行为自身的公正性和可信赖性等非强制性因素对行政职能和行政行为实现的积极意义，不能不考虑整个人文社会环境的优化问题。如果存在以抵制政府、抵制行政行为为荣的现象，并且这种抵制还常常得到周围的喝彩，那么，不论多么完善的行政强制制度，都无法取得良好的效果。

第三，从纯粹的理论上讲，起诉期限届满，相对人放弃诉权的行政行为，其效力应该具有最终性和不可置疑性，这也是上述四国中多数国家的认识和做法。但是，面对我国相对人"既不起诉，又不履行"大量存在的现实，和其中原因的高度复杂性，简单参照其他一些国家的做法就未必适宜。

第四，行政强制行为、手段的规范化问题，在我国制定《行政强制法》以后，仍然是行政强制实践中的艰巨任务。由于历史的原因，我国目前行政法治化的程度还不高，随意实施行政行为，随意实施行政强制，任意侵害相对人合法权益的现象还时有发生。我们必须从加强民主法制建设和加强人权保护的高度，认真对待和解决这一问题。

第二十四章

行政征收

王克稳　　宪法学、行政法学博士，苏州大学王健法学院教授、博士生导师，苏州大学东吴公法与比较法研究所所长。著有《经济行政法基本论》《经济行政法专题研究》《行政许可中特许权的物权属性与制度构建研究》等；先后在《法学研究》《中国法学》《法律科学》《法学》《现代法学》等刊物上发表相关学术论文九十余篇，二十多篇文章被中国人民大学报刊复印资料等刊物转载。

在市场经济条件下，政府最基本的经济活动有两项：一是"收"，二是"支"。而"收"是政府进行各种支出的前提和基础，目的是为了满足政府的"支"，以确保政府能够正常、积极地履职。在政府诸多"收"的手段中，行政征收是最常规、最主要的手段。[①] 同时，在现代各市场经济国家，行政征收特别是税收征收除作为国家取得财政收入的手段外，还常作为政府干预和调节经济活动的一种方式和措施，譬如对限制发展的产业国家可以通过提高税收征收的标准以抑制市场的过度进入，对于需要扶持或鼓励的产业国家可以通过缓征、减征、免征、先征后退等方式激励市场主体的投资。因此，行政征收又是政府干预经济的主要手段，是一种重要的行政行为。

第一节　行政征收的一般理论

一、行政征收的含义和特征

在域外行政法上，称为"征收"的行为有三类：一是税费征收，二是公用征收，三是准（公用）征收。

税费征收包括税收征收和行政收费。税收征收是所有国家共同具有的征收行为，而与我国的行政收费相类似，域外也存在性质相近的行政收费制度。比如在德国，存在规费（Gebudehren）和受益费（Beitraege）。"规费是指：作为对本着申请人利益而做出的具体职务行为或其他行政服务的对等给付而缴纳。分为对职务行为的行政规费和为使用公共设施而交付的使用规费。受益费是指：为设置或经营公共设施，要求那些可能

[①] 在行政法上，政府取得财政收入的手段除行政征收外，还有罚款、没收、国有化以及通过投资经营获得的财产或收益等。

从中收益者提供。与规费不同，这里与实际使用无关。"① 我国台湾地区
也存在类似的行政收费，称为行政规费。台湾对规费的系统整理和研究
起始于 20 世纪 70 年代，当时台湾的规费"项目极繁，且规费名称及法
令依据、收费标准及缴纳手续、预算编列及分类原则等，欠缺一致之规
律，形成颇为凌乱之现象。"② 通过研究，台湾专门制定了"规费法"，
对规费征收的主管机关、分类、基准等进行了系统而详细的规定。

公用征收，"是国家为了某些目的之需要，例如为了公共事业，对人
民之财产权利，有偿地予以剥夺或限制。由于人民的财产权利是受到强
制性侵犯，国家要有合法之理由，方可以征收"。③ 而这里所谓的"合法
之理由"通常指的是"公用"或"公益"，故这种"征收"通常谓"公
用征收"或"公益征收"。

准征收，有的国家（如德国）又称为"类似征收"，是指国家在公用
征收之外因对相对人的财产权限制或管制超过必要的限度以至具有（公
用）征收的性质和效果时，该行为即构成所谓的"准征收"。在美国，司
法实践又将准征收分为"占有准征收"（possessory takings）和"管制准
征收"（regulatory takings）两个方面。④

上述三种情形的征收中，第二、第三类征收与第一类征收有着本质
的区别。它们都是基于公共利益的需要，而在税费征收中，税费缴纳人
本身即负有行政法上的缴纳义务。正因为如此，在域外行政法上，税费
征收是行政行为（特别是税务行政法中的税务行政行为）讨论的主要课
题，而公用征收和准征收则是行政补偿制度中的重点与核心。

在我国，行政法学界对"征收"的研究大体经历了三个阶段。第一
阶段对征收的理解主要停留在税收征收与行政收费的层面上。在这一阶

---

① ［德］平特纳：《德国普通行政法》，朱林译，中国政法大学出版社 1999 年版，第
183 页。

② "行政院"研究发展考核委员会编：《行政规费有关问题之探讨》，"行政院"研
究发展考核委员会 1978 年版，第 10 页。

③ 江义雄：《日本法上"公用征收"补偿制度之探讨》，《中正大学法学集刊》。

④ 谢哲胜：《准征收之研究——以美国法之研究为中心》，《中兴法学》第 40 期。

段，鲜有学者关注公用征收，尤其是对土地征收的研究处于空白，并且对税、费这两种征收行为在理论上也未有系统的归类和整理。第二阶段将税收征收与费用征收合并为一类行政行为，以"行政征收"加以概括，同时将行政征收与公用征收区分对待。① 第三阶段是 20 世纪 90 年代末至今，尤其是进入 21 世纪后，随着我国不动产征收尤其是土地征收越来越普遍，学界对征收的研究逐渐集中到公用征收（尤其是土地征收）方面，对公用征收尤其是土地征收的研究呈井喷之势。与此相关，行政法学界对行政征收的含义出现了分歧并形成了以下三种观点：第一种观点认为，"所谓行政征收是指行政主体根据法律规定，以强制方式无偿取得相对人财产所有权的一种具体行政行为"，内容上包括税收征收和行政收费。② 第二种观点认为，"行政征收是指行政主体为了公共利益的需要，依法向相对人强制取得财产所有权的具体行政行为"，包括无偿类行政征收（征税、征费）和有偿类公益征收。③ 第三种观点认为，行政征收"仅指行政主体为了公共利益的需要，依法强制取得财产所有权、并给予相应补偿的行政行为。"④

　　第一种观点将行政征收定性为无偿征收，这一点决定了行政征收只能包含税收征收、行政收费两部分。第二种观点将行政征收作为税收征收、行政收费和公益征收的上位概念。但是这一观点并未充分论证其把无偿类行政征收和有偿类公益征收统归于行政征收概念之下的合理性。而无偿类行政征收和有偿类公益征收虽都名为征收，但两者存在极大的不同。首先，税费征收和公益征收在征收条件上明显不同。其次，在征

---

① 王克稳：《论行政征收》，《行政法学研究》1994 年第 4 期。

② 王克稳：《论行政征收》，《行政法学研究》1994 年第 4 期；持相同观点的尚有胡锦光：《行政法学概论》，中国人民大学出版社 2006 年版，第 113 页；罗豪才、湛中乐主编：《行政法学》（第二版），北京大学出版社 2006 年版，第 174 页；应松年主编：《行政法与行政诉讼法》，中国政法大学出版社 2012 年版，第 164 页等。

③ 沈福俊、邹荣主编：《行政法与行政诉讼法学》，北京大学出版社 2013 年版，第 247 页。

④ 金伟峰、姜裕富：《行政征收征用补偿制度研究》，浙江大学出版社 2007 年版，第 9 页。

收客体方面，税费征收主要指向的是公民财产中的金钱，而公益征收指向的是公民的各种财产，包括动产和不动产且主要是不动产。最后，公益征收不同于税费征收。它往往不是一个单一的行政行为。一项公益征收活动往往多是一系列行政行为（如征收决定、补偿决定、强制征收等）的集合。而"行政征收"一词是否能够同时包容差异如此之大的两类不同的征收行为不无疑问。第三种观点实际上将行政征收等同于公用征收，将税收征收、行政收费剔除出行政征收的范围。查阅中外行政法学文献，没有发现有其他文献将公用征收称为行政征收的。

在上述有关行政征收的观点中，第一种观点是目前我国行政法上普遍采用的基本观点。需进一步说明的是，在我国行政法上，将税收征收与行政收费合并为一类行政行为并以"行政征收"统称系基于这样的认识：一是税和费具有类似的法律属性。对行政主体来说，它们都属于公法上的债权；对相对人来说，它们都属于对国家的一种公法上的金钱给付义务。二是征税与征费的主体均为行政主体。三是征税与征费都属于行政主体为实现公法上的债权而实施的权力行为。四是征收程序的相同或相似性。就同为保障公法上债权的实现而行使的权力行为，两者在程序上具有相同或相似性。五是收税和收费都具有固定性。这种固定性是指在征收行为实施之前，有关征收对象以及比例、数额、程序等事项都应为法律所明确规定。

基于以上分析，我们采用第一种观点，将行政征收定义为：行政主体根据法律规定，以强制方式无偿取得相对人财产所有权的一种行政行为。行政征收具有以下法律特征。

第一，征收主体及征收对象的特定性。行政征收是特定的行政主体针对特定的公民、法人及其他组织实施的一种单方面的行政行为。行政征收只能由享有法定征收权的行政主体实施，而且，行政征收的实施必须以相对人负有行政法上的缴纳义务为前提，换言之，行政征收只能指向在行政法上负有缴纳义务的特定相对人。因此，在行政征收法律关系中，征收主体与征收对象都是特定的。

第二，征收内容及征收范围的法定性。由于行政征收是对相对人财产所有权的合法剥夺，因此，征收权的行使必须有明确的法律依据。有关征收的范围、内容、标准、征收额度、比率等都必须有法律的明确规定，征收主体必须严格按照法律的规定进行征收。

第三，征收手段的强制性。由于行政征收是以国家的名义对相对人财产所有权的合法剥夺，因此，行政征收权的行使以国家强制力为后盾，尽管多数情形下行政征收在相对人自愿履行缴纳义务后即告完成，征收主体无须实际动用强制权进行征收，但国家强制力是督促相对人自觉履行缴纳义务从而完成行政征收的基本保障。

二、行政征收与公用征收、公用征用、行政征购、没收、收归国有等相邻概念的区别

在行政法上，除行政征收外，行政主体以强制方式取得相对人财产权益的行政行为还有公用征收、公用征用、行政征购、没收、收归国有（国有化）等行为，因此，对它们之间的关系有必要加以辨析。

（一）行政征收与公用征收的区别

公用征收是行政主体根据社会公共利益的需要，按照法律规定的权限和程序并在给予相应补偿的情况下以强制方式取得相对人财产权益的一种行政行为。① 行政征收与公用征收同为行政主体征收相对人财产所有权的强制手段，两者的区别主要表现为：（1）行政征收是无偿的，是国家无偿参与国民收入分配、取得财产收入的一种形式，也是国家调节经济活动的一种手段；而公用征收则是有偿的，行政主体只有在预先给予相对人以相应经济补偿的前提下才能对相对人的财产实施征收。（2）行

---

① 我国《宪法》对公用征收作了规定。《宪法》第十条第三款规定，"国家为了公共利益的需要，可以依照法律规定对土地实行征收……并给予补偿。"《宪法》第十三条第三款规定，"国家为了公共利益的需要，可以依照法律规定对公民的私有财产实行征收……并给予补偿。"从上述规定看，我国《宪法》将公用征收分为土地征收及对公民私有财产的征收两种情形。除宪法有关公用征收的规定外，我国单行立法上亦有关于公用征收的规定，如《中华人民共和国中外合资经营企业法》第二条第三款规定，"国家对合营企业不实行国有化和征收；在特殊情况下，根据社会公共利益的需要，对合营企业可以按照法律程序实行征收，并给予相应的补偿。"该条规定的征收亦为公用征收。

政征收是相对固定的、连续的，行政主体一般都是按照法律预先规定的范围、标准和比例进行征收的，法律的规定具有相对的稳定性。而且，只要据以征收的事实存在，行政征收会持续进行下去；而公用征收则是非固定的，只有在社会公共利益需要的情形下才能实施。（3）行政征收完全依行政程序进行，只有在相对人对征收行为有异议的情况下才有可能通过司法程序去解决争议。而公用征收的程序则比行政征收的程序严格、复杂，在不少国家它必须经过行政程序和司法程序两个阶段才能完成征收行为，通常的做法是通过行政程序决定公用征收，确定被征收的财产及范围，由司法裁决财产所有权的转移及确定补偿金额。（4）两者适用的条件也不同。行政征收以相对人负有行政法上缴纳义务为前提，而公用征收的相对人本身并不负有行政法上的缴纳义务，他们是因公共利益的需要所做的特别牺牲。此外，行政征收所指向的对象一般是动产而且多为金钱，而公用征收的对象多为土地、房屋等不动产；行政征收在符合法律规定的条件下可以依法减免，而公用征收则无减免可言。

（二）行政征收与公用征用的区别

公用征用又称公益征用，是指行政主体为了公共利益的需要，依照法定程序强制使用相对人财产或劳务并给予相应补偿的一种行政行为①，

---

① "（公用）征收"与"（公用）征用"在我国立法上长期未区分使用。1954年《宪法》、1975年《宪法》、1978年《宪法》和1982年《宪法》中使用的"征用"概念实际上都包含了"征收"和"征用"两方面的内容，直到2004年《宪法修正案》通过，方从立法上对"（公用）征收"与"（公用）征用"进行了区分。2004年《宪法修正案》第二十条规定，"国家为了公共利益的需要，可以依照法律规定对土地实行征收或者征用并给予补偿。"《宪法修正案》第二十二条规定，"国家为了公共利益的需要，可以依照法律规定对公民的私有财产实行征收或者征用并给予补偿。"自此之后，其他立法也依据《宪法修正案》的规定做了相应修改或对"（公用）征收"和"（公用）征用"分别进行规定。如2004年修正后的《土地管理法》第二条第四款规定，"国家为了公共利益的需要，可以依法对土地实行征收或者征用并给予补偿。"2007年通过的《物权法》第四十二条第一款规定，"为了公共利益的需要，依照法律规定的权限和程序可以征收集体所有的土地和单位、个人的房屋及其他不动产。"第四十四条规定，"因抢险、救灾等紧急需要，依照法律规定的权限和程序可以征用单位、个人的不动产或者动产。被征用的不动产或者动产使用后，应当返还被征用人。"

公用征用一般发生在遇有紧急情况行政主体需要临时使用相对人财产或劳务的情形下。行政征收与公用征用的区别在于：（1）从行为的固定性来看，行政征收是固定、经常的行政行为，因而法律对征收范围、标准、程序等一般都有详细规定。公用征用是一种非固定的行政行为，是特定时期基于公益需要的特殊行为，法律规定一般原则、抽象。① （2）从行为的法律后果看，行政征收的结果是行政主体取得了被征收财产的所有权，其法律后果是财产所有权从相对人转归国家，而公用征用中行政主体仅仅是取得了被征用财产（包括人力）的使用权，"征用"并不包含财产所有权转移的含义。（3）从行为的标的看，行政征收的标的一般为财产而且多为金钱；公用征用除财产外，还包括劳务，而且其财产一般多为物资或交通运输工具等。（4）从相对人的特定性来看，行政征收中的相对人是法定的，因而是特定的。如税收征收中的纳税人就是法律规定具有纳税义务的个人或组织。公用征用的相对人是非法定的，因而也是非特定的，它由行政主体根据紧急情况的需要确定。（5）从相对人能否获得补偿来看，行政征收是无偿的，行政主体享有征收的权力，不负有补偿的义务，而公用征用一般应是有偿的，行政主体应当给予相对人以相应的经济补偿，造成相对人财产损坏的，还应给予相应的赔偿。

（三）行政征收与行政征购的区别

行政征购是行政主体以合同方式取得相对人财产所有权的一种行政行为，譬如我国长期使用的粮食订购合同，便是一种典型的行政征购合同。因此，行政征购关系是一种特殊的买卖关系。其特殊性在于，在征购关系中，相对人的意思表示受到一定程度的限制，在一般情况下行政征购关系的发生、变更和消灭带有一定的强制性。譬如在粮食征购中，国家收购范围内的粮食，农民只能卖给国家而不能自由出售，农民只能就国家强制规定之外的合同内容与收购主体进行协商。行政征收与行政征购的区别主要体现在两个方面：（1）行为的性质不同。行政征收是单方行政行为，完全依行政主体单方面意志决定而不论相对人是否同意。

---

① 刘东生：《行政征用制度初探》，《行政法学研究》2000 年第 2 期。

而行政征购行为属于行政合同行为，尽管在行政征购关系中相对人的意思表示受到一定程度的限制，但从法律上说，它仍是行政主体与相对人意思表示一致的产物。（2）权利义务关系不同。在行政征收关系中，行政主体与相对人的权利义务是不对等的，行政主体享有征收权，而相对人负有缴纳义务；在行政征购法律关系中，行政主体与相对人的权利义务基本上是对等的，行政主体在取得相对人财产的同时必须依约承担相应的合同义务。

（四）行政征收与没收的区别

行政征收与没收在表现形式及法律后果上是相同的，两者都表现为行政主体以强制方式取得相对人的财产，而且两者都以实际取得相对人的财产所有权而告结束。但两者的区别在于：（1）两者发生的根据不同。行政征收以相对人负有行政法上的缴纳义务为前提，而没收以相对人违反行政法的有关规定为条件。（2）两者的法律性质不同。行政征收属于独立的行政行为，而没收则属于行政处罚行为的一种。（3）两者所依据的法律程序不同。行政征收依据的是征收程序，而没收依据的是行政处罚程序。（4）两者在行为的连续性上也不同。对行政征收来说，只要据以征收的事实依据存在，行政征收行为就可以一直延续下去，其行为往往具有连续性，而对没收来说，对于某一违法行为一般只能给予一次性没收处罚。

（五）行政征收与收归国有（国有化）的区别

在法律上，收归国有有两种情况：一是指对所有人不明（如无人认领的拾得物）或没有所有人的财产（如无人继承的财产）依法收归国家所有，这种情况下的收归国有是依据民事法律进行的，与行政征收有明显的区别。收归国有的第二种情况是国家为了公共利益的需要，以专门立法的形式剥夺相对人对某个企业、某类企业或对土地及其附属物的所有权，而由国家直接接管的强制取得所有权的一种方式，这种情况下的收归国有又称国有化。它与行政征收的区别主要为：（1）国有化指向的是某一或某类企业或土地及其附属物的全部财产的所有权，而行政征收指向的仅是相对人的部分财产。（2）国有化既可以是有偿的，也可能是无偿的，完全依具体的立法而定，而行政征收则是无偿的。（3）行政征收一般都有统一的程序性的规定，而国有化往往没有一个统一适用的程序，每项国有化都是由专门立法规定收归国有的方式、程序及补偿的原则。

第二节　税收征收

一、税收征收的含义和特征

在定义税收征收之前，先从理论上对税权的含义作一简单梳理。关于税权的含义，学界的认识不尽一致。有的认为，"税权是一项综合性的国家权力，是有关在税收的立法、执法、司法等方面的权力的总称。现代国家的权力有立法权、行政权和司法权三类，它们都涉及税收事务"。[①]有的认为，"税权在不同的层面、不同参照系中，内涵是不尽相同的。例如在国际层面上，税权是一国对税收事务的管辖权，是国家主权的体现。而在国内层面上，税权则又可以分为国家税权和国民税权。国家税权包括税收权力和税收权利，前者是指国家的征税权，主要包括税收立法权、税收行政权，并不包括税收司法权；后者指国家对国民的税收债权"。[②]有的认为，"从权力和权利分野的角度出发，国家的税权包括体现国家税收权力的国家征税权以及体现国家税收权利的国家税收债权，前者是税权实现的手段，后者才是税权实现的目的所在。国家征税权，作为国家权力之一种，须受到法律的限制，即其包含的具体权力，税收立法权、

---

① 施正文：《论征纳权利——兼论税权问题》，《中国法学》2002年第6期。

② 姜孟亚：《我国地方税权的确立及其运行机制研究》，《法学家》2010年第3期。

执法权和司法权均在法律限制范围内"。① 还有的认为，行政领域中的税权"包括税收征管权和税收收益权两项。所谓税收征管权，包含税收征收权和税收管理权"。②

综合上述观点，我们从行政法角度对税权的基本含义及与征税权以及税收征收权之间的关系作出归纳：第一，国家税权包括税收权力和税收权利。税收权力即国家的征税权，税收权利指国家对国民的税收债权。前者是后者实现的手段，后者是前者行权的目的。第二，征税权为税收行政权，内容上分为税收征管权与税收收益权。第三，税收征管权又分为税收征收权和税收管理权。以此为基础，我们将税收征收定义为：税收征收是指国家税务行政主体依法行使税收征收权，强制、无偿地向纳税义务人收取税款的行政行为，税收征收是国家无偿参与国民收入分配、取得公共财政收入的一种手段。税收征收具有以下法律特征。

（一）强制性。税收征收是国家税收征收权行使的法律形式，而税收征收权是国家法律赋予的，以国家强制力为后盾，带有典型的国家强制性。

（二）无偿性。税收虽有"取之于民、用之于民"一说，但是，这里所谓的"用之于民"指的是国家运用税款从事基础设施建设，为民众提供公共产品，或者实现转移支付，为社会弱势群体提供物质帮助。但就特定的纳税义务人而言，其纳税是无偿的、无条件的，不管是否享受由国家提供的各种服务或帮助，他都必须依法缴纳税款。

（三）法定性。所谓法定性是指税务行政主体必须严格按照税法所规定的条件、对象、范围、标准、程序实施税收征收，即依法征税。

二、税收征收的基本原则

税收征收的基本原则是指我国《税收征收管理法》等法律所规定的、

① 刘剑文：《掠夺之手抑或扶持之手——论私人财产课税法治化》，《政法论坛》2011 年第 4 期。
② 梁文永：《人权与税权的制度逻辑》，《比较法研究》2008 年第 2 期。

税收征收主体在税收征收中必须遵循的基本准则。依据我国《税收征收管理法》的规定，结合行政法的基本原则，我们将税收征收的基本原则归纳为以下几方面。

（一）依法征收原则

依法征收原则即依法行使税收征收权的原则，依法征收原则既是税收法定原则的内涵之一，也是依法行政原则在税收征收中的具体体现。我国《税收征收管理法》第三条规定，"税收的开征、停征以及减税、免税、退税、补税，依照法律的规定执行；法律授权国务院规定的，依照国务院制定的行政法规的规定执行。任何机关、单位和个人不得违反法律、行政法规的规定，擅自作出税收开征、停征以及减税、免税、退税、补税和其他同税收法律、行政法规相抵触的决定。"第二十九条规定："除税务机关、税务人员以及经税务机关依照法律、行政法规委托的单位和人员外，任何单位和个人不得进行税款征收活动。"依据上述规定，依法征收原则首先是指征税主体法定。除税务机关、税务人员以及经税务机关依照法律、行政法规委托的单位和人员外，其他任何单位和个人不得进行任何税款征收活动。其次，依法征收原则要求税务机关必须依照法律的规定行使税收征收权。在我国，有关税收的立法包括税收的开征、停征以及减税、免税、退税、补税方面的立法均应实行法律保留原则，除法律授权国务院规定的事项外，所有的税收征收权一律由法律设定，税务机关必须严格依照法律的规定行使税收征收权。再次，依法征收原则还要求税务机关不得违反法律的规定行使税收征收权。在有关税收开征、停征以及减税、免税、退税、补税等税收征收事项方面，税务机关不得作出任何违反法律、行政法规的决定。

（二）及时征收原则

及时征收原则是指税务机关应当及时行使税收征收权，及时将税款征缴入库。为贯彻及时征收原则，《税收征收管理法》对纳税人税款缴纳期限、延期缴纳税款的条件以及纳税人未按照规定期限解缴税款的处理都作了明确规定。《税收征收管理法》第三十一条规定："纳税人、扣缴义务人按照法律、行政法规规定或者税务机关依照法律、行政法规的规定确定的期限，缴纳或者解缴税款。纳税人因有特殊困难，不能按期缴纳税款的，经省、自治区、直辖市国家税务局、地方税务局批准，可以延期缴纳税款，但是最长不得超过三个月。"第三十二条规定："纳税人未按照规定期限缴纳税款的，扣缴义务人未按照规定期限解缴税款的，税务机关除责令限期缴纳外，从滞纳税款之日起，按日加收滞纳税款万分之五的滞纳金。"

（三）尊重、保障纳税人合法权益原则

尊重、保障纳税人的合法权益是我国《税收征收管理法》规定的税务机关和税务人员必须遵循的基本原则。我国《税收征收管理法》第一条明确将"保护纳税人的合法权益"作为立法目的之一，该法第八条详细规定了纳税人、扣缴义务人在税收征收中所享有的基本权利，包括：有关国家税收法律、行政法规的规定及与纳税程序有关情况的知情权、要求税务机关保密的权利、申请减税、免税、退税的权利、对税务机关作出的决定，享有陈述、申辩权；依法享有申请行政复议、提起行政诉讼、请求国家赔偿等权利；对税务机关、税务人员违法违纪行为的控告检举权等。第九条明确规定，税务机关、税务人员必须秉公执法，忠于职守，清正廉洁，礼貌待人，文明服务，尊重和保护纳税人、扣缴义务人的权利，依法接受监督。

（四）回避原则

回避原则是指税务人员在税收征收活动中有与纳税人、扣缴义务人存在诸如亲属关系等利害关系的，应当回避。我国《税收征收管理法》第十二条规定："税务人员征收税款和查处税收违法案件，与纳税人、扣缴义务人或者税收违法案件有利害关系的，应当回避。"

三、税收征收的实施

（一）税收征收的主体

税收征收的主体是指在税收征收法律关系中依法代表国家行使税收

征收权、向纳税主体征收税款的税务行政主体。在我国,税务行政主体主要是国家依法设立的税务行政机关。它们包括:

1. 国家税务局

国家税务局简称国税局,由国家税务总局、地方各级国家税务局和中国海洋石油税务局组成,是中央税和共享税的征收主体。

2. 地方税务局

1994 年,我国开始实行分税制,国务院为此发布《关于实行分税制财政管理体制的决定》。《决定》指出,"从一九九四年一月一日起,在现有税务机构基础上,分设中央税务机构和地方税务机构。"自此,地方税务局正式成立。地方税务局负责地方性税款(包括地方企业所得税、个人所得税、车船使用税、房产税、印花税等)的征收。

3. 海关

海关主要负责关税的征收。

4. 财政部门

财政部门主要负责有关农业方面税收的征收,但随着财政体制改革的深入,有关农业方面税收的征收逐步转由税务机关征收。

(二) 税收征收的方式

税收征收的方式是指征税主体实施征收行为的具体形式,根据我国法律、法规的规定,我国税收征收的方式主要有以下几种。

1. 查账征收

这种征收方式是税务机关根据纳税义务人提供的账簿、凭证所记载的经营情况及收益情况,按照税法规定的标准计算应纳税款并以此为依据征收税款的方式。

2. 查定征收

查定征收是税务机关根据纳税义务人的从业人员、生产设备、耗用原材料等因素,在正常生产经营条件下,对其生产的应税产品查实核定产量、销售额并以此为依据计征税款的一种方式。

3. 查验征收

查验征收是税务机关对纳税人应税商品,通过查验数量,按市场一般销售单价计算其销售收入并据以征税的一种方式。

4. 定期定额征收

定期定额征收是税务机关对经营额、所得额难以准确计算的小额纳税义务人采取由纳税人自报、税务机关核定，实行增值税、营业税、所得税等诸税种合并定额征收税款的一种方式。

5. 代扣代缴、代收代缴

代扣代缴是指负有代扣代缴税款义务的单位和个人（即扣缴义务人）在向纳税义务人支付款项时，从所支付的款项中直接扣收税款并按照法律规定的期限向税务机关缴纳或者解缴税款的一种方式。代收代缴是指负有代收代缴税款义务的单位和个人（即扣缴义务人）在向纳税义务人收取款项时依法收取相应税款并按法律规定的期限向税务机关缴纳或者解缴代收税款的一种方式。

除此之外，税收征收的方式还有委托征收等形式。

（三）税收征收的程序

税收征收按其实现方式的不同，可以分为相对人自愿缴纳和行政主体强制征收两种形式。

1. 相对人缴纳税款

相对人自愿缴纳是指纳税人、扣缴义务人按照法律、行政法规规定或者税务机关依照法律、行政法规规定确定的期限，缴纳或者解缴税款。当相对人按照法律、行政法规规定的期限或者行政主体确定的期限全部主动履行完缴纳义务时，税收征收即告结束。

此外，相对人如果因有特殊困难，不能按期缴纳税款的，可以申请延期缴纳税款。我国《税收征收管理法》第三十一条第二款规定："纳税人因有特殊困难，不能按期缴纳税款的，经省、自治区、直辖市国家税务局、地方税务局批准，可以延期缴纳税款，但是最长不得超过三个月"。

2. 强制征收

当相对人没有按照规定期限履行纳税义务时，税收征收即进入强制征收阶段。为了保证强制征收的顺利实现，避免给相对人造成不应有的损害，我国《税收征收管理法》等法律对实施强制征收的条件及行政主体可以采取的强制措施做了明确规定。

（1）责令限期缴纳。责令期限缴纳是指纳税人未按照规定期限缴纳税款的，扣缴纳税人未按照规定期限解缴税款的，税务机关责令纳税人或扣缴义务人缴纳或者解缴税款的行为。

（2）加征滞纳金。我国《税收征收管理法》第三十二条规定："纳税人未按照规定期限缴纳税款的，扣缴纳税人未按照规定期限解缴税款的，税务机关除责令限期缴纳外，从滞纳税款之日起，按日加收滞纳税款万分之五的滞纳金"。

（3）强制执行。纳税人、扣缴义务人未按照规定的期限缴纳或者解缴税款，或者纳税担保人未按照规定的期限缴纳所担保的税款，经税务机关责令限期缴纳，逾期仍未缴纳的，纳税机关可以根据法律规定采取强制执行措施完成税款的征收。我国《税收征收管理法》第四十条规定："从事生产、经营的纳税人、扣缴义务人未按照规定的期限缴纳或者解缴税款，纳税担保人未按照规定的期限缴纳所担保的税款，由税务机关责令限期缴纳，逾期仍未缴纳的，经县以上税务局（分局）局长批准，税务机关可以采取下列强制执行措施：（一）书面通知其开户银行或者其他金融机构从其存款中扣缴税款；（二）扣押、查封、依法拍卖或者变卖其价值相当于应纳税款的商品、货物或者其他财产，以拍卖或者变卖所得抵缴纳款。税务机关采取强制执行措施时，对前款所列纳税人、扣缴义务人、纳税担保人未缴纳的滞纳金同时强制执行"。但税务机关采取强制执行措施必须注意的是，"个人及其所扶养家属维持生活必需的住房和用品，不在强制执行措施的范围之内"。（《税收征收管理法》第四十条第三款）

3. 完税凭证

完税凭证是指税务机关根据税法的规定对相对人完成纳税后向相对人出具的专用凭证，是相对人完成纳税义务的合法证明。我国《税收征收管理法》第三十四条规定："税务机关征收税款时，必须给纳税人开具完税凭证。扣缴义务人代扣、代收税款时，纳税人要求扣缴义务人开具代扣、代收税款凭证的，扣缴义务人应当开具。"

（四）税收征收的时限

税收征收的时限包括税收征收的期限和税收征收的时效两个方面。

1. 税收征收的期限

税收征收的期限是指法律规定税务机关实施并完成税收征收的时间限制。由于税收征收以纳税人或者扣缴义务人的申报缴纳为主，因此，立法上对税收征收期限的规定主要集中在纳税人纳税期限的规定方面。如《海关法》第六十条规定："进出口货物的纳税人，应当自海关填发税款缴纳书之日起十五日内缴纳税款……。"又如《个人所得税法》第九条第一款规定："扣缴义务人每月所扣的税款，自行申报纳税人每月所纳的税款，都应当在次月十五日内缴入国库，并向税务机关报送纳税申报表。"

2. 税收征收的时效

税收征收的时效是指税务机关丧失对纳税人征收税款权力的时限。根据《税收征收管理法》第五十二条规定，我国税收征收的时效分为三种情形：一是因税务机关的责任，致使纳税人、扣缴义务人未缴或者少缴税款的，税务机关在 3 年内可以要求纳税人、扣缴义务人补缴税款，但是不加收滞纳金；二是因纳税人、扣缴义务人计算错误等失误，未缴或者少缴纳税款的，税务机关在 3 年内可以追征税款、滞纳金；有特殊情况的，追征期可以延长到 5 年；三是对偷税、抗税、骗税的，税务机关追征其未缴或者少缴的税款、滞纳金或者所骗取的税款，不受前款规定期限的限制，也就是说这种情形下的税款征收没有时效的限制。

（五）税收征收的保障

为保证税收征收的顺利实现，我国《税收征收管理法》为税款的征收设定了一系列原则和保障制度。这些原则和制度包括：

1. 税款优先征收的原则

所谓税款优先征收是指纳税人同时存在民法上的或行政法上的其他给付义务时，税款优于其他给付义务由税务机关优先征收的一种征收原则和制度。根据《税收征收管理法》第四十五条规定，税款优先征收的原则包含三个方面的内容：（1）除法律另外有规定外，税务机关征收税款，税收优先于无担保债权；（2）纳税人欠缴的税款发生在纳税人以其财产设定抵押、质押或者纳税人的财产被留置之前的，税收应当先于抵押权、质押权、留置权执行；（3）纳税人欠缴税款，同时又被行政机关决定处以罚款、没收违法所得的，税款优先于罚款、没收违法所得。

2. 纳税担保制度

纳税担保又称税收保全担保，它是税务机关责令相对人提供的为保证其税款及时足额缴纳的保证措施。《税收征收管理法》第三十八条规定："税务机关有根据认为从事生产、经营的纳税人有逃避纳税义务行为的，可以在规定的纳税期之前，责令限期缴纳应纳税款；在限期内发现纳税人有明显的转移、隐匿其应纳税的商品、货物以及其他财产或者应纳税的收入的迹象的，税务机关可以责成纳税人提供纳税担保。……"该法第四十四条规定："欠缴税款的纳税人或者他的法定代表人需要出境的，应当在出境前向税务机关结清应纳税款、滞纳金或者提供担保……"关于纳税担保的形式，立法没有具体规定。我们认为，纳税担保既可以由保证人提供保证担保，也可以由纳税人提供财产、现金、权益等进行抵押或质押担保，但作为纳税担保的保证人，不仅要有为纳税义务人提供纳税担保的意愿，而且必须具有相应的担保能力，即具有代纳税义务人履行纳税义务的能力。

3. 税收保全制度

税收保全是行政强制措施的一种，是税务机关对有逃避纳税义务嫌疑的纳税人采取的对纳税人的财产或其他权益进行限制的强制措施。

根据《税收征收管理法》第三十八条的规定，税收保全的适用条件是：（1）税务机关有根据认为从事生产、经营的纳税人有逃避纳税义务行为而在规定的纳税期之前责令其限期缴纳应纳税款；（2）税务机关在责令其缴纳应纳税款期限内发现纳税人有明显的转移、隐匿其应纳税的商品、货物以及其他财产或者应纳税的收入的迹象的；（3）经税务机关责成其提供纳税担保而纳税人不能提供纳税担保的。

税收保全的措施主要有：（1）书面通知纳税人开户银行或者其他金

融机构冻结纳税人的金额相当于应纳税款的存款；（2）扣押、查封纳税人的价值相当于应纳税款的商品、货物或者其他财产。此外，对于欠缴纳税人或者他的法定代表人需要出境的，在出境前未结清税款、滞纳金，又不提供担保的，税务机关可以通知出境管理机关阻止其出境。

由于税收保护措施属于行政强制措施，因此，税务机关实施税收保全措施除应遵守《税收征收管理法》外，还应当遵守《行政强制法》的规定。

4. 代位权与撤销权制度

《合同法》上的代位权、撤销权合称为合同保全或债权保全制度。在一般的债权债务法律关系中，债务人财产的增减与债权人权益的实现密切关联，但债权人又不能支配债务人的财产，倘若债务人任意处分财产，自由减少自己的财产，就会损害债权人的权益，故法律赋予债权人对债务人的财产进行干预的权利。当债务人消极地怠于行使权利听任财产减少而危害债权人的债权时，债权人可以行使代位权以维护责任财产；当债务人积极地减少责任财产而危及债权时，债权人可以行使撤销权以回复责任财产。债权人通过行使代位权和撤销权，可以有效防止责任财产的不当减少，使债权得以保全。代位权是指债务人怠于行使权利，债权人为保全债权，以自己的名义向第三人行使债务人现有债权的权利。《合同法》第七十三条第一款规定："因债务人怠于行使其到期债权，对债权人造成损害的，债权人可以向人民法院请求以自己的名义代位行使债务人的债权，但该债权专属于债务人自身的除外。"撤销权是指债务人、第三人有损害债权的行为，债权人享有撤销该行为的权利。《合同法》第七十四条规定："因债务人放弃其到期债权或者无偿转让财产，对债权人造成损害的，债权人可以请求人民法院撤销债务人的行为。债务人以明显不合理的低价转让财产，对债权人造成损害，并且受让人知道该情形的，债权人也可以请求人民法院撤销债权人的行为"。将《合同法》上的代位权、撤销权制度引入税收征收中，意味着税务机关相当于债权人，纳税人相当于债务人，而税款就是债权。《税收征收管理法》第五十条第一款规定："欠缴税款的纳税人因怠于行使到期债权，或者放弃到期债权，或者无偿转让财产，或者以明显不合理的低价转让财产而受让人知道该情形，对国家税收造成损害的，税务机关可以依照合同法第七十三条、第七十四条的规定行使代位权、撤销权。"

结合《税收征收管理法》及《合同法》的规定，税务机关实际行使代位权及撤销权时必须符合以下条件：第一，纳税人的应纳税款必须确定、无争议，且应纳期限届满。所谓应纳税款确定是指纳税人自行申报的应纳税款或者税务机关核定、认定的应纳税款必须明确、具体；所谓应纳税款无争议，既包括税务机关对纳税人的应纳税款无异议，也包括纳税人对税务机关核定或者认定的应纳税款无异议；所谓纳税期限届满是指纳税人在税法规定的或者税务机关确定的纳税期限内没有缴纳应纳税款。第二，纳税人必须有怠于行使到期债权，或者放弃到期债权，或者无偿转让财产，或者以明显不合理的低价转让财产（而受让人知道该情形的）的不作为或者作为的行为。第三，纳税人的行为对国家税收造成了损害。这里的损害可以从两个方面判断：一是纳税人在法律规定的或者在税务机关确定的税收期限内没有缴纳应缴税款，二是纳税人因怠于行使、放弃对次债务人的债权，或者无偿或以明显不合理的低价转让财产致使其无力履行对国家的纳税义务。第四，税务机关行使代位权、撤销权只能通过民事诉讼途径向人民法院提出。尽管税收关系是一种特殊的、公法上的债权债务关系，但当税务机关根据《合同法》的规定行使代位权、撤销权时必须遵守《合同法》的规定，税务机关只能以普通债权人的身份提起诉讼，它没有超越《合同法》《民事诉讼法》之外的特权。

5. 税收行政处罚制度

税收行政处罚是指税务机关对于违反税收征收管理法律、法规的行为人所给予的行政法上的惩罚和制裁，是行政处罚的一种。税收行政处罚也是国家税收征收的重要保障。根据《税收征收管理法》规定，纳税人（扣缴义务人）应予以行政处罚的行为包括偷税、逃税、欠税、骗税、抗税、妨碍追缴欠税等情形，行政处罚的方式主要是罚款。

四、纳税人在税收征收中的权利

为保护纳税人的合法权益，规范税务行政主体的税收征收行为，《税收征收管理法》明确规定了纳税人（扣缴义务人、担保人）在税收征纳关系中享有的基本权利。这些权利包括：

1. 知情权

《税收征收管理法》第八条第一款规定，纳税人、扣缴义务人有权向税务机关了解国家税收法律、行政法规的规定以及与纳税程序有关的情况。这是《税收征收管理法》对纳税人知情权的规定。

2. 要求保密的权利

《税收征收管理法》第八条第二款规定："纳税人、扣缴义务人有权要求税务机关为纳税人、扣缴义务人的情况保密。税务机关应当依法为纳税人、扣缴义务人的情况保密。"

3. 申请减税、免税、退税的权利

《税收征收管理法》第八条第三款规定："纳税人依法享有申请减税、免税、退税的权利。"

4. 陈述权、申辩权

《税收征收管理法》第八条第四款规定："纳税人、扣缴义务人对税务机关作出的决定，享有陈述权、申辩权；依法享有申请行政复议、提起行政诉讼、请求国家赔偿等权利。"

5. 要求退还多缴税款的权利

《税收征收管理法》第五十一条规定："纳税人超过应纳税额缴纳的税款，税务机关发现后应当立即退还；纳税人自结算缴纳之日起三年内发现的，可以向税务机关要求退还多缴的税款并加算银行同期存款利息，税务机关及时查实后应当立即退还；涉及从国库中退库的，依照法律、行政法规有关国库管理的规定退还。"

6. 申请行政复议、提起行政诉讼、请求国家赔偿的权利

《税收征收管理法》第八条第四款规定："纳税人、扣缴义务人对税务机关所作出的决定，依法享有申请行政复议、提起行政诉讼、请求国家赔偿等权利。"

第三节　行政收费

一、行政收费的含义和特征

行政收费也是不少国家采用的一种财产征收制度，但是各个国家（地区）的收费内容不尽相同。比如在美国，行政收费主要分为两类：一是涉及商业类行政收费，如公园休闲费用；二是涉及监管类行政收费，如移民费。规范行政收费的主要法律依据是《独立办公室拨款法》。该法规定，联邦政府行政收费必须有国会立法或行政规章作为依据，行政规章在设定行政收费项目时必须符合下列两项要求：（1）符合公平原则；（2）根据政府承担的成本、用户所受利益、公共政策或者公共利益目的，以及其他相关事实确定。① 在德国，行政收费分为规费/费用和受益费两大类，前者如建房许可费，后者如铺设污水排放管道费。德国从中央到地方存在三个层面的收费依据。中央《行政费用法》属于总体的框架性规定，各州的收费及开支法案是关于收费的专门法，地方法主要是包括具体的征收项目和标准的专业法/部门法，三个层面相辅相成，构成一个统一的立法体系。② 我国台湾地区也在2002年制定了统一的"规费法"。"规费法"的主要内容包括：一是明确了征收规费的目的，即"增进财政负担公平，有效利用公共资源"；③ 二是以列举的形式明确了所征规费的项目及免征、减征或停征应征收规费的情形；④ 三是确定了规费之收费基

---

① 苏苗罕：《美国联邦政府行政收费的法律规范研究》，《行政法学研究》2013年第4期。
② 史莉莉：《德国公共收费的概况、立法及启示》，《政治与法律》2012年第8期。
③ 台湾"规费法"第1条。
④ 台湾"规费法"第6、7、8、12、13条。

准制度;① 四是确定了延期缴纳、分期缴纳和过时限不再缴纳制度;② 五是确立了逾期缴纳规费的滞纳金及强制执行制度;③ 六是确立了依法应征收而未征收的行政首长问责制。④

我国是行政收费大国,但有关行政收费的制度化建设严重滞后。行政收费与收税有共同的特征,都是行政主体凭借行政权力强制取得相对人财产所有权的行政行为。但行政收费远比收税复杂:(1) 收费主体的分散性。在我国,能够行使征税权的主体仅限于税务机关、财政机关及海关,征税权的主体集中而且统一,而行政收费的主体则非常分散,现实中凡具有一定行政管理职能的行政机关及组织都直接或间接地享有一定的收费权。(2) 收费目的的多重性。征税是国家取得公共财政收入的一种手段,目的明确而单一,而行政收费的目的很复杂,有的是为了弥补办公经费的不足,有的是为了解决基本建设投入不足,有的是为了维护公共设施的维修和保养,有的是为了提供公共服务,等等。在我国,行政收费服务于多重行政目的。(3) 收费依据的多层次性。税收作为国家取得公共财政收入的一种手段,其税种、税目、税率都是由国家以正式的立法确定的,因此,征税的依据具有法定性的特征,而行政收费的依据除了部分是由国家的立法创设的外,更多的收费项目是依行政法规、地方性法规、部门规章、地方政府规章、行政规定及其他规范性文件创设的,有的乡镇政府甚至村民委员会也通过乡规民约、村规民约创设行政收费,因而,行政收费的依据表现出多层次性。

学界对行政收费含义的认识也不尽相同。有的认为,行政收费是指一定行政机关凭借国家行政权确立的地位,为行政相对人提供一定的公益服务,或授予国家资源和资金的使用权而收取的代价。⑤ 有的认为,行

---

① 台湾"规费法"第10、11条。
② 台湾"规费法"第15、16、17条。
③ 台湾"规费法"第16、20条。
④ 台湾"规费法"第21条。
⑤ 胡建淼:《行政法学》,法律出版社2010年版,第219页。

政收费是行政机关在依法行使职权或者事业单位在依法提供公共服务的过程中，向公民、法人和其他组织收取一定费用的行政决定。① 有的认为，行政收费是指为了公共利益，行政主体按照法律规定向义务人收取一定数额金钱的单方行为。② 有的认为，行政收费是行政机关或依法履行行政职能的其他组织，为满足特别的行政支出，向与特别支出存在特定关系的行政相对人收取货币的行为。③ 还有的认为，行政收费是指行政主体直接行使行政征收权向特定的公民、法人或者其他组织强制收取一定额度的费用的行为。④ 上述定义集中反映了学界对行政收费的不同认识。学界对行政收费认识的分歧可以集中归纳为以下几个方面。

第一，行政主体向相对人出让自然资源使用权、公共资源使用权以及公用事业特许经营权而向相对人收取资源使用费、特许经营费的行为是否属于行政收费？不少学者认为，行政主体因出让资源使用权或特许经营权而向相对人收取资源使用费、特许经营费的行为属于行政收费的范围。但我们认为，行政主体向相对人出让资源使用（特许经营）权的行为非基于行政主体，而是以资源所有者的身份对所有权权能之一的使用权的处分，而相对人向行政主体支付资源使用（特许经营）费则是其使用国有资源的代价，是有偿使用国有资源的体现。在市场条件下，行政主体出让资源使用权及收取资源费的行为是所有人与使用人的一种交易行为，与市场主体之间的交易行为类似。不同的是，国有资源的交易发生在作为所有人代表的政府与作为使用人的相对人之间，这种交易行为不符合"征收"的特征。学界之所以将这类收费纳入行政收费的范畴，主要是因为混淆了作为所有者的"政府"与作为管理者的"政府"的界限。我们通常所指行政收费，应当是指作为管理者的政府运用行政权力向相对人收取费用的行为，而不是作为所有者的政府在产权交易的过程

---

① 章剑生：《行政收费的理由、依据和监督》，《行政法学研究》2014年第2期。

② 马怀德主编：《行政法与行政诉讼法》，中国法制出版社2007年版，第239页。

③ 应松年主编：《行政法学新论》，中国方正出版社1998年版，第325页。

④ 王克稳：《关于乱收费的法律思考》，《行政法学研究》2004年第1期。

中收取资源费用的行为。因此，行政主体收取自然资源、公共资源使用费以及特许经营费的行为不属于我们所要讨论的行政收费的范畴。发生在这些领域中的收费问题应当通过完善相应的资源法律制度去规范和解决。

第二，提供公共产品生产经营服务的垄断企业的经营性收费是否属于行政收费？有学者从收费主体的角度将行政收费分为行政主体的收费和垄断行业的收费。垄断行业包括铁路、民航、邮电、电力、城市供水等。由于这些行业普遍存在着越权收费、强制收费、搭车收费等现象，又由于这些行业中的企业同时具有一定的公共管理职能，部分还是政企合一的经营体制，因而，有学者将这类收费也归入行政收费的范围。我们认为，对这些企业的收费要进行区分，当它们以经营者的身份通过向消费者提供经营服务而收取经营服务费（即营业性收费）时，这种收费不属于行政收费的范畴。因为自然垄断行业中的这些企业仍然是一种特殊的民事主体，在为消费者提供经营服务的同时向消费者收取经营服务费的行为，应当属于一种特殊的民事活动而不是国家的公权力活动，故同样不应将这类收费纳入行政收费的范畴。这些行业的乱收费主要是由于其垄断地位造成的。解决这些行业中的乱收费，一方面是要实行政企分离，将行政权从它们手中分离出来，交给政府部门从而使其仅作为一个民事主体进行经营活动。另一方面是对其收费进行严格的政府管制和干预，通过政府的干预去规范这些企业的收费行为。再就是逐步放开市场，让这些企业在竞争中规范自己的收费行为。这些行业中的另一种收费是以法律、法规、规章授权主体的身份或受行政主体委托所收取的与经营服务费没有直接关系的费用，如机场建设费、电力建设基金、铁路建设基金、港口建设费等。这类收费的本质是利用法律、法规或规章所赋予的权力强制收费。这类收费属于行政收费的范围，应当通过行政法规范。上述论述可以一个简单的例子概括，即民航部门出卖机票的收费不属于行政收费，但收取机场建设费的行为则属于行政收费。

第三，行政收费是否必须以提供相应的公共服务为前提？有学者认为，行政主体之所以要在税收之外再收费是基于为特定人提供公共服务的需要。在我国现行的行政收费中，尽管不排除有些收费是提供公共服务的收费，但从我国行政收费的总体状况看，行政收费泛滥的直接原因是政府机构的膨胀，公共财政的支出远不能满足其所需。也就是说，很多的收费用于养人而非服务于公共目的。行政收费的动因非常复杂，远不能以提供公共服务概括。

第四，附属于其他行政行为的收费是否属于行政收费？在实践中，行政主体的收费有两种情形：一是直接行使征收权进行收费；二是利用其他行政行为进行收费。如利用审批、许可、确认等行政行为收取证照费、工本费、检验费、检测费、鉴定费等。前者为独立收费，后者为附属收费。附属收费虽然以另一行政行为为前提，但就收费而言，它仍是一个独立的行政收费行为。

基于以上分析，我们将行政收费定义为：行政主体行使行政征收权向特定的公民、法人或者其他组织强制收取一定额度费用的行政行为。它具有以下特征。

第一，行政收费的主体是行政主体，包括行政机关及具有一定公共管理职能的组织。

第二，行政收费是行政主体直接运用行政征收权进行的活动，具有典型的国家强制性和单方面性。

第三，行政收费的实质是对特定相对人合法财产所有权的剥夺。在实践中，行政收费的名目极为繁杂。为便于分析，我们依据行政收费目的的不同，把我国散布的行政收费大致归为以下几大类。

第一类是行政主体以筹措建设资金为目的的收费，譬如车辆购置附加费、公路建设基金、公路基础设施增容费、电力建设基金、三峡工程建设基金、民航基础设施建设基金、民防统建基金、港口建设费、河道养护费、旅游发展基金等等。

第二类是以保护自然资源为目的的收费，譬如渔业资源增殖保护费、陆生野生动物资源保护管理费、林业保护管理费等。

第三类是以保护环境为目的的收费，譬如环境保护费、海洋废弃物倾倒费、污染源治理专项基金等。

第四类是以发展教育为目的的收费，譬如教育费附加、高等教育费附加、农村教育事业附加、地方教育附加、地方教育基金、教育事业费附加等。

第五类是以发展社会保障事业为目的的收费，譬如待业保险基金、养老保险基金、医疗基金、残疾人福利基金、残疾人就业保障金等。

第六类是以价格干预为目的的收费，譬如原油价格调节基金、棉花价格调节基金、副食品价格调节基金、粮食风险基金、碘盐基金、副食品风险基金等。

第七类是以提供特定公共服务为目的的收费，譬如证照费、工本费等。

第八类是以管理为目的的收费，譬如出租车管理费、公（水）路运输管理费、证券及期货市场监管费、新药审批费等。

二、行政收费的设定

（一）行政收费设定中的问题

行政收费设定的混乱和滥用是行政收费中的最大问题。行政收费设定中的问题集中体现在三个方面：一是行政收费的设定权限不明。由于缺少基本的立法规范，我国行政收费的设定权限至今没有明确规定。而在行政执法活动中，能够称为"法"或者说具有法律效力并被各级政府的职能部门视为执法依据的规范性文件，除了法律之外，还包括行政法规、地方性法规、部门规章、地方政府规章、行政规定及其他规范性文件，而行政收费中绝大部分的收费项目又都是由法律之外的规范性文件创设的。如果以法律作为判断行政收费是否合法的标准，那么，现行的行政收费中绝大部分的收费都属于违法设定的行政收费。二是设定行政收费的范围不清，导致行政收费范围过广，收费项目繁多。三是设定行政收费的标准模糊。这一现象尤其体现在规章及以下的规范性文件上，在设定行政收费的标准方面随意性很大。

导致行政收费设定混乱和滥用的原因主要有：首先，行政收费设定的滥用，反映了各级政府对公民财产权的漠视及国家对公民财产权保护制度的脆弱。长期以来，只要提起公民的财产权，人们马上将它与私有制等同起来，而私有制，又是与我们的社会主义公有制格格不入的，所以，我国《宪法》宣示的是"社会主义的公共财产神圣不可侵犯"，而与公有财产相比，公民私有财产权是无足轻重的。正因为如此，在《宪法修正案》第二十二条通过之前，《宪法》中竟连公民的私有财产权的概念都未曾提及。这种状况反映了立法者对公民财产权的态度，反映了国家对公民财产权的漠视。由于公民的财产权得不到有效的法律保护，因而，随意侵犯公民财产权的现象也就屡见不鲜了。而在侵犯公民财产权的诸多违法情形中，政府又是最大的侵权者，乱收费、乱集资、乱摊派、乱罚款等都是这种侵权行为的集中体现。其次，行政收费设定的滥用暴露出我国财政及税费征管制度的混乱和无序。在成熟的市场经济国家，国家财政收入的绝大部分源于税收。为了保证公共财政收入，防止公共财政收入的流失，现代各国都建立起非常完备的税收征管制度，同时，又严禁在税收之外再向公民收费。而我国的情形正好相反，收税与收费倒挂，费中有税，税中有费，费大于税。我国目前很大一部分税款正是流失于这种行政收费和乱收费之中。再次，行政收费设定的滥用，反映出我国规范行政收费设定立法的缺失。在我国，税收征收权从设定到行使，从实体到程序总体上比较规范，行使这一权力的主体也比较集中。而行政收费从设定到行使、从实体到程序基本上处于失控状态。政府的一个规定、一个通知甚至一个内部的会议纪要就可以设定一个甚至若干个收费项目，而行使这些权力的职能部门更是变本加厉。有的借机搭桥收费或实施捆绑收费，有的任意扩大收费范围，有的擅自提高收费标准，有的在收费文件被明令废止后仍旧收费。

（二）规范行政收费设定的对策

规范行政收费的设定，首先，要从立法上规范行政收费的设定权限。关于行政收费的设定权，学界的倾向性意见是，法律、行政法规和地方性法规可以设定行政收费；至于规章是否可以创设行政收费，学界看法不一。有的学者认为如果给予规章创设行政收费的权力，应将其权力限定在一定数额的行政收费之内。①

有的学者认为对于规章的行政收费设定权，借鉴行政许可的立法经验，可以规定为：在尚未制定法律、行政法规和地方性法规的情况下，因行政管理的需要，确需立即实施行政收费的，省、自治区、直辖市人民政府规章可以设定临时性的行政收费。临时性的行政收费实施满一年需要继续实施的，应当提请本级人民代表大会及其常务委员会制定地方性法规。而部门规章和较大的市等副省级人民政府制定的地方规章一律不得设定行政收费。② 还有的学者将行政收费区分为工本费、使用费、受益费、特许费和特别收费五类，认为工本费、使用费和受益费这三类行政收费收费额度较小，所涉的收费事项主要是地方性的，且各地情况具有较大的差异性，所以，除了法律、行政法规外，地方性法规、规章也都可以设定这三类行政收费。而特许费、特别收费两类行政收费收费额度较大，涉及市场经济公平性、规制措施的统一性，所以，除法律、行政法规外，其他一律不得设定这两类行政收费。③ 我国行政收费的设定权限，特别是行政规章能否设定行政收费以及可以设定什么样的行政收费，是一个首先需要从立法上予以明确的问题。

除了应从立法上明确行政收费的设定权限外，规范行政收费还需要以立法的形式明确设定行政收费的条件和适用范围。"规费与税捐的最大区别在于是否存在对待给付。税捐系以财政收入为目的，因此并未提供对待给付，而规费系人民支付国家特定对待给付之对价，因此，该项负担受对等报偿原则之限制，而非以财政收入为其目标。由于国家整体资源有限，因此，资源使用若仅有利于特定群体者，则其正当性取决于该特定群体是否负有对等报偿或相当的特别负担，而非由全民买单。国家因个人或特定群体额外产生之费用，宜由该个人或者特定群体支付，而

---

① 刘莘：《论行政收费的设定与监督》，《政法论坛》2000 年第 3 期。

② 胡建淼、江利红：《行政法学》，中国人民大学出版社 2010 年版，第 207—208 页。

③ 章剑生：《行政收费的理由、依据和监督》，《行政法学研究》2014 年第 2 期。

非由一般纳税人缴纳的税捐支付。"① 依上述观点，行政收费是在行政主体实施给付行政活动中针对特定受益主体收取的因实施该给付行为而额外产生的费用，与此无关的行政活动均不构成行政收费的理由。未来我国行政收费的条件和范围如何界定也是一个需要以立法明确的问题。

三、行政收费的实施

（一）行政收费的主体

行政收费的主体是指行使收费权进行收费的行政主体。根据收费主体是否为专门从事收费的行政主体，可以将其分为专门收费主体和非专门收费主体。前者专事行政收费，后者则是在履行其他行政管理职责的过程中附带收取费用。我国目前的行政收费主体大多是非专门的收费主体。此外，根据行政主体收费权的来源不同，可以将行政收费的主体分为职权收费主体和授权收费主体。前者是指依法具有行政收费职权的行政机关，后者是指经法律、法规、规章授权而行使收费职权的企事业单位、社会团体等其他组织。在我国，享有行政收费职权的主体非常广泛，几乎所有的行政机关和履行公共管理职能的组织都拥有一定的行政收费权。我国行政收费主体太分散，太复杂，这既不便于对收费的管理和监督，又不利于提高行政收费的效率和效益，还容易在群众心中形成"管理就是收费"的不良印象。

（二）行政收费的方式

目前行政收费的方式主要有四种。

1. 上门收取。即收费主体主动到缴费义务人的经营活动场所收费。这种方式适用于缴费人相对集中的情况，既便于缴费人，也有利于收取费用。

---

① 萧文生：《自法律观点论规费概念、规费分类及费用填补原则》，台湾"国立"中正大学《法学集刊》第21期。

2. 定点收取。即收费主体在某一固定地点设立长期的收费点来收取费用，如通行费、过桥费等的收取往往采用这种方式。

3. 代征代收。即行政主体在不便于收缴费用的情况下，通过法律、法规授权，或经行政机关委托其他组织代为征收费用。如港口建设费的征收由交通部负责，而有关港务管理局或者装卸单位则为代征或代收单位。

4. 专门收取。即指收费主体是特定的，而且收费事项具有反复性、经常性，如对排污费的征收。

此外，随着收支两条线管理改革的推进，目前我国大部分的行政收费逐步走向单位开票、银行代收、财政统管的收费模式。

（三）行政收费的程序

行政收费作为一项公权力行为，必须遵循正当程序原则，包括表明身份、告知并说明理由、听取陈述与申辩或者听证。

1. 表明身份。行政收费是一种依职权而主动进行的行政行为，收费主体是否合格，关系到收费行为的合法性，加上我国行政收费的主体较为复杂、混乱，因此，行政收费主体在实施行政收费时，首先必须表明自己的主体身份。

2. 告知并说明理由。行政收费是强制取得相对人财产权利的行为，行政主体在正式实施行政收费前，应当履行告知义务。告知相对人行政收费的内容，包括收费的事实、理由和依据、收费标准、计算方法以及数额等。

3. 听取陈述与申辩或者听证。行政主体在实施行政收费之前，除了应当履行告知义务外，并应听取相对人的陈述和申辩。对于收费金额较大或可能对相对人造成重大损失的行政收费，在作出收费决定之前，有必要采取正式听证的形式听取相对人的意见，以从程序上平衡相对人与行政主体之间的权利与义务，防止行政收费的违法不当可能给相对人造成的损害。

（四）行政收费的时限

行政收费的时限包括行政收费的年限和行政缴费的时限。行政收的年限是指某一行政收费项目的实施期限。关于行政收费的年限我国目前立法上没有统一的规定，一般都是由主管行政机关根据不同的情况确定。比如《收费公路管理条例》第十四条规定，收费公路的收费期限，由省、自治区、直辖市人民政府按照下列标准审查批准：政府还贷公路的收费期限，按照用收费偿还贷款、偿还有偿集资款的原则确定，最长不得超过 15 年。国家确定的中西部省、自治区、直辖市的政府还贷公路收费期限，最长不得超过 20 年。行政缴费的时限是指行政主体实施并完成行政收费的期限。由于缺少行政收费方面的基本立法，关于行政缴费的时限同样没有明确统一的规定。

四、建议制定统一的《行政收费法》

由于我国彻底取消所有行政收费的条件尚不成熟，行政收费在我国的存在仍将会持续相当长的时间，因而，对于经过清理和改革保留下来的那些收费项目以及今后可能还会增加的收费项目应当严加规范和约束。为此，我们建议尽快制定一部《行政收费法》，以统一的立法规范行政收费行为。

有关行政收费的立法应包含有下列原则和制度。

（一）行政收费的法定原则

行政收费是为满足特别的行政支出而征收的，对相对人来说，是税收之外的额外负担，因此，行政收费应当严格遵循法定原则。

（二）设定行政收费的听证制度

由于行政收费直接涉及公民的财产权，关系国家对公民财产权的保护，因而，是否应当使用行政收费去满足行政机关的特别支出以及在哪些领域可以设定收费项目、行政收费的对象、范围、标准等事关公民切身利益的问题立法机关在立法之前应当听取利害关系人的意见，应当给予公民发表自己意见和建议的机会和权利，而立法听证又是现代各国在立法时正式听取公民意见的一项重要制度。因此，在制定有关行政收费方面的法律时引入立法听证制度非常必要，既充分尊重和保护了公民的财产权，又降低了行政收费权实际运用和行使的阻力和成本。

（三）行政收费项目的目录公示制度

对于行政收费项目，行政机关应按照《政府信息公开条例》的规定向社会公开收费项目目录。收费项目目录包括各项收费的具体项目名称、执收单位、资金管理、法律依据等内容。同时，项目目录应实行分级化和常态化管理，中央一级和地方一级应及时更新收费项目变动的相关内容。凡未纳入收费项目目录的收费项目，公民、法人和其他社会组织有权拒绝支付。

（四）适当集中收费主体的原则

鉴于目前收费主体过于分散、行政收费各自为政、管理伴着收费的问题，为规范行政收费权的行使，建议立法上对行政收费主体的条件和资格作出严格的限制，收缴不合格行政主体的收费权力，以适当集中行政收费的主体。

（五）收缴分离的原则

为了从根本上遏制乱收费，立法上必须切断收费主体与收费之间的利益关联，而实行收缴分离是一个有效的方式。收缴分离是指收费主体在作出收费决定后，由负有缴费义务的相对人在规定的时间内到指定的金融机构缴纳相应的款项。对于小额的收费及不当场收缴事后难以征收的款项可以由收费主体自行收缴，但收费主体应当在规定的时间内将所收费用交付指定的金融机构，金融机构应当在规定的时间内将所有收费款项解交国库。

（六）统一和规范的收费票据制度

收费票据是收费主体完成收费的书面记载、相对人完成缴纳义务的书面证明，同时又是收费的监督管理部门核查收费数额、确认收费行为是否合法的重要依据。因此，统一和规范的收费票据对于规范行政主体的收费行为、防止收费款项的流失具有重要意义。为此，立法上应当明确规定收费主体在实施行政收费时应当向相对人开具法定的收费票据，收费主体不向相对人出具法定的收费票据或者出具的收费票据不符合法律要求的，相对人有权拒绝缴纳所收款项。

（七）行政收费统一纳入预算内财政管理的原则

所有的行政收费应全部纳入预算内管理，收费主体所需办公经费由财政统一拨付，收费主体不得以任何名义截留所收款项，财政部门不得以任何名义向收费主体返还或变相返还所收款项。

（八）违法收费的法律责任制度

为了防止行政主体利用权力寻租，立法上应当建立严格的法律责任制度。对于行政主体没有法律依据的收费行为、越出法定范围或幅度的收费行为、捆绑收费的行为、不规范的收费行为以及隐瞒、截留、挪用、挥霍、侵吞所收款项的行为，要给予严厉的法律制裁，包括退还违法所收的款项，严惩违法行为人等。以严厉的法律责任约束行政主体的收费行为。